乱世枭雄

第三部

三国人物统一记

南门太守 著

中国出版集团 现代出版社

图书在版编目（CIP）数据

乱世出枭雄.第三部,三国人物统一记/南门太守

著.－－北京:现代出版社,2022.8

ISBN 978-7-5143-9455-9

Ⅰ.①乱… Ⅱ.①南… Ⅲ.①中国历史－三国时代－
通俗读物 Ⅳ.① K236.09

中国版本图书馆 CIP 数据核字 (2022) 第 120860 号

乱世出枭雄.第三部,三国人物统一记

作　　者	南门太守	
责任编辑	姜　军　王志标	
出版发行	现代出版社	
地　　址	北京市安定门外安华里 504 号	
邮政编码	100011	
电　　话	010-64267325　64245264（传真）	
网　　址	www.1980xd.com	
印　　刷	三河市宏盛印务有限公司	
开　　本	710mm×1000mm　1/16	
印　　张	19	
字　　数	448 千字	
版　　次	2022 年 8 月第 1 版　2022 年 8 月第 1 次印刷	
书　　号	ISBN 978-7-5143-9455-9	
定　　价	49.80 元	

目录 / Contents

上篇

魏文帝时代

一、非常之人，随风而去

建安二十四年（219）年底，孙权用突然袭击的办法杀了关羽，夺取了荆州。听到关羽死讯时，曹操身在摩陂。

"陂"指的是大型的池塘，也就是水库。摩陂位于今河南省郏县东南，大体位置在许县与南阳郡之间，曹操在此建立了临时指挥部，指挥襄阳、樊城战役。

建安二十四年（219）12月，徐晃率部回师宛县，之后又前往摩陂向曹操汇报此战情况。曹操亲自迎出7里，又置酒大会为徐晃庆功。席间，曹操亲自为徐晃举杯劝酒（举卮酒劝晃）。

曹操自己老了，像徐晃这样能征善战的猛将也老了。

不久，由居巢赶来增援的张辽所部也赶到。此时，荆州战事已经基本结束。曹操命张辽率部也赶到摩陂，张辽快到时曹操乘辇出营迎接。

还有一部分参加荆州会战的人马陆续赶到，摩陂一下子成了曹操的大军营（时诸军皆集），曹操不停地到各营慰问，有很多新加入曹营的将士还从来没有见过魏王，在曹操慰问的时候都争着一睹他的风采，只有徐晃所部军营整齐，将士原地不动，曹操赞叹道："徐将军有周亚夫的风范呀！"

那些跟随曹操南征北战多年的将士，此时再见到魏王时，发现他突然老了，行动已经开始迟缓，目光也不像先前那么犀利有神，经过连续不断的打击和日夜操劳，他们的魏王已经彻底成了个老头子。

过了年曹操就66岁了，在那个时代这已属于高龄。

经过几次征战和叛乱，曹操在南阳郡和南郡北部原来的势力范围已经变得满目疮痍，民生凋敝，很难在短时期内恢复生机，曹操想把这一带的老百姓以及在汉水两岸屯田的军士迁到内地去。

司马懿认为这样做不妥，他认为："荆楚地区向来局势不稳，关羽刚刚战败，那些想作恶的人正在观望，如果把那些一般的百姓全迁走，既伤了百姓的心，也使这一地区的局势更难收拾，原来逃走现在想回来的人也不敢回来了。"

曹操认为有理，停止了迁移计划，逃到外地的人陆续回来了不少。

杀了关羽，解了襄阳、樊城之围，"首功"应该是孙权。曹操上表献帝拜孙权为骠骑将军，假节，兼任荆州牧，封南昌侯。之前孙权的军职是车骑将军，虽然也相当于全国武装部队副总司令，但地位略低于骠骑将军。至于荆州牧，孙权自己曾表奏给了刘备，曹操现在以朝廷的名义正式明确为孙权，承认了孙权对荆州的占有。

孙权对此很满意，这一年荆州遭遇到严重疫情，孙权下令免除荆州的租税（是岁大疫，尽除荆州民租税），假节的授权里有没有这项却不得而知，算是孙权行使了一次特权吧！

为了答谢朝廷和曹操，孙权派校尉梁寓带上贡品前往许县。梁寓的事迹不详，只知道他字孔儒，是吴郡人。孙权派梁寓进贡，除了答谢还有观察北方形势的目的（遣寓观望曹公）。

孙权同时下令释放之前在皖城之战中俘获的朱光、董和等人。

梁寓还捎来了孙权写给曹操的一封信，信中孙权直接向曹操称臣，认为这是上天的意思（上书称臣于操，称说天命）。孙权虽然得了荆州，但自知也惹了大祸，为了应对可以预见刘备发起的报复行动，他在曹操面前不得不把姿态再放得低些。

曹操把孙权的信给大家看，笑着说："这小子是想让我坐到火炉上烤呀（是儿欲踞吾著炉火上邪）！"

但是侍中陈群、尚书桓阶等许多人都认为曹操应该接受："汉祚已终，也不是今天才开始的。殿下功德巍巍，天下瞩望，所以孙权都自愿称臣。此天人之应，异气齐声，殿下应该正大位，还有什么可犹豫的呀？"

夏侯惇等人也表达了类似的看法："天下人都知道汉室寿命已尽，异代方起。自古以来，能除民害为百姓所归的，即是天下的主人（即民主也）。殿下从戎30多年，功德著于黎庶，为天下所归，应天顺民，不要再犹豫了！"

可曹操意志却很坚定，他对大家说："如果上天真有此意，我也只愿当周文王。"

曹操一生多次提到周文王，看来他对周文王的功业及品德很景仰。周文王名叫姬昌，是商代贵族，他遵从先人之法，继承祖先的业绩，礼贤下士，日益强盛。当时殷纣王执政，残虐无道，他害怕姬昌，把他囚禁起来，但是姬昌设法重获自由，之后励精图治，发展自己的力量，为讨伐商纣王做准备。后来姬昌死了，他的儿子姬发继位，也就是周武王，最后完成了父亲周文王讨伐商纣的遗愿。

曹操明确地告诉大家，他在世时不想称帝，如果曹氏有代替刘氏承祚天下的那一天，也是在他儿孙辈手里完成。曹操不愿意称帝，不是他觉得自己没这个实力，也不是他没有过这样的想法，而是他觉得自己确实老了。他想把那件事留给子孙去做，这是他的真心话。

曹操在摩陂度过了他生命中最后一个新年，随后下令回师邺城，他没有在许县停留，可能还是不愿意见到献帝吧，不过他绕道去了洛阳。

建安二十五年（220）正月，魏王曹操一行抵达洛阳。

几个月前，曹操从汉中率大军回来时也在洛阳作过停留，他在这座城市生活过多年，20岁走上仕途也是从洛阳开始。多么美好的岁月呀，虽然只是一个小小的洛阳北部尉，却让那时的生命如此充满激情，也充满期望。

眼下洛阳已残破不堪，经过战争的洗礼，尤其是经历了董卓纵火的摧残，洛阳几乎成为废墟，包括曹家旧宅在内的大部分建筑都成为一堆堆瓦砾。但曹操对这里仍然充满了感情，曹操命令有关部门对原洛阳北部尉官署进行了复原，并特别强调修得比原来还要气派，这再一次证明曹操确实老了，只有老人才更留恋和回味自己的过去。

这一次由摩陂来到洛阳，曹操打算在此住一段时间，他下令在洛阳修建宫殿，宫殿的名字都起好了，叫建始殿，但是在施工过程中却接连发生了不祥之事。为修建始殿，工匠砍伐濯龙祠里的树木，但是奇怪的事发生了，树被刀砍之后却流出了鲜血（起建始殿，伐濯龙祠而树出血）。

还有一个记载，说曹操命令工程负责人苏越把一棵梨树迁走，在挖树根的时候树也流出了鲜血。苏越把这一情况报告给曹操，曹操亲自前去查看，果然见到树根出血，心里很厌恶，认为这是不吉之兆。

曹操一下子病倒了，他知道自己已来日无多。

去年曹操曾发布过《遗令》，对自己陵寝的位置进行了详细交代，他要求把他葬在邺县城西西门豹祠西边的高岗上，地方确定后曹丕等人就开始修建陵墓，这就是曹魏的高陵。

病重期间曹操又发布了一份遗嘱，这篇文献正史没有提及，它保存在陆逊的孙子、晋朝著名文人陆机所写的一篇文章里，大致如下：

"半夜里我觉得稍微有点不舒服，天明时喝粥出了点儿汗，服用了当归汤。我在军中坚持依法办事，这是对的，至于因为一时之怒而造成大的过失，这些不应当学（**小忿怒，大过失，不当效也**）。

"天下还没有完全安定，古代的葬仪不必完全遵守。我有头痛的毛病，很早就开始戴头巾，我死后，丧服跟平时穿的一样就行，这个别忘了（**勿遗**）。

"文武百官来吊孝的话，只要哭 15 声就行（**百官临殿中者，十五举音**）。葬礼完毕即脱去丧服。驻守在各地的将士都不要离开驻地，各级官员要认真履行职责。入殓时不必再换衣服，不要用金玉宝器来陪葬。

"把我葬在邺城西边的高岗上，与西门豹祠紧邻（**葬于邺之西岗，上与西门豹祠相近**），我身边的婢妾、歌伎等，都让她们住在铜雀台上，好好对待她们。在台上安放一张 6 尺长的床，挂上帷幔，一早一晚供上祭物，每个月的初一、十五，从早到晚向着帷幔歌舞。

"你们要经常登上铜雀台，远望我西面的陵园。我留下的香料可以分给各位夫人，不要用香料来祭祀。宫人们如果无事可做，可以学着纺织丝带、做些鞋子卖。我一生为官所得的各种绶带都存放在库房里，我留下来的衣物可存放在另外一个库房，不行的话你们兄弟就分掉吧。"

这篇遗嘱很不完整，中间可能佚失了不少内容，从语气上看它是写给曹丕兄弟们的，中间既有自己人生经验的总结，也有如何安排后事的具体交代，有些地方说得很细，有点婆婆妈妈，让人跟雄霸天下的曹操无法联系起来。

人之将死，其言也哀、也善、也真。后世对曹操颇有争议，但对他之前发布的《让县自明本志令》以及这篇临终遗嘱，都不约而同地给予了高度评价，认为这是一个男人真性情的流露，是曹操本色的体现，这篇遗嘱也为后世留下了一个"分香卖履"的典故。

建安二十五年（220）正月二十三，魏王曹操驾崩，享年 66 岁。

曹操出生于汉桓帝永寿元年（155），20 岁出仕，30 岁时赶上黄巾起义，在镇压黄巾军的过程中一步步走进历史舞台。35 岁时，曹操起兵反抗董卓，经过 10 年奋战，成为雄踞一方的诸侯。42 岁时曹操迎汉献帝于许县，46 岁时在官渡之战中打败袁绍。48 岁时，曹操远征乌桓取胜，基本统一了北方，但是第二年即遭遇赤壁之败。

曹操 42 岁时担任汉朝司空，54 岁时担任汉朝的丞相，59 岁时晋爵为魏公，62 岁时晋爵为魏王。曹操一生大部分时间都在南征北战中度过，较之西汉初年的刘邦和东汉初年的刘秀，曹操可能都会有生不逢时之叹。刘邦只用 6 年就取得了天下，刘秀用的时间更是不到 4 年，而曹操打了 30 多年的仗，直到临终前还在四处征战。

无论什么样的英雄首先是一个普通人，他们也有血有肉，有喜怒哀乐，有自己的个性和脾气。从性格上来说，曹操实际上是个有点内向的人，但有的时候又表现得十分外向，他是一个性格极为复杂的人，这可能与他特殊的出身有关。

曹操出身于宦官家庭，他的祖父曹腾是个大宦官，这个家庭给他带来了财富和权势，但也让他从小遭受别人的议论和歧视，曹操走向社会后竭力想摆脱这个家庭带来的负面影响，他倾心结交士人，努力与宦官集团划清界限，消除不利影响。另外，曹操的母亲去世得很早，他出身于一个单亲家庭，这一点有些像诸葛亮，这对曹操的心理成长也有一定程度的影响。

曹操的独特经历使他的性格呈现出多面性和复杂性。他很要强，希望得到社会的认可，于是拼命地表现自己。他在《让县自明本志令》里坦露过自己早年的心路历程，那时候他的人生目标还不是很大，开始想当个称职的郡太守就行了，后来的志愿是死的时候能当上征西将军，这应该是真实的，不是成功后的曹操故意作态。曹操越是渴望别人理解、关注和认可，心里越是敏感和多疑，这给他造成了很大的心理压力。

平时曹操对待下属既宽和又严厉，他很有威严，很多下属都怕他，对最亲近的下属，曹操也很少跟他们称兄道弟，他们之间的"君臣"关系十分明显，下属们对他表现出来更多的是崇敬。但曹操严肃的时候很严肃，活泼起来也很活泼，他不喜欢穿官服和正装，喜欢穿便装，平时在身上戴个小香囊，里面装着手巾等随身细物，史书上说他还亲自设计了一种叫"帢帽"的帽子，目的是节俭且穿戴方便（合于简易随时）。

曹操跟熟悉的人在一起时往往很随意，喜欢开玩笑，说到高兴之处，就欢悦大笑，有时头都埋在了杯盘里（没杯案中），菜肴的汤汁沾满巾帻，有的史书说他不够稳重、没有威仪（为人佻易无威重），但反过来，也可以说他没有架子、平易近人。

曹操的个人爱好很丰富，他的诗文属于当时的最高水平，他一生四处征战，事务繁忙，但只要一有时间他就登高赋诗，他写的诗经常被谱成歌曲演唱（及造新诗，被之管弦，皆成乐章）。这是因为曹操本人也很懂音律，可以和当时最优秀的音乐家桓谭、蔡邕相提并论。他还是一个围棋高手，可以与当时最著名的棋手山子道、王九真、郭凯等一决高下。他擅长骑射，既能亲自射杀天上的鸟，也能亲自捕杀猛兽（手射飞鸟，躬禽猛兽）。曹操还在城市建筑规划和器具设计方面有突出才能，经常亲自制定宫室、器械的"法则"。

总之，曹操是一个精力充沛、个人能力突出、性格丰富的人，是一个有文治武功，充满个人魅力的人，他是那个时代造就的，他用自己丰富的人生辉映了那个时代。

陈寿评价曹操的一生说，汉末天下大乱，群雄并起，袁绍虎视于四州，强大到无人可敌。曹操依靠智慧和计谋，以武力统一全国。他采用申不害和商鞅的法制、权术，吸取韩信、白起的奇思妙计，设置官职，任用人才，让他们发挥自己的才干。同时，能克制自己的感情，冷静思考问题，不计较别人的过错。

陈寿认为，曹操之所以能总揽朝政大权，完成建国大业，完全在于他的见识和谋略是那个时代第一流的。他是一个非同寻常的人，是超世的英才（抑可谓非常之人，超世之杰矣）。

司马光对曹操的评价是，曹操最能知人善用，能洞察人的内心。他发掘提拔那些有才能的人，无论他们出身如何卑微。他善于用兵，与敌人对阵，有时看似安闲，然而一旦时机成熟，立即发起霹雳攻击（决机乘胜，气势盈溢）。对于建立功勋的人，他赏赐起来不吝千金，没有功劳的分毫不与。他执法严厉（**用法峻急**），只要犯罪绝不轻饶，即使痛哭流涕求情，也绝不宽赦。他性情节俭，不好奢华。

司马光认为，正是由于曹操有以上这些优点，所以他才能芟灭群雄，几乎统一了中国。

曹操驾崩于洛阳时，王后卞氏以及太子曹丕都不在身边，他们和曹植都在邺县，曹彰在长安。经过各方面商议之后，大家共推谏议大夫贾逵主持丧事。

曹操驾崩的消息对各方面震动都很大。有人认为应该秘不发丧。贾逵认为不可，而是立即公开发丧，并让大家前来瞻吊魏王遗容（**令中外皆入临**），之后命令大家各返岗位不得擅动。

只有青州军不听指挥，他们擅自击鼓离去，有人认为应该命令他们不得妄动，如果不从就派兵征讨。贾逵知道这支最早改编自黄巾军的队伍，一向军纪最差，独立性最强，除魏王之外，只有于禁能镇住局面，现在魏王驾崩，于禁身陷孙权，没有人能管得住他们。

贾逵认为对青州军应该安抚，他写了一篇很长的檄文，告诫青州军自我约束，同时命人继续给青州军发放给养，局势才稳定下来。青州军的骚动给大家提了醒，有人建议把各地的郡太守、县长都撤换成沛国或者谯县的人。

这是个愚蠢的建议，魏郡太守徐宣当即严厉驳斥：

"如今大家同舟共济，每一个人都怀有忠义之心，如果全用沛谯人士，将会让那些忠臣心寒！"

这条提议最终没有实行，没几天鄢陵侯曹彰从长安赶到洛阳，他一到就向贾逵询问魏王的印信放在什么地方，贾逵一脸严肃地说："魏国有指定的继承人，魏王的印信不是你该问的。"

曹彰之所以这么问是有原因的，因为曹操临死之前曾急召曹彰来，但曹彰未到曹操已经驾崩，曹彰认为父亲肯定有什么大事给自己交代，所以很关心父亲印信的去向。有一个记载说，曹彰认为父亲想交代给自己的是有关继承权的大事，后来他见到曹植时说："先王召我，是想立你为接班人。"

曹植对这类问题早已如惊弓之鸟，赶忙说："不可不可，兄长没见袁氏兄弟吗？"

如果这个记载是真的，说明曹植还算清醒，袁氏兄弟的教训倒在其次，关键是他的哥哥曹丕在这一两年里已经基本完成了对异己势力的清除。曹植明白，纵使父亲临死前把他本人找到跟前，亲手把印信交到他的手上，这个班他也接不了。

在贾逵等人主持下，魏王的灵柩运回邺县。

曹操驾崩的消息传到邺县，曹丕及文武官员无比悲痛。

曹丕号哭不止，无心过问任何事，担任太子府总管（**太子中庶子**）的司马孚劝道：

"大王刚刚去世，正有许多国家大事需要料理，不能效法普通百姓的孝行。"

曹丕这才止了哭泣。但臣属们也聚到一起放声痛哭，正常的办公秩序完全被打乱，司马孚呵斥大家：

"大王去世，天下震动，你们应该赶紧拜见太子，安定人心，难道只会在一块儿哭？"

大家才停下，赶紧忙正事。

司马孚是司马懿的弟弟，他们的大哥司马朗已经去世。在司马孚等人的主持下，在魏王灵柩没有到达前邺县已经开始筹备丧事，对于太子何时继位，大家有了争论。

有人认为太子继位应该先有天子的诏书，尚书陈矫认为："大王在外面驾崩，现在人心惶惶，太子应该立刻即位，以安天下之心。"

陈矫更直言不讳地说，曹彰就在魏王的灵柩前，随时可能有变。曹丕于是决定提前即位，只用了一天时间就做完了各项准备（**具官备礼，一日皆办**），第二天早上宣布了由王后卞氏发布的诏令，命太子曹丕继承王位，大赦天下。

没过几天献帝的诏书也来了，御史大夫华歆亲自送来丞相和魏王的印信，诏令新魏王仍兼任冀州牧，尊王后卞氏为王太后。

为了向新魏王表达祝愿，献帝下令改元为延康，使用了 25 年的建安年号结束，公元 220 年现在便有了两个年号，正月是建安二十五年，正月以后是延康元年。

延康元年（220）2 月 1 日发生了日食，是上天哀悼已故魏王的离世，还是魏国新政权的不祥之兆？

在这个多事之秋，相信每个人都有着不同的解读。

二、曹丕的开局

建安二十五年（220）正月，66 岁的魏王曹操驾崩。

一个时代结束了，但也意味着另一个时代的开始。开启这个新时代的人，就是万众瞩目下的新魏王曹丕。

曹丕继位后办的第一件大事当然是为父亲安葬，曹操生前指定的陵寝高陵已基本竣工，就在邺县附近。古代讲究叶落归根，曹操为什么不安葬在故乡沛国谯县呢？

在古代，普通百姓确实讲究死后埋骨家乡，不过对帝王来说这个观念比较淡，因为国就是家，故乡的概念已经泛化了，所以他们都把陵寝建在都城的附近而不是故乡，比如刘邦没有葬在沛县、朱元璋没有葬在凤阳、顺治入关后也没有葬在关外，他们的陵寝都在当时的首都近郊。

曹操虽然不是皇帝，但已经是魏王，邺县是魏王国的国都，按照惯例也应该葬在国都附近。谯县有曹氏宗墓，至今仍在，规模很大，里面葬着曹操的爷爷曹腾、父亲曹嵩等人，曹操如果葬回老家的祖坟，无论地位如何尊贵也都处于卑微的位置，这就是帝王们不能葬在自家祖坟的原因。

另外还有一个现实的考虑，谯县归沛国，虽然归豫州刺史部，但距离扬州刺史部的合肥较近，接近孙吴，安全问题也不得不考虑。

曹操的葬礼由曹丕亲自主办，这是一次公开活动，并不像有人认为的那样是偷偷摸摸进行的，曹丕撰写了《武帝哀策文》，从中可以看出下葬的情景：

"在正式下葬之前进行了卜筮，宽阔的墓道通向墓室（卜葬既从，大隧既通）。墓室里如漫漫长夜，又如幽幽深宫，没有光明，没有尽头，多么令人悲伤呀！参加丧仪的人们已整齐站好，天、地、水三官也排列整齐，前面是高高举起的旗帜，中间还有人手执长戈。从现在起，先王将离开宫廷，到达被安葬的山岗。"

曹植也参加了葬礼，他写的是《诔文》，相当于悼词，有 600 多字，记录了当时的一些情况：

"将要入葬时，穿的还是平时的衣服，印信没有带到身上，只带了印章上的丝带。陪葬用品也没有什么华美的，最值钱的只是素色的陶器（明器无饰，陶素是嘉）。灵柩到达西陵，墓门慢慢打开，群臣送迎，我王就这样安葬了。在幽暗的墓室里，没有日月星辰之光，墓门落下来了，至尊的魏王将永远生活在里面。"

从曹丕和曹植两位亲历者的记述看，曹操的安葬活动不仅公开，而且十分盛大，曹丕和曹植当然知道父亲被安葬的确切位置，他们也都亲自到墓室里查看过，所谓"曹操疑冢"的传言其实并不存在，但高陵距经常变换河道的漳河较近，受河水改道的影响，后来高陵的准确位置找不到了，才留下了至今未解的历史之谜。

办完丧事曹丕还有很多事要办，最为紧要的是调整"领导班子"。

曹丕下令任命太中大夫贾诩为魏国太尉，御史大夫华歆为魏国相国，大理王朗为魏国御史大夫。这样的组合有点乱，但基本上相当于"三公"。

华歆、王朗一向被认为是大名士，与田畴、邴原那样的名士相比，他们的政治热情更高，在一系列重要事件中他们都"经受住了考验"，对曹魏的忠诚可以放心。至于贾诩，虽然有过往的恩恩怨怨，但他是个聪明人，居高位却从不介入任何政治纷争，以腿疾为由平时也很少外出，也是可以让人放心的人。更为重要的是，在曹丕被册立为太子的过程中，贾诩曾出过大力。

荀彧、崔琰、荀攸以及郭嘉等人已离开人世，目前资格比较老的还有程昱，这次他没有步入魏国"三公"的行列，与早年在兖州期间他曾以人肉干（人脯）充当军粮有关，这被认为触动了人伦的底线，受到舆论的诟病。以程昱的资历和贡献，按理说应超过上面这几个人，却只能担任卫尉这样低一级的职务。

至于陈群、司马懿、吴质等人，虽然他们与曹丕关系更为亲密，是曹丕身边的核心智囊，但他们的资历还浅，需要进一步培养。

军权是曹丕所看重的，军队里最重要的几个职务全部由"诸夏侯曹"担任。其中，夏侯惇担任大将军，曹仁为车骑将军，在他们之下，曹洪担任卫将军，曹真担任镇西将军，曹休担任镇南将军。此外还有一个骠骑将军，介于大将军和车骑将军之间，曹操生前已给了孙权。

与贾诩等人的职务不同，夏侯惇等人的军职都不是魏国的，作为刘汉朝廷下的属国，魏国没有设这些高级军职，所以这些军职只能由献帝发布。这些军职里最重要的当属大将军，论资历应该是曹洪，但曹丕不喜欢他，给了夏侯惇。

曹丕不仅不喜欢曹洪，甚至想杀他，这件事可以说一说。

曹丕刚被册立为太子时，手下的人一下子多了，平时想给大家发点儿福利，手头上就有些紧，曹操管得很严，曹丕只得另想别的办法。曹洪很富有，有一次曹丕开口向这位叔叔借几百匹绢（尝从洪贷绢百匹），但曹洪却不给。

曹丕是个记仇的人，这件事就记在了心里（常恨之）。

所以曹洪只当上了挂虚衔的卫将军，后来还遇到了更大的麻烦，有一年曹洪的门客犯法，曹洪因为连带责任被抓入狱，曹丕抓住机会竟然要判曹洪死刑（下狱当死）。大家觉得曹洪有点儿冤，但曹丕意志很坚决，群臣吓得不敢说话。

曹丕下令处死曹洪时曹真刚好在场，曹真和曹洪关系也不好，但毕竟是老前辈，曹真有些顾虑：

"您今天要杀曹洪，他肯定会认为是我陷害的。"

"我自然会处理好，你不必多虑。"

眼看曹洪命将不保，卞太后急了，找到曹丕一顿怒斥：

"没有曹子廉，咱们能有今天吗？"

虽然被母亲骂了，曹丕仍然不动摇，还是想杀了曹洪。这时曹丕的王后是郭氏，曹丕对她很宠爱，从来言听计从，卞太后把郭氏找来，吓唬她：

"曹洪今天要是死了，我明天就让皇帝废了你这个王后！"

郭氏害怕了，多次为曹洪求情，以至于流泪，这样曹洪才保住一命，改为免官削爵。

安排好人事，曹丕对内又一连推出了多项重要举措。

第一项，减轻赋税。

延康元年（220）2月，即曹丕继位魏王的当月，即下令：

"关口、津道是用来通商旅的，池塘、苑囿是用来抵御灾荒的，设置禁规、加重税收都不是便民的办法，现在要清除有关禁令，减轻关津税收，税率一律定为10%（皆复什一）。"

经过连年战乱，经济受到极大破坏，为支持战争，各地又加重了税赋，适当地降低税率、减轻百姓负担不仅能赢得民心，而且有利于经济的恢复发展。

第二项，赏赐百官。

还是在这个月，曹丕下令对诸侯王将相以下百官进行赏赐，最多的有1万斛粮食、1000匹帛，还有大量金银，按品秩不同人人有份（各有差等）。

这也是赢得人心的一项举措，这项措施惠及各级公务人员，大家刚刚升了官，现在又拿奖金，自然皆大欢喜。之所以实物赏赐而不是通行的五铢钱，是因为当时物价飞涨，发东西比发钱更实惠。

第三项，抚恤已故老臣的家属。

那些故去的老臣，名气大一些、生前地位较高的人还好说，像荀彧等人他们的子弟都得到了很好照顾，但不是所有人都能照顾到，那些名气和影响小一些的老臣，家属子弟难免照顾不到。

曹丕下令表彰已故老臣们的功绩，例如尚书仆射毛玠，奉常王修、凉茂，郎中令袁涣，少府谢奂、万潜，中尉徐奕、国渊等，曹丕下令表彰他们忠直在朝、履蹈仁义，征召他们的子弟担任公职（其皆拜子男为郎中）。

第四项，禁止宦官担任重要职务。

20多年前一群大宦官被消灭了，宦官干政的痼疾被清除，但那次消灭的是宦官篡权而不是宦官制度本身，有帝王就有内宫，有内宫就少不了宦官，从汉室到魏宫，其实一直都有宦官的存在。

为避免宦官重新崛起，曹丕下令宦官担任的最高职务不得超过诸署令，诸署指的是后宫里负责服务的太官、御府、尚方、中藏府等机构，诸署令是他们的负责人，这些部门里的日常工作只是打扫卫生、保管东西、负责饮食起居这些事，不涉及政务和军务。

为把这项政策传之后世子孙永远铭记，曹丕命人把它刻在金属板上，藏在保管重要档案图册的石室里（为金策著令，藏之石室）。

以上这些措施受到上上下下的一致欢迎，鼓舞了曹魏军民的士气，曹丕的威望也树立了起来。

外部的情况也不错，好事接踵而至。听说曹丕继位魏王，濊貊、扶余单于、焉耆、于阗王等少数民族部落当即遣使奉献。又过了几个月，叛乱的鲜卑部族首领、关中地区冯翊一带的山贼郑甘、王照，以及卢水地区的胡人首领等也纷纷率众投降。

曹丕很高兴，拿着这些降书给大家看：

"前面有人建议我讨伐鲜卑，我没听，鲜卑不战而降；又有人建议我在今年秋天讨伐卢水的胡人，我也没听，胡人现在也投降了。当年魏武侯一谋应验，有自得之色，李悝因此讥笑他。我今天说这个并不是自以为得意，而是说坐在这里等他们归降，功劳远远大于动刀动兵啊（**徒以为坐而降之，其功大于动兵革也**）！"

说不得意，其实很得意，曹丕下令对投降的山贼和部族首领皆封为列侯。随后即发生了孟达来降事件，曹丕更得意了。

万国来朝，众叛归降，不仅解决了实际问题，而且预示着好兆头。

这样的开局，顺利得超乎想象。

三、对孙权还要敲打

得到汉中却失去了荆州，对刘备来说得不偿失。

关羽死了、刘封杀了，孟达、糜芳、傅士仁等人投降，刘备手下的重要干部损失很大，尤其是追随自己近30年的兄弟关羽就这样没了，刘备悲从中来、恨从中来、忧从中来……

但伤心的事还没完，"汉中国"尚书令法正、后将军黄忠也在这个时候先后去世。黄忠是汉中之战的头号功臣，他的死让刘备刚刚拜封的"四方将军"顿时少了一半，而法正的死给刘备的打击更大，甚至不亚于关羽。

庞统死后刘备视法正为首席智囊（谋主），对其言听计从，信赖有加。汉中之役充分展示了法正的奇谋，但天妒英才，法正居然这么早就死了。法正是如何死的史书记载不详，应该是健康方面出了问题。不过有一件事对法正可能会造成一定打击，那就是孟达的投降。大家都知道他和孟达之间的特殊关系，而孟达赴任也是他力荐的结果，现在出了这么大的事，法正心里肯定在难过之余还有许多愧疚。

法正死后刘备得重新为自己选一个尚书令，最后他选的是刘巴，尽管他不太喜欢这个人，但刘巴在解决益州金融危机中的出色表现让刘备见识了他治政理财方面的才干，打仗靠猛将，过日子就得靠这样会理家的能人，所以刘备还是选择了他。

刘巴平时清廉节俭，不贪财（躬履清俭，不治产业），又因为自己在刘备阵营里没有根基，担心受到猜疑，所以说话做事都很谨慎，喜欢清静，平时没有私交，和大家在一起不是公事不说（退无私交，非公事不言）。有能力，又不多事，这是老板最喜欢的职业经理人。

诸葛亮对刘巴一向很欣赏，刘备任命刘巴做尚书令想必也有诸葛亮大力举荐的原因，有刘巴这个助手，诸葛亮肩上的担子轻了不少。

曹操驾崩的消息传到成都，作为争斗了半辈子的老对手，曹操的死让近段时间一直压抑着的刘备终于能喘口气了。但是，毕竟老对手也是老朋友，刘备想到还是应该有所表示。

刘备派人带上自己的书信和丧礼前去吊唁，有一种记载是，刘备派的这个人叫韩冉，职务是刘备手下的一名掾，但是他却未能完成使命。韩冉走到荆州，进入曹魏控制的地盘就被曹魏的荆州刺史扣了下来，刺史请示曹丕如何处置，曹丕回复很干脆，不要来了，也别让他回去，杀了。

两国交兵不斩来使，何况是来吊丧的？曹丕不仅不厚道，简直是不地道。而且，曹丕此举明显缺乏政治远见，荆州出现变局后三方正处在微妙时刻，孙权得了便宜却惴惴不安，刘备咬牙切齿势在复仇，在战略上对曹魏来说正是最有利的时机，聪明的做法是继续激化孙刘两家的矛盾，他们来示好一律欢迎，让双方都觉得自己是他们的朋友，这样他们之间打起来的可能性就更大了。

刘备派特使前来吊唁，分明是在试探新魏王的态度，现在把特使杀了，于情于理于战略利益都不符，如果真是这样的，曹丕的政治智商就差得太远了。

但还有另外一种记载，不仅更详细，而且与前面的内容不同。根据这个记载，韩冉的职务是军谋掾，相当于参谋处长，刘备送去的丧礼里有益州的特产蜀锦（并贡锦布）。韩冉领命后没有走荆州，走的是上庸这条路线，到上庸，他借口有病，就不走了，住在了上庸。

需要注意的是，上庸此时已经是曹魏的地盘了，不过负责人还是孟达，想必韩冉也认识，后来韩冉在孟达派人保护下到了洛阳，呈上了刘备的信和礼物。曹丕接见了韩冉，并对刘备派人来吊唁表示感谢（有诏报答以引致之）。韩冉回去复命，并带来了曹丕的回信（备得报书）。

两种完全不同的记载，对比一下，后一种或许更靠谱。大国政治，不是以头抢地的庸夫之怒，曹丕没有大略至少也有"中略"，不会干那种傻事。

孙权称臣、刘备示好，这个局面实在难得。

过去孙、刘联合起来打自己，局面大约是平手，现在他们两个即将打起来，无论谁胜谁负结果都一样，那就是他们都将进一步被削弱，以后他们即使再联合起来，也将不是对手。

在此情况下，出于战略上的考虑对孙权和刘备的进攻都应该放缓，应该接受他们的示好，让他们马上就放心地开打，到时候再添把柴、加点火，让他们打得更凶一些。

可是曹丕并不打算这么做，也许开局太顺利让他有些飘飘然，在他的战略里，既不想合纵也不想连横，他想来个硬碰硬，把刘备、孙权一块收拾了。

曹丕继魏王位后不久发布了一份亲笔手令，里面写道：

"以此而推论，西南万里之域，刘备和孙权有谁会死守呢（西南将万里无外，权、备将与谁守死乎）。"

延康元年（220）6月，曹丕下令调集军队，在邺县城东举行阅兵仪式（治兵于东郊），魏王国公卿大臣全部参加，魏王曹丕坐着华盖车检阅部队，一切都按照战场环境鸣金击鼓操行。

当月，曹丕即下令南征孙权。

这个决定十分奇怪，孙权已经臣服，又刚刚在荆州打了一场大仗，正担心刘备找他拼命，并无北侵曹魏的任何理由和迹象，现在讨伐孙权，似乎不合情理。

曹丕的逻辑是，刘备要打孙权，他索性一块上手，双管齐下，两路夹击，也许孙权就过不了这一关。孙权灭亡，回头再收拾刘备不迟。

大军还未出发，霍性上疏劝谏，认为此时不可用兵，他提出现在这种情况下应柔道自守，外不与人争，对内修好自己（且当委重本朝而守其雌），时机成熟时自然抗威虎卧、功业可成。

霍性其人不详，只知道他是关中人，此时站出来反对用兵，或许跟他的职责所在有关。霍性担任的职务是度支中郎将，"度支"指的是财赋的统计和支配，这个职务是管财政税收的，在曹魏是大司农的属官。不久前曹丕接连推出多项措施，惠及百姓及百官，却苦了搞经济工作的官员，降税免赋，财政收入大减，又大发奖金，魏国的国库恐怕已经吃不消了，而这时大举兴兵，经济压力可想而知，所以霍性反对。

但曹丕不那么想，我去打孙权，你跳出来阻挠，什么意思？难道你是孙权派来的卧底？

不管是不是，曹丕盛怒之下命情报部门把霍性抓起来审查（遣刺奸就考），后来竟然把霍性杀了。

杀谏臣历来是帝王忌讳的事，所谓"国将兴必赏谏臣，国将亡必杀谏臣"，霍性的意见可以采纳，也可以不采纳，但只是因为提意见而被杀，刚继位的曹丕将给文武官员和天下百姓一个怎样的观感呢？大概想到了这些，曹丕后悔了，下令释放霍性，但晚了一步，霍性已经被杀。

为了消除此事件的负面影响，曹丕马上发布了一道命令：

"过去轩辕设明台议政，放勋设衢室用于征问，这都是广泛征求意见的具体措施。今后百官以及各有关部门都要按照职守极尽规谏之责，无论将领率阵军法还是朝士明达制度、牧守申理政事、缙绅统考六艺，所有意见我都将认真审察考虑（吾将兼览焉）。"

轩辕是黄帝，他设有明台；放勋是尧帝，他设有衢室。除此之外，还有舜帝设立的旌旗、大禹在城中建鼓、商汤设刑庭，这些都是听取意见、广为纳谏的举措。

延康元年（220）7月，曹丕率大军路过老家谯县。

自先王曹操以来似乎已形成习惯，那就是每次南征江东都要路过谯县，并在此停留一下，之前曹丕也曾随南征的大军在谯县住过一段时间，他还在谯县的一所旧居里种过几株甘蔗。不过，这一次对他来说有所不同，这是他第一次以魏王的身份重返故乡。

曹丕下令宴请六军将士及父老百姓，这场规模盛大的宴会在谯县城东举行，宴会上还有乐队演奏以及百戏表演。

喝得一高兴，曹丕还下了道命令：

"先王都喜爱所生之地，因为礼不忘其本。谯县是霸王之邦，帝王从此而出（真人本出），现在免除谯县两年的租税。"

谯县百姓大悦，地方三老以及官民代表一齐为曹丕上寿，宴会一直到晚上才结束。

次日，曹丕又亲自到谯县城外的曹氏宗族墓祭祀。

曹丕的此次故乡之行在后世却受到了非议，有史学家指出，子女应为父母守3年丧，上自天子、下自平民都应遵守（三年之丧，自天子达于庶人）。曹丕既然遵守汉朝的制度，就应该接受汉朝的礼仪，父亲刚死几个月，没有哀痛却设宴享乐，是要被批评的。

其实，即使没有所谓的"三年之丧"，曹丕此次故乡之行也有些过于张扬，国家财政困难之际大吃大喝就不说了，免除谯县两年租税的做法也显得太随意，看来刚接班对国家真实的财政状况还不是完全了解，一句话就随便免除哪个地方的租税，以后的日子恐怕不好过了。

放下这个不说，再说此次军事行动。

孙权听说曹丕来了，相当紧张，他正忙着对付刘备，万万不能开辟新的战场。孙权这时候大概认真反思了一下，他发现自己也许犯了一个致命的错误。

曹操在时他是派过梁寓去表示自己的臣服，曹操还以朝廷的名义升他为骠骑将军，又让他兼任了荆州牧，他以为与北方的关系暂时没问题了。但是他错了，因为那时"老曹"当家，现在主事的是"小曹"。

孙权大概才突然发现，自从小曹上位后他还没有过什么表示，人家能不给你脸色吗？

孙权不敢再怠慢，马上派人带着东西向曹丕奉献（**孙权遣使奉献**），这一次派的是谁、送去哪些东西史书未作记载。

曹丕其实并不想真打，他确实是给孙权一个下马威，既然孙权服软，曹丕满意了，下令撤军。

这时，才就任大将军几个月的夏侯惇病逝了，对曹丕来说这是一大损失，曹丕以献帝的名义谥其为忠侯，由他的儿子夏侯充继嗣。

曹丕与夏侯惇的几个儿子关系都很好，想让他们都有爵位（**欲使子孙毕侯**）。于是从夏侯惇的食邑中分出 1000 户赐给其他子孙，夏侯惇的 7 个儿子和 2 个孙子都成为关内侯，夏侯惇的弟弟夏侯廉及其子夏侯楙也被封为列侯。

夏侯惇生前以大将军的身份镇守寿春，是曹魏东线战场的统帅，他死后曹丕派曹休去接替，曹丕亲自为曹休送行，与他执手而别。

不久，曹休升任征东将军，兼任扬州刺史，晋封安阳乡侯。

四、谁才是那个"涂高"

延康元年（220）3 月，沛国谯县有人发现了"黄龙"。

龙并不存在，是人们出于对自然的敬畏、对神力的崇拜而创造出的能呼风唤雨又法力无边的神异生物，而所谓"黄龙"，除了有这些寓意之外还有特殊的含义。

传说当年鲧治水失败后死不瞑目，尸身 3 年不腐。尧担心鲧的尸身会异变，于是派勇士用锋利的吴刀把鲧的尸身剖开，但没料到鲧的怨气酝积在腹中，化成一只黄色的龙，后来又变形为人，这就是鲧的儿子禹（鲧死，三岁入腐，剖之以吴刀，化为黄龙）。

史书里如果记载的哪里发现了龙，一般只有目击报告，从来没有捕获过。通常情况下这种目击会让地方官员吓得要命，因为人间的龙已经有一位了，就住在皇宫里，当今天子，你这里又出现一条龙，是要来抢天下的吗？

但谯县发现黄龙的事却被逐级报了上来，大家觉得这不是坏事而是好事。开始这件事倒没有引起曹丕的注意，过了几天有个人来求见，才把这件事重新提起。

这个人名叫殷登，事迹不详，只知道他是魏郡人。

殷登求见，是来报告一件事，45 年前，即汉灵帝熹平五年（176），谯县也发现过"黄龙"，时任光禄大夫的桥玄问太史令单扬这是什么征兆，单扬说这个地方以后会有王者出现，50 年之内此地还会有"黄龙"再现。

殷登说，桥玄和单扬说这些话时他正好在场，心里默默记下了这件事，现在不到 50年"黄龙"果然再现于谯县，这是天命即将应验，他认为事关重大，不能不报告。

这件事的当事人只剩下了殷登，他说有别人也不好反驳，但搁在曹操，听到这些没有凭据的话肯定会置之不理，如果再折腾就会让有关部门对当事人来个诫勉谈话什么的。可曹丕一听说就来了兴趣，不仅亲自召见了殷登，而且对他进行了夸奖，称殷登为笃老，说他对占卜之术很有研究，能深谙天命之道（服膺占术，记识天道），最后还赏赐他 300 斛粮食。

这件事传了出去在社会上引起了强烈反响，聪明人看到了其中的暗示，投机分子则看到了巨大的商机。

4 月 12 日，饶安县上报，该地发现了白色的野鸡（白雉）。

野鸡多为赤铜色或深绿色，白色野鸡非常罕见。从现代生物学的观点看，白色的野鸡称白羽山鸡，是久负盛名的珍禽，只分布于喜马拉雅山和中国西部一些地方，在人很难接近、多山的地区繁衍。由于比较罕见，所以古代以白雉为祥瑞，古人认为在位的帝王很有德行，受到四方爱戴，白雉就会出现（王者德流四表，则白雉见）。周公摄政 6 年制礼作乐、天下和平，越裳曾献白雉以贺。

这次估计光说不行，饶安县那边可能还真的捉住了白雉，所以曹丕特别高兴，下令赏赐，免除饶安县全县的 1 年田租，又赐给白雉发现地的 100 户人家牛肉和酒，让大家痛饮3 天。

你好这口，自然就会有人源源不断地端到你面前，一时间各地类似的报告纷至沓来。

这些所谓的"祥瑞"事件大量涌现后，该权威人士出面了。

太史丞许芝递来一份2000多字的长篇上书，从"理论"上对这些现象进行了总结。许芝的这份上书读起来虽然枯燥，但却下了十足的功夫，单就查阅典籍史料这一点来说，没有深厚的学术背景和吃苦的精神也是难以做到的。

许芝从《易传》中找出"圣人受命而王，黄龙以戊己日见""初六，履霜，阴始凝也""圣人以德亲比天下，仁恩洽普，厥应麒麟以戊己日至，厥应圣人受命""圣人清净行中正，贤人福至民从命，厥应麒麟来"这几句话，正好解释了当时报告上来的黄龙、大虫、麒麟、蝗虫等异象，说明这些都是上天对所降新帝王将要产生的强烈征兆（**此帝王受命之符瑞最著明者也**）。

上面这些原文当然不是许芝临时捏造的，之所以看起来与现实如此吻合，是因为《易传》不是《易经》，它是为《易经》作的注释解读，这类书在当时多如牛毛，要找出几句刚好"对题"的话也不难，只是得做大量的资料查阅工作，在当时完全靠人力，想必许芝那段时间除了吃饭睡觉就一直泡在古书堆里了。

当然，有人会说虽然天将易世，为什么一定是曹魏呢？

许芝进一步从"理论"上对此进行了阐释，通过查阅古籍，他又找出几句话，分别是"汉以魏，魏以征""代赤者魏公子""汉以许昌失天下"，这几句话无疑更有分量了，直接点了题。当然，如前所述在当时浩如烟海的谶纬书籍中，这些话只是文字上的巧合，通过断章取义拿来一用罢了。

然而，这些还无法形成"定论"，因为现在几乎所有的人都知道"代汉者，当涂高"这句神秘预言，当年袁术称帝就用它来作为依据，由于它的影响力太大，要取代刘汉，不能绕过它。

这句话的出处一般公认的是《春秋谶》，这部书早已失传，这是一部什么样的书？作者是谁、成书于何时？这些都已经不得而知了，不过单从书名就可以判断出这部书的性质：它属于"谶书"这一类，是用来为《春秋》作谶的，应该成书于谶纬这类书兴盛的秦至汉初。

这句神秘预言第一次被正史提及是汉武帝时期。一次，汉武帝刘彻临行黄河和汾河，兴致一起，命人在船上设宴，君臣一边赏河景一边开怀痛饮，汉武帝上过太学，被称为文化程度最高的皇帝之一，他现场作了一首《秋风辞》。

辞成，当场奏唱，大家听了挺高兴，说领导你写得真好、真棒，一片赞美之声。这时汉武帝突然话题一转，对大家说："汉有六七之厄，法应再受命，宗室子孙谁当应此者？六七四十二代汉者，当涂高也。"意思是别看咱们现在挺乐呵，可我们汉朝也有"六七之厄"，到42代的时候江山就不在了，那时候"代汉者，当涂高"。

看来汉武帝已经知道了那句神秘预言，把它与"六七之厄"相提并论，一般对这类负面信息帝王身边人都尽可能予以屏蔽，不让领导听到、看到而烦心，汉武帝熟知这句预言，这说明它在当时已经相当流行了。见皇帝不高兴，群臣纷纷进言相劝，汉武帝也觉得这话跟眼下的风景不太协调，于是说自己喝多了（**吾醉言耳**）。

汉武帝没法知道究竟是谁最终取代的汉朝，但这句神秘预言差一点提前破产。西汉末年王莽建立了所谓新朝，走的是禅让的路子，他也上过太学，文化程度很高，同时是谶纬学的爱好者，为了代汉他也搞了一堆谶纬作依据，但奇怪的是却没有提到这句话，也许是他研究了半天自己跟这句话都扯不上关系吧！

如果王莽成功，新朝得以延续，"代汉者，当涂高"就会成为一句过气的预言或一个笑话被大家遗忘。但王莽失败了，汉朝宗室刘秀建立的新朝廷仍称汉朝，王莽的新朝不被世人承认，汉朝仍然继续，这反而成为"代汉者，当涂高"这句预言的反向注脚，大家对它更加坚信了。

王莽派到蜀地当太守的公孙述是个大野心家，他也对谶纬学深信不疑，他翻了不少谶纬书，找到了"废昌帝，立公孙""帝轩辕受命，公孙氏握"等几句话，还认为自己的手相与众不同，有龙兴之瑞，所以动了做皇帝的念头。公孙述很搞笑，他觉得自己找到的这些依据虽然"铁证如山"，但更希望大家都支持他，所以多次给刘秀写信，希望说服众人拥立他为皇帝。

对于公孙述发起的这些"谶纬战"刘秀很反感，决定予以回击。刘秀给公孙述写了封回信，说你说的那些不对，"废昌帝，立公孙"指的是人家汉宣帝，至于你说的手相问题，据我所知王莽的手相更好，他为何失败？你说的不行，我给你说一个，"代汉者，当涂高"听说过没？这说的是有资格取代汉室的是个姓"当涂"、个子很高的人，你小子长得那矬样，个儿高吗？

不过既然是"文战"，刘秀还挺客气，在信封上写着"公孙皇帝"，但公孙述拒不答复，他索性直接称帝，后被东汉朝廷消灭。

董卓死后，有个女巫找到董卓的旧部李傕，对他说"涂高"就是他，这个女巫的理解是，"当涂"是在路上，在路上又特别高的自然是阙了，"阙"与"傕"同音，"当涂高"指的就是李傕。不过李傕还算聪明，他知道自己有几斤几两，听听也就算了。

之前提到过的下邳人阙宣也是这么理解的，他觉得既然天命所归，索性大干一场搏个富贵。初平四年（193），阙宣在徐州聚众数千人自称天子，要给刘汉王朝争天下，后这个"皇帝"被陶谦杀了。

至于袁术，已经说过了。

好在谶纬学也是许芝的强项，他在这篇上书中提出了新的解释。许芝首先从朝廷档案里翻出一份上书，是前白马县县令李云所上，里面有一句"许昌气见于当涂高，当涂高者当昌于许"，在没有前后文的情况下看这句话有点儿不知所云，但又似乎暗示许县与"涂高"有关。

李云上这份书是在桓帝时，距今已经好几十年了，当时朝廷还没有迁都到许县，许县只是个普普通通的县城，谁也看不出它会成为天下政治的中心。说未来的帝王将昌盛于许县，许县有献帝，但说的肯定不是他，那么只有曹魏了，是曹魏帮助献帝在许县立的足。

接着许芝对"涂高"的字义进行了解释，他认为宫殿祠庙前面通常都建有两个高大的台子，台上有楼观，在两台之间留有空阙的地方，所以这种建筑称"双阙"，它们都很高大，而"魏"字的意思就是高大，《周礼》有"乃县治象之法于象魏"，《淮南子》有"魏阙之高"，可见道路两边高大的东西就是魏（当道而高大者魏）。

对"当涂高"的解释有过很多种版本，大家一般认为许芝的解释水平最高，至此许芝完成了这份艰难的考证，结语是曹魏将取代汉室（魏当代汉）。

五、让想做的事理由充足

这时，左中郎将李伏也上书说了一件事。

左中郎将的品秩为比二千石，在军中的职衔低于将军、偏将，并非重要角色。李伏事迹不详，只知道他曾在汉中供过职，李伏说的事也与汉中有关。

据李伏说，当年在汉中他认识了凉州人姜合，当时他客居汉中，此人精通谶纬之学，在关西一带很有声望，有一次姜合对李伏说：

"你将来一定要拜魏公，因为未来能安定天下的是魏公子曹丕曹子桓（定天下者，魏公子桓），这是神灵的嘱命，顺应天时，也与谶言相符。"

李伏把这些话告诉了张鲁，张鲁又把姜合叫来，向他询问这些话的出处，姜合说出自孔子留下的神秘预言书《玉版》，该书专讲帝王的兴衰更替，可以预知百代之多（天子历数，虽百世可知），张鲁听完深信不疑。

张鲁虽然沉湎于道术，但从来不敢有易世自代的想法，原因与此有很大关系。刘备进入益州后张鲁与部下讨论未来出路，一部分人认为应该追随刘备，张鲁生气道：

"宁愿做魏公的奴隶，也不做刘备的宾客（宁为魏公奴，不为刘备上客也）！"

李伏说，张鲁说这番话是他亲眼所见。据他观察，张鲁说的时候言辞恳切，完全发自内心（言发恻痛，诚有由然），说明他对姜合的话完全信服。汉中内附后姜合到了邺县居住，张鲁可惜已经病故。李伏说他曾把姜合的预言跟一些亲近的人多次讲过，只是时机未到，怕不合时宜，所以没有公开，现在看到祥瑞频现，日月已至，上天有命，故而讲了出来。

曹丕下令把李伏的上书予以公布，赞扬说："德行浅薄的人怎能体会得这么深、这么细致，也达不到这种程度。只是说的这些我不敢当啊（未敢当也），所有这一切都是先王的神明所致，并非凡人所能达到的呀！"

舆论声势已经造了起来，"理论工作"也准备好了。

延康元年（220）10月，魏王曹丕来到曲蠡，此地在许县东南。

一边说不敢当，一边又奖赏、表彰那些上符瑞和上书的人。曹丕的态度看似矛盾，但一点儿都不矛盾，处在这场风潮的旋涡中，献帝如果连这都看不明白，那就白活了。

看到曹丕都亲自逼上门来了，献帝知道最后的时刻到了。献帝在许县召集群臣公卿讨论，认为众望已归曹魏，愿意以禅位的方式把皇位让给曹丕。

献帝身边已经没有荀彧、孔融那样的汉臣，听说他愿意让位，不少人估计顿感轻松，作为这个傀儡朝廷的官员，他们一直过着两边不讨好的日子，现在终于要结束了。

看到也没人反对，献帝只好下诏：

"我在位已经32年了，正遇天下动荡之时，幸赖祖宗之灵才危而复存。然而我仰瞻天文、俯察民心，无不看到刘氏的气数已尽，天命将归于曹氏（已炎精之数既终，行运在乎曹氏）。前魏王已经树起了神武之绩，现魏王又光曜明德以应天下期待，这是历数的昭显和明证，应该相信。大道的运行天下为公，要选贤予能，唐尧没有传位给他的亲生儿子因而名播无穷，我对此十分羡慕，现追继尧典，禅位给魏王。"

献帝来到高庙，祭祀之后派御史大夫张音持节，奉皇帝的玉玺前往曲蠡，要求禅位。但曹丕表示推辞，认为自己是个薄德的人，难以承继大位。

献帝再次派人前来提出请求，曹丕再次推辞。

前后去了3次，被曹丕推辞了3次。

曹丕如此低调和谦卑，主要想看看外面如何议论以及群臣的反应。群臣这时纷纷上书，劝说曹丕接受献帝的禅让。

但是，上了一次，就被曹丕推让一次。

这些上书通常有几个或十几个大臣联名所上，中心思想只有一个，就是劝曹丕接受禅让，但写法上又不能雷同，所以大家都绞尽了脑汁，使用了最华美的辞藻，篇幅一般都比较长，引经据典，言辞一个比一个恳切。对于这些枯燥的文章曹丕却看得很认真、很仔细，每一道上书都亲自回复。

在一份回复里曹丕说，初听禅让之事，我的心感到了颤抖，手也发抖，连笔都拿不动（心栗手悼，书不成字）。

在另一份回复里曹丕说，现在百姓箪瓢屡空，面有菜色，连粗布的衣服也穿不完整，他们如此受难，都是我德行薄、能力差所致，哪里还敢再称帝？

曹丕甚至还说过一些狠话：

"三军可夺帅，匹夫不可夺志，我的志向已定，是大家无法夺去的（吾之斯志，岂可夺哉）？"

无论"民意"如何强大曹丕就是不答应，劝进表累计递进去了19次，被曹丕驳回了19次。

大家急了，看戏的不累演戏的人累啊，再好看的戏也得谢幕，真要把演的人累死不成？有人找足智多谋的贾诩出主意，贾诩建议由献帝下令筑一座受禅台，准备好相应典仪，到时候逼魏王就范。

大家认为这个办法好，献帝也同意。

受禅台选在离许县不远的一个名叫繁阳的小镇，选这里也许与它的名字有关，繁阳寓意着兴旺，此地位于今河南省许昌市西南，为漯河市临颍县的繁城镇。

受禅台很快建成，台高3层，每层27级，总高3丈多，虽算不上高大巍峨，但在一马平川的许县近郊也是很显眼的建筑了。

延康元年（220）10月28日，受禅仪式在受禅台举行。

这一次曹丕没有再拒绝，汉献帝刘协、魏王曹丕以及文武公卿400多人齐集繁阳镇，另外还有匈奴、单于、东夷、西戎、南蛮、北狄等各国的使节以及10多万将士，大家在这里共同见证一个历史时刻的到来。

仪式上，曹丕登台拜谢汉献帝，之后接受臣民及使节的朝贺。

之后祭天地、五岳、四渎，改国号为魏，更年号为黄初。曹丕成为新的皇帝，他死后谥号文帝，为便于阅读，本书下面直接称之为魏文帝。

绵延400余年的大汉王朝终于结束了，它不仅在中间被分为两段，而且在最后的数十年里陷入了分崩离析的状态，皇帝长期成为傀儡，政权成为摆设，这一次改朝易代确实是"天命所归"。

魏文帝下诏改繁阳镇为繁昌县，并刻石立碑来纪念这场禅让的盛事。碑石共刻了两块：一块是"公卿将军上尊号奏碑"，一块是"受禅表碑"。"受禅表碑"碑文22行，每行49字，"公卿将军上尊号奏碑"正面22行，背面10行，每行也是49字。两碑记述了汉献帝刘协禅位于魏文帝曹丕的经过，歌颂了禅让的千古美德，颂扬了曹丕齐光日月、材兼三级、有尧舜之姿、伯禹之劳、殷汤之略、周武之明，特别强调了曹丕是在公卿将士们多次请求之下，经过回思千虑、多次推让才接受禅让的。

这两块碑石十分有名，据唐代刘禹锡考证，该碑由王朗撰文、梁鹄书写、钟繇刻字。王朗时任御史大夫，他撰写的碑文文采非凡、气势磅礴，增一字显多、去一字则损，是蔡邕之后名气最大的碑铭高手。梁鹄的书法连曹操都爱不释手，他的字凝重遒劲、气度雍容。钟繇不仅是书法家和曹魏重臣，也是刻碑名家。以上3位顶尖高手联袂出场，使这两块石碑被认为文表绝、书法绝、镌刻绝，称为"三绝碑"。

更为难得的是，经历1800多年的风风雨雨，"三绝碑"仍得以保存，它们如今存放于河南省临颍县繁城镇的汉献帝庙内。

公元220年有了建安、延康、黄初3个年号。

这一年的11月就应该是黄初元年了，魏文帝下诏追尊祖父曹嵩为太皇帝，追尊父亲曹操为武皇帝，尊母亲为皇太后。同时以洛阳为正式国都，于12月初，当月即驾临洛阳宫。

黄初元年（220）11月1日，魏文帝曹丕下诏分河内郡山阳县1万户奉邑给汉帝刘协，封他为山阳公，刘协的4个儿子被封为列侯。汉室所有的诸侯王一律降为崇德侯，宗室原被封为列侯的一律降为关中侯。

魏文帝规定山阳公在封地内可以使用汉朝的正朔，也就是不必采用黄初的年号以及相应的历法，所以建安作为年号并没有完全消失，刘协在山阳又用了14年。

除此之外山阳公还享受其他特权，比如上书言事可以不称"臣"，可以在封地内用天子的礼仪郊祭天地，京城举行重大祭祀仪式时可以分到祭肉（致胙），这个意思是指今后仍可以参加曹魏朝廷举行的重大祭祀活动。

曹操的次女曹节当了献帝7年的皇后，此次被降为山阳公夫人，与曹宪、曹华两个姐妹一同随刘协去了山阳县。临行前，曹丕派人去要皇后的玉玺，曹节很生气，不给。前后去了多次，曹节最后把来人唤进亲自斥责，又把玉玺扔在地上（以玺抵轩下），流着泪说："老天不会保佑你的（天不祚尔）！"

山阳公刘协死于魏青龙二年（234），时年54岁，这一年诸葛亮去世，也是54岁。山阳公夫人曹节又过了27年才去世，她的另外两个姐妹情况不详。

刘协去世后仍以汉朝天子的礼仪安葬，陵墓称禅陵，位于今河南省修武县方庄镇古汉村，距云台山风景区不远。东汉皇帝的陵墓都在洛阳附近，只有刘协的陵墓孤零零位于豫北。河南省许昌市张潘乡有一座愍陵，也称汉献帝陵，其实是衣冠冢，刘协在许昌前后待了25年，这是本地人为纪念他而修建的。

六、一代新人换旧人

曹丕原来的身份是魏王兼汉廷的丞相，禅让之后许县的汉朝廷、邺县的魏王府和丞相府都不存在了，所有人员统一归入新朝廷。

曹丕不打算再为新朝廷设置丞相，放眼曹魏内部似乎也没有能担此重任的人选，更为重要的是，设不设丞相体现着君权的强弱，曹丕要做强势君王，不需要给自己的下面再培养出权臣。

丞相不设，三公还是要设的，后汉的三公是太尉、司徒和司空，曹丕沿袭了旧制。在人选上，曹丕第一个想到的是杨彪，弘农郡杨氏是前朝著名的政治世家之一，杨彪的父亲是汉灵帝的老师杨赐，父子二人在士人中均深得厚望。

曹丕派人去请，却被杨彪一口回绝了。儿子杨修被杀后杨彪仍心有余悸，不再过问任何政治，他对来人说："我也当过汉室的三公，愧疚的是没有建立尺寸之功，如果再当魏朝的三公，对国家来说并不是什么可称道的事。"

曹丕深感遗憾，改拜杨彪为光禄大夫，品秩二千石，相当于部长级，属于荣誉性质，又赐给杨彪延年杖、冯几，特许他上朝时穿单衣、戴皮弁帽，站位仅次于三公，又在杨府门前设行马，置吏卒警卫以示优崇。

清心寡欲、不问世事的杨彪最后以84岁的高寿而终，死后归葬于家乡弘农郡的杨氏宗族墓。杨彪的曾祖杨震被称为"四知先生""关西孔子"，那句"天知、地知、你知、我知"的话就出自他。杨氏宗族墓目前仍保存着杨震、杨彪等家族成员墓7座，具体位置在今陕西省潼关市吊桥镇。黄河在潼关拐了个弯，杨氏宗族墓就在拐弯处的黄河边上，由于"四知先生"的事迹，这里被建成了一处廉政教育基地。

杨彪不愿意干，下面就是钟繇、程昱、华歆、王朗、贾诩等几个人，他们的名望和资历都差不多。钟繇、程昱追随曹操的时间最长，他们屡建奇功，是能武又能文的重臣；华歆、王朗在社会上声望颇高，也是先帝手下的名臣；贾诩智慧过人，是为数不多的几个深为曹操所佩服的人，在曹丕立太子过程中发挥过重要作用。

经过权衡曹丕最后选贾诩为太尉、华歆为司徒、王朗为司空，钟繇、程昱虽然是曹魏的"嫡系"，但都因为各自原因而落选。

程昱的落选还是因为当年的"人脯"事件，他曾把人肉干当成军粮，在儒家看来只有禽兽才吃人肉，程昱因此备受诟病，之前已多次与三公之位无缘，新朝廷要展示新形象，尽管程昱在别的方面无可挑剔，曹丕还是不敢用他。曹丕让程昱担任九卿之一的卫尉，相当于京城警备司令，负责洛阳的保卫工作。程昱活到了80岁，死后追赠为车骑将军。

钟繇的落选是因为不久前发生的魏讽谋反事件。魏讽是他的下级，钟繇因渎职而被处分，免去了职务，曹丕继魏王后刚刚复起钟繇为魏国大理寺卿，马上就出任三公不太合适。曹丕继续发挥钟繇的特长，任命他为九卿之一的廷尉，相当于司法部部长。钟繇这位书法家活到了79岁，死后被追赠为太傅。

曹丕对三公的人选很满意，有一次罢朝后看着他们的背景高兴地对左右说：

"你们看看这三位，都是一代最杰出的人物哇（乃一代之伟人也），以后估计再也难以超越他们了！"

三公以下是九卿，已有程昱、钟繇两位，剩下的由董昭、和洽、邢贞等人充任，他们也都是老臣，追随曹操多年，立过各种功劳。

从曹丕的新班底来看似乎用的都是"老人"，其实并非如此。

这是因为，三公九卿并不是曹丕人事布局的重点，真正的权力核心在尚书台。汉武帝刘彻创设尚书台的目的是分丞相、九卿的权，这个机构相当于朝廷的秘书局，不仅负责处理中央各衙署之间、中央与各州郡之间的公文往来，还参与各种重大决策的制定，是真正的权力核心。曹丕基本沿用了汉朝尚书台的设置，长官为尚书令，副长官为尚书仆射，下设若干名尚书。

曹丕选的尚书令是桓阶，尚书仆射是陈群和邢颙，另选司马懿、陈矫、卫觊、崔林、杜畿等5人为尚书，这才是新朝廷真正的班底。

相比于司马懿、陈群，桓阶这个名字有些陌生，之前对他也介绍过一些。他是荆州刺史部人，经历颇有传奇，早年他曾在孙坚手下干过，得到过孙坚的赏识。孙坚死后他冒险发丧，又被刘表欣赏，刘表想把妻妹嫁给他，被桓阶拒绝。官渡之战时桓阶策动荆州的江南几个郡反叛，牵制了刘表，此举被曹操视为官渡决胜的关键之一，曹操南下荆州后即把桓阶找来延至麾下，十分信任。

曹丕重用桓阶的原因之前其实已经提到，在夺嫡之争中桓阶坚定地站在曹丕一边，与其他人不同的是，他不仅表态支持曹丕，而且不顾猜忌，多次主动地向曹操密谏，认为曹丕德优齿长、宜为储副，每次态度都十分坚决恳切（前后恳至），曹丕对他深为感激。

与桓阶一样，邢颙也是著名的"太子党"，他最早其实在曹植的平原侯府任职，但他看不惯曹植，与曹植性情不合，后调离平原侯府，看到曹操有"废长立幼"的打算，邢颙也多次劝谏。

陈群和司马懿更不用说了，是曹丕的"死党"，让他们一个担任尚书仆射、一个担任尚书，主要考虑到他们的名望、资历还较浅，需要一个培养的过程。陈矫、卫觊、崔林、杜畿等人则是有名的实干家，他们都在地方上任郡太守多年，很有业绩，且了解下面的情况。

曹丕为自己打造的这个核心班底，是由绝对信任的人和实干家组成，是一个有实力、信得过的班子。

桓阶身体不好，第二年便去世了，陈群和司马懿于是各升一级，一个担任尚书令，一个担任尚书仆射。又过了一年，邢颙改任司隶校尉，司马懿成为朝廷尚书左仆射，杜畿升尚书右仆射。

至此，曹丕在政务方面的左右手分别到位，陈群和司马懿这两个政坛新星冉冉升起。

在军事上，与魏王时期相比也有一些新变化。

夏侯惇死后，他所担任的大将军一职空缺，按说应该由现任军职最高的曹仁补上，但曹丕没有表示，曹仁仍任车骑将军，曹洪任卫将军，不过只是挂个名。

前、后、左、右将军分别任命了张辽、张郃、徐晃、朱灵，他们4个人随便拉出来一个都是响当当的一代名将，为曹魏大业连年征战，肝脑涂地，屡建殊功。典韦、许褚战死了，不然轮不到朱灵，还有一位本应是四方将军中的第一位，但兵败降敌，关羽被杀后又被"接管"到了孙吴，这就是于禁。

上面都属"论资排辈"，再往下就是"诸夏侯曹"第二代年轻将领的天下了，曹真、曹休以及夏侯渊的儿子夏侯霸、夏侯威，侄子夏侯尚，夏侯惇的儿子夏侯楙等纷纷脱颖而出，迅速走向前台，逐渐从父辈手中接过兵权。

曹真担任镇西将军，坐镇关中一带，他成为曹魏西线战场的总指挥；曹休开始担任领军将军，是禁军的统领，不久晋升为镇南将军，成为曹魏中线战场的总指挥；夏侯尚开始担任中领军将军，也是禁军的首领之一，很快就晋升为征南将军，成为进步最快的一个。夏侯楙后来担任了安西将军，夏侯霸、夏侯威担任了右将军，在曹丕的提携下他们都迅速成长起来。

文有陈群、司马懿，武有"诸夏侯曹"第二代，这就是魏文帝曹丕总体的人事布局。

对曹植、曹彰等这些兄弟，曹丕的政策是分散遣送到各地，理由是他们都有各自的封地，现在在应该到那里去（就国）。为了加强对这些兄弟的控制，曹丕还专门给每个人派去一名特别员（监国谒者），负责监督封国的情况，发现问题可以直接向曹丕报告。

自从曹丕被确立为太子，曹植就承认了失败，别人上劝进表，他也上了一份，曹丕让他们就国，他乖乖去了平原国。曹丕派去监督曹植的人名叫灌均，此人为迎合曹丕，上表密奏说曹植酒后行为不端，还劫持威胁朝廷特派员（醉酒悖慢，劫威使者），有关部门随即上报请求治曹植的罪，曹丕本想给予严惩，后在太后的干预下仅作贬爵为安乡侯的处罚。

为防止被天下人议论，曹丕还特意下诏说："曹植是我一母同胞的兄弟，我对天下都无所不容，何况曹植呢？骨肉之亲哪里舍得杀害？所以予以改封。"

在野史里记载了一件事，说曹丕称帝后对曹植仍心怀忌恨，有一次命曹植在7步之内写出一首诗，如作不出来就将行大法处死，但曹植不等其话音落下便应声而出：

煮豆持作羹，漉菽以为汁。
萁在釜下燃，豆在釜中泣。
本自同根生，相煎何太急？

这首诗又被小说家演化为只有4句的《七步诗》，知名度很高。但曹丕称帝后他们兄弟二人见面次数极为有限，曹丕拿作诗这种小把戏为难诗才横溢的弟弟，于情于理于客观情况都不大可能。被贬后曹植很快又被改封为鄄城侯、鄄城王，一直过着心惊胆战的日子，遇事无不小心谨慎。

有一次曹植奉诏入京，快走到洛阳时突然内心里感到了无名的惊惧，就丢下随行人员骑马微行入京，他偷偷地去见了大姐清河长公主，想让她带着自己到哥哥面前请罪。

曹植不见了，关吏不敢怠慢马上报告，曹丕派人沿着来京的路线搜寻，没有找到。太后听说后认为曹植自杀了，在曹丕面前痛哭。过了一阵曹植散着头发、光着脚并且自行背负刑具来了（科头铁锁，徒跣诣阙下），太后才转悲为喜。

曹植后来又被改封为雍丘王、东阿王，不仅有人监管，而且封地也变来变去，日子很不好过。

曹植的哥哥曹彰也没好到哪里，曹操在时封他为鄢陵侯，曹丕称帝后晋升他为公爵。曹彰本以为自己与其他兄弟不同，他带过兵，对国家有用，所以应该另有安排，但诏书下来他也跟兄弟们一样就国（当随例），曹彰很不高兴。

鄢陵这个地方也不好，属经济落后地区（鄢陵瘠薄），曹彰想改为中牟，这里不仅经济发达而且离洛阳不远，曹丕答应了，封他为中牟王，但不久就改封为任城王。曹植奉诏入京的那一次曹彰大概也来了，但他却莫名其妙地暴死在洛阳。

有野史说，曹丕邀曹彰在卞太后那里下棋，一边下一边吃枣，曹丕把毒药弄在枣蒂中，自己只吃没毒的，曹彰不知道结果中毒。卞太后拿水想救他，曹丕早已密令左右把瓶罐都毁了，卞太后急得只能光着脚跑到井边想去取水（太后徒跣趋井），可水还是没打上来，过了一会儿曹彰就死了。

这个记载也不足信，曹彰是不是曹丕杀的先不论，即使是，曹丕杀个人也不必费这么大的事，更不会当着母亲的面，这个记载与《七步诗》一样都属于杜撰。

不过，曹丕称帝后，曹彰、曹植以及其他几位宗室的处境确实很不好，遣散出京、一再迁封，内部又有人监视，这样的日子连普通人都不如。

七、孙权自有对策

汉朝皇帝没了，对孙权和刘备来说这当然是一件大事。

从名义上讲，孙权和刘备都是汉朝皇帝的臣子，孙权是骠骑将军、荆州牧，这是汉朝任命的；刘备是汉中王、益州牧，虽然没有得到过汉朝的正式任命，却也是既定事实。对他们二人来说，无论程序是否合法他们以及手下众多文武的官职都是基于有个汉朝才存在的，汉朝突然间没有了，也就意味着这些官职也自行失效。

当然，这只是个名义问题，还好办。

不好办的是如何对新朝廷表态，荆州之战后刘备和孙权都忙着积极应战，一个要报仇，一个要保卫胜利成果，都很忙，也都很紧张，但此刻他们也必须停下手中的事，先应对一下眼前。

对此，二人的态度完全不同，孙权表示拥护，刘备坚决反对。

先说孙权，他汲取了曹丕继魏王时没及时表态和祝贺的教训，一听说曹丕称了帝，不敢怠慢，马上遣使称臣，态度极为诚恳谦卑（卑辞奉章）。为表忠心，孙权还下令把于禁送回北方。

最近一段时间发生的大事太多，人们几乎把于禁忘了，他还活着。

于禁投降后被关羽送到了江陵，吴军攻克江陵后于禁又被孙权控制，孙权没有把于禁当成俘虏看，对他倒不错，还亲自和他相见，但也没有放他回去。

曹丕称帝前孙权为向他示好，曾释放了朱光、董和等人，他们是在魏吴交战中被俘的，那次也没有放于禁，也许孙权觉得于禁更重要，可以派上更大的用场。于禁除了没有人身自由其他方面都还挺好，吃的喝的都挺优厚，孙权还时常邀他一同外出。

有一次，孙权和于禁骑马并行，被虞翻看到了，虞翻拦住于禁大骂：

"你不过是个投降过来的俘虏，怎么敢跟我家主人并排骑马（何敢与吾君齐马首乎）？"

不光骂，虞翻挥鞭还要打，如果不是被孙权呵斥住，一代名将于禁就得挨江东名士虞翻的一顿鞭子。

还有一次，孙权在楼船上宴饮群臣，邀于禁出席，席间有人奏乐，乐声勾起于禁的思乡之情，不由得流下泪来，这一幕又让虞翻看到了，虞翻当场教训于禁说："哭什么？你以为装可怜就能免除一死吗（汝欲以伪求免邪）？"

虞翻这个人智商一流，但情商明显不足，属于又愣又硬的书呆子一类，两次向一名阶下囚发难，不是他生性争强斗狠、以强欺弱，也不是他跟于禁有什么个人恩怨，而是他内心里儒家的节义思想太深，看见于禁这样的人就来气。

但孙权对外一直把于禁当客人，侮辱于禁就是不给孙权面子，所以孙权对虞翻的做法很不满（权怅然不平），后来虞翻被孙权远放交州，与此有很大关系。

孙权不仅释放了于禁，还释放了被关羽俘虏的徐州刺史浩周、于禁手下的司马东里衮，孙权请他们给曹丕带上一封信，信中孙权的态度十分恭敬，表明自己世受魏国恩宠，情深义厚，名分也很明确，他发誓对魏国永远一心一意（今日之事，永执一心），请求曹丕保护和关照自己。

于禁回到洛阳，曹丕接见了他，此时于禁已经须发皓白、面容憔悴，见到曹丕，于禁很羞愧，不停地流涕叩首，曹丕倒没责怪他什么，反而以荀林父、孟明视的事安慰他，还任命他为安远将军。

荀林父是晋国将军，曾率军与楚军交战，大败，回来后晋景公依然重用他，3年后他又率兵出征，打了大胜仗；孟明视是秦国将军，在攻打郑国回军时被晋军俘虏，不久被释放回国，秦穆公仍然信任他，让他继续带兵，后来他率军击败了晋军。曹丕以他们二人为例，说明打了败仗被俘虏不算什么，在任命于禁为安远将军的诏令中，曹丕特别强调：

"樊城之败，主要原因是遭到了水灾，汉水暴涨，不是作战不利造成的，所以恢复于禁等人的职务。"

如果于禁的结局真是这样的，曹丕的胸怀就让人钦佩，让人看到了又一个曹操。但曹丕的胸怀其实与父亲差得远，他一边安慰、厚待于禁，一边却在背后搞起了小动作。

曹丕下诏让于禁出使江东（*欲遣使吴*），行前特意安排他到邺县敬谒高陵。于禁去了，在一间屋子里却发现挂着几幅画，画的是樊城之战的经过，包括关羽大胜、庞德壮烈殉国、于禁乞降等内容，于禁看完大愧。

不久，于禁忧病而死，曹丕赐谥号为厉侯。

"厉"在谥法上有暴慢无亲、杀戮无辜之意，属于"丑谥"，可见人死了还在计较。后世有学者评论说，于禁率数万人败不能死，可以把他杀了，也可以从此不用他，但用这种办法羞辱他，并不是为君之道（*废之可也，杀之可也，乃画陵屋以辱之，斯为不君矣*）。

随于禁一块回来的浩周和东里衮情况要好得多，他们在孙权那边待过，曹丕想听听他们的意见。曹丕最想了解孙权的真实想法，他向曹魏称臣，是不是出于真心。

浩周认为孙权的态度是诚恳的，他一定会臣服魏国，东里衮认为不一定（*周以为权必臣服，而东里衮谓其不可必服*），二人争论起来，浩周愿意用全家百余口人的性命替孙权担保，说孙权不仅态度真诚，而且还会把儿子送来当人质。

在给曹丕的信里孙权没有提出送质子一事，这件事也许是他让浩周口头传达的，曹丕最后相信了浩周，相信孙权的诚意。

曹操晚年最重要的谋士刘晔时任侍中，他劝曹丕不要接受孙权称臣，他认为当前正是亡吴的大好机会，应和刘备共同讨伐孙权，吴亡之后蜀也就难以单独存在，天下可以很快一统。

对刘晔的建议，曹丕有些狐疑：

"人家主动称臣你却讨伐他，这会让天下那些想来投奔的人丧失信任（*疑天下欲来者心*），他们必然会产生恐惧，不能这么做。何不先接受孙权投降，之后一块去伐刘备呢？"

曹丕的看法其实不对，在群雄争霸初期，如果说杀一降者寒了想归顺人的心那还说得通，曹操当年不杀张绣、不杀刘备都是这个道理，但时势变化，格局已定，现在已经没有多少还在择主的英雄了，反之应该抓住每一次机遇，不让它白白错过。

刘晔也不同意曹丕的看法，他认为："蜀地远，吴地近，刘备如果听说讨伐他，一定会回军，我们也没有办法。现在刘备必欲灭吴，如果听说我们也伐吴，他会高兴地前来。"

但曹丕已经深受浩周的影响，认定孙权称臣是真心的，所以决定接受，并打算封孙权为吴王。听到这个消息，刘晔又竭力劝阻：

"即使不得已接受孙权称臣，可以增加将军的名号，封他个十万户侯都行，但不能封王。王位离天子只差一个台阶，穿的、坐的以及礼制容易混乱（**夫王位，去天子一阶耳，其礼秩服御相乱也**）。如果只是侯爵，江南士民不会生出君臣之义。现在给他这么尊崇的名号，让他在吴国拥有君臣之礼，这等于为虎添翼。"

刘晔的见解很深刻，也很务实。很多老百姓并不太懂什么是帝什么是王，孙权堂而皇之地穿着跟皇帝差不多的衣服、用着差不多的仪仗，大家就认为他是合法的皇帝，将来打退了蜀兵，你想去消灭他，他就会告诉下面的臣民说魏朝无故伐他，目的是灭亡他们的国家，俘他们的子女当童隶仆妾，这样吴人就会相信他的话，必然更加上下同心，再攻打他们难度就大得多了。

事后证明，刘晔预料得很对，不过曹丕仍然没有接受。

黄初二年（221）8月，魏文帝曹丕策命孙权为吴王。

孙权当然不甘心称臣，他的策略先虚与委蛇，因为眼前有刘备方面的压力，对曹魏只能先应付着，能拖一天是一天，至于送质子什么的，即使他亲口对浩周说过，那也是顺口一说。

当初孙权刚听到曹丕称帝的消息时曾问过群下："曹丕以盛年即位，我恐怕比不上他，大家认为如何？"

孙权的意思是曹丕比他年轻，活得比他长，国运自然也长。对于突然冒出这样的话，大家一时不知如何作答（**群臣未对**），只有孙权骠骑将军府的西曹掾阚泽说："主公不必担心，因为用不了10年曹丕就没了（**不及十年，丕其没矣**）。"

这真是语出惊人，不过孙权看阚泽并不像开玩笑，说得一本正经，就好奇地问他是怎么推算出来的，阚泽回答："通过猜字得出的（**以字言之**），不、十加在一块就是丕字，所以知道。"

阚泽要么是在讲笑话，目的是缓解一下当时尴尬的气氛；要么他就是朱建平那样的高人，因为真让他言中了，没到10年，仅7年后曹丕就死了。

孙权其实只比曹丕大5岁，发出那番感慨似乎有些矫情，但他的确很关心孙氏基业的未来，当年曹操率数十万大军压境都没能动摇过他的意志，现在怎么会甘心做一名曹魏的臣子？

这段时间孙权又做出了一项重大战略调整，他把大本营从建业搬到了荆州，具体地点在江夏郡的鄂县，孙权将其改名为武昌，这是准备与刘备展开决战的一项准备。

这个武昌并非现在武汉三镇的武昌，而是今湖北省鄂州市，也在长江边上，位于武汉的下游，两地相距120公里，约合汉代350里。

黄初二年（221）11月，魏文帝曹丕派邢贞来武昌，宣达册封孙权为吴王的诏命。

邢贞的职务是太常卿，九卿之一，他带来的策书挺长，上面除了一大堆空话、套话外至少还有4项重要内容：

一是不仅册封孙权为吴王，而且随玺绶和策书还授予孙权调兵用的金虎符第一至第五、左竹使符第一至第十，这是对照当年曹魏被封魏王的待遇而做的，军权由天子掌握，但既然人家实际上也拥有军队，那就干脆务实些，转授一部分军权，否则孙权今后用兵皆属非法，令双方尴尬；

二是撤销孙权骠骑将军一职升任大将军，夏侯惇空出的这个职务终于派上了用场，虽然是名义上的，但毕竟这是全国武装部队的总司令，这个名义够大够体面；

三是命孙权继续持节督交州，同时仍兼任荆州牧，这是给他划定势力范围，进一步承认孙权对荆州刺史部的占领，交州刺史部在荆州刺史部以南，魏朝的势力暂时难以达到，就由孙权来代管，有意思的是孙权的主要势力范围在扬州刺史部，而无论是曹操还是曹丕，从来没有承认孙权是扬州牧或扬州刺史，曹魏那边一直都有自己任命的扬州刺史；

四是给孙权加九锡，具体内容前面已经讲过，这个待遇曹操享受过，那是汉朝的，魏朝的九锡孙权是第一个享受的，拥有这些特权，与真皇帝确实只有"一阶之差"了。

总之，曹丕给足了面子，希望打动孙权、感动孙权，希望孙权真的俯首称臣，从而魏、吴联成一体，共同对付刘备。

可是，对曹丕的盛情厚意孙吴的文臣武将们并不领情，有人认为不应该接受曹魏的封王，大将军也不算什么，孙权应该自称上将军、九州总管（九州伯）。

孙权明白大家的心意，干脆在小范围内把话挑明：

"你们说的这个九州伯，听都没听说过，还是算了。当年沛公也曾被项羽拜为汉王，只不过是一些权宜之计，既然这样还计较什么多与少呢（此盖时宜耳，复何损邪）？"

但大家还是气不顺，邢贞到了武昌，孙权亲自到都亭迎候，邢贞露出骄色，在孙权身边排队迎接的张昭、徐盛等人感到愤怒，徐盛回过头跟队列中的其他人说："我徐盛不能和大家挺身而出占领许县、洛阳，吞并巴蜀，却让我们的君王跟邢贞这样的人盟会，这不是我们的耻辱嘛（令吾君与贞盟，不亦辱乎）！"

徐盛当场涕泗横流，一下子惊动了邢贞，悄悄跟随行的人说："江东文武志气如此，肯定不会久居人下！"

邢贞进了门，不知是故意还是无意，没有立即下车，张昭走过去对邢贞说："有礼仪才有法制，你妄自尊大，难道欺负江东人少力弱没有方寸之刃吗？"

邢贞听罢赶紧下车。

与邢贞一同来武昌的还有浩周，孙权单独请浩周喝酒，浩周对孙权说："我们陛下不相信您把儿子送去当侍卫，我以全家百余口人的性命为您作的担保（陛下未信王遣子入侍也，周以阖门百口明之）。"

孙权听后很感动，流涕沾巾，浩周字孔异，孙权对他说："浩孔异，先生以举家百保我，我还有什么话说？"

临别时，孙权又与浩周指天为誓，一定送儿子过去。

孙权的长子名叫孙登，已经长大，把他送到洛阳，名义上由曹丕给个天子侍卫的官职，实际上就是人质。但送与不送，这个之前在江东已多次争论过，这次孙权压根儿没打算那么做。

孙权后来给浩周写信，以孙登还未成家为由相拖延，并假称想与夏侯氏攀亲，请浩周做媒人，如果可以，就派孙邵陪孙登前往，交上聘礼，成不成都看浩周了（**奉行礼聘，成之在君**）。在另一封信中，孙权说他将派张昭陪孙登一块来，时间最迟不过当年的 12 月。

但一直到双方彻底翻脸孙权也没把儿子送来，曹丕虽然没有要浩周全家的命，可终身不再重用他。

八、刘备也当了皇帝

孙权向曹魏称臣，换来吴王的封号，但刘备却不能这么做。

这与刘备的政治信念是否比孙权更坚定无关，也与他跟汉室、跟汉献帝的感情是否更深无关，而是由刘备所面临的政治现实决定的。多年来刘备一直告诉拥戴他的官民，曹操是汉室的敌人，他是汉室的维护者，他的一切努力都是要推翻曹操这个权臣，复兴汉室的大业。

由于长期的宣扬，刘备作为汉室忠臣的形象已深入人心，转化为一种"意识形态"，对刘备阵营来说这种观念根深蒂固，它帮助刘备更好地凝聚了人心，但也无形中成了一个政治包袱，如果此时突然从曹魏的坚定反对者转为拥护者，众人的思想一定会产生混乱。

这是刘备不得不考虑的问题，孙权为什么不存在这个顾虑呢？因为孙权的政治策略一向更务实，他也拥戴过汉室，不过更多是口头上的话，他不在意，大家也不在意。

此外，刘备还面临着比孙权更复杂的现实问题，汉中之战他抢了人家曹魏的地盘，杀了曹氏的至亲夏侯渊，现在即使想跟人家讲和称臣，人家恐怕也不会接受。

仇还没报，刘备先面临着一个政治上的危局。

诸葛亮等人提出了破解危局的办法，那就是刘备也称帝，不过不是像曹丕那样宣告建立一个新王朝，而是把刘氏创建的汉朝大旗在益州重新树起来，刘协下去了，刘备接着干。

这的确是一着妙棋，既可以解决当前面临的政治问题，对曹丕的称帝行动予以回击，又避免了内部意识形态的分裂。

然而刘备却有顾虑，不同意这么干（先主未许）。

刘备顾虑什么呢？他没有说，估计有两个方面：一是刘协毕竟还在世，在自己的封地内还可以行汉朝的正朔，直接把汉朝"搬"到益州来，在程序上没有先例；二是失去荆州让他实力大损，当前的首要任务是找孙权复仇，抢回荆州，现在称帝未免仓促。

诸葛亮对刘备进行了劝说："过去吴汉、耿弇等人劝光武帝刘秀即帝位，光武帝辞让，前后多达4次，另一位将领耿纯最后进言：'天下英雄仰慕期盼着您登上帝位，大家跟着荣华富贵。如果您不答应，大家就各自寻找新主人，不跟您了（士大夫各归求主，无为从公也）。'光武帝深感耿纯之言，终于答应。现在曹氏篡汉，天下无主，大王您是刘氏苗裔，理应代汉而起，现在即帝位正合时宜。众人跟随您这么久，吃了这么多苦，想法跟耿纯其实是一样的（士大夫随大王久勤苦者，亦欲望尺寸之功如纯言耳）。"

诸葛亮借耿纯之口向刘备说了一个道理：称不称帝不是你个人的事，而是大家的事，如果执意不肯就伤了大家的心。

在共同的事业中，领导和下属其实是一个命运的共同体，大家休戚与共、荣辱共担，有成就一同分享，有困难共同克服。领导的一切都会对下属产生巨大的影响，所以在做出事关个人进退的决定时，假如有选择的可能，一定要想想这件事对下属们会带来什么后果。

一席话让刘备幡然醒悟，同意称帝。

汉献帝退位的消息传到益州后，关于刘备要不要称帝成为一个话题，益州上下都在议论，出乎意料的是，舆论并非完全一致。

大多数人认为刘备应该称帝，他们中的一部分人还向刘备上言劝进，带头的有张裔、黄权、杨洪、何宗、杜琼等人，他们也找到一些支持刘备称帝的神秘预言和所谓瑞兆，用以论证刘备称帝的合法性和合理性。

他们在河图、洛书等谶纬著作中查找，找到了"赤三日德昌，九世会备，合为帝际""天度帝道备称皇，以统握契，百成不败""九侯七杰争命民炊骸，道路籍籍履人头，谁使主者玄且来""帝三建九会备"等几句话，里面有"备""玄"等字样，用以兆示刘备。又说益州著名术士周群生前曾说过在西南发现数道黄气，直立而起好几丈高，出现过不止一年（见来积年），还伴有景云祥风。建安二十二年（217）还出现过一种像旗子一样的风（有气如旗），从西向东刮过，河图、洛书都说必有天子出于其地。还有星象、五行，凡此种种，无不预示刘备称帝与谶纬和瑞兆都相合，是天命所归。

但是，也有一些不同意见。

益州前部司马费诗上言，认为曹操父子逼迫汉主退位，当务之急应当聚集力量、讨伐叛逆（纠合士众，将以讨贼），现在大敌当前，而先自立为帝，恐怕会招致大家的猜疑。

费诗有几句话还相当激烈，他说："过去刘邦、项羽等人相约，先破秦者为王。后来刘邦攻破咸阳，俘获子婴，仍然谦让不为王。现在您还没有迈出去讨伐敌人，却在此谋求自立（况今殿下未出门庭，便欲自立邪），愚臣认为不可取！"

作为益州本地出身的官员，刘备和诸葛亮对费诗还是相当器重的，先任命他为牂牁郡太守，又调他回益州府任前部司马，前不久还派他前往荆州宣布对关羽的任命，没想到在称帝这个问题上他却持强烈反对的态度。

紧接着汉中王尚书令刘巴也反对称帝，他认为现在这么做时机不成熟，应当缓一缓再说（如此示天下不广，且欲缓之），刘巴还拉上刘备的主簿雍茂一起去劝谏。

费诗、刘巴可能并没什么别的政治动机，但他们不是战略家，只看到其一没看到其二，知小处却不识大体，不知道刘备现在称帝绝不是满足个人野心那么简单，而是争霸大业的迫切需要。他们代表了一小部分人的想法，这些人虽不多，但不容小觑。

刘备好不容易下了称帝的决心，又被这些人闹得心烦，为防止反对称帝的人一哄而上，一向待下属还算温和的刘备使出了狠招，找了个借口把雍茂杀了。

刘巴吓坏了，不再多言，费诗被贬到永昌郡任从事。

反对的声音被压下去了，上书劝进的越来越多，单独或联合上书的多达 800 余人。舆论基本一致了，最后由诸葛亮、许靖、麋竺以及太常卿赖恭、光禄勋卿黄柱、少府卿王谋等重臣做了总结性上书，劝刘备顺应民意。

这份劝进表与之前张裔等人上的那份差异不大，也是从谶纬、祥瑞的角度阐述刘备称帝的合理性。这份劝进表里面还记录了一件事，说关羽包围襄阳、樊城时，有张嘉、王休两个襄阳人献上了一方玉玺，这方玉玺原来是沉在汉水里的，虽伏于渊泉但灵光照天。"汉"是高祖皇帝所定的国号，刘邦和刘备都兴于汉中，天子的玉玺又出于汉水之末的襄阳，这说明高祖刘邦建立的大汉基业将由刘备在汉水下游继承，刘备继大汉天子之位是瑞命符应的天命，并非人力所能造就的。

魏文帝黄初二年（221）4月，刘备在武担山称帝。

武担山位于成都西北，相传武都郡有个男子不知何故突然变身为女人，长得很漂亮，蜀王娶她为妻，由于不服水土，又思念家乡，没多久就死了，蜀王很悲伤，命士卒涉长途去武都郡担土，把此女葬于成都附近，高10丈，称为武担。

仪式上先杀黑色公牛祭祀，宣读了由刘巴起草的祭天文诰，宣布承续汉祚，受皇帝玺绶，建年号章武，大赦天下。虽然新朝廷一直自称是刘汉王朝的延续，所以刘备不称登基而称继位，但历史上还是把它与刘邦建立的汉朝予以区分，称它为蜀汉。

刘备策命新夫人吴氏为皇后，策命刘禅为皇太子。刘禅此时14岁，为了加强对他的教育，刘备选派了强大的辅导班子，任命董允、费祎、霍弋为太子舍人，任命来敏为太子家令，任命尹默为太子仆。霍弋是霍峻之子，霍峻已经去世。刘备念霍峻当初守葭萌功不可没，命其还葬成都。刘备亲率群僚吊祭，并留宿于墓上。

刘备还命太子刘禅纳张飞的长女为妻，策命为太子妃。刘备纳吴氏后又有了刘永、刘理两个儿子，刘备册封刘永为鲁王、刘理为梁王。

之后着手安排新朝廷的人事，刘备下诏延续汉献帝朝的做法实行丞相制，任命诸葛亮为丞相，任命策文说："我遇到了家族不幸，在此情况下继承了大业，我兢兢业业，不敢有半点懒惰，一心想的是让百姓过上安定的生活，担心的是做不到这些啊。丞相诸葛亮要充分理解朕的这份心意，帮助朕弥补缺失，以重新发扬大汉王朝的光辉，使之照亮天下，希望你自勉！"

这一年刘备刚好60岁，诸葛亮刚好40岁。

随后任命许靖为司徒，曹操设丞相时已废三公，司徒早已不存在了，但刘备觉得之前已任命许靖为汉中王下的太傅，此时不宜再降为九卿一级，于是改任其为三公之一的司徒。许靖此时70多岁了，基本管不了什么事了，每天只和一帮仰慕他的人高谈阔论（清谈不倦）。但他的名气很大，尤其在曹魏那边还有一帮老朋友，时不时写信过来问长问短，留他任司徒，用的是他这面招牌。

九卿基本保留了汉中王时期的设置，太常卿赖恭、光禄勋卿黄柱、少府卿王谋，此外只增加了个大鸿胪卿，任命的是何宗。作为益州地方出身的官员，何宗之前担任刘备的从事祭酒，相当于顾问组组长，在此次劝进中又表现积极，受到刘备的肯定，九卿中的其他几个仍然空缺。

与九卿品秩相当的侍中一职，汉中王时有廖立，此次保留，又增加了一个马良。马良此前一直担任左将军掾，是刘备左将军府下面的一个处长，诸葛亮署左将军府事，马良是其主要助手。马良与诸葛亮情投意合，其工作作风踏实，做事勤奋，为人正直，深得刘备和诸葛亮的信任，所以提拔他为侍中。再往下任命宗玮为太中大夫。太中大夫掌议论，类似于谏议大夫，但地位稍低，宗玮其人不详。议郎任命了4位，分别是许慈、孟光、刘豹、向举。

刘巴仍然留任尚书令，刘备任命诸葛亮为丞相时有一个附带说明，即"录尚书事、假节"。录尚书事就是兼管尚书台的事务，丞相虽然权力很大，但如果没有这项任命，等于尚书台的事管不了，权力大打折扣。

尚书台也是蜀汉朝廷的核心部门，除刘巴外，此在尚书台供职的各位尚书情况不太清楚，能明确考证的只有杨仪一人。之前说过，出身于荆州"七大家族"的杨仪跟诸葛亮关系密切，但杨仪开始没有随刘备来益州。他先在曹操任命的荆州刺史傅群手下当主簿，后投奔了关羽（背群而诣襄阳太守关羽），被关羽任命为荆州功曹。关羽经常派人到成都向刘备汇报工作，有一次派的是杨仪，刘备跟杨仪谈话中发现他对军国大事、政治得失都很有见地，十分高兴，就把他留在了身边。

但杨仪这个人的性格有问题，才虽高却不合群，容易跟别人闹矛盾，不管是上司还是同僚，动不动就发生冲突，到尚书台供职后跟顶头上司刘巴关系不和，影响安定团结，被刘备改任为弘农郡太守。弘农郡在中原地区，是曹魏的地盘，这个任命相当于给个空头衔在家休息，杨仪被打入冷宫。

尚书台里有个人比刘巴、杨仪的地位都低，但比他们更牛，这个人就是蒋琬，开始担任的职务是尚书郎。如果尚书令相当于秘书长或秘书局局长，尚书就相当于处长，而尚书郎只相当于科长。蒋琬是诸葛亮在临烝时期发现的人才，来益州后被任命为广都县长，因为不太勤政，被到下面视察工作的刘备碰上了，免了官，现被重新起用。

杨仪与蒋琬在尚书台共事的这个经历造成了多年后的一段纷争，诸葛亮去世蒋琬成为指定的接班人，资历曾经高于蒋琬的杨仪备感失落，多出怨言，以致闹得你死我活。

以上是蜀汉朝廷的文官体系，武将方面也有较大变动。

刘备为左将军时马超以平西将军的身份居武将之首，汉中称王后武将之首是前将军关羽，现在关羽不在了，刘备下诏拜马超为骠骑将军，拜张飞车骑将军，他们都相当于全国武装部队副总司令，但骠骑将军地位高于车骑将军，马超在名义上又回武将之首的位置。张飞同时兼任司隶校尉，晋爵为西乡侯；马超兼任凉州牧，晋爵为斄乡侯。

张飞、马超以下，升魏延为镇北将军，之前魏延刚被破格提拔为镇远将军，是杂号将军，相当于军长，现在的身份相当于蜀汉北部军区司令，可以统率包括汉中在内的益州北部地区的蜀军，同时仍然兼任汉中郡太守。

升吴壹为护军讨逆将军，兼任关中都督，吴壹的这个护军统领的是中央禁卫军，他之所以得到刘备的信任是因为他的妹妹嫁给了刘备，目前的身份是皇后。都督是刘备在官职设置上的另一项借用，刘备虽然立国，但仅辖益州，未免局促，除了让张飞、马超等人遥领各州外，还设都督一职，级别上相当于州牧或州刺史。只是关中也在曹魏占领区，目前也只能算挂名。

再往下的高级将领包括辅汉将军李严、翊军将军赵云、安汉将军糜竺、昭德将军简雍、秉忠将军孙乾、安远将军邓方等。

李严担任犍为郡太守，很有治政才能。建安二十三年（218）刘备率主力赴汉中，犍为郡盗贼马秦、高胜等人起兵，招集队伍数万人，占领资中县。李严不待上面发兵，率本郡5000人马前往讨伐，斩杀马秦、高胜。后来，相邻的越巂郡少数民族部落首领高定率军攻打新道县，李严前往解围，高定被击败后逃走。李严的才干深得刘备器重，所以他在刘璋旧部中脱颖而出，此次拜他为辅汉将军，仍兼任犍为郡太守。

糜竺、简雍、孙乾等人是跟随刘备多年的老部下，他们资历很老，但能力并不突出，虽然都名为将军，但只是挂个名，享受待遇，不亲自领兵。

新任命的安远将军邓方是南郡人，以荆州从事的身份随刘备入蜀，后被任命为犍为属国都尉、朱提郡太守，他的主要职责是守卫南部大片广阔区域，这里地广人稀，分布着许多少数民族部落，蜀汉的统治相对薄弱。邓方到任后以少御多，指挥果断，夷汉皆服。

唯一让人费解的安排是赵云，他虽然比不了张飞，但资历和业绩应在魏延之上，此次仍然留任翊军将军，让人不解。

九、刘备一心报仇

刘备当了皇帝，但心里却完全高兴不起来。

刘备现在只想做一件事，那就是复仇。关羽被杀已经一年多了，这个仇还没报。他怎么会感到高兴？

孙权把大本营迁到武昌，看样子想赖在荆州不走了，这让刘备更加愤怒。孙权在入驻武昌时发布了一道命令，让刘备心中的怒火燃烧得更旺了。

孙权在这道命令中说："存不忘亡，安必虑危，这是古人的教诲。从前隽不疑是汉朝的名臣，在太平年代也刀剑不离身，可见君子对于武备不能停止。现在咱们大家处于险境，和豺狼一样的敌人在打交道（况今处身疆畔，豺狼交接），怎能轻易地疏忽而不考虑突然发生的变故？近来听说众将都崇尚谦虚节俭，出入不带随从卫兵，这不是防患于未然的举动。保护好自己，才能安慰君王、父母，这与遭遇危险不测哪个结果更坏、哪个结果更好呢？大家应好好引以为戒，谨慎小心，务必从大局出发，以不辜负我的一片心意。"

谁是豺狼？没有点名，但显然指的不是曹魏。

刘备一刻都不想再等下去了，马上东征，夺回荆州，教训孙权！

然而此意一出立即引起了争论，有人支持，也有不少人表示反对（群臣多谏）。刘备决心已下，任何反对意见一概不听（一不从）。

反对的人不是不同意向孙权报仇，而是认为时机不对，与孙权现在展开一场死战在战略上并不明智，比如赵云就认为当前最大的敌人是曹魏而不是孙权，应该先灭曹魏，到那时孙吴不用打自会臣服。

赵云提出，当前应该北征中原而不是东征孙权："当前应当进图关中，占据黄河、渭河的上游，从那里征讨曹魏，关东义士必将响应。千万不能把曹魏搁置起来去伐吴，一旦与孙吴交兵，不能马上见分晓啊（兵势一交，不得卒解也）。"

刘备称帝后赵云的地位没有提高，这事放在关羽身上肯定气得骂娘，然后撂挑子不干了，但赵云没有，仍然尽心尽责，他虽然是一员武将，但在关键问题上多次表达自己的观点，是一位有独立见解、遇事冷静的高级将领。

赵云提出应该先北征中原，这个建议未必高明，但这应该只是赵云的一个策略，目的是阻止刘备当前的东征，有些话赵云大概没有明说，那就是能不能打败孙权夺回荆州呢？这恐怕是没把握的事，但这也不能明说，所以他的话很委婉。

对赵云的建议，刘备不接受。

偏将军黄权也反对此时伐吴："吴人战斗力很强，现在伐吴是顺流而下，进攻容易撤退很难，请派我为先驱，先尝试进攻，陛下随后接应（臣请以先驱以尝寇，陛下宜为后镇）。"

黄权认为孙吴现在实力更强大了，能不能战胜他们确实很难说，所谓顺流逆流也是个委婉的说法，真正的困难还是两个阵营总体实力的对比，在没有把握的情况下倾举国之力远征无异于一场赌博，与其把宝一次全押出去，不如先尝试一下再说。

汉中之战黄权也出过大力，有人甚至认为他的功劳比法正还大（据汉中，皆权本谋也），他现在是刘备器重的将领之一，刘备一直在刻意栽培他，但他的意见刘备也不接受。

除了赵云、黄权，劝谏的人还有不少，刘备有点儿烦了。

益州从事祭酒秦宓也来劝谏，他素以博学著称，又精通占卜谶纬，据他看来此时伐吴并不吉利（宓陈天时必无其利）。刘备正在烦心，听了他的话更烦心，一气之下就抓他当了个典型，下令把秦宓关进了监狱（下狱幽闭）。

至此，反对伐吴的声音才被压下去。

作为丞相的诸葛亮似乎没有劝阻刘备，这有两种可能：一是诸葛亮是赞成伐吴的；二是诸葛亮虽然反对，但碍于一些顾虑没法说。分析一下，后一种可能性更大，因为这次伐吴失败后诸葛亮说过一段耐人寻味的话："法正如果还活着的话，就能制止主上伐吴的行动，即使制止不了，也不会败得如此彻底呀（就复东行，必不倾危矣）！"

诸葛亮是孙刘联盟的缔造者和坚定维护者，对于伐吴他应该是反对的，但反对伐吴就是反对给关羽报仇，这让诸葛亮感到为难。这还是其次，更为重要的是，刘备阵营里有一大批荆襄人士，荆州丢失后他们失去了在那里的祖业，家人、亲戚现在都生活在"敌占区"，刘备要复仇，他们要"打回老家去"，这让诸葛亮更为难。

但丞相的基本职责是匡正君王的得失，明知是一个大坑而不去谏止，不也失职了吗？

也许诸葛亮认为这场仗未必会输吧，即使不能完全战胜孙权、夺回荆州，至少也可以取得部分战果，也就是他说的"必不倾危"的意思，至于后面的结局，恐怕也完全出乎诸葛亮的预料。

至于刘备，他并不是那种刚愎自用的君王，在伐吴这件事上他为何如此坚决以至于近乎偏执呢？想起来恐怕原因也是两个：一是过于悲愤；二是有点儿过于自信。

孙权反目、关羽被杀、荆州全失，刘备认为这场大败不是败于战场和实力，而是败于阴谋和背叛，这样的恨会让人欲罢不能。孙权得手后的一系列举动更被刘备认为是成心挑衅，刘备不能咽下这口气。何况荆州是未来攻取北方、统一天下的基石，如果不能把荆州夺回来，他只能退缩在益州一地，战略上失去了主动，这是刘备不愿看到的。

那么，现在讨伐孙权是否真的有胜算呢？

刘备的看法或许与赵云、黄权不同，他大概认为曹操都不是他的对手，孙权更不在话下。占领益州和汉中后刘备的军事实力确实增长很快，虽然荆州丢了，但整体力量应该高于孙权。孙权在荆州立足未稳，自己在荆州毕竟经营了多年，只要自己率大军一到，那些暂时投降了孙权的各郡县必然响应支持，民心应该还在自己这一边。

太愤怒和太高兴时都不要轻易做决定，因为这时最不冷静。

这一仗孙权早有心理准备，但他的想法还是最好别打。不久前孙权做出一项人事调整，任命诸葛瑾为绥南将军，代替吕蒙兼任南郡太守驻扎在公安，负责西面第一线的军政事务。

对诸葛瑾来说，弟弟当了蜀汉丞相，他却没沾上什么光，反而落下不少猜疑。诸葛瑾刚到南郡就有人向孙权告密，说诸葛瑾有问题（人有密谮瑾者），这些风言风语传到了陆逊那里，陆逊有点儿着急，他向孙权写了份报告，力保诸葛瑾没问题，并且请求采取某种方式给予辟谣（表保明瑾无此，宜以散其意）。

接到陆逊的报告，孙权回复道："子瑜与我共事已经很多年了，恩如骨肉，我对他了解很深（深相明究），他这个人没有道义的事不做，不仁义的话从不讲。我和子瑜可谓神交，不是几句话就能离间得了的。"

孙权把前面的那些告状信封好，让人送给诸葛瑾，并且亲笔给诸葛瑾写信安慰。后来接到陆逊的信，孙权也把陆逊的来信一并转给诸葛瑾，让他知道陆逊的心意（辄封来表，以示子瑜，使知卿意）。

在三国群雄中，孙权的过人之处是识人，无论是对周瑜、鲁肃还是吕蒙、陆逊，都做到了知人善任，也做到了用人不疑，跟着这样的领导打江山，心里更踏实。

吴、蜀未来如果真的交战，南郡就是前线，孙权让诸葛瑾到这里来不仅出于一种信任，而且还有特殊用意，想通过他向刘备传达讲和的意愿。

在孙权的授意下，诸葛瑾给刘备写了一封信，信中说："如果您认为吴王夺取荆州又危害到关羽，因而怨深祸大，不愿意求和，这只能说是在意了小的方面，却未留意大的方向啊！我想替陛下您着想，陛下如果能压抑愤怒暂且听我一句话，那么计谋可立即决定，不必再反复向群臣咨询。陛下试想，您与关羽亲还是与先帝亲？荆州大还是天下大（陛下以关羽之亲何如先帝？荆州大小孰与海内）？哪个大哪个小，哪个轻哪个重，谁应当在先，谁应当在后？弄清这些，什么事不就易如反掌吗？"

诸葛瑾所说的先帝是指刚刚被废的汉献帝刘协，当时吴蜀两地纷纷流传，说他已为曹丕所害，诸葛瑾知道刘备立国打的是刘汉王朝的旗号，所以不仅称刘备为陛下，还称刘协为先帝。关羽亲还是先帝亲？荆州大还是天下大？是呀，这是多么简单的道理，不用多想，刘备应该知道答案。

但是刘备的态度异常坚决，不理诸葛瑾的来信。如此一来诸葛亮就更不好公开反对伐吴了，否则就跟哥哥一个腔调，这是诸葛亮所忌讳的。

蜀汉章武元年（221）7月，刘备整合人马，正式出兵伐吴。

大军分为两路：一路由刘备亲自率领，有4万人马，从成都出发东进，任命吴班、冯习为左右领军，相当于前敌正副总指挥，任命张南为前锋，偏将军黄权以及赵融、廖淳、傅彤、杜路、刘宁、陈式等分别统领各部；另一路由车骑将军张飞率领，有1万人马，从巴西郡的阆中南下，两支人马相会于江州，即今重庆市。

两路大军共5万人，这是史书的记载，不过根据整个作战过程，东征大军的人数比这个多，应该接近10万人，大概是江州等地的驻军以及从其他地区抽调的部队陆续参战的结果。

吴班是"国舅"吴壹的族弟，也深得刘备的信任。冯习是南郡人，追随刘备由荆州来的益州，当初的地位与魏延差不多，现在进步也很快。赵融等人都是带兵的将领，但事迹不多，在后世的名气也不大。

看着上面的阵容，不禁让人想起关羽、黄忠这些名将，由于他们纷纷凋零，让蜀汉的将星也不再像以往那么闪耀了。马超仍然在世，但他的身体可能不太好，因而没有出现在东征的队伍里，一年后马超就去世了。

赵云也不在东征之列，有人认为这进一步说明刘备对赵云不信任，尤其此次东征赵云又提了反对意见，刘备有意疏远他；另一种看法认为，蜀汉能独当一面的大将目前只有张飞、赵云、魏延几个人，张飞随征，魏延守汉中，益州也要有大将留守，所以赵云没有参加东征。相比较而言后一种看法更可信，因为刘备随后命赵云留守江州，这个任务也很重要。

此次随刘备出征的还有蜀汉的尚书令刘巴、侍中马良、太常卿赖恭、光禄勋卿黄柱、少府卿王谋、大鸿胪卿何宗、太中大夫宗玮、从事祭酒程畿、从事王甫等人。

刘备信心满满，但还是有点儿不放心。

大军出发前刘备还让人算了一卦，蜀郡当时有个奇人叫李意其，这个人很神，大家都不知道他到底年龄有多大，传言他已经活了几生几世（传世见之），而这个李意其也故弄玄虚，说自己是汉文帝时候的人，汉文帝是西汉第二位皇帝，距汉末已有400年。

刘备听说他很神，是一位大师，就把他请来，对他尊敬礼遇，让他算一算此次讨伐孙吴的结果（先主礼敬之，问以吉凶）。李大师果然神秘，不说话，而是要来纸笔，画了几十张兵马军器仪仗之类的东西，画完一一撕了，又画了一个大人，挖了个坑埋于地下。

弄完这些，李大师仍不说话，在众人目瞪口呆之际扬长而去。刘备不解何意，但心里有点儿不舒服，一种不祥之感向他涌来。

刘备正要出发，突然接到报告，说阆中方面有人来紧急报告情况。

刘备大吃一惊，顺口说了句："啊，难道是张飞不在了（噫！飞死矣）！？"

让刘备猜中了，确实是张飞的死讯。原来，张飞接到刘备的命令，立即整顿所部人马准备开赴江州与刘备会合，但是临出发前发生了叛乱，手下部将张达、范彊把张飞杀了，持其首级逃到了孙权那里。

关羽善待士卒，看不起读书人，张飞和他相反，尊敬读书人却不爱惜士卒（羽善待卒伍而骄于士大夫，飞爱敬君子而不恤小人），刘备曾就此提醒张飞："你待手下过于严厉，对下面的人整天责罚鞭打，又让他们在你左右，弄不好就会出事。"

张飞听了仍不能改，这次意外可能与此有关。但这件事在时间上这么巧，不得不令人怀疑背后是否还有别的内幕，如果有的话，一定是孙权方面派人秘密策反的结果，当然这仅是推测，没有任何史料依据。

刘备下诏追谥张飞为桓侯，这是刘备称帝以来首位被赐予谥号的大臣。张飞的长子张苞死得早（早夭），由次子张绍承嗣张飞的爵位。刘备同时下诏将张飞原来兼任的司隶校尉一职改由诸葛亮兼任，之所以在这么紧张的气氛下还不忘下达这项诏令，是因为司隶校尉不仅是一州之长，还肩负着对百官监察纠举的职责，不能空置。

大战在即先损大将，在悲痛之余刘备心中的不祥之感更浓重了，但复仇的心又多了几分急切。

十、孙权摆下六道防线

大军未动，痛失张飞，刘备仍执意东征。

消息传到武昌，孙权知道这一仗是非打不可了，立即做出部署，迎击蜀军。孙权任命镇西将军、右护军陆逊为总指挥（大都督），假节，统一指挥集结于荆州各地的朱然、潘璋、宋谦、韩当、徐盛、诸葛瑾、步骘、鲜于丹、孙桓等部人马，上述各部人马总数约为5万人。

陆逊时年38岁，比诸葛亮小2岁，经过上次荆州战役的考验，陆逊的军事才能已炉火纯青，就任总指挥后他立即做出部署，将前沿各部人马分布于各处战略要点，摆下6道防线。

一、由振威将军潘璋负责守固陵郡，这个郡是孙权私设的，包括巫、秭归、兴、信陵、沙渠等5个县，与益州接壤，是荆州的西大门，构成第一道防线，潘璋兼任固陵郡太守，统一指挥本郡防务，郡内几处重要据点也都分兵把守，其中陆议守巫县，李异守巴山，刘阿守兴山。

二、由固陵郡沿长江而下是战略要地夷陵，这里由陆逊本人防守，陆逊命宋谦督水军驻守于枝江，命安东中郎将孙桓守夷道，与夷陵互为外援，形成阻击敌人的第二道防线。

三、由夷陵沿长江再往下是江陵，也就是南郡郡治，由虎威将军朱然防守在这里，朱然自己坐镇于江陵，偏将军韩当兼任永昌郡太守，辅助朱然，成为夷陵的后援，可以看作第三道防线。

四、由江陵沿长江往下就是刘备、关羽之前在荆州的大本营公安，由绥南将军诸葛瑾负责防守，诸葛瑾这时还兼任南郡太守，协助他守公安的是周瑜的次子、兴业都尉周胤，在公安附近还有建忠中郎将骆统率领的3000人马守在孱陵，归诸葛瑾指挥，构成第四道防线。

五、为防备蜀军由长江北岸发起迂回进攻，命建威将军徐盛驻守当阳，徐盛同时还兼任着庐江郡太守。

六、为防备蜀军由长江南岸偷袭，任命鲜于丹为武陵郡都尉，守备在武陵郡，又命平武将军步骘率万人屯驻在长沙郡，以防不测。

孙吴的人马不多，但布防的层次清晰，各部人马任务明确，以数道防线来扼守住几处战略要地，十分周密。

吴军已摆好阵势，只等刘备大军前来。

刘备率大军过了江州，出了三峡，首站来到了三峡东口的白帝城，刘备在此建立总指挥部，命前锋张南以及吴班、冯习等部继续进军。

两军首战发生在巫县、秭归一带，吴班、冯习在此击破吴军的陆议、李异、刘阿所部，分别占领了这些地方。这时已经到了曹魏黄初三年即章武二年（222）正月，刘备把总指挥部迁至秭归。

在秭归，刘备遇到了曾做过关羽主簿的廖化，刘备十分高兴。关羽担任前将军后任命廖化为主簿，关羽兵败，廖化被吴军俘虏，后来他装死逃了出来。廖化一心回到益州，带着母亲昼夜兼程西行，走到秭归遇上了刘备。

刘备肯定详细询问了关羽临死前的情况，廖化一一向刘备进行了汇报。廖化对荆州的事务很熟，刘备任命他为宜都郡太守，随军行动。

刘备担心曹魏趁自己与孙权交战之际从江北发起突袭，于是升任偏将军黄权为镇北将军，让他督率江北各路人马以防魏军。

在江南方面刘备有了意外收获，武陵郡的五溪蛮主动前来归顺。所谓五溪蛮，是分布于沅水上游若干少数民族的总称，因他们主要居住于雄溪、樠溪、辰溪、酉溪、武溪等5条溪流间而得名，其部落首领称君长。刘备治理荆州期间，曾在这一带设置黔安郡，对当地百姓有恩泽，各君长听说老领导刘备回来了，都遣使到军中请命，愿意充当攻打吴军的前锋。

刘备大为高兴，命令侍中马良前往武陵郡招纳五溪蛮，分别授予各君长以官职，各部落都很满意（蛮夷渠帅皆受印号，咸如意指）。

刘备原来或许想伐吴是场恶战，没想到开局如此顺利。

刘备命令吴班和冯习继续向夷陵进军，如果攻下此城，就叩开了荆州的大门，彻底打败吴军的胜算至少有一半了。

2月，在秭归稍作停歇后刘备命吴班、陈式所部开始向夷陵发起攻击，陆逊闭城不出，双方陷入对峙。

刘备命吴班以数千人平地立营，在夷陵城外发起挑战。吴将看到吴班人马不多，纷纷建议出击，陆逊认为刘备此举必然有诈，不能盲目出击，只能再观察一下（此必有谲，且观之）。

陆逊向大家解释了他的看法："刘备举军东下，锐气正盛，且居高守险，难以立即攻破，即使发起进攻可以把他们打退，也难以全歼（攻之纵下，犹难尽克），而稍有不利，则损我大局。现在应告诫将士，静观其变。此地如果是平原旷野，静观恐怕会遭受敌人突然袭击，而蜀军一直缘山行军，兵力难以展开，我们可以抓住这个弱点慢慢将其拖垮（徐制其弊耳）。"

陆逊的意思是打持久战，不要幻想一战退敌，但这些话并没有说服大家，众人都认为陆逊胆小惧战，心里愤愤不平（诸将不解，以为逊畏之，各怀愤恨）。

这确实是刘备的一个计策，眼见陆逊闭城不出，刘备很着急，故意让吴班示弱于吴军，引诱吴军出城交战，他已在山谷间埋伏了重兵，准备打吴军的伏击。

见陆逊不上当，刘备下令把埋伏于山谷间的8000人马撤出，消息传到城内，众将对陆逊开始信服。

夷陵历来都是军事重镇，是吴军的第二道防线，这里城坚池深，城内物资储备充足，不是一朝一夕可攻下的。刘备改变思路，命张南率一部人马攻打夷陵附近的另一处战略要地夷道。

防守夷道的是安东中郎将孙桓，他是孙权的侄子。孙桓的父亲叫孙河，是孙坚的族子，早年追随孙坚四方征讨，深得信赖。张南率部将夷道围住，孙桓不支，向陆逊求救。

陆逊不同意支援夷道，众将急了："孙桓可不是一般的人（**孙安东公族**），眼见他被围困，怎能不救？"

陆逊不理会，他认为："孙桓平时深得将士之心，夷道城内粮食充足，没什么可担忧的，等我运用计谋，夷道之围不救自解。"

陆逊虽然是总指挥，但手下这些将领多是孙策时代的旧将，有的是公室宗亲，有的是江东大族，他们依仗资历或者地位，向来骄傲自大，不大听话（**诸将军或是孙策时旧将，或公室贵戚，各自矜恃，不相听从**）。对于陆逊一再避战，众将领的不满情绪与日俱增，有时也会当面表现出来。

有一次，陆逊火了："刘备天下知名，曹操都有所忌惮，现在就在我们的对面，他是很强大的。诸君并受国恩，担当重任，应当和睦同力，共剪此敌。我虽是一介书生，但受命于主上（**仆虽书生，受命主上**），之所以让诸君屈居而听命于我，是因为主上觉得大小事件我能把握分寸，又能忍辱负重，大家各自都有承担的任务，希望不要推阻！"

说到这里，陆逊一按佩剑，厉声道："军令就在那里摆着，请别冒犯（**军令有常，不可犯矣**）！"

陆逊强压了大家的不满，但这苦了孙桓，听说陆逊不发兵来救，孙桓十分怨愤。其实这又是刘备的一招，想通过进攻夷道逼迫陆逊出战，之所以选择夷道，也是看中了孙桓的身份，刘备以为夷道是陆逊的必救之地，哪知陆逊不吃这一套，他铁了心不出战，来了个油盐不进，刘备无奈。

转眼间到了6月，蜀军是冬天里出发的，现在到了夏天。

围困夷陵已有几个月时间了，仍然看不到破城的希望。在这种相持不下的情况下，刘备再次调整部署，命各路蜀军分头占据附近的要地，就地扎营，你打持久战，我也奉陪。

自秭归沿长江而下，蜀军各部人马先后扎下了50多处营盘，连绵不绝，有数百里，最东端抵达了猇亭。

猇亭目前是湖北省宜昌市所辖的一个区，在其周围分布着葛洲坝、三峡等重要水利枢纽。在三国时代这里还是一个小地方，位于长江岸边，地势险要，悬崖峭壁，江水湍急，暗礁丛生。

相传有一位将军驻防此地，见这里是兵家必争之地，就命工匠修了一座亭子以示纪念。亭子竣工，将军来视察，见亭上楹栏上刻一动物的图案，形似虎却类犬，将军大怒，责问工匠此为何物，工匠吓坏了，急中生智说此乃老虎猎食时的姿态，名为猇，将军由怒转喜，命工匠刻"猇亭"二字于亭上，这就是猇亭名字的由来，流传至今。

有人甚至说这位将军就是张飞，他曾任宜都郡太守，驻扎过此地。但这只是传说，史书中没有记载。"猇"是虎的吼声，也引申为猛虎，以此作地名的还不少，山东省就有古猇县。亭是县以下的行政机构，相当于乡，猇亭应该是南郡所辖的夷陵县或夷道县的一个乡。

十一、长江上又一把大火

吴蜀这边大动干戈，曹魏那边也在紧张地注视着。

刘备东征前曹丕曾召集谋臣讨论刘备会不会给关羽报仇，大多数人认为蜀国是个小国，名将只有关羽，关羽死后蜀国上下陷入忧惧，无力惹起战端。

侍中刘晔不同意这个看法，他认为："蜀虽小国，但刘备这个人生性威武自强，势必兴师动众以显示他的力量。况且关羽和刘备，于公是君臣，于私形同于父子（且关羽与备，义为君臣，恩犹父子）。关羽死了不能为他兴军报仇，在情分上是始终说不过去的。"

刘备率军东征后，刘晔又提出一个颇为大胆的建议："孙吴以江、汉为天险，向来无内臣之心。陛下虽然功德盖天，但像孙权这样的人也无法让他感动改变。孙权因难求臣，不能相信他。孙权现在内外交困，所以才派使者前来，可见其情况之窘迫。现在正是时候，可以突然向他发起袭击（可因其穷，袭而取之）。一旦纵敌，数世之患，不可不察！"

刘晔分析了形势，认为天下虽然三分，然而曹魏独占其八，吴蜀各保其一，他们现在还相互攻伐，正是天欲亡之。刘晔建议趁着孙吴将重兵集结于夷陵一线的时机，渡江攻击孙吴的后方，孙吴外有蜀汉的进攻，内有我方的袭击，快则10天、慢则一个月必然灭亡（蜀攻其外，我袭其内，吴之亡不出旬月矣）。

刘晔认为孙吴如果灭亡，蜀汉就孤单了，刘备即使趁机也侵占了孙吴的一些地盘，但他们必然不能长久，何况即便孙吴被一分为二，蜀汉得到的也是其外围，我们得到的才是核心（蜀得其外，我得其内）。

这一招绝对够狠，从孙权本人到他手下的精兵强将此刻都在大气不敢喘地盯着蜀汉，后方十分空虚，如果曹魏从合肥方向突然出击，孙吴的长江天险就很容易攻破，三足鼎立的局面可能提前结束。

但曹丕却认为这个方案不可行："人家称臣愿降，而我们要讨伐他，这会让那些也想来投降的人失去信任（疑天下欲来者心），这个实在不可，我们为何不接受孙吴的投降，而去袭击蜀国的后方呢？"

曹丕的思路大概是，既然合纵连横，联合孙吴一块收拾蜀汉，效果不是一样吗？

刘晔不同意，他认为不一样："蜀汉远而孙吴近，如果听说我们兴兵讨伐，他自然会回军，我们的目的难以达到。现在刘备已经愤怒，听说我们也去攻打孙吴，知道孙吴必亡，一定会更加积极地攻击而与我们争夺孙吴的地盘，不会改变原来的打算，这是必然的。"

刘晔看得很清楚，你打刘备仓促间是打不着的，因为益州北有秦岭、汉中，东有长江上的重重关隘，你要打他就会缩回去，你毫无办法。而孙权却是现成的一盘菜，如果下决心，他必定战败。

曹丕还是没有接受这个建议，但也没有按照他说的借机攻打蜀汉，如果他这时出兵汉中，或者由上庸三郡向蜀汉的三巴地区攻击，结果也很难说。

曹丕没有接受刘晔的建议，是因为他缺少战略眼光吗？倒也不一定，曹丕比其父差点劲，但绝不是庸才，更不是蠢材，他之所以没有采取断然措施在吴蜀争斗中搅一下局，是因为他才登基，没有绝对把握的事不能做，现在作壁上观不失为一步稳棋。

后来听说刘备拉起数百里连营与吴军对峙，曹丕评论说："刘备看来太不懂军事，岂有营寨连绵700余里而可拒敌的？'苞原隰险阻而为军者为敌所禽'，刘备犯了兵家大忌，孙吴的捷报不日可至！"

曹丕在这里引用了一句现在已失传的古代兵法，其大意是在杂草丛生、地势平坦、潮湿低洼、艰险阻塞等处安营的军队，一定会被敌人打败擒获。就在曹丕说完这些话后的几天，蜀军果然失败了。

这一年的六月是闰月，在相持数月后陆逊决定发起战略反攻。

陆逊向孙权报告了情况，准备立即行动，众将有些不理解："要进攻也应该在当初，现在蜀军已深入近600里，双方相持七八个月了，各处要地都被他们占领固守（其诸要害皆以固守），发起攻击必无法得利。"

对大家的这个疑惑，陆逊解释道："刘备是狡猾的敌人，他经历过的事情很多，刚开始集结，他用心专一，此时不能进攻。现在他已经在这里很久了，不能取胜，士气受挫，又没有新的计策，夹击此敌，正是现在（犄角此寇，正在今日）！"

陆逊命令攻击蜀军其中的一营，但是未能取胜。

众将更不满了，抱怨道："这是让士卒白白送死呀（空杀兵耳）！"

换成别的主帅此时该崩溃了，但陆逊的内心很强大，也很有信心，他对众将说："我已经找到破敌的办法了（吾已晓破之之术）！"

陆逊命令再次发起攻击，这回每个士卒手里拿一束干茅草，用火攻的办法对付蜀军，结果收到了奇效。农历闰六月正是夏末，长江中游一带气候干燥，有时还会刮起大风，这些都利于火攻。蜀军夹山筑营，地势狭促，一旦起火，施救困难，各地兵营同时燃起大火。

算起来这已是十几年来长江沿岸燃起的第二把著名的大火了，就兵法而言，不必非得创新，那些好使的招数，照搬照学就行。吴军趁势发起全面反击，蜀军被连破40多座营寨，蜀将张南、冯习及助战的胡王沙摩柯等战死，杜路、刘宁等被迫投降。

战局突转直下，让刘备惊呆了。

刘备仓皇逃出兵营，退入马鞍山，赶紧在那里部署兵力自卫（备升马鞍山，陈兵自绕）。现在全国叫马鞍山的有20多处，此马鞍山不在安徽省，而在湖北省宜昌西南。

吴军除陆逊督本部猛攻外，韩当、朱然、诸葛瑾等也同时督率所部进击，蜀军士气瓦解。有的史书记载蜀军死者数万，还有的史书记载说蜀军被杀的超过8万（杀其兵八万余人，备仅以身免），后面这个说法有点夸张了。

但无论如何蜀军损失惨重，几乎大败于一夜之间。

刘备毕竟经历过大风大浪，他知道如果待陆逊指挥大军合围上来，自己将被困于马鞍山无法脱身，于是连夜突围。

这次突围狼狈异常，山路崎岖，骑马很危险，刘备是被驿人抬着闯出的重围，为了逃命，驿人们焚烧了身边像铙、铠甲这样的东西，才阻住了敌人的追击（备因夜遁，驿人自担，烧铙铠断后）。刘备发兵夷陵，沿路设置许多驿站，从夷陵直到白帝城一路都有，刘备成功突围，最后依赖的是这些驿站里的人。

铙是一种乐器，驿人们烧的可能是它的木柄。有记载说驿人烧铙铠之处名叫石门，在秭归县以西。

刘备的亲随几乎打光了，"仅得身免"不算夸张。刘备一路狼狈而逃，一口气跑了几百里，沿途看到的全是惨象，蜀军的舟船军械、水军步军的物资损失殆尽，尸体漂流在江面上，有的地方堵起来很高（塞江而下）。刘备是打了一辈子仗的老兵，但此情此景仍然让他惊骇悲愤，大呼道："我居然被陆逊打败羞辱，难道这是天意吗（吾乃为逊所折辱，岂非天邪）？"

刘备一行仓皇逃到上夔道时发现情况不妙，前面的道路已被吴军截断。挡在刘备逃亡路上的吴军将领，正是曾被蜀军围困于夷道的 25 岁小将孙桓，刘备听说是他，更愤愤然，他曾在京口见过孙桓，孙桓是孙权的侄子，刘备是孙权的妹夫，孙桓见了刘备还得喊一声"表姑父"。那时孙桓还是个青春期没结束的少年，现在居然挡住表姑父不让走，刘备愤恚道："我在京口，孙桓还是小儿，没想到他今天也会逼迫我至此呀！"

后来刘备一行放弃大路，从山里面翻越险隘才得通过。

刘备退到了三峡的东口，也就是白帝城。

还未等喘息，各路战报陆续传来，除已知的张南、吴班、冯习等人战死外，蜀军主要战将几乎无一幸免。

傅肜为掩护刘备撤退而负责殿后，他们作战十分勇敢，傅肜身边的士卒一个个倒下，最后只剩下他一个，但傅肜依然斗志不减。吴军劝他投降，傅肜骂道："吴狗，我大汉将军哪有投降的？"

骂完继续交战，最后战死。

刚刚接替秦宓任从事祭酒的程畿乘船溯流而退，吴兵快要追到了，大家一看形势不妙，纷纷说："敌人马上就来了，快弃大船乘小舟逃命吧（宜解舫轻行）！"

程畿不肯，对大家说："我在军中，从来不习惯在敌人面前逃命！"

结果他也战死了。

刘备虽然到了白帝城，但这里蜀军并不多，依然危险重重，大家都劝刘备快走，但是刘备很固执，不想走。损失巨大，惨不忍睹，悲伤难忍，死就死在这里吧！

幸好这时有两支蜀军人马迅速靠近白帝城，众人才稍稍安心。

一支人马是牙门将向宠率领的队伍，当时蜀军各营几乎全部损失，只有向宠的军营得以保全。

另一支人马是从益州方向赶来的，巴西郡太守阎芝听说前线吃紧，紧急征兵，加上本郡原有人马，凑齐了 5000 人，命汉昌县长马忠率领赶到白帝城护驾。

马忠字德信，巴西本郡人，少为郡吏，后被举为孝廉，任汉昌县长。刘备和马忠谈话，对他大为赞赏，对身边的尚书令刘巴说，马忠是与黄权不相上下的人才。

除刘备亲自率领的这一路，江北和江南还各有一支人马，他们怎么样了呢？

先说江北的一路，它们由镇北将军黄权率领，由于他没跟刘备的主力部队一起行动，而是在江北负责警戒曹魏方向，所以有了生还的可能。但是黄权却没有那么好的运气，由于夷陵方向兵败突然，黄权毫无准备，想跑都来不及了。

在陆逊指挥各路人马围攻刘备的同时，黄权被吴将陆议率部围困，由于道路隔绝，黄权所部成为孤军，最后不得已投降了曹魏，被曹丕拜为镇南将军，出入陪乘，给予很高礼遇。就像对待孟达那样，曹丕也很喜欢黄权，亲自在洛阳召见他。

曹丕曾对黄权说："将军舍逆效顺，是效仿陈平、韩信吗？"

黄权回答说："臣受刘主殊遇，降吴不能，还蜀无路，所以才来归命。败军之将只求免死，何来效仿古人啊？"

这时候从蜀地传来消息，说黄权投降后，其妻子儿女均被诛杀，黄权不信，所以不发丧。曹丕亲自过问此事，专门下诏要黄权发丧，黄权向曹丕请求道："我和刘主公以及诸葛亮推诚以待，互相信任（臣与刘、葛推诚相信），他们二人知道我的心志，这件事还有很多疑问，请观察一下再说。"

后来如黄权所料，刘备并没有为难他的家属，当时确实有人建议把黄权的妻子儿女抓起来，刘备不同意："是我辜负了黄权，黄权没有辜负我。"

刘备大概想起了黄权当初劝他的话，后悔自己太轻敌了。

再说江南的这一路，马良奉刘备之命纠合武陵郡的五溪蛮等少数民族部落，本意是想助攻孙吴，结果陆逊在夷陵动手的同时，驻防长沙郡的吴将步骘也突然出击。

马良不敌，被杀。

十二、英雄托孤白帝城

今天乘船游览三峡，在最西边的瞿塘峡口的北侧有一座小山，此山被称为白帝山，山上有城，称白帝城。

三峡水库没蓄水前，白帝山看起来比现在高大得多。白帝城原名子阳城，王莽篡位后派公孙述任蜀郡太守，王莽后来失败了，公孙述在益州割据。据说，公孙述有一次骑马来到瞿塘峡口，见此地形势险要，便扩修城垒，屯兵严防，他听说山上的城里有口白鹤井，井中常有白色雾气冒出，宛如白龙，深信谶纬之术的公孙述认为这是他登基成龙的征兆，于是宣布当了皇帝，自称白帝，就建都于子阳城，改名为白帝城。

现在刘备退至白帝山上的白帝城，吴将李异、刘阿等率部跟踪而至，前锋已达白帝城外的南山。

刘备在白帝城给陆逊写了封信，信中说："听说曹魏大军已经进逼江陵，而我也要重新东进，将军认为有没有这样的可能呢（贼今已在江陵，吾将复东，将军谓其能然不）？"

陆逊接到刘备的来信，知道他的用意，回复道："贵军刚刚大败，元气大伤，现在请求和好是为自己考虑，哪还能再勉强用兵？如果还有其他打算，定会全军覆没，一个都跑不了（远送以来者，无所逃命）。"

这时孙权也亲自赶到了夷陵前线，见到陆逊，孙权了解到在战事的关键时刻有人不大听指挥，问陆逊："当初怎么没有听你报告过这些事？"

"我受主上器重，担任了超过我才能的职务（任过其才）。各位将领要么是朝廷的亲信，要么是有功之臣，都是国家的栋梁，我的才能虽然低劣，但也知道古时有蔺相如、寇恂等人相互谦让、以国家大事为重的道理。"

孙权十分高兴，加拜陆逊为辅国将军，兼任荆州牧，改封为江陵侯。吴将徐盛、潘璋、宋谦等纷纷向孙权建议，认为一鼓作气猛攻白帝城，定可将刘备活捉（各竞表言备必可擒）。

孙权就此征询陆逊的意见，陆逊认为刘备已败，当务之急是防备曹魏背后突袭，主力应迅速回防，不宜再追击刘备，朱然、骆统等人支持陆逊的意见。

而正在此时，留守在江州的翊军将军赵云星夜驰援，率大部人马赶到了白帝城，刘备不担心了。孙权见状，命李异、刘阿等从白帝城外撤回，将前锋驻扎于秭归。

为了继续对蜀汉保持主动出击的态势，孙权请出一个人来，让他住在秭归，专门对付刘备，此人就是前益州牧刘璋。

刘备夺取益州，以振威将军的名义迁刘璋于公安，让关羽对其进行监视。关羽被杀，刘璋就到了孙权手里，孙权于是重新表奏刘璋为益州牧，让他移住于秭归，与在白帝城的刘备对峙。

这一招实际效果有限，但可以充分地恶心人，因为刘璋的存在可以时刻对刘备进行提醒和鞭挞，告诉他你满嘴的仁义其实是假的。

孙权希望刘备赶紧走人，彻底退回成都，但刘备不理。

白帝城是鱼复县的治所，鱼复这个名字有点别扭，有点像"鱼腹"。刘备下诏，改鱼复县为永安县，并在白帝城建行宫，打算在此长驻下去。

刘备兵败夷陵的消息传到成都，诸葛亮在震惊之余感到了从未有过的危机正在悄悄降临。

客观地说，诸葛亮并不认为此次出兵攻打孙吴一定会遭到失败，所以他没有坚决地阻拦。大军行动后，他协助太子留守后方，昼夜不停地组织后援工作，给前方提供保障。

战争的胜负有必然也有意外，此次夷陵交锋的结果，恐怕意外的成分更多一些，至少败得如此迅疾，是谁也没有料到的。大批蜀将战死沙场，让诸葛亮更加痛心不已，他知道这使刚刚立国不久的蜀汉元气大伤。

在殉难的将领中最让诸葛亮痛心的是马良，他是诸葛亮引为知己的朋友，他们二人经常在一起论事，可以知无不言，情同手足。因为这层原因，诸葛亮看到马良的弟弟马谡时便觉得格外的亲切，而马谡的才干也让诸葛亮感到满意。

不幸的消息还没有结束，就在章武二年（222）一年里蜀国又接连损失了 3 位重量级人物：一个是司徒许靖，一个是骠骑将军马超，一个是尚书令刘巴。

许靖去世时已 70 多岁，在那时算是高寿了。马超去世时仅 47 岁，可谓英年早逝。自关羽开始，张飞、黄忠、马超在短短几年里先后离开了人间，看来蜀汉武运实在不佳。刘备不在成都，他们的后事都是由诸葛亮主持料理的。

刘巴一直随刘备出征，应该死在永安，他的死对诸葛亮打击不小，诸葛亮一直器重看好刘巴，把他作为自己的左右手。刘巴的去世还带来一个现实问题，由谁来接任尚书令一职。已身为丞相的诸葛亮此时兼管尚书台的事务，如果从诸葛亮自己的角度来考虑，这个人选最好是他熟悉的，以便于配合，其能力必须十分突出，又善于协调各方面的关系，还得有相当的资历才行。

在当时符合这些条件的也许有几个，如果马良不死，当然是最合适不过了，而要让诸葛亮去挑选，推测起来他属意的人可能会是张裔、杨洪或者杨仪，但这是个极为重要的职位，人选的确定只能取决于刘备本人。

这段时间，益州天天都笼罩在悲伤的气氛中。

那些失去亲人的家庭，上至将军，下至普通百姓，无不充满哀伤。让诸葛亮感到欣慰的是，尽管遭受到一连串打击，刘备仍然不失其英雄的本色，用自己的实际行动稳定着蜀汉的大局，对刘备坚持长驻永安的做法，诸葛亮深表赞同和敬佩。

这是因为，夷陵大败的消息传到益州，除了悲伤，还造成了极大的惶恐和震动，而这时刘备仍然在前线，说明蜀国虽然打了败仗，但并未伤及根本，成为安定众人不安情绪的象征。此时如果刘备仓促回到了成都，那谣言定然无法止住，益州南方一带的郡县本来就充满了动荡，叛乱时常发生，到那时还指不定会怎么样呢。

为了让身在白帝城的刘备安心，诸葛亮派从事中郎射援前往白帝城，汇报益州的情况，之前说过射援是汉末名将皇甫嵩的女婿。

诸葛亮让射援向刘备汇报时别忘报告一下太子的情况，刘备远征，太子刘禅监国，诸葛亮不仅尽心辅助，而且关心太子的教育和成长，诸葛亮亲自为太子挑选阅读书籍，重点

048

是《申子》《韩非子》《管子》和《六韬》等著作。为了强化太子对这些经典著作的学习，诸葛亮在百忙之中把它们亲自抄了一遍给太子。仅《韩非子》一书就有10多万字，诸葛亮日理万机，却能完整地抄一遍，可见他对这些著作的重视，也体现出他希望刘禅尽早成才的殷切之情。

诸葛亮让射援向刘备汇报，说太子的智慧和度量成长得很快，超乎了期望（智量甚大，增修过于所望）。

刘备听到这些汇报，心情大为好转。

这时孙权突然做出了令人震惊的一件事，他派出使者来到白帝城向刘备请和（孙权闻先主住白帝，甚惧，遣使请和）。

这的确匪夷所思，作为战胜者，孙权此时正兵强马壮，士气也正旺，而刘备是败军之将，手下能打的武将死的死、降的降，哪有力量实施反击，在这种情况下孙权怎会"甚惧"，又怎会主动求和呢？

几个月前还杀得人家尸横遍野，对方的眼里现在没有别的什么，都是仇恨，可能谈和吗？但孙权就是孙权，他认为不仅完全可行，而且势在必行。

在对外事务方面孙权常有惊人之举，比如为了对付曹操，他主动联合比自己弱小得多的刘备，又如为了抢夺荆州他突然放弃孙刘联盟转而与曹魏结盟，再如他突然向曹魏称臣，这些需要的不仅是勇气，更是对局势和时机的精准把握，而每一次他都收到了奇效。

孙权认为虽然跟刘备结下了深仇大恨，但对于自己的求和刘备还得接受，这是因为从感情上说刘备当然不愿意也不能接受，但如果理智起来刘备一定会觉得接受比不接受更为有利。

孙权派来的人是太中大夫郑泉，此人不太出名，但是一个颇有性格的人，可以稍作介绍。郑泉字文渊，北方人，史书上说他博学有奇志，最大的特点是爱喝酒。还没有出来做事时，郑泉对人说："希望有一只装载着500斛美酒的船，船头船尾放着四季的水果（以四时甘脆置两头），畅快饮酒，困乏了就吃美味，酒少了就添满，那该多痛快！"

郑泉开始在孙权手下当郎中，是一名中下级官员，他性直好谏，经常当面给孙权提意见，孙权曾对他说："你喜欢当众面谏，有时还失礼，就不担心触犯我吗？"

"我听说有圣贤的君主才有贤明的臣下，现在上下都能以诚相见，仰慕的是您的宏恩，所以我不担心触怒您。"

郑泉的回答让孙权很满意，但也想捉弄他一下。有一次，孙权命郑泉随侍宴会，故意吓唬他说要把他提交有关部门治罪，郑泉被带出时，频频回头张望（临出屡顾），孙权把他叫回来，笑着说："先生说过不怕触怒我，为何频频回头？"

"我承蒙您的恩德和保护，知道自己没有死罪，只是临出门的时候，感受到了您的威灵，所以不由自主地回头罢了（感惟威灵，不能不顾耳）。"

郑泉刚才肯定是受到惊吓了，回头张望哪里是因为孙权的威灵，分明是求生的渴望，但人家能迅速平复心情，马上找出最恰当的回答，这样的人才当然适合搞外交。

不过，对于孙权主动派人出使刘备求和一事，史书上还有另外的说法，据说在郑泉出使之前是刘备先给孙权写的信，信中深刻反省了自己的错误，要求复好（已深引咎，求复旧好），刘备在信中还对自己称汉中王之事进行了解释。

这个说法似乎也得到了其他史料记载的印证，有一部史书曾记载说刘备当初在汉中称王时曾写信给孙权，请孙权给予承认和支持，但孙权没有回信，刘备现在再次写信谈及此事，目的是想赢得孙权的支持。

但孙权没有把刘备的信拿给大家看，只是口头上说了说，并说现在汉帝已经不存在，刘备称王可以接受。不过，刘备现在早已不是汉中王，而是蜀汉的皇帝，在孙吴面临敌军全面压境的情况下，说他主动写信要求复合可能性似乎不大，刘备来信一事，也有可能是孙权捏造出来的，毕竟与蜀汉复合一下子还让很多人转不过来弯，需要有个台阶。

不过这些都不影响郑泉顺利出使并在白帝城见到刘备，刘备在白帝城接见了郑泉，见面后不提双方如何复合，而先提旧事。

刘备问郑泉："吴王当初为何不给我回信，是不是认为我不配称汉中王（吴王何以不答吾书，得无以吾正名不宜乎）？"

对此问题想必郑特使已早有准备，他不慌不忙地回答："曹操父子侵凌汉室，最终夺取了大位。殿下既然身为宗室，有维城之责，没有率先在海内兴兵讨伐乱子，反而自己称王，有违天下舆论，所以我们吴王才没有回复。"

话不中听，却击中了刘备的要害，要面子的人容易脸红，刘备居然被郑泉问得满脸愧容（甚惭恧）。

郑泉出使还是很成功的，刘备经过反思，认同了孙权关于吴蜀复和的看法，派太中大夫宗玮回访。完成了这件重要任务的郑泉，其他事迹史书再无记载，只是说临死前曾对好友说："我死了一定要葬在制陶窑场的旁边，希望百岁之后能化成泥土，最好被做成酒壶，那我就心满意足了！"

孙权为什么在此时求和呢？原因是他跟曹丕闹翻了。

孙权向曹丕称臣后，曹丕多次让他把儿子送到洛阳当人质，孙权不愿意，一直拖着不办，等打败了刘备，曹丕又派人来催，孙权干脆不理，曹丕大怒，认为自己上当了。

一气之下曹丕决定讨伐孙权，刘晔知道后赶紧来劝，认为现在时机已过，孙吴刚刚获得大胜，上下一心，无法仓促之间将其制服，但曹丕不信。

曹魏黄初三年（222）9月，曹丕派征东大将军曹休出洞口、大将军曹仁出濡须口、上军大将军曹真包围南郡，3路大军齐发，孙权的压力巨大。孙权一面组织力量反击，一面向刘备求和，希望刘备不要乘人之危，从背后再给自己一刀。

别说一刀，就是捅他三刀五刀都不解刘备心中的恶气，但是刘备无奈，因为他现在实在没那个力气了。

这年冬天，刘备病倒了。

刘备已经62岁了，在那个时候这个年龄已属"烈士暮年"。一生戎马，几起几伏，备受磨砺，晚年遭受一生中最大的挫折，对刘备的打击实在太大了。

刘备是忧思成疾的，看样子短时间内成都是回不去了。随着病情的加重，刘备有了不好的预感。过了年，到了章武三年（223）的2月，刘备派人去成都，请诸葛亮来永安一趟。

接到刘备的命令，诸葛亮即刻动身，不敢有半点耽误。但是，有一件事让他放心不下，最近一段时间汉嘉郡太守黄元表现得很异常，有情报显示此人可能会发生叛乱。

但白帝城那边更为紧要，诸葛亮只好把此事交代给了益州治中从事杨洪。杨洪在诸葛亮的推荐下已继法正之后担任了蜀郡太守，他出色的行政才干得到诸葛亮的赏识，所以又把他调任为益州治中从事，协助自己处理益州的日常事务。

诸葛亮刚走，黄元那边果然扯起了反叛的大旗。黄元认为诸葛亮一向不看中自己，现今刘备有病，万一刘备不在了，诸葛亮势必要掌握大权，到那时会对自己不利（**黄元素为诸葛亮所不善，闻先主疾病，惧有后患**），于是举郡造反。

汉嘉郡是刘备划出蜀郡和蜀郡属国的汉嘉、徙、严道、旄牛等县新设的一个郡，位于成都的南面，距成都很近。黄元纵兵向北攻击，放火焚烧临邛城，此地在成都的西南方，距成都不足百里，情况十分危急。

杨洪立即启奏太子刘禅，之前诸葛亮在成都南北郊建有 2 座兵营，储备了一定人马，所以平叛有了基础。得到刘禅的同意，杨洪便按照诸葛亮临行前的嘱咐，派将军陈智、郑绰等出兵讨伐黄元，使成都的局势很快得到了控制。

大家认为黄元如果无法攻取成都，一定会由越嶲郡到南中去，杨洪认为黄元这个人生性凶暴，在南中并无恩信，他不敢去。黄元现在可能会乘水东下，到永安面见皇上，求得免死，如果不行，也能投奔孙吴求得活命。

杨洪于是请太子敕命陈智、郑绰率兵驻扎于南安峡口，等黄元到来。果然，如杨洪所言，在此将黄元擒获，送至成都，太子下令将其处斩。

诸葛亮到达白帝城，看到刘备病得很严重。

刘备开始是得了痢疾，后来越来越严重，引发了其他疾病（**转杂他病**），一世英雄现在竟然已经到了油尽灯枯的地步。大概因为没有见到诸葛亮，他不放心，所以一直顽强地坚持着。

刘备见到诸葛亮，向他安排后事："你的才能比曹丕高出 10 倍，必能安邦定国，可以成就大事。如果嗣子值得辅佐，你就辅佐他；如果他不是那块料，你可以自取（**君才十倍曹丕，必能安国，终定大事。若嗣子可辅，辅之；如其不才，君可自取**）。"

诸葛亮闻言涕泣不已，立即向刘备表明心迹："我一定竭尽全力，忠心辅佐，至死不变（**臣敢竭股肱之力，效忠贞之节，继之以死**）！"

刘备于是宣布诏令，托孤于诸葛亮，以李严为副。不久前刘备还发布过一道诏令，任命李严接替刘巴为朝廷尚书令。

太子远在成都，刘备给太子颁布了一份遗诏，在这份遗诏里刘备首先说了自己的病情，说明生老病死是人之常情，让他们兄弟不要悲伤。接着说射援来后，报告了刘禅的情况，他十分高兴。刘备还说，你父亲德行浅薄，不要效仿他（**汝父德薄，勿效之**），平时要多读一些书，诏令中除了提到诸葛亮为刘禅手抄过的 4 部书外，还增加了《汉书》《礼记》和《商君书》3 部，刘备要求刘禅多读。

在这份不太长的遗诏里，刘备留下了一句名言："不要以为是小恶就去做，不要以为是小善就不去做，只有具备了贤能和德才，才能够服人（**勿以恶小而为之，勿以善小而不为。惟贤惟德，能服于人**）。"

办完这些事，刘备稍觉安心，本来他已命若游丝，现在精神却有所好转。刘备临终前与诸葛亮还有过一些谈论，其中一次谈到了马谡，刘备知道诸葛亮与马谡、马良兄弟二人感情很好，但他对马谡不放心。

刘备对诸葛亮说："马谡这个人说得多，实际才能达不到，不能委以重用，你要明察（言过其实，不可大用，君其察之）！"

但是，刘备的病情已无力回天，精神好转只是回光返照，刘备终于走到了他人生的尽头。

刘备在弥留之际把鲁王刘永叫到床前，对他说："我死之后，你们兄弟要把丞相当作父亲一样看待，你们和丞相只是共事而已（吾亡之后，汝兄弟父事丞相，令卿与丞相共事而已）。"

鲁王刘永和梁王刘理此时都在永安宫，刘备只叫来刘永而没有叫刘理，可能是刘理年纪太小。老来得子舐犊之情更重，想到自己将不久于人世，刘备心里一定十分难过，江山社稷、复兴汉室的大业固然重要，但亲情恐怕更是他割舍不下的东西。

刘备给太子刘禅颁布了另外一份诏令，让他今后要好好地和丞相诸葛亮一块共事，要待诸葛亮像父亲一样（汝与丞相从事，事之如父）。刘备在留给儿子们的遗言中，一再强调他们以后跟诸葛亮的关系是共事、从事，这在帝王的遗嘱中是少见的。刘备之所以这么说，是基于他对儿子们的了解，知道靠他们的才能不足以延续蜀汉的基业，同时刘备更了解诸葛亮，深知他的才能和人品，说这样的话正是对诸葛亮的无限信任。

安排完这些事，刘备终于闭上了眼睛。

这一天，是蜀汉章武三年（223）4月24日。

十三、曹丕的兴师问罪

取得夷陵之战胜利后孙权没有突破白帝城一线乘胜追击，固然有蜀汉方面誓死不退的决心和相关准备，更重要的是从战略层面考虑，孙权与刘备连续打了两场大战，但他心里其实很纠结。

天下已经形成了三足鼎立的局面，但这"三足"并不均衡，是一强两弱的格局，要维持战略上的均势，"两弱"只能联合起来对付"一强"，现在"两弱"反而互斗，战略均势将很快被打破。

失去均势也就没有了"三足"，如何"鼎立"？

孙权不傻，当然明白这个道理，所以本可以一鼓作气拿下白帝城甚至活捉刘备，孙权却主动撤退了，并立即着手修复与刘备的关系，但曹魏那边还得应付着，双方的关系最好继续模糊下去。

战后，孙权马上向曹丕上表报告夷陵之战的经过，在这份上表中孙权报告了斩获敌军首级、所得土地的情况，呈上了缴获的印绶，同时报告了此战中将士立功情况，希望对有功人员给予奖赏加爵（**具上破备获印绶及首级、所得土地，并表将吏功勤宜加爵赏之意**）。

孙权的要求其实不过分，刘备是曹魏的敌人，刘备称帝更是对曹魏政权的挑战，打刘备是维护曹魏朝廷的权威，不要你出军饷，得胜后至少给些奖赏吧！

孙权已经被封为吴王，加了九锡，官位、爵位、待遇都没法再增加了，曹丕下诏给予书面褒奖，并派特使前往武昌进行慰问，随行带来了赠送给孙权的鼲子裘、明光铠、骓马等物。

鼲子是一种灰色的老鼠，毛皮柔软，可以拼制成皮衣，在汉代与貂、貉合称三大名裘；明光铠是一种铜铠，胸前和背后的板状护胸打磨光滑当反光，用以威慑和干扰对手，这种铠具流行于唐代，但在东汉就有了，考古曾发现过一具，护板上铭有"见日之光，天下大明"的字样，从曹植的一篇文章中得知曹操曾赐给他一具明光铠，曹植就国后主动上交了；骓马是天子御驾专用马匹，天子的御驾由6匹马拉乘，位于车辕两侧的2匹称为服马，紧挨着服马的2匹称为骖马，骖马之外的2匹称为骓马。

曹丕还送给孙权一份礼物——他自己写的《典论》。

《典论》是一部有关政治、文化的著作，是我国现存最早的文艺批评专著，曹丕写于当太子时期，据说因为当时曹植的文采广受赞扬，曹丕为了超过弟弟发奋而作此书，全书由多篇组成，现仅存《自叙》《论文》两篇较完整，另有《论方术》的一部分内容。

曹丕对这部著作很满意，特别在白色帛绢上亲笔抄了一份送给孙权。根据吴质的一篇文章记载，曹丕还用纸另写了一份送给张昭（**又以纸写一通与张昭**）。

曹丕希望孙权继续对刘备扩大战果，诏书中说："从前吴汉先烧了荆门山，然后发兵夷陵，因而没有使子阳有逃生之地；来歙偷袭略阳，光武帝很高兴，因为他知道隗嚣没有施展图谋的地方了。如今征讨蜀军和上面的情况很相似，将军要努力谋划，务求全胜（**将军勉建方略，务全独克**）！"

东汉初年，汉光武帝刘秀命彭岑、吴汉等人讨伐割据蜀地称帝的公孙述，作战中朝廷军队攻破荆门进入江关，在夷陵烧敌兵战船，取得大胜。隗嚣是当时另一个割据军阀，刘秀命来歙、祭遵讨伐他，在略阳取得大胜。曹丕引这些典故，是想说克敌务求全胜，不能半途而废。

礼物收下，诏书接了，至于要不要"宜将胜勇追穷寇"，孙权有自己的主意。

孙权最担心的其实是另一件事，质子。

其他都好说，可以拖也可以敷衍，但这件事没法再糊弄下去了，孙权知道曹丕很在意这件事，尤其自己现在打了胜仗，实力进一步扩大，曹丕就更在意了。

果然，曹丕很快又派人来说这件事，这次派来的是侍中辛毗和尚书令桓阶两位重量级人物，他们奉命前来与孙权盟誓，并要求孙权送质子去洛阳（往与盟誓，并征任子）。

孙权对他们热情接待，但对质子，这次干脆拒绝（辞让不受）。

曹丕不干了，曹魏的大臣们更不干了，有人对封孙权为吴王一事本来就有意见，现在更认为孙权的行为是对曹魏朝廷的一种羞辱，华歆、王朗、钟繇等三公联名上奏，历数孙权的罪状，要求讨伐。

曹魏黄初三年（222）9月，也就是夷陵之战结束仅仅1个月后，曹丕调集了三路大军向孙吴发起了全面进攻。

第一路在东线战场，主攻目标是洞口。该地位于今安徽省和县境内，也在长江的边上，在濡须口沿江而下200里左右的地方。这里距建业更近，是孙吴新建的一处水军基地，进攻这里对孙吴后方的威胁更大。这一路魏军由曹休指挥，他已由镇南将军升任征东大将军，所部包括前将军张辽、镇东将军臧霸等。

第二路也在东线战场，主攻目标是濡须口，由曹仁指挥，孙权的大将军一职已被解除，曹丕任命曹仁升任此职，曹仁率领的这一路与曹休等人互相配合，趁孙权主力多在荆州一线之机攻击孙权的大后方。

第三路在中线战场，主攻目标是荆州的南郡，由曹真率领，不久前曹真的军职也被提升，由镇西将军升至上军大将军，这一路包括征南大将军夏侯尚、左将军张郃、右将军徐晃等。曹休的征东大将军、曹真的上军大将军、夏侯尚的征南大将军都是之前没有的，它们虽然低于大将军，但高于四征将军、四方将军。

11月，曹丕亲自抵达南阳郡的郡治宛县，在此指挥各路进攻。

从曹丕的军事部署看，他也想通过此战进一步锻炼新人，曹真、曹休、夏侯尚短短两年里军职不断升迁，地位迅速超过了张辽、张郃、徐晃等老将，接班的意味明显，如果此战大获全胜，这几位新人在军内的地位更稳固了。

曹魏举国来攻，孙权深感紧张，他赶紧做出相应部署以应对。

孙权和陆逊居中指挥，针对三路魏军也分出三路人马相对。

对付曹休的一路，命建威将军吕范督五军的兵力相抗，该部中有相当的水军，孙权命他们在洞口一带迎敌；

对付曹仁的这一路由裨将军朱桓指挥，一直镇守着濡须口的周泰已经去世，孙权任命朱桓为濡须口濡须督，率领在濡须口基地的各支人马迎击曹仁；

对付曹真的这一路由诸葛瑾指挥，夷陵之战结束后孙权升任诸葛瑾为左将军，升任潘璋为平北将军，孙权命诸葛瑾率潘璋以及将军杨粲等部去救南郡。

十四、孙权的军事神话

部署做出了，但孙权仍然希望最好别打。

夷陵之战刚刚结束，孙吴的人马尚未完全归位，将疲兵劳，战斗力不高。面对曹仁、张辽、徐晃这样的名将，朱桓、吕范能不能顶住进攻实在没把握，加上自己一方战线拉得实在太长，洞口、濡须口任何一个地方被突破都是大麻烦，魏军一旦过了江，大后方就不保了。而且最近一段时间山越各部趁这边打仗的时机再次蠢蠢欲动，对孙吴来说内部这个头痛的问题依然不能小觑，稍有不慎就会带来致命的打击（时扬、越蛮夷多未平集，内难未弥）。

所以能不打最好不打，实在要打最好晚点儿。

孙权想再次施展外交上的灵活手段以化解危局，他以极其谦卑的口气向曹丕上书，要求给自己一个改过自新的机会（卑辞上书，求自改厉）。孙权还说，如果曹丕不肯原谅他的过错，他愿意奉还土地人民，然后前往交州居住，以保终年（若罪在难除，必不见置，当奉还土地民人，乞寄命交州，以终余年）。

这是孙权说过最软的一次话，简直是在乞命了。

对曹丕来说打也并非上策，如果能不战而屈人之兵，依然是"上之上者也"。不过被孙权耍弄过多次，曹丕也学聪明了，没有轻易相信孙权的话。

曹丕给孙权回了封信，信中提到浩周的事和三公上书的事，这些都是实情，孙权无法再辩解什么了，所有的问题又绕回到那个问题上：送不送儿子当人质。

孙权知道，除了一战已经没有退路了，于是下令弃用曹魏的年号，改建年号黄武。

孙权不是皇帝，作为曹魏所封的吴王应该行曹魏的正朔，他自创年号并无法理依据，但他不管，以此表示与曹魏彻底分裂。222 年就有了 3 个年号：曹魏黄初三年、蜀汉章武二年、孙吴黄武元年。

曹丕大怒，立即命令三路大军同时发起进攻。

这一仗打得十分激烈，是近年来魏、吴交战规模最大的一次，论实力孙吴明显处于下风，又是在上一场大战结束仅 1 个月时间开打的，胜负似乎已成定局。

但结果却让人吃惊，孙吴继大胜蜀汉后又胜了曹魏。

先说最东边洞口的这一路。

曹休督率张辽等各路大军，加上州郡兵，参加洞口之战的魏军多达 20 个军（督张辽等及诸州郡二十余军），也就是 20 多万人，而吕范指挥的吴军推测起来能凑齐 5 万都不容易，4∶1，吴军处于劣势。

而且，这一路魏军中还有让吴军官兵深为忌惮的名将张辽。张辽本年 53 岁，年龄不算大，但身体状况很不好。曹丕对张辽极为尊重，赐舆车给张辽的母亲，张辽在合肥驻守，曹丕破例派兵马护送其家人到驻军地团聚，事先专门告示沿途各地，命地方及驻军官员出迎，张辽家人每过之处军士将吏都列队迎候，看到此景的人无不认为这是莫大的荣耀（观者荣之）。

去年张辽赴洛阳朝拜，曹丕在建始殿接见了张辽，专门向他询问当年在逍遥津大败吴军的情况，听了张辽的述说后曹丕对左右的人叹息道："张将军就是古代的召虎哇（此亦古之召虎也）！"

召虎是东周时期的大将，又称召公，与方叔、尹吉甫、秦仲等齐名，有平淮夷之功，曹丕故此比喻。曹丕下令在洛阳为张辽建造屋舍，为张辽的母亲专门修建了堂室，当年跟随张辽在逍遥津一役中临时应募的敢死队成员，活着的一律加虎贲头衔（以辽所从破吴军应募步卒，皆为虎贲）。

后来曹丕命张辽屯兵雍丘，张辽在驻地病倒了，曹丕听到后专门派侍中刘晔带着太医前往慰问视疾。按照汉朝的礼制，三公生病皇帝也只派黄门问病，魏、晋时又降为黄门郎。张辽不是三公，曹丕派部长级的侍中去慰问，又派虎贲传送病况，是十分破格的尊崇。

雍丘在今河南省开封市附近，为了及时了解张辽的病情，曹丕专门派虎贲士往来传达病况，由于曹丕催得急，派出去的虎贲士很多，以至在当时洛阳到开封这一段路上他们常常可以碰到（虎贲问消息，道路相属）。

张辽久未痊愈，曹丕便命人把他接到自己的行营，曹丕亲自探望，握着张辽的手加以慰问，又赐给张辽御衣，还每天派宫里的人送来御膳，令张辽深为感动。病情稍有好转张辽就返回了驻地，此次三路出击，曹丕命张辽随曹休一起行动，张辽于是赶到长江边上的海陵驻防。

孙权听说张辽来了，专门敕书给洞口方面的诸将："张辽虽然有病，但其仍锐不可当，大家一定要谨慎啊（张辽虽病，不可当也，慎之）！"

吴军的洞口基地在江北，魏军杀到后并无太多悬念，将其占领。

这时已经到了11月，是深冬季节，江面上刮起了大风，被打败的吴军乘船渡江，但由于风太大，战船的缆绳多被吹断，失去依靠的船在江面上乱漂，有的刮到岸边被魏军捕获，有的被刮翻沉没（诸船缆绳断绝，漂没著岸，为魏军所获，或覆没沉溺）。

吴军纷纷落水，一些没有被吹翻的大船成为众人求生的希望，在水中挣扎的人拼命呼号，一些人想尽办法攀上大船，船上的人担心船被弄翻，于是用戈矛击打水里的人，不让他们上来，只有将军吾粲和黄渊下令让水里的人上自己的船上来。

有人劝吾粲人太多船容易沉没，吾粲说："船沉了大不了一块死，他们已走投无路，怎么能弃之不管（人穷，奈何弃之）？"

吕范指挥余部撤往江南的徐陵，曹休命臧霸准备500只快船，载上万名敢死队员（敢死万人），强行渡江，围攻徐陵。吕范指挥全琮、徐盛等部守卫徐陵，烧毁魏军的攻城车，把魏军打退，在追击中全琮将魏将卢尹枭首，魏军才退到江北。

有史书记载，此战魏军斩敌4万，俘获各类船只1万艘，这有些夸张，因为吕范能指挥的全部人马大概也只有这个数，4万人要么加上了为吴军担任后勤供应的百姓，要么是魏军夸大战功。

不过吴军损失惨重是事实，孙权的四弟孙匡此时是一名定武中郎将，也参加了洞口之战，战斗中他违抗吕范的命令让人放火，不慎烧了柴草，致使吴军军需匮乏，吕范命人将孙匡羁押，送回吴郡。孙权听说后很生气，不准孙匡及其族人再姓孙，给他改姓丁，并终身禁锢。

洞口这一路魏军大胜，不过面对天堑长江他们也不敢轻易逾越，只是进一步肃清了江北的吴军。

再说中间的濡须口这一路。

曹仁率数万人马来攻濡须口，他采取声东击西的办法，扬言要进攻濡须口以东的要地羡溪，吴军总指挥朱桓不知有诈，分兵去救。

这时朱桓突然接到情报，说曹仁亲率魏军主力出现在濡须口附近，距此不过70里。朱桓赶紧派人去追增援羡溪的部队，但已来不及了，朱桓手下此时仅有5000人，大家非常害怕（诸将业业，各有惧心）。

朱桓是吴郡人，但跟祖籍丹杨郡的朱治、朱然并非一族，他的功绩虽然没有朱然突出，但在将星云集的孙吴，孙权能让他独当一面，说明他是有两下子的。

危急关头，朱桓给大家鼓气："两军交锋，胜负在将，不在人马多寡。魏军远道而来，千里跋涉，士卒疲惫，曹仁也算不上什么名将。我们占据高城，南临大江，北背山陵，以逸待劳，这是百战百胜的局面，即使曹丕亲自来尚不足惧，何况曹仁？"

朱桓下令偃旗息鼓，示弱于敌，诱使曹仁主动出击。

曹仁命其子曹泰进攻濡须城，命将军常雕率诸葛虔、王双乘油船攻击长江上一个叫中洲的小岛，自己率1万多人驻扎在濡须口以西的橐皋，做曹泰总后援。

中洲是吴军的基地，吴军将士的家眷都在这个小岛上，曹仁下令向这里发起进攻，认为吴军必救，可以分散吴军的力量，更为顺利地夺下濡须城。

朱桓派一部分人去保卫中洲，自己坐镇濡须城。他率部烧毁了曹泰的军营，曹泰退军。中洲保卫战也进展得很顺利，常雕被枭首，王双被俘获，魏军被消灭1000多人，朱桓派人把王双送往武昌。

这一路曹军大败，吴军大胜。

最后说西边南郡的这一路。

这一路打的时间最长，吴军负责守南郡郡治江陵的是孙权少年时代的同学朱然，曹真率夏侯尚、张郃等部依仗人多，扎起多处营垒对江陵实施围城。

孙权派孙盛率万人在一处江洲上立围坞，作为朱然的外援，但张郃随后来攻，孙盛不敌，退走，江洲被魏军占领，江陵城与外界隔绝。孙权又分别派潘璋、杨粲等率部增援，但魏军实在强大，围不能解。此时，江陵城内情况十分严峻，由于缺少吃的，不少士卒出现身体浮肿，一下子减员了5000人（兵多肿病，堪战者裁五千人）。

曹真起土山，凿地道，立楼橹，把攻城的方法都使上，誓将江陵攻破。江陵若丢失，孙吴的西线江防将不存在，夷陵、秭归等地不攻自破，江陵以下的公安、陆口等也暴露在敌人的刀锋之下。

"辛辛苦苦好几年，一下回到解放前"，对孙权来说那样荆州的局势将恢复到赤壁之战前的状况。孙权已把大本营由建业迁至武昌，江陵如易手，还得灰头土脸地迁回建业。

要守住江陵，攻破敌军在江洲中的营垒十分重要，此处有夏侯尚率领的3万人马，为便于跟陆上交通，夏侯尚在此架起了浮桥。诸葛瑾、杨粲又来解围，但无法击破敌人。潘璋想出一个办法，他带人马到上游 50 里处，在此大量收割已干枯的芦苇，扎成许多大筏，想顺江放筏，点燃芦苇，去烧浮桥。

潘璋的火攻计还没有开始，江洲上的魏军突然撤得一干二净了。原来，就夏侯尚在搭建浮桥屯兵江洲一事，曹操时代的著名谋士、时任大鸿胪卿的董昭向曹丕进言，认为浮桥很危险，现在江水较浅，马上是春天，春水一旦上涨，浮桥将难保，浮桥一断，数万魏军的性命堪忧。曹丕接受建议，下令夏侯尚撤出江洲，魏军严密封锁消息，所以全部安全撤回，10 天之后，江水果然上涨。

江陵前后围了 6 个多月，由于朱然率部顽强守城，魏军无法得手，加上江洲撤军后江陵可以恢复与外界的联系，曹丕于是下令放弃围城。

对曹丕来说这一仗真的有些出乎意料。

魏军在实力、气势上都明显占了上风，但三路大军一胜两败，吴军反而在总体上取得了胜利。

打仗不仅靠人数，还要靠天时、地利、人和，吴军在天时上或许不占优势，但他们拥有地利与人和，长江始终是吴军克敌制胜的法宝，吴军依托长江，熟悉水性以及长江沿岸的地理，在这里打仗他们不吃亏。与魏军不同的是，吴军将士深知打败了没有退路，所以个个拼死相搏。

在最近不到 3 年时间里孙权接连创造了军事上的神话，先是击败了威震华夏的关羽夺取荆州，继而力克刘备的大军，这次又战胜了强大的曹魏，这 3 场战役打下来，孙权的威望升到了顶点。

对曹魏来说噩耗还没有终结，此战之后不久，曹魏的大将军曹仁和前将军张辽先后去世了。

曹仁时年 56 岁，年龄也不算太大，他突然去世可能与打了败仗有关，临终前曹丕升他为大司马，这是一个荣誉性职务。曹仁死后，曹丕赐给他谥号忠侯。他有 3 个儿子，分别是曹泰、曹楷、曹范，其中长子曹泰较为突出，日后曾任曹魏的镇东将军。

洞口之战后张辽的病情加重，后来病逝于江都。曹丕为之流涕，赐他谥号为刚侯，由其子张虎承嗣。

曹仁葬于何处不详，洛阳曾出土唐人所刻曹仁墓志，似乎葬在了洛阳。张辽祖籍在河套地区的雁门郡，死后葬于何处不详，今安徽省合肥市市区内的逍遥津公园里有其衣冠冢一座。

十五、吴蜀间的使者往来

对孙权来说这个难关过得有点儿悬，虽然胜利了，也惊出了一身冷汗，现在与曹魏算是彻底翻脸了，对外战略必须重新做出调整。

孙权现在彻底明白了，他与曹魏之间不可能建立起盟友的关系，即使他愿意妥协，也只能成为曹魏的藩属，必须送上质子以维持眼前的和平，一旦曹魏解决了蜀汉，就会转过身来解决自己，所以质子换来的所谓的和平也只是舔刃之欢。

这让孙权更加坚定了心中的想法，那就是与蜀汉联起手来共同对付曹魏，再来次"孙刘合作"。所以当刘备的死讯传来部下纷纷劝他称帝时，他没有答应（权群臣劝即尊号，权不许）。

孙权不愿意称帝，对手下人说："汉室湮没，我们不能前去相救，又怎能忍心与之相争呢（汉家堙替，不能存救，亦何心而竞乎）？"

大家没有放弃，也弄出许多所谓天命符瑞再次劝进（群臣称天命符瑞，固重以请），孙权仍没有答应，对众人说："过去因为刘备称雄于西边，所以我命陆逊率兵防备他。而北边的曹魏有可能帮助我，我担心其挟天子以令天下，如果不接受封拜，就会促使他们对我下手，到时候西边、北边的敌人一起来，两处受敌，所以我努力克制，接受封王。我俯首称臣的本意，诸君可能还不理解，所以今天向你们来解释解释（低屈之趣，诸君似未之尽，今故以此相解耳）。"

这应该是孙权的心里话，他承认当皇帝是好事，对自己好、对大家也好，但火候还没到。作为一名高明的政治家，从来不会把名义和形式看得太重，做一件事更要着眼于利弊得失，不划算的事即使再风光也不要去做，在这方面曹操给大家做出过表率。

孙权派立信都尉冯熙去成都吊丧，进一步观察刘备死后蜀汉国内的情况。冯熙字子柔，豫州刺史部颍川郡人，东汉初年"云台二十八将"之一冯异的后人。

冯熙赶到成都，当时正值蜀汉国丧、新帝刘禅登基，丞相诸葛亮十分繁忙，无暇与他深入交谈，冯熙完成了一次礼节性的出访后回到了孙吴。

孙权拒绝称帝还有一个现实考虑，虽然跟曹魏大打出手，但孙权还是不想彻底断绝与曹魏的来往，冯熙回来后孙权任命他为中大夫，此职原是九卿之一光禄勋的属官，孙权当然不能直接去任命曹魏朝廷的官员，但他是吴王，可以像曹操当年那样在自己的封国内比照朝廷设置百官。

孙权派冯熙出使曹魏，在打退曹魏的三路大军进攻后双方的这种往来又持续了两年以后才断绝（然犹与魏文帝相往来，至后年乃绝），只是冯熙这趟出使惹得曹丕很不痛快。

冯熙去蜀汉的事曹丕也知道了，见了冯熙劈头就问："吴王如果打算重修旧好，应当在江关布下重兵，进军巴蜀，听说他反倒遣使与蜀汉通好，是不是有什么变故？"

对此冯熙已有准备，他回答道："我听说出使蜀汉那边也只是通个音信，而且是为了观察那边的虚实，并非与之有什么密谋。"

曹丕转移话题，问冯熙道："听说吴国连年旱灾，人力物力损失严重（比年灾旱，人物彫损），以冯大夫的精明，能看出吴国国力如何？"

曹丕此问挑衅意味明显，你们要跟蜀汉有什么小动作，先看看你有多少家当，小心我收拾你，冯熙不慌不忙地回答："吴王聪明而有气度，善于用人，赋政施役都咨询臣下的意见，亲贤爱士，臣下皆感恩怀德，一片忠心。吴国带甲百万，谷帛如山，稻田沃野，民无饥岁，即所谓金城汤池、强富之国。说到国力，据臣下观察，应该与曹魏不差上下（**轻重之分，未可量也**）。"

不卑不亢，曹丕听了相当不悦，不过也不得不承认冯熙是个人才，有把他留下的想法。曹丕听说冯熙是颍川郡人，跟陈群是老乡，就派陈群私下联络冯熙，许以高官厚禄，但冯熙不为所动。

曹丕只得放冯熙回去，但走到摩陂又传命令让他返回洛阳，冯熙知道有变，担心回去后受辱，于是引刀自杀，幸为驾车的人发现，没死成。

冯熙一直被曹丕借故扣留在曹魏，到死都没有回去，孙权听说后流泪不已，称他为当世苏武。

孙吴黄武二年（223）11月，刘禅在成都继位有半年了，诸葛亮派中郎将邓芝带着礼物来武昌回访，随行还带着200匹马、1000匹蜀锦以及其他蜀地土特产等礼物。

邓芝的先祖邓禹也是"云台二十八将"之一，不过诸葛亮派他回访倒不完全看的是这一点。邓芝曾任郫县令、广汉郡太守，很有才干和政绩，新帝继位后被诸葛亮调到蜀汉尚书台任尚书，是诸葛亮处理日常政务的重要助手之一。

邓芝看到孙刘联盟的重要性，他主动向诸葛亮建议："现在主上年幼，又是刚刚登基，应当派遣使者到孙吴，重新缔结双方的友好（**宜遣大使重申吴好**）。"

邓芝认为重新与孙权修复关系不仅意义重大，而且难度很高，所以特意强调要派一位"大使"，也就是重量级使者，诸葛亮对他的建议很赞同："这件事我也想了好久了，只是一直不知道派谁去合适，今天才有了最佳人选（**吾思之久矣，未得其人耳，今日始得之**）。"

邓芝问这个人是谁，诸葛亮指着他说："这个'大使'就是你呀！"

邓芝于是被改任为中郎将出使孙吴，但这时孙权与曹魏的联系还没有中断，虽然与蜀汉恢复了来往，但双方的关系如何重新定位还没有想好，所以没有及时接见邓芝（**权果狐疑，不时见芝**）。

孙权的犹豫可能还来自另一个方面，他不太清楚刘备死后蜀汉国力到底如何，孙权还需要判断。在当时很多人眼里，刘备不在了，蜀汉内外交困，撑不了多长时间，值不值得再与其联盟，孙权在犹豫。

邓芝看出孙权的心思，主动给孙权写了封信，信中说："我此次来吴国面见大王，为的不单单是蜀国（**臣今来亦欲为吴，非但为蜀也**）。"

邓芝言外之意，现在蜀汉需要孙吴，孙吴又何尝不需要蜀汉？孙权看到这句话，脑子里一定会想起15年前曹操大兵压境，诸葛亮跑来找他说的那一席话，于是召见了邓芝。

孙权倒也实在，开门见山地说："我也想跟蜀汉和好，但是担心蜀主年幼软弱，加上蜀汉国小力薄，在曹魏的攻击下尚无法自保，所以以为此而犹豫。"

针对这个问题，邓芝回答道："吴国和蜀国加起来占有4个州的土地，大王您是一代豪杰，诸葛亮是一时的英才（**大王命世之英，诸葛亮亦一时之杰也**）。蜀汉有重重天险，吴国有三江之阻，如果把两家的长处结合起来，互为唇齿，进可以兼并天下，退可以鼎足而立，这是很清楚的道理。大王如果委身于曹魏，今后曹魏上可以命大王您入朝朝拜，下可以命大王您输送人质，如果不从，就会奉辞伐叛，到那时如果蜀国再顺流而下，那江南可就不是大王的了。"

一番话看似波澜不惊，在孙权听来却如惊雷过耳，以至于半天答不上话来（默然良久）。

邓芝这段话厉害在什么地方呢？他向孙权揭示了这样一个道理：向曹魏称臣不可行，连权宜之计都不是，一旦称臣，你就得任人摆布，现在还只是让你送人质，如果你送了，马上让你亲自到洛阳朝拜，你去不去？不去，就会以违命讨伐你，你吃亏还说不出来，这哪是聪明人的做法，这是吃了亏还说不出来的愚蠢。

邓芝的话还绵里藏针，你眼下跟曹魏打了几仗，看似敌人没有得手，你以为是长江天险或者孙吴将士勇猛吗？那是蜀国没有落井下石。千万别以为今后可以高枕无忧，不说曹魏今后加大打击力度，就是蜀国哪天趁曹魏打你的时候插上一手，你还行吗？邓芝的话把孙权打回了原形，原来孙刘联盟是如此的重要！

孙权沉默半天，对邓芝说："你说得很对（君言是也）。"

孙权于是决定彻底打消与曹魏缓和的幻想，重新与蜀汉联合（遂自绝魏，与蜀连和）。孙权随即安排人回访蜀汉，进一步商谈双方联合的细节。邓芝完成了任务，准备回去复命，孙权让他带回不少吴国的特产给后主以回报厚意（以答其厚意焉）。

第二年夏天，孙权派辅义中郎将张温又回访成都，行前孙权专门找张温谈话："本来不想让你出远门，只是诸葛孔明不知道我们与曹魏交往的真正用意（恐诸葛孔明不知吾所以与曹氏通意），所以委屈你走一趟。如果山越人的威胁消除了，我们将与蜀汉联盟，跟曹丕大干一场。此行就是这个原则，具体说什么你见机行事就行（行人之义，受命不受辞也）。"

张温出身于江东大族，也是一个有分量的人物，他回答："诸葛亮一向深谋远虑（达见计数），他一定会理解您委曲求全之意，见到他后，观察他的态度就会知道他是怎么想的。"

对孙吴特使的回访诸葛亮十分重视，安排沿途盛情接待，这让张温十分感动。这次出使圆满成功，张温向后主、诸葛亮等蜀汉高层当面解释了孙吴委身于曹魏的苦衷，双方协商，将继续派使者商谈合作的细节问题。

随后双方使者来往频繁，蜀汉方面派邓芝再次出使过孙吴，还先后派了丁宏、阴化、费祎等人出使，其中对费祎访吴史书记载较多。

孙权为人很幽默，喜欢开玩笑（权性既滑稽，嘲啁无方）。他手下有几个特别有名的辩才：张温算一个，诸葛亮大哥诸葛瑾的长子诸葛恪也算一个，还有一个叫羊道的，都极其善辩。跟他们在一块谈论，费祎都毫不吃亏，每次都能据理以答，不被难倒。

孙权有点不甘心，孙权拿出好酒来让费祎喝，看费祎已醉，突然以国事相问，又与他谈论天下时事，提出的问题一个比一个难（辞难累至）。开始费祎以酒醉相推辞，后来针对孙权提出的问题一一书面作答，条理清楚，没有遗漏。

还有一次，孙权宴请费祎，事先故意叮嘱大家："使者来后，你们都低头吃东西，不要起身（使至，伏食勿起）。"

费祎赶到，孙权停下筷子，但群下故意不起，费祎临场作了一首打油诗：

> 凤凰来翔，麒骥吐哺，
> 驴骡无知，伏食如故。

意思是：凤凰翩翩飞来，麒麟吐出食物，驴儿骡儿无知，低头吃食如故。听着这话有些不对劲，孙吴方面的人都有点来气，诸葛瑾的儿子、诸葛亮的侄子诸葛恪也在场，他以机敏著称，顺口回道：

> 爱植梧桐，以待凤凰。
> 有何燕雀，自称来翔？
> 何不弹射，使还故乡。

意思是：栽种梧桐大树，一心等待凤凰，等来一只麻雀，自称凤鸟来翔，何不弹子射它，让它飞回故乡。

费祎挺惊讶，他正在吃饼，于是停下来，索笔作了一篇《麦赋》，诸葛恪当仁不让，也索笔作了一篇《磨赋》。你是麻雀我射你，你是麦子我磨你，反正不吃亏。他们的这两篇赋大家看了，都觉得写得棒（咸称善焉）。

上面这些算是外交活动中的花絮，说明这一阶段双方通使气氛是热烈而友好的，关系是融洽的。

孙权对费祎很器重，曾经对他说："你的才能和美德都具备，必定成为蜀汉的股肱之臣，只恐怕今后不能经常来了。"

孙权的意思是今后费祎势必受到重用，出使这样的事不会再派他执行了。孙权看人一向很准，费祎果然成为蜀汉政坛的新星，在诸葛亮的不断栽培下，费祎职务一路高升，成为后诸葛亮时代主持蜀汉政事的大臣之一。

孙权曾以经常佩带的宝刀赠给费祎，费祎推辞道："在下不才，怎能接受如此贵重的礼物？宝刀是用来讨伐叛逆的，只愿大王建立功业，共扶汉室，在下虽然愚弱，也终不辜负出使吴国之行了。"

有一次，孙权喝多了，和费祎把话题谈到了蜀汉内部的人事上，孙权对费祎说："杨仪和魏延二人不过是放牛娃（牧竖小人）罢了，虽然有点儿苦劳，但也不过如此，现在二人受到重用，如果诸葛亮哪天不在了，他们必定是祸根，你们太糊涂了，还看不到这一点。"

费祎再机敏果断，也未料到孙权会出此一言，被惊得目瞪口呆，不知如何回话，随同出访的郎中董恢悄悄把费祎拉到一边说："快告诉他，就说杨仪、魏延二人不和是因为个人恩怨，并不像韩信、彭越那样有无法驾驭的野心。现在正是用人之际，如果有人才不用，说是防其后患，其实等于害怕风浪而不乘舟船一样，不是好主意。"

费祎照此给孙权说了，孙权大笑。

孙权也许并未喝醉，话是故意说的，笑得也很有城府。但毕竟这是人家的内部事务，点到为止而已。费祎回到成都，不敢隐瞒，把孙权说过的话如实报告给诸葛亮，受到诸葛亮的肯定。

随着吴蜀之间使者往来的频繁，双方在边境地区的交往也不断增多，在对蜀国事务方面，孙权很重视陆逊的意见。

陆逊当时以辅国将军的身份兼任孙吴的荆州牧，驻扎在江陵，孙权每次给后主刘禅以及诸葛亮的信，都送到江陵先让陆逊看，让陆逊把握轻重，如有不妥，就地修改后再送出。

为行事方便，孙权刻了一枚自己的印放在陆逊处，陆逊改完公文、书信重新盖印就行，不必再送往武昌（便令改定，以印封行之），显示出孙权对陆逊的无比信任。

十六、茫茫大江隔南北

吴蜀复合，解除了西面的担忧，可以让孙权腾出手来全力对付曹魏，就在打退曹魏三路进攻当年的 5 月，孙权还主动用兵于蕲春，活捉了曹魏的守将晋宗。

晋宗原是孙吴在戏口的守将，孙权派他和王直守戏口。戏口所在何处不详，似乎在蕲春附近。孙权发动皖城战役时曾将蕲春收复，所以派王直、晋宗在戏口以守备蕲春，但晋宗反叛，杀死王直后投降曹魏。

早在建安十三年（208）曹操南下荆州时，曾分荆州刺史部的江夏郡、扬州刺史部的庐江郡各一部设置了蕲春郡，下辖蕲春、邾县、寻阳三县，郡治在蕲春县，晋宗投降后，被任命为蕲春郡太守，经常出来袭扰吴军（数为寇害），孙吴在寻阳上下的这段江防受到很大威胁，荆州与江东之间的联系也不再安全，这让孙权感到很恼怒（以为耻忿），誓要将其捉拿问罪。

这时大战刚刚结束，又值最热的时候，晋宗等人以为吴军不会行动，他的儿子还在孙吴控制下的安乐，晋宗还试图袭击安乐夺回儿子。

孙权命贺齐督几部人马突袭蕲春，趁晋宗思想麻痹之机打他个措手不及，这次突袭战很成功，把晋宗生俘。

这件事让曹丕感到了耻辱，处处都在曹魏下风的孙吴居然主动进攻，而且不断得手，这是曹丕不能接受的，后来又不断传出吴、蜀复合的事，曹丕深恨不已，对孙权也彻底失望，他先后两次御驾亲征讨伐孙吴。

第一次发生在曹魏黄初五年（224）的 7 月，曹丕由洛阳东巡至许昌，决定动员全国武装力量再次伐吴。

决定刚一做出，侍中辛毗便谏阻道："现在上上下下稍稍安定，此时用兵，毫无裨益。先帝调集精兵南征，每次到达长江都停下脚步。如今人马还是那么多，没有任何增加，让他们再次伐吴，不是一件容易的事。为今之计，应该让人民休养生息，开垦田亩，10 年之后可以一举平定，不需要二次出兵。"

曹丕听了很不舒服，认为辛毗是在挖苦他本事不行，不高兴地说："按你的说法，这事就留给子孙了？"

辛毗是出了名的倔老头儿，皇上给了脸色，他反倒更硬气起来："从前，周文王把殷纣王留给了周武王，只因为他知道时机尚未成熟（苟时未可，容得已乎）！"

曹丕干脆不理，留朝廷尚书仆射司马懿镇守许昌，自己亲率大军南下伐吴。8 月，曹丕登上御舟，顺蔡河、颖水进入淮河，一路抵达寿春，之后继续南下，于 9 月到达广陵郡。

广陵郡属徐州刺史部，在长江下游北岸，隔江与丹杨郡、吴郡相望，看来曹丕总结了之前历次伐吴的经验教训，认为江陵、濡须、洞口都不好弄，不如直捣黄龙，进攻长江下游，如果能在此突破长江防线，可以一举拿下建业和吴郡，端了孙权的老巢。

这还真是一着狠棋，听说魏文帝亲自率大军南下广陵，江东一片恐慌（吴人大骇）。

孙吴的安东将军徐盛提出在建业附近临时筑起围墙，再稀稀拉拉建一些房屋，围墙上设一些假箭楼，又在长江中摆一些船只（从建业筑围，作薄落，围上设假楼，江中浮船）。

大家认为这个方案没有实际意义，但徐盛不听，仍然做了。《晋纪》记载，徐盛所筑疑城从石头城到江乘，给车子安上木桩，外面包上苇席，又加上五彩的装饰，一个晚上就建了起来（车以木桩，衣以苇席，加采饰焉，一夕而成）。

曹丕到了长江边上，看到江对岸的情景不禁愕然，敌人的防守工事稀稀疏疏地有几百里（弥漫数百里），而这时长江又在涨水，曹丕望江而叹：

"人家已经有准备了，没法下手了（彼有人焉，未可图也），魏国即使有步兵骑兵成千上万，也用不上啊！"

魏军撤了，孙权松了口气，不过他还不放心。

孙权让赵达算一算此事，赵达占卜一番对孙权说："曹丕真撤了，即使如此孙吴到庚子年也会衰败（吴衰庚子岁）。"

"具体说，还有多少年？"

"还有58年。"

"我只担心眼前的危险，考虑不了那么长远，那都是子孙的事（今日之忧，不暇及远，此子孙事也）。"

曹丕第二次御驾亲征伐吴是在黄初六年（225）的3月。

这一次辛毗还没说啥，又有一个人跳出来反对，这个人是宫正鲍勋，他反对出兵的理由是：

"王师屡次远征未能有所攻克，我认为主要原因是吴、蜀唇齿相依，又有山水凭阻，难以攻拔。前年龙舟荡覆，受隔在长江南岸，圣上遇险，大臣们吓得不轻（圣躬蹈危，臣下破胆），如果圣上有不测，宗庙将倾覆，这当引为百世之戒。现在又劳兵袭远，日费千金，给国家造成巨大虚耗，只能让敌人展示他们的威风，臣以为不可！"

曹魏改前朝御史中丞为宫正，曹操担任汉丞相期间，御史中丞曾被视为三公之一，是监察官的首领，地位显赫。鲍勋出任该职并非出于曹丕对他的器重，原因有两个：一来他是曹操已故挚友和早年重要支持者鲍信的儿子；二来出于陈群、司马懿等人的力荐，曹丕给他们的面子。

但曹丕一向不喜欢鲍勋，因为他说话比较直，比如上面这段话，鲍勋比辛毗说得还直接，意思是根本打不过人家，干吗还要去逞能？换个人曹丕就得直接下令拉出去剁了，但这位是"烈士后代"，曹丕仅作降职处罚，鲍勋被降为治书执法。

5月，曹丕率大军抵达老家谯县，在此进行修整准备。

8月，大军自谯县出发南下，针对上一次的望江兴叹，此次伐吴曹丕带来了很多水军，他们从涡水进入淮水。

10月，大军抵达广陵故城，即今江苏省扬州市，后世有人写诗"京口瓜洲一水间"，京口即镇江，瓜洲属扬州，出广陵故城，可隔江眺望孙吴昔日的大本营京口，曹丕再一次调整攻击重点，还是想无论如何在长江上撕出一道口子来。

魏军云集于此的总兵力有十几万，人数绝对占优，江北岸魏军的旌旗招摇数百里，大有吞没长江之志。但是魏军对这里的水文、气象情况均不熟悉，结果吃了大亏。农历的十月长江下游也天寒地冻，这一年江水还结上了冰，曹魏准备了好久的水军竟然无法进入长江！

见此情形，曹丕再一次发出了感叹："天哪，注定要分隔成南北吗（嗟乎，固天所以隔南北也）！"

曹丕只得再次下令撤军，但这一回吴军不想让他轻易就走。

孙吴的扬威将军孙韶派部属高寿率500人敢死队渡江，在曹丕的归途上突然发起袭击，直取曹丕的御营，曹丕大惊，在众人护驾下仓皇逃命，高寿等人夺得曹丕的御车，魏军不明敌情，一片大乱。

魏军来时有数千艘战船，气势挺足，但一乱起来人多船多就成了包袱，众多船只拥挤在狭小的水道之中无法前进。有人向曹丕建议，干脆留下那些走不了的船只和军队在此开荒种地，蒋济反对，认为这里太容易受到敌人的攻击，不宜屯田。

曹丕弃船先走，把排了几百里的船队留给蒋济处理，蒋济指挥人连挖了数道运河才把这些船弄进淮河。

十七、后主刘禅登基

再把目光转向益州，说说蜀汉。

刘备在白帝城驾崩前对他的丧事也做了专门交代，刘备要求凡事要以国事为重，因为一举一动都会影响大局，所以丧事一律从简，丧期不能超过3天（**百寮发哀，满三日除服**），3天之后一切都要恢复常态，各郡国的太守、国相、都尉以及县令长也照此执行。

刘备之所以强调丧期，是因为古制有服丧3年的说法，后来虽然服不了3年的丧，但对丧事也会看得极重，程序烦琐，时间拖得很长，影响到正常的生产和生活。曹操临终前留下遗诏，要求葬礼结束便脱去丧服（**葬毕除服**），丧期缩得更短。

被刘备生前任命为朝廷尚书令的李严也赶到了永安，之后李严出任中都护，留镇永安，诸葛亮奉刘备的灵柩返回成都。

李严的这个官职很重要，中都护相当于总护军，护军一职设于汉光武帝时，与直接带兵的将军不同，他们的职责是对将军进行监督，职权也很大。这项重要的人事安排可能是两位托孤大臣碰面后商定的，也可能和尚书令一样都是刘备生前的安排。

章武三年（223）5月，诸葛亮一行回到成都。

成都正处在动荡不安之中，不久前发生的黄元叛乱事件一度攻击到了离成都仅百余里的地方，人心扰攘、谣言纷纷，在此情况下诸葛亮认为太子必须马上登基，以稳定局面。

拜见完太子后，诸葛亮以托孤大臣的身份立刻安排登基典礼。

就在本月，刘禅在成都继皇帝位，后世习惯将刘备称为先主，而将刘禅称为后主。

后主下诏，大赦，改年号为建兴。

3个月后，先帝刘备被安葬于惠陵，后主下诏尊吴皇后为皇太后。吴太后并非刘禅的生母，刘禅的生母甘夫人早已在荆州去世，并安葬于南郡，刘备去世前下诏追谥甘夫人为皇思夫人，迁葬成都，她的灵柩还未运到刘备就驾崩了（**未至而先主殂陨**）。

诸葛亮建议追谥皇思夫人为昭烈皇后，按照《诗经》里"谷则异室，死则同穴"的说法，将昭烈皇后与先帝合葬，同时向天下宣告（**布露天下**），后主刘禅诏准。

现在一般认为惠陵的位置在今成都市武侯祠内的西南侧，此处除安葬着刘备和甘皇后外，吴皇后死后也葬在了这里，是刘备夫妻3人的合葬墓。

但也有史学家提出，刘备死在气温极高的夏天，当时交通很不方便，从白帝城到成都逆水而上至少也要30多天，以当时的技术条件，尸体肯定会腐坏，所以刘备就地安葬于奉节的可能性较大。有人进一步提出成都武侯祠内的惠陵只是一座埋着生前使用过的弓箭的坟墓，而不是刘备的真墓（**成都之南三里所，丘阜岿然曰惠陵者，实昭烈弓箭所藏之地**）。

这种说法有一定的合理性，诸葛亮和李严肯定会考虑到天气对运送刘备回成都的不利因素，如果因地制宜，把刘备就地安葬，之后在成都另立衣冠冢或者埋着生前使用的弓箭的坟墓作为纪念，也是可以理解的。

后主刘禅继位时只有17岁，小名阿斗。

在中国古代 300 多位皇帝里刘禅在民间的知名度可以排进前 10 位，他是家喻户晓的那个扶不上墙的庸人，也是那个乐不思蜀的亡国之君，被后人耻笑。

但是，他一共在位 42 年，在位时间不仅远远超过其父，而且至少是魏文帝曹丕的 6 倍，是魏明帝曹叡的 3 倍，就连长寿冠军、老江湖孙权在位时间也比他少了 10 多年，所以有人说他大智若愚，有人说他忍辱负重，有人说他其实是个深藏不露的高人。

到底是庸人还是高人？见仁见智，不好武断。有史书记载说刘禅的确不是一个凡人，不仅因为他是刘备的儿子，而且他身上还经历过一段传奇故事。

根据这个记载，刘备某次被曹操追逼，仓皇间再次把妻儿弄丢，其中就包括刘禅（遑遽弃家属），父子二人从此失散了。后来刘备去了荆州，刘禅却辗转被人贩子贩到了汉中（随人西入汉中，为人所卖）。

在建安十六年（211）的那场关中动乱中，有个叫刘括的扶风郡人避乱到了汉中，见有人卖小孩，就把刘禅买来，这时候刘禅大概才几岁，刘括问了问他的出身，知道他是良家子弟，就收他为养子，后来还给他娶了媳妇，生有一子。

刘禅与刘备失散时年龄太小，只知道自己的父亲字玄德（识其父字玄德）。刘备后来到了益州，手下有一个姓简的将军被派往汉中公干，住在郡公馆（舍都邸）。刘禅知道后，跑去见这位简将军。简将军了解刘备失子这段事，详细问了刘禅的情况，刘禅所说各种事情都与刘备失散的儿子相符（简相检讯，事皆符验）。

当时汉中还在张鲁手中，简将军大喜，告诉了张鲁，张鲁就给刘禅沐浴更衣，护送到了益州，刘备的爱子这才失而复得，后被立为太子。

这段故事过于传奇，有人相信，有人不信。查阅其他史书的相关记载，似乎刘禅从未与刘备分离过，当年血战长坂坡，刘禅在赵云的保护下得以生还，后来孙夫人返回江东时曾试图将刘禅带走挟为人质，赵云、张飞截江把刘禅抢回。

可以说刘禅的身世并无悬念，但上面那段记载不仅记录在史书中，从内容和文字看也相当严谨，为什么史学家要用这 200 多字去叙述一件荒诞不经的事呢？不少人对此也有过疑问，有人认为这里面恐怕另有隐情，只是没有其他佐证，已无法猜知。

后主登基后封诸葛亮为武乡侯。此前诸葛亮并无爵位，这次受封的武乡侯有人认为是乡侯，但其实在诸葛亮故乡琅邪国有一个武乡县，古人封爵习惯以在其家乡地或附近选择食邑，符合这种情况，所以这个爵位是个县侯，后世称诸葛亮为武侯。

后主刘禅下诏，命诸葛亮仍任丞相，同时兼任益州牧、司隶校尉，另一位托孤大臣李严被封为都乡侯，和诸葛亮一样都假节，仍担任中都护，驻扎在永安，同时兼任九卿之一的光禄勋卿。

赵云升任为征南将军，兼任中护军，掌管中央禁军，此前禁军一直由吴太后的哥哥吴壹掌握，同时封赵云为永昌亭侯。向宠担任中部督，协助赵云典宿卫兵，被封为都亭侯。

镇北将军魏延职务未变，只是封爵位为都亭侯。

封固陵郡太守刘琰为都乡侯，升任九卿之一的卫尉，班位仅次于李严。刘琰在后世名气并不大，他是刘备担任豫州刺史时就开始追随的老人，有他这样资历的人已经不多了，因为和刘备同姓，经刘备亲自考订还是同宗，所以格外亲待。

在平息黄元叛乱中杨洪立下大功，被赐爵为关内侯，任命他为忠节将军，鉴于他的才干，为加强蜀郡的管理，重新让他兼任蜀郡太守。

职务有变动的还有：向朗升任步兵校尉，尹默、杜琼被拜为谏议大夫，杜琼后来还担任大鸿胪卿、太常卿，来敏担任虎贲中郎将。

以上是蜀汉主要人事变动情况，此轮人事调整涉及的人员并不多，诸葛亮的想法可能是先保持政治上的稳定，因为先帝驾崩之后蜀汉内外的环境一点都不容乐观，当务之急还是处理好这些麻烦事，人事安排尽量往后放一放。

对蜀汉来说，当时最大的麻烦来自益州南部几个郡的叛乱。

益州南部是一片广阔的区域，其中的牂牁郡、益州郡、越巂郡和永昌郡又称南中，这4个郡范围很大，大体相当于今云南、贵州两省以及四川省西南的一部分，这里远离成都，遍布高山大河，杂居着多个少数民族部落，统治相对薄弱。

刘备在时曾派邓方前往南中，任命他为安远将军，力图巩固那里的统治基础。邓方很有本事，他以少御多，镇摄有方，确保了南中一带没有发生大的祸乱。

章武二年（222）邓方去世，刘备问时任益州别驾的李恢谁可以接任邓方，李恢自告奋勇，毛遂自荐，刘备嘉许，派他接任邓方。当时，夷陵之战已经开打，刘备无力增兵南中，全靠李恢维持。李恢也很有本事，虽然兵力单薄，境内也发生了几次小规模的叛乱，但都被他平定了。

刘备兵败驾崩的消息传来，南中沸腾，平时就有二心的人纷纷跃跃欲试。先是越巂郡叟人头领高定元起兵反叛，杀了蜀汉任命的郡将焦璜，举郡称王。

紧接着，益州郡有人闹事，杀了太守正昂，公然反叛。

诸葛亮接到报告后十分忧心，现在大规模用兵南中条件并不成熟，因为南中问题由来已久，而且问题十分复杂，如果不做好准备仓促用兵，要么失利，要么虽有小胜却不能解决根本问题。

司金中郎将张裔对益州本地事务很熟悉，遇到棘手的事情诸葛亮常征询他的意见，对益州郡的叛乱张裔也认为应该安抚，诸葛亮便上报后主同意，任命张裔为益州郡太守，去南中稳定局势。

正昂被杀后，益州郡的大姓（耆帅）雍闿在当地很有势力和威望，益州郡的事务都由他在周旋，张裔到达后，不知道雍闿其实已暗中投靠了孙吴，还找他协助自己。雍闿把张裔抓了起来，送到孙吴，公开叛蜀，这件事之前已经提及。

雍闿一伙编造谣言说，朝廷向南中征要贡品，其中有乌黑的狗300只，连胸前的毛都得是黑的；蟊蛇的脑汁3斗；长3丈以上的斫木3000根。纯黑色的狗还能办好，蟊蛇的脑袋一向很小，3斗脑汁得多少条蛇？斫木很少有能长到2丈高的，3丈的木头极罕见，要3000根哪里弄去？

这些谣言水平并不高，但很有煽动性，南中到处人心惶惶。就在这焦头烂额之际，又发生了越巂郡太守朱褒举郡响应雍闿的事件。据记载，益州从事常房按规定到下面检查工作（行部），常房早就听说朱褒将有异志，就把朱褒的主簿抓起来审问，后来把他杀了。朱褒大怒，攻杀常房，诬其谋反。

诸葛亮当然知道谁是谁非，但常房做事也太鲁莽，不看现在是什么气氛，激起了朱褒的反叛。为了安抚朱褒，诸葛亮不惜下令诛杀常房之子，并把他4个弟弟流放到越巂郡。

有史学家对诸葛亮的做法很有意见，他认为常房是冤枉的，诸葛亮应有所觉察，哪里有妄杀无辜来安抚奸人的道理（安有妄杀不辜以悦奸愚）？但发议论是容易的，而面对现实需要的是更周全的考虑，但鉴于当时的局势，诸葛亮需要隐忍。

诸葛亮知道李严长期担任犍为郡太守，了解南中的情况，在当地也有一定威望，就请他给雍闿写信，希望雍闿回头是岸。李严前后给雍闿写了6封信，晓之以利害，雍闿只回复了一封信，信中说："听说天上没有两个太阳，地上没有两个君王，现在可好，称帝的就有3家（正朔有三），所以我们这些远在偏僻之地的人心里充满了惶惑，也不知道该怎么办。"

话里充满了挑衅和傲慢，眼看整个南中都将丧失，幸好还有人顽强抵抗和坚守。雍闿等人进攻永昌郡时，太守吕凯和郡丞王伉坚决抵抗，雍闿无法得手。

吕凯字季平，永昌郡本地人。永昌郡住着一批姓吕的人，他们是吕不韦的后代，当年秦始皇杀吕不韦，徙其子弟宗族到蜀汉，后汉武帝在西南夷置郡县，又把这些吕氏后人迁居于此，当地甚至还有一个不韦县。

吕凯和王伉发动本地士民坚决抵抗雍闿一伙的进攻，把他们拒之境外。雍闿多次写信给吕凯劝降，被吕凯严词拒绝。吕凯在本郡颇有威恩，大家同心协力，雍闿竟然无法踏入永昌郡一步。

吕凯独保永昌，让诸葛亮松了口气，只要吕凯能坚持一年半载，就能为他赢得富余的时间，只有做好了充分准备，才能发起南中之战。

十八、曹丕发起舆论战

后主登基，南中叛乱，外部也不安宁。

刘备驾崩的消息传到曹魏，有人认为自关羽死在荆州以来，张飞、马超、许靖、黄忠、刘备等人先后离开人间，蜀汉的柱石一根接一根地倒下了，见过大风大浪的人物只剩下了诸葛亮一人，他能否独自撑起这座大厦，令人怀疑。

于是有人给曹丕出了个主意，鉴于蜀汉目前的状况应该劝说他们效仿孙吴称臣，曹丕同意，让手下的大臣们给蜀汉丞相诸葛亮写信，劝诸葛亮等人去掉不该有的帝号，接受曹魏的封赏（**去非常之伪号，事受命之大魏**）。

写信的人很多，有曹魏的司徒华歆、司空王朗、尚书令陈群、太史令许芝、谒者仆射诸葛璋等。华歆、王朗不仅是曹魏的重臣，而且是天下名士，很有影响力；许芝是太史令，既然拿天命说事，自然少不了他；诸葛璋的职务不高，也让他出面给诸葛亮写信，推测起来，他很可能是诸葛亮的本家。

给诸葛亮写信的人里还有陈群，除身居要职外，他给诸葛亮写信还有一段渊源，早年刘备担任豫州刺史曾辟陈群为别驾，二人有过共事的经历。

这些劝降信像雪片一样飞来，让诸葛亮陷入了沉思，他对天下大势早有成熟的看法，也做出了清晰的规划，多年来他一直为之奋斗，眼前虽然遇到了一些挫折，但对他这样志向远大且坚定的人来说，这些都算不了什么，他不会改变心中的理想和蜀汉既定的国策，更何况兴复汉室也是先帝临终前的殷殷嘱托。

但对手发起了舆论战，如果不应战就会失分，诸葛亮决定予以正面回应，以此向外界特别是曹魏表明立场，这个立场既是他自己的，也代表了蜀汉。

诸葛亮没有给他们一一回信，而是在深思熟虑之后写了一篇名为"正义"的文章，这篇文章写得很精彩，从回顾历史入手，举了项羽、王莽和刘秀的例子与当今的局势作对照，从正、反两面说明暂时实力大小不足以决定未来，坚守正义的蜀汉一定能取得最后的胜利。

这篇文章既是对曹魏劝降者的一个公开回复，同时也统一了蜀汉内部的思想。先帝驾崩，朝野上下动荡不安，益州政坛本身就很复杂，各种不同出身和背景的人怀着不同的想法，有的希望蜀汉政权继续发展壮大，有的则信心不足、对是否能渡过难关怀有疑虑，有的人甚至蠢蠢欲动，只要能保住自己的利益，谁来主持大局对他们来说无所谓。面对如此复杂的形势，只有先把内部思想统一起来，才能做到行动上的统一。

诸葛亮用这篇文章向内外郑重表明，蜀汉绝不可能投降，先主所制定和追求的兴复汉室、统一天下的目标不会放弃，而且只要上下团结一心，一定能取得最后的胜利。

劝降不成功，曹丕又有了一个想法。

对付蜀汉曹丕手里还有一张牌，那就是蜀汉降将黄权，曹丕把他找来，要他出任益州刺史，专门对付蜀汉。

刘备的死讯传到洛阳群臣都来向曹丕致贺，但黄权却没有来，曹丕知道黄权的心意，但有意吓唬吓唬他。曹丕召见黄权，黄权还没有到，曹丕一次次派人去催，给人感觉很着急，黄权的侍从闻讯无不震吓，认为曹丕发怒了，一定会出大事，但黄权镇定自若。

曹丕只是恶搞，他很欣赏黄权的才能和为人，他现在设了一个益州刺史，治所设在南郡曹魏的控制区，利用黄权的影响力分化瓦解蜀汉，黄权虽然不情愿，但也只能听命。

这样，荆州境内就有了两个"益州流亡政府"，一个是孙权控制下的益州牧刘璋，一个是曹丕控制下的益州刺史黄权。由于他们在益州都有一定的影响力，所以不能小看他们的作用，荆州本来还有不少人忠于蜀汉，有人还设法发动武装叛乱以策应蜀汉，但都没有成功，与这两个"流亡政府"的作用密不可分。

刘璋不久去世了，孙、刘之间的关系也不断缓和，但孙权仍不放弃这种做法，他任命刘璋的次子刘阐为益州刺史，让他到交州与益州交界处组成"流亡政府"。

黄权虽然接受了曹丕的任命，但内心一直没有把蜀汉当作敌人，后来魏明帝继位，对黄权的政治态度并不放心，曾当面问黄权："现在天下三分，应该以哪个为正统？"

黄权不愿违心，回答说："应该以天文为正统（当以天文为正）。"

遇到不想回答的问题总会说"今天天气真好哇"，黄权的回答类似于此，魏明帝大概对这个回答并不满意，让黄权作具体解释，哪知黄权说得还有鼻子有眼："前面出现了'荧惑守心'的天象，结果文皇帝驾崩，而吴、蜀二主都平安无事，这就是它的验证。"

回答得很巧妙，虽然表示了屈服，但仍从正面避开了谁是正统的话题。司马懿也很器重黄权，曾经问黄权蜀国像他这样的人才有多少。

司马懿在给诸葛亮的一封信里说："黄权是个爽快人，经常从座位上起身赞叹着谈论您，这种谈论总不离口（每坐起叹述足下，不去口实）。"

黄权后来在曹魏病逝，去世前的官位是车骑将军，虽是一个虚职，但也显示出曹丕父子二人对他的重视。黄权死时身边有儿子黄邕相陪，他的另一个儿子黄崇一直在蜀汉为官，蜀汉灭亡时随诸葛亮的儿子诸葛瞻战死于绵竹。

十九、魏文帝治国

魏文帝曹丕在雄才大略方面的确远逊其父，他接手的虽是一个相当不错的摊子，开局也不错，但后来这几脚越踢越不怎么样了，在对孙吴方面反而让对方占了上风。

天下已成三分，一大两小，但大也有大的难处。

仗打得实在太久了，官渡之战那时候出生的人，到黄初年间都早已娶妻生子了，战争对一切都产生了严重的破坏力，人口锐减，经济状况更是一塌糊涂，小户人家消耗不起，大户人家过起日子更难，曹魏占的地盘大，包袱也更重。

早在称帝后的第二年，曹丕下令改许县为许昌，立长安、谯县、许昌、邺县、洛阳为五都。对一个国家来说，同时有2个首都尚且诸多不便，5个首都同时存在，这在古今中外都是罕见的。有人认为曹魏真正的首都是洛阳，其他4个地方类似于陪都。的确，曹丕称帝后多次巡幸谯县、许昌等地，但都是短暂居住或停留，大部分时间其实还在洛阳。

那么，洛阳之外设行宫即可，为什么特别明确"五都"呢？这在另一项诏令里或许可以找到答案。

曹丕在明确"五都"的同时，还在另外5个地方立下了石表，分别是：西边的宜阳，北边的太行，东北边的阳平，南面的鲁阳，东面的郯县。这5个地方如果连接起来，刚好在曹魏的控制区里构成了一个核心区。

宜阳在弘农郡，位于洛阳以西今豫陕交界一带；太行即今太行山，古人认为此山居天下之中，秦汉时常以此山为地理坐标，有山南、山北、山东、山西之说；阳平不是汉中的阳平关，而是不久前刚刚设立的阳平郡，曹丕大概觉得邺县所在的魏郡太大了，就把该郡的东部分出设为阳平郡，治所在馆陶，即今河北省馆陶县，把西部分出设为广平郡，治所在曲梁，即今河北省邯郸市的东北；鲁阳是南阳郡的鲁阳县，袁术在南阳时长期以此为大本营；郯县在徐州刺史部，当年在此发生过著名的郯城保卫战。

曹丕下诏，该核心区称为"中都之地"，是朝廷建设和防卫的重点地区，核心区以外的人如果想内迁给予鼓励，各郡县都不得阻拦，该项政策为期5年，5年期满后又有增加（令天下听内徙，复五年，后又增其复）。

这是一项收缩战略，原因是各地人口都在锐减，人力资源已经出现了严重短缺，摊子铺得太大不如集中起来。不过按照这个战略，宛县、襄阳、合肥等战略要点都不在核心区域内，曹魏的攻势有向守势转化的趋向。

洛阳是曹丕建设的重点，曹丕调新成立的阳平郡太守司马芝为河南尹，专门负责洛阳重建工作。

司马芝字子华，他也是河内郡温县人，但不在"司马八达"之列，跟司马懿虽同族，论起来却比司马懿长一辈。在曹魏官场上司马芝的资历也比司马懿老得多，他早年曾偕母亲避难荆州，曹操平定荆州后发现他是个人才，就让他当了县令，他为人正直、敢于碰硬、不畏强势，曹操在世时就担任了魏国大理正，负责司法方面的工作。

司马芝就任首都地区的行政长官，继续发扬他爱民、务实、耿直、廉洁的作风，抑制豪强、扶持贫弱，地方治理有一定起色。司马芝还不徇私情，他娶的是名臣董昭的侄女，宫里有人想找司马芝办事，听说他不好说话就托董昭帮忙，但董昭也不敢向司马芝开口。

然而，重建洛阳的困难远比想象得还要大，最大的问题是人口，当时洛阳周边十室九空，堂堂曹魏的京城不能建在"无人区"吧？曹丕决定从冀州富庶之地先迁10万户到洛阳周围地区。

之前鼓励大家向核心区迁移，前提是自愿，强制迁移的政策一般很少使用，离乡背井、前途充满未知，即使白给首都户口也没有什么吸引力，政策颁布后果然没多少人愿意来。

曹丕下令强制执行，各有关部门都认为不可，因为这样容易引起民变。曹丕不听，仍然强令推行，侍中辛毗觉得此事很严重，跑过来劝谏。曹丕知道他的来意，故意拉个脸，想让他张不开嘴（作色以见）。

辛毗不管，问曹丕："只说陛下要大批迁移人口，不知道是怎么考虑的？"

"先生认为此事不妥吗？"

"确实不妥。"

"这个嘛，我不想跟你说（吾不与卿共议也）。"

"陛下如果认为臣无能，可以把这件事交给有关部门，让大家都来议议。臣所言非私事，是为社稷考虑，怎能迁怒于我？"

曹丕说不过他，站起来就走。想溜？那不行，辛毗跟着就过去了，一把拽住了曹丕的衣服（随而引其裾），曹丕气乐了："佐治，你把我抓得也太紧了吧？"

"怕你跑了，强制迁移人口有失民心，望陛下收回成命！"

争来争去，最后君臣各让一步，迁10万户改为迁5万户。

除了人口政策，在货币政策方面也有重大举措，曹丕称帝不久即下诏在曹魏统治区内实行实物货币制。

之前说过，汉代通行的货币五铢钱曾被董卓废除，其后天下大乱，分裂割据，货币体系也难以统一。刘备到成都后马上发行了"直百五铢"这样的"大面额"货币，一枚铜钱相当于原来的100枚五铢钱。孙权更有甚之，后来发行了"大泉当千""大泉五千"，一枚铜钱相当于1000枚和5000枚五铢钱。

曹魏没有参与这场"货币战争"，曹丕称帝之初曾下令恢复五铢钱，但后来发现国家的经济、金融想回到汉末大乱前的水平实在太困难，尤其蜀、吴两国竞相推出"大钱"，以五铢钱为基础的金融体系越来越难以支撑，于是又废除了五铢钱，用谷和帛两种生活必需物资作为临时货币（罢五铢钱，使民以谷帛为市）。

实物货币是货币发展的倒退，选用谷和帛作货币还有明显的弊端，有不法商人把谷子浸上水增加重量，把绢帛里的丝抽出一些让它更薄，通过这种手段牟取暴利，朝廷发现后虽立即严厉打击，但仍无法禁绝。

曹丕大部分时间还是在洛阳处理朝政，在他称帝前洛阳的名字其实不叫洛阳，而叫雒阳，是他下令改回来的。

刘秀建立的东汉王朝定都洛阳，在五行中汉属火德，忌水，所以刘秀把"洛"字去

"水"而加"隹"，改称雒阳。曹魏定五德，认为自己是土德，尚黄色，在水与土的关系上，水有土的依托才能流动，土因为有水才会更加柔和（水得土乃流，土得水而柔），所以曹丕又把"雒阳"改回为"洛阳"。

曹丕称帝当年即开始营造洛阳宫，汉代的洛阳南、北二宫破坏殆尽，恢复重建是一项特别浩大的工程，这项工作只能慢慢来，曹丕平时居住在北宫，汉朝南宫的崇德殿早已废弃，曹丕就在父亲生前修建的建始殿里接见群臣（是时帝居北宫，以建始殿朝群臣），人们所熟知的曹魏太极、昭阳诸殿，都是后来魏明帝修的。

建始殿除了处理军国大事还有一项重要职能，就是在此祭祀已故的武皇帝。天子与百姓家祀不同，天子祭祀先祖在郊庙，普通百姓无庙，祭祀就在家里。像曹丕这样的情况，父亲生前不是天子，自己是天子，祭祀父亲也用天子的礼仪（父为士，子为天子，祭以天子），曹丕在建始殿祭祀父亲，实属无奈。

除了"家祀"还有"国祭"，主要指的是祭祀五方天地，包括东方青帝灵威仰、南方赤帝赤熛怒、中央黄帝含枢纽、西方白帝白招拒、北方黑帝汁光纪。祭祀的地点在明堂，是一处专门修建的祭祀之所，在洛阳城南门外，曹丕称帝的第二年这项制度也重新建立了起来。还有祭祀太阳，一般在都城的东郊，也同时恢复了。

被恢复的还有推举孝廉的制度，这是汉代实行的一项最重要的选官制度，由于战乱这项制度也变得支离破碎，曹魏承汉制，仍实行这项制度，曹丕诏令人口满10万的郡国每年都可以推举1名孝廉，对于特别优秀的人才也可不限制名额（其有秀异，无拘户口）。

除了孝廉，曹丕还很重视各地上计吏的选拔，特别下诏："现在的上计吏、孝廉，等于是古代各地方向朝廷进献的人才，一个只有10户人家的小城也会有忠贞诚实的人，如果限定年龄来选拔他们，年老如吕尚、年幼如周太子晋这样的人才都没有出头之日，所以特令各郡国推荐人才时不要受年龄大小的限制，儒生只要精通经学、办事人员只要熟悉文书法令（儒通经术、吏达文法）都可以试用。"

曹丕还下诏继续尊崇孔子，下令在鲁郡重修孔子旧庙，设100户士家负责守卫，在孔庙附近还修建了许多屋舍供学者使用，朝廷封孔子的第21世孙孔羡为宗圣侯，食邑100户。

汉末以来时局动荡，朝廷倾危，许多礼制要么有名无实，要么连最基本的名都没有了，曹丕称帝后实行的一系列恢复礼法的措施，使朝廷秩序重新规范起来，这些制度大多是对前代制度的继承或照搬，包括之前讲到的官位设置，都大体与汉代相仿。

也有重大创新的地方，九品中正制就是其中最重要的一项，这项制度主要是由陈群提出的（九品官人法，群所建也），主要内容是设立中正官品评人物，用以完善以察举为核心的选官制度。

察举制选官靠推举，推荐权很容易被人为把控，即使须参考乡间舆论，但这些又容易被门阀士族所操纵，最后被推荐上来的未必是品行才学最好的人了。

为克服这些弊端陈群提出了设置中正官的方案，所谓中正官，指的是掌管某一地区人物品评的负责人，也就是各地的推荐人，州设大中正官，郡国设小中正官，其人选一般由司徒举荐的现任中央官员兼任，他们直接向朝廷负责，旁人不得干预，为便于开展工作，他们手下还设有名为"访问"的助手。

也就是说中正官都是兼任的，而且在中央办公，担任哪一个州郡的中正官，一般由他们原籍所在地来决定。

中正官的主要职责是品评人物，也就是向上推荐人，推荐的对象是同籍士人，包括散居在其他州郡的本地人，推荐的程序主要有3步：第一步是查家世，确定候选人后中正官首先要看他们的"户口本"，看看他们父、祖甚至再往上几辈人都是做什么的，有没有仕宦情况或封爵；第二步是看品行，审查一下这个人孝不孝、贤不贤，大家的评论怎么样；第三步是定品级，这是九品中正制最有创意的地方，也是它具备可操作性的原因，把人考查完了还要打分，通过量化进行比较，得的分不是百分制，而是上上、上中、上下、中上、中中、中下、下上、下中、下下9个等级，称为九品。

完成了这几步，中正官把评议结果上报司徒府进行复核，司徒府通过后转到尚书台，由尚书台负责人事工作的吏部尚书用来作为选官用官的依据。中正官报来的评议情况称"乡品"，"乡品"高者不仅当官的概率更大，而且更受人尊敬，称"起家官"；"乡品"差的也不是完全不能当官，但往往被视为"浊官"，被人看不起，日后升迁也慢。

这种品评也是动态的，一般3年重评一次，所以一个人的评价定品可能会升也可能会降，被品评者如果认为定品不公，也可以提出申诉，查证为中正官违法的，朝廷会追究中正官的责任。

这项制度很厉害，不仅在于它确定了家世、品德、才能并重的选人用人标准，更在于它把"后备干部"的推荐权由州郡长官收归到了中央，而且还让各州郡无话可说，加强了朝廷的集权。

但这种方式也存在弊端，无论是过去的州郡长官还是现在的中正官，手握大权总有寻租的可能。一开始评议人物还坚持家世、品德、才能三者并重，后来慢慢就有了私心，私相授受、互相推荐现象逐渐多了起来，担任中正官的通常都是世家大族，推荐的范围也就在世家大族的小圈子里"转悠"了，家世成为推荐的最重要标准，品才越来越被忽视，形成了"上品无寒门，下品无士族"的局面，魏晋门阀制度较前朝更为强化，与这项制度的推行有很大关系。

二十、魏宫深处有隐事

奇怪的是，曹丕称帝后没有立即册立皇后。

曹丕的正妻是甄宓，前面已多次提到。曹丕曾经很爱甄宓，甄宓也很会来事，尤其跟婆婆卞夫人的关系处得非常好。但时间久了，曹丕对甄宓的宠爱逐渐减淡。

曹丕称帝后甄宓仍一直在邺县居住，没有跟曹丕在一起。这时曹丕后宫里宠爱的妃嫔很多，包括为曹丕夺嫡立下很多功劳的郭氏，以及李贵人、阴贵人等，除了她们，被降为山阳公的刘协还主动向曹丕奉上两个女儿为嫔，他们一并受到了宠爱（**山阳公奉二女以嫔于魏，郭后、李、阴贵人并爱幸**）。

刘协曾纳曹操的3个女儿为妃，跟曹丕算同辈，刘协的女儿应该是曹丕的侄女，曹丕以侄女为妃，似乎有违人伦。郭氏大约在曹操称魏公时嫁给了曹丕，曹丕继王位后立为夫人，称帝之后升为贵嫔。李贵人、阴贵人的情况不详，还有一个柴贵人，也很受恩宠。

看来曹丕的后宫很热闹，早就把留在邺县的甄宓忘了。有史书记载，甄宓感到了失落，有所抱怨（**后愈失意，有怨言**），曹丕大怒，于称帝后的第二年即黄初二年（221）6月派人到邺县将甄宓赐死，之后就地安葬。

有史书记载，曹丕下诏赐死甄宓时术士周宣正在身旁，周宣以善解梦著称，曹丕想起昨晚做过的一个梦，问周宣："我梦见殿屋之上有两瓦堕地，化为双鸳鸯，此梦何解？"

"按此梦提示，后宫当有暴死者。"

周宣并不知道甄宓的事，他这样说让曹丕吃了一惊，忙改口："我没有做过这样的梦，是瞎编的（**吾诈卿耳**）。"

"梦者意耳，苟以形言，便占吉凶。"

说得曹丕沉默不语，过了一会儿又问："我昨夜梦见青气自地属天。"

"此梦意为，天下当有贵女子冤死。"

赐甄宓死的玺书已发出，曹丕听了周宣的话有些后悔，派人赶紧去追，但已来不及（**遣人追使者不及**）。这个故事虽然记在史书里，但也许仅是一个传说吧。

不过，也有史书记载甄宓是病故的。

根据这个记载，曹丕称帝后有关部门建议营建长秋宫，也就是皇后的居所，曹丕同意，派人带上皇后的玉玺和策书来迎请甄宓，但甄宓上表推辞："妾听闻，先代之兴并飨国久长、垂祚后嗣，都与后妃是否贤明不无关系。所以皇后的选择应该慎重，以便使后宫形成良好风气（**故必审选其人，以兴内教**）。现在陛下刚刚登基，应该选一位更好、更贤淑的人为皇后以统领六宫。妾自省愚陋，无法承担此重任，加上身体有病（**加以寝疾**），怎敢前往啊？"

按照后面的这个记载，甄宓确实已经病了，这大概是她不愿意去洛阳接受皇后之位的主要原因。但曹丕不同意，又让人送到玺书，甄宓再推辞，送了3次推了3次（**玺书三至而后三让**）。

此时正值盛暑，曹丕大概觉得天太热，长途远行比较辛苦，就想等到秋凉时再去迎请，哪知甄宓在夏天就病逝了，曹丕无比哀伤，常常为之叹息（**帝伤哀痛咨嗟**）。

史书关于甄宓死因有了两种截然不同的说法，对此大多数人更倾向于前者，甄宓先被冷落继而被赐死符合曹丕多情善变又刻薄寡恩的性格。

除此之外还有一个说法，没有记载在史书里，而是在后世的一些野史和文艺作品中有所提及，认为甄宓被赐死与曹植有关，暗示他们之间的"暧昧"关系招致曹丕杀了甄宓。

甄宓与曹植的关系之前已提到过，有人认为曹植对甄宓有过爱慕，并向父亲提出把甄宓许给他为妻，但曹操不同意，反而给了曹丕（魏东阿王，汉末求甄逸女，既不遂），但这样的说法并不成立，因为当时甄宓23岁，而曹植只有13岁。

但这不影响关于他们二人关系的猜测，其中一个重要原因，据说是曹植写了一篇著名的《感甄赋》，从这篇赋文可以看出他们之间确实存在着私情。

唐代一部文集提到，甄宓死后的第二年即黄初三年（222），曹植奉诏来洛阳朝会，曹丕请他吃饭，在场的还有曹丕与甄宓所生的儿子曹叡，曹植看到曹叡，不由得想起曾爱恋过的甄宓，心里十分酸楚。饭后，曹丕还把甄宓生前用过的一件遗物玉镂金带枕送给了曹植，曹植一见，当场流下了泪（植见之，不觉泣）。

玉枕乃私密之物，曹丕为何要把这样的东西送给曹植呢？按照这部文集的说法，甄宓是被郭氏谗害致死的，曹丕大概相信了那些谗言，所以故意试探曹植（时甄后已为郭后谗死，帝意亦寻悟）。

曹植在返回封地的途中在洛水停息，脑子里还在想着甄宓，恍惚中看到一个女子，这个女子披散着头发，看不到脸，对曹植说："我本托心于你，但此心不遂。这只枕头是我的嫁妆，之前送给了五官中郎将，现在送给你。枕头是床笫之物，欢情交集岂是一般物品？我死后被郭氏以糠塞住了嘴，所以披着头发，羞将这样的形貌让你看到哇！"

说完，人就不见了。

曹植更加悲伤惊愕，情思难以排解，于是写下了一篇《感甄赋》，后来被曹叡看到，感觉这样直白地表述与他母亲的私情不妥，就改其题为"洛神赋"。

唐代文集里的这个记载只能算一则传奇故事，按照这个说法甄宓是因为与曹植有私情而被杀的，揭发他们私情的人可能就是郭氏，郭氏向曹丕"进谗"，进的也就是这个谗言。

所幸这篇赋文还在，根据它可以进一步判断上面的说法是否合理，看一看曹植写这篇赋文的动机是不是思念嫂子。

这篇过去称《感甄赋》现在一般称为《洛神赋》的文学作品有一段小序，写道：

"黄初三年我到京师朝奉，回去的路上过洛水。古人说这条河上有河神，名字叫宓妃（古人有言，斯水之神，名曰宓妃），有感于宋玉对楚王神女之事，于是写下了这篇赋。"

此处提到的宓妃，还真是一个神话传说中的人物，她是伏羲帝的女儿，因迷恋洛河的美景而来到人间，那时洛河两岸住着洛氏，宓妃教他们结网捕鱼、狩猎养畜，还在劳作之余为他们弹奏七弦琴。

优美的琴声被黄河的河伯听到了，他潜入洛河，看到了宓妃，被宓妃的美貌所吸引，于是化成一条白龙在洛河里掀波逐浪，把宓妃吞去。宓妃被带至河伯的水府深宫，终日寡欢，只能用七弦琴排解愁苦，后羿闻琴声来到宓妃身边，听完她的遭遇很气愤，遂将宓妃救出，重新回到洛氏族中，并与宓妃产生了爱情。

河伯大怒，再次化身白龙潜入洛河，吞没了大量田地和村庄，后羿大战河伯，射中河伯的眼睛，河伯逃命。河伯告到天庭，天帝知晓人间的一切，河伯的目的没有得逞。后来后羿与宓妃便在洛水住了下来，过上了幸福的生活，天帝封后羿为宗布神，封宓妃为洛神。

仅就这个故事而言，至少有两点容易把曹植和甄宓联系起来：一是洛神的名字是宓妃，甄宓名宓，也是太子妃和贵妃；二是河伯夺爱，后羿搭救，为了爱情后羿与河伯大战并取胜，最后结局圆满，如果曹植与哥哥争过甄宓，他们的故事就是这则神话故事的翻版。

所以这篇赋下面怎么写的已经不重要了，重要的是"感甄赋"这个题目及上面说的这两点，有这些就足以有说服力，所以唐朝诗人李商隐有诗"贾氏窥帘韩掾少，宓妃留枕魏王才"。

但这只是猜测或巧合，曹植如果真与甄宓有私情，在那种情况下竭力隐藏还来不及，怎敢写赋去宣扬？所以，所谓"感甄"其实并不存在。

有人推测，这篇赋可能是《感鄄赋》之误，曹植写此赋的前一年任鄄城王，"感甄"就是感伤自己。还有人根据赋文的内容和抒发的情感推测，这篇赋是怀念曹植已故妻子崔氏所作，之前也说过，崔氏是冀州名士崔琰的侄女，被曹操以一件小事而逼杀，曹植跟她感情一直很好，所以写赋怀念。

甄宓死后，郭氏更加得宠。

黄初三年（222）曹丕打算立郭氏为皇后，郎中栈潜上疏反对："圣哲慎立元妃，要立也必取于世族之家，择其令淑以统领六宫、虔奉宗庙。所以《易经》说'家道正而天下定'，由家庭延伸到整个天下，这是历代圣君的传统。《春秋》里有衅夏说的'没有把妾当成正妻的礼仪（无以妾为夫人之礼）'，齐桓公誓命于葵丘，也说'无以妾为妻'。今后宫专宠仅亚于陛下，如果仅因宠爱而登后位，就会使贫贱的人暴贵，臣担心到了后世就会出现下面的人欺压上面的人、扰乱法令的现象（下陵上替，开张非度），混乱也就从此开始了呀！"

栈潜是任城人，曹操在时当过县令，曹丕当太子时喜欢打猎，栈潜进行过规劝。郎中即郎中令，就是汉时六卿之一的光禄勋卿。

曹丕不听，郭氏成为曹丕的首位皇后。

甄宓被杀，有一个重要人物应该发言，但却没有这方面的记载。

这个人就是曹丕的母亲卞太后，曹丕称帝后几乎无人能够约束他，唯一可以例外的是卞太后，在解救曹洪、保护曹植和曹彰等事件中卞太后都发挥了重要作用。卞太后追随曹操40多年，一路同甘共苦、风雨与共，深得曹操的信任，曹操称赞她"怒不变容，喜不失节"，她也在曹魏阵营里拥有崇高威望，有人也习惯地向她汇报一些事情，卞太后又时而对曹丕的言行提出一些批评，这些让曹丕十分不悦。

有一部算是野史的书竟然还记录了这样的事：曹操驾崩后，曹丕把父亲昔日身边的宫人都召来服侍自己（文帝悉取武帝宫人自侍）。有一次曹丕病了，卞太后去看他，一进大门，看见立侍着的宫人认识，是曹操当年宠幸过的，卞太后问她什么时间来的，宫人回答说是先帝"正伏魄时"过来的。

人快死时要拿他平时穿的衣服到门外招魂，让魂魄回来，这叫复魄或伏魄，"正伏魄时"指曹操将死未死时。卞太后一听大怒，不去探病了，骂了句"狗和老鼠都不会吃你吃剩的东西（狗鼠不食汝余），死了才好"。

黄初三年（222）9月，曹丕突然下达一份诏书："妇人干政是祸乱的根源，从今以后群臣不得向太后奏事，后族之家也不得当辅政之任，不准随意加封爵位（又不得横受茅土之爵），以此诏传之后世，若有违背，天下共诛之！"

诏书的内容直接针对卞太后，口气异常严厉。

可以想象，卞太后除了愤懑之外也没有别的办法，她一向为人谦和、善良，生性节俭，每次见到娘家人都训诫他们好好约束自己，告诉他们要是犯了不法之罪，她知道了不仅不会保护，而且会让他们罪加一等，更别指望她会给予接济恩待（有犯科禁者，吾且能加罪一等耳，莫望钱米恩贷也）。

卞太后的父母早已不在，主要亲人是她的哥哥卞秉，卞秉虽是"王亲"，但曹操在时官仅至军队里的一名别部司马。

二十一、陵云台下故事多

曹丕是个多情又善变的皇帝，除正史里提到他先后宠爱过甄妃、郭皇后、李贵人、阴贵人和柴贵人外，野史笔记关于他这方面的故事还有不少。

自晋朝开始曹丕就是宫帏秘事一类野史小说关注的重点，这些故事虽未必全部可信，但它们创作的时间大多与曹魏时代十分接近，这些故事在社会上也流传甚广，即使说它捕风捉影，想必也多少有一些"影"吧？所以不妨介绍一下。

这些故事，可以先从陵云台说起。

陵云台是曹丕称帝后下令修筑的一处台阁，正史里虽有记载，但也仅提到一下而已，关于它的详细情况有不同的见解。

一种看法认为陵云台即凌云台，该台位于曹丕的行宫凌云宫内，具体位置在今河南省郾城县新店乡台王村，这个村很有名，汉末著名的颍川郡陈氏家族祖籍就在这里，曹丕的重要助手陈群就出自该家族。该地至今仍有一个高出地面数米的土台，被认为是凌云台的故址。

曹丕为何在远离京城也远离其他四都的地方修建这处行宫呢？因为这里距繁阳的受禅台很近，只有30里，建安二十五年（220）10月曹丕受禅，所以修了座行宫以临时驻留。

至今当地还有一个传说，曹丕在受禅台接受玉玺时突然有一只凤凰从台后凌空而起，围台旋飞后翩然南翔，落向受禅台的远方。曹丕派人查看，在距离受禅台30里的一口浅井里发现了一块四方形的青石，青石已裂开，似乎是凤凰从此石重飞所至，井旁隆起一处土台，曹丕认为这是吉兆，所以下令在土台边建造了行宫，并在土台的基础上修筑了凌云台。

另一种看法认为，陵云台其实在洛阳的魏宫里，位于千秋门内御道北面的西游园内。这座高台为全木结构，以设计机巧著称，建造之前先称过所有木材的轻重，然后才筑台（先称平众木轻重，然后造构），所以它保持了最大的平衡性，高台的四面重量不差分毫，虽然高峻，甚至常随风摇摆（常随风摇动），可始终不倒。

据说，到魏明帝时这座高台仍在，魏明帝有一次登上陵云台，看到它颤颤巍巍的样子，害怕它倒了，就让人用大木头支撑它，但这一下楼台反而倒了，原因是本来四面保持平衡的重量出现了偏差（论者谓轻重力偏故也）。

把父亲修的高台弄倒了，魏明帝大概觉得过意不去，就下令重修此台。台成，最后一道工序是挂牌匾，工匠一时疏忽，匾上还没题字就挂了上去（误先钉榜，未题署）。大概此匾太重，台太高，摘下来重挂比较危险，魏明帝想了个办法，让人把书法家韦诞放在一只笼子里，用辘轳和长绳牵引着靠近牌匾（以笼盛诞，辘轳长絙引上），让他在空中题写。

韦诞是当时著名的书法家，尤善大字榜书，邺县宫室的匾额大多是他题写的，他被悬挂在离地25丈的高空，感到十分恐惧。写完，把他弄下来，大家一看都惊呆了，因为上去时韦诞的头发还是黑的，下来已经全白了。韦诞回家后立即告诫子孙，今后绝不再练什么榜书了（诞危惧，戒子孙，绝此楷法）。

也许陵云台与凌云台是两座不同的高台，一个在洛阳，一个在鄄城。根据史书记载，洛阳魏宫里的陵云台建成于黄初二年（221），这有些奇怪，因为当时条件简陋，曹丕祭祀父亲尚在与官员议事的建始殿内，哪能先花费巨大人力与物力修建一座至少25丈的高台呢？

史书对此没有进一步说明，这件事成为野史小说关照的对象，据晋朝一部野史记载，曹丕修这座高台与一个女人有关。

这个女人名叫薛灵芸，冀州刺史部常山郡人，父亲名叫薛业，是一名亭长。薛灵芸出身贫寒，到17岁时已出落为一位容貌异常美丽的姑娘，她经常陪母亲与其他妇女一起纺纱，闾中少年多有暗慕的，经常趁夜色潜进她家里偷窥她。

常山郡太守谷习听说薛灵芸的美貌，就用千金聘走薛灵芸（以千金宝赂聘之），之后把她献给了曹丕。薛灵芸不想走入深宫，但也无奈，她与父母告别时泪沾衣襟，一路上也流泪不止。薛灵芸用玉唾壶盛泪，泪水在壶中化成了红色（壶中之泪凝如血色矣），由此留下了一个"红泪"的典故。

离洛阳还有数十里，曹丕派了10辆雕花的车来迎接。为了不耽误时间，曹丕让车队连夜赶路，命人在沿路点起膏烛照亮，经久不熄（灵芸未至京师，数十里膏烛之光，相续不灭），车子所过之处尘土遮蔽了星月，时人称为"尘霄"。

到了洛阳，曹丕对薛灵芸异常宠爱。为博得她的欢心，曹丕在洛阳皇宫里用赤土作基修筑了一座30丈高的台阁，列膏烛于台下，名叫烛台，远远望去，如流星坠地，当时有人作诗道：

青槐夹道多尘埃，龙楼凤阙望崔嵬，
清风细雨杂香来，土上出金火照台。

薛灵芸趁夜而来，于是有了一个雅称叫"夜来"，曹丕对她百般宠爱，异邦进献的火珠龙鸾钗很漂亮，曹丕赐给她，但又问她是不是觉得龙鸾钗太重，曹丕细心如此。薛灵芸从小干家务，缝制衣服的针在她手里出神入化，夜里不用点灯也可运用自如，凡不是薛灵芸缝制的衣服曹丕一律不穿（非夜来所缝制，帝不服也），后世于是又称薛灵芸为"针神"。

唐代一部笔记小说里写道：一天晚上曹丕在灯下咏诗，室内摆着一件7尺长的水晶屏风，薛灵芸来了，由于有些急，不小心脸碰在了水晶屏风上，没有大伤，但也碰红了，红色如朝霞将散未散之状，更觉得美丽无比（伤处如晓霞将散），宫人们于是纷纷用胭脂仿画这种红状，称"晓霞妆"。

"红泪""夜来""针神""晓霞妆"，这些雅称和典故都集这位出身贫寒的女孩于一身，薛灵芸真可以称得上三国时代的"第一灰姑娘"。在这些野史小说看来，陵云台其实是"灵芸台"，是为薛灵芸而修的。

自晋朝以来关于薛灵芸的故事便在各类书籍里多有提及，有关典故影响很广。唐人李商隐写过"一夜芙蓉红泪多"的诗，宋人贺铸写过"画楼芳酒，红泪清歌，顿成轻别。已是经年，杳杳音尘多绝。欲知方寸，共有几许清愁"的词，《红楼梦》里讲众人玩象牙筹，象牙筹的一面刻有古往今来的美人，薛宝钗抽中的就是薛灵芸。

但薛灵芸还不是曹丕的最爱，在晋朝的一部野史里还有一个叫莫琼树的女人后来居上，曹丕更宠爱她。

莫琼树长得特别美艳，而且很会打扮。她发明了一种与众不同的新发型，将面颊两旁贴近耳朵的头发梳成薄而翘起的形状，远远望去好像蝉的双翼（*望之缥缈如蝉翼*），如丝如缎，如天女下凡，宫人们也争相效仿她的发型。

曹丕又喜欢上了莫琼树，这倒未必是莫琼树比薛灵芸更美丽，而是曹丕对女人审美疲劳的毛病，任何美女在他眼里顶多新鲜一阵，过后就不喜欢了。除了以上提到过甄妃、郭皇后、薛灵芸、莫琼树等几位，在野史小说中被曹丕宠爱过的妃嫔还有陈尚衣、段巧笑等人。

陈尚衣在有的书里也叫田尚衣，她的拿手本领是能歌善舞，冠绝于世，自比汉宫飞燕。段巧笑也精通化装，她发明了一种新脂粉，里面有米粉和胡粉，还有葵花子汁。

曹丕专宠莫琼树后引起了薛灵芸、陈尚衣、段巧笑等人的嫉妒，她们联手戏弄了莫琼树一把。

一次，她们假装帮莫琼树梳妆打扮，趁她不注意时在她的头发里抹了香油。时值盛夏，曹丕与莫琼树携手赏花，结果香油被太阳照射后引来苍蝇、蚊子纷至，这件事被曹丕查出了真相，薛灵芸等人被罚跪地一天不许吃饭。

汉魏时代取名常用单字，尤其后汉和三国，有人认为这是王莽改制时的一项"硬性规定"，虽没有确论，但整个三国时代除复姓外名字超过3个字的很少，薛灵芸、莫琼树、陈尚衣、段巧笑这些名字都不太符合当时的时代特征。

但也不绝对，比如司马懿的夫人叫张春华，这个正史里就有记载。而且即使上面这些人都是后来虚构的，他们的故事也多少有一些现实的蓝本吧，比如关于曹丕身边的"宫斗"，除了郭皇后与甄妃这一件事，史书还提到过郭皇后与柴贵人之争。

看来曹丕这位多情皇帝平时够忙的。

二十二、喜欢打猎的皇帝

除了爱美女并且多情善变，曹丕还是一位爱玩的皇帝，与汉灵帝刘宏整天瞎折腾不同，曹丕喜欢的是打猎。

在古代所有帝王里曹丕的才情都是出类拔萃的，不仅诗文上乘，而且爱好体育，射箭、投壶以及围棋样样精通，深得父亲的遗传。之前说过，曹丕当太子时就喜欢打猎，栈潜曾劝谏过他，曹丕不听，一有空照去。

当了皇帝后约束少了，曹丕更是经常出去打猎。

打猎这件事，好处是可以锻炼身体，练练骑马、射箭。缺点是浪费时间，这不像打高尔夫，有半天空闲就能玩一次，打猎得去猎场，得安排布置，一趟下来少则几天，多则十几天，朝廷每天都有无数大事小事需要皇帝拍板，你跑去打猎了，一时还联系不上，肯定耽误事。

打猎还有一个坏处，那就是危险。

骑马、射箭类似军事演习，万一马受惊或者道路崎岖险峻，容易酿成事故，那时候山林间凶猛的野兽也比较多，像老虎这类动物在各地都有，突然来个近距离接触，就麻烦了。即使遇不着老虎，埋伏个刺客什么的也很危险，孙策不就是这么死的吗？

孙策喜欢打猎，孙权也喜欢，也遇到过危险。据史书记载，有一次孙权骑马射猎，突然蹿出一只老虎，老虎猛扑过来，都扑住了孙权的马鞍（*虎常突前攀持马鞍*）。虽然最后有惊无险，但张昭知道了立即变色进谏：

"将军何必这样做？为人君的要善于驾驭英雄豪杰，任用贤良，而不是在原野上驱驰，去跟猛兽比试勇力（*岂谓驰逐于原野，校勇于猛兽者乎*），一旦发生不测，岂不被天下人耻笑？"

说得很严厉，张昭是老臣，孙权赶紧赔不是："是我年少虑事不周，愧对先生厚望。"

但孙权依然不改，继续出去打猎，他还让人发明了一种射虎车，这种车设有方孔，没有车盖（*方目，间不置盖*），一个人驾驭，坐在车中射虎。这当然很危险，有离群的野兽常往车上扑，孙权就用手与它们搏击，以此为乐（*权每手击以为乐*）。

曹丕比孙权还要放得开，不仅自己打猎，还把同僚们都叫上。

领导看到大家平时都挺辛苦，安排个活动让同僚们放松放松，这是多好的事？可是领导喜欢的大家不一定都喜欢，领导在享受，同僚们却在受罪。

有一次曹丕带着大家去打猎，射中一只野鸡，高兴地说："射了一只野鸡，好高兴啊（*射雉乐哉*）！"

担任侍中的辛毗不失时机地给领导上了一次"眼药"：

"陛下觉得高兴，可我们觉得好辛苦（*于陛下甚乐，而于群下甚苦*）！"

曹丕一听很不爽，当场不便发作，但以后再出来就很少再带辛毗了（*遂为之稀出*）。不带辛毗，有他人也会上"眼药"，鲍勋那时也担任侍中，他直接上疏劝谏："我听说五帝三皇莫不明本立教，以孝治天下。陛下仁圣恻隐，有同古烈。臣希望陛下能继踪前代，令万世可则，而不是修驰骋之事，整天忙于射猎！臣冒死以闻，请陛下明察。"

前面已经说过鲍勋的事，曹丕特别反感这个"烈士后代"，看到鲍勋的奏折曹丕大怒，当场把奏折撕了（**手毁其表**）。不让干我偏偏干，曹丕不仅照旧射猎，还专门把鲍勋叫上。

有一次中途休息，曹丕故意问鲍勋："射猎之乐，与八音之乐哪一个更乐？"

侍中刘晔一向会来事，马上抢答："射猎比八音之乐更好（**猎胜于乐**）。"

鲍勋实在看不惯，反驳道："此言差矣！音乐上通神明、下和人理，隆治致化、万邦咸仪，所以移风易俗莫善于乐。游猎在原野中暴露帝王的车盖，损伤生息化育的至高原理，迎风冒雨，有违天地自然的规律。过去鲁隐公到棠地观看捕鱼《春秋》讽刺了他，陛下虽然把游猎当作急务，但却是臣下所不希望的（**虽陛下以为射猎之乐，但愚臣认为非也**）。"

鲍勋还当场批评刘晔："刘晔佞谀不忠，陛下只是一句玩笑话，刘晔立即附和（**阿顺陛下过戏之言**），就像当年梁丘据取媚于遄台，请有关部门治其罪以清皇庙！"

曹丕实在忍不住了，猎不打了，直接回去（**帝怒作色，罢还**），回来就把鲍勋降了职。

辛毗和鲍勋都担任侍中一职，"侍中"的意思是"侍卫于中"，"中"即"省"，也就是宫中。侍中的本义为侍卫于皇帝近前，其职责与尚书相近，但品秩比尚书高得多。侍中最早也是九卿之一的少府卿下的属官，后直接由皇帝指派，虽是散职却因为随时能接近皇帝而显贵。侍中有专职的，也有兼职的，兼职即为加官，文武大臣有"加侍中"一职的，说明可以随时入禁中受事。本朝侍中品秩二千石，与九卿相同。以后侍中地位更高，魏晋以后侍中一职经常成为事实上的宰相，直到元朝以后废止。

也就是说辛毗也罢、鲍勋也罢，给领导提建议是没错的，因为这是他们的分内职责。领导不高兴，要么出来不再带上，要么把人家从身边调走，这是很不妥的。

曹丕不管那么多，他是个任性的人，这么多人出来反对丝毫没影响他的射猎之兴。一次，曹丕又出去打猎，玩得晚了半夜才回宫，这件事让司徒王朗知道了，老头子也加入讨伐阵营里，上疏劝谏："帝王的居所外面有守卫，里面设禁门，每次出行沿途必须先安排人马保卫才能出发，身边做警卫工作才能登台阶，打开旗子才能登车，清扫好道路才能引导御驾，布置好住处才能下车休息，所有这一切，都为的是显示帝王的尊贵，要求帝王的行动务必小心谨慎，并以此作为制度永垂千古（**务戒慎，垂法教也**）。听说最近御驾亲出捕虎，日出而行，天黑才回来，这违反了帝王出入的常规，不是帝王戒慎的做法。"

王朗的名头比辛毗、鲍勋大得多，又是三公，这份上疏曹丕不敢撕，不仅不敢还得亲笔做出批示，曹丕为自己射猎找了个说辞："看了您上的表，知道您说的意思。有些事您可能不太清楚，之所以射猎是因为方今天下还不太平，孙、刘二寇未定，四处还有征伐，射猎嘛，其实是军事演习（**将帅远征，故时入原野以习戎备**）。至于夜里回来太晚存在安全隐患问题，还真没考虑那么细致，幸亏您提醒，我已命令有关部门今后务必注意。"

人家建议你"戒慎"，是个委婉的说法，意思是别再去打猎了，你还真客气，表示再出去时一定会注意，不知道王老先生看到这个批示时做何感想。

曹丕挺郁闷，这么大一点儿事没完没了了，这时长水校尉戴陵也上疏劝谏射猎，曹丕干脆抓个典型，杀鸡儆猴，直接下令把戴陵处死。

大家赶紧救人，苦劝死劝戴陵总算保住一条命，减死罪一等。

曹丕是个记仇的人，谁惹了他，一定会报复。

鲍勋早年得罪过曹丕，后来又一再劝谏，多次当众让曹丕下不了台，曹丕有了除掉鲍勋的想法。

之前说过鲍勋规劝过曹丕不要伐吴，曹丕把他降为治书执法，也就是军法官。曹丕那次征江东无果而返，从江淮回军时经过陈留郡，鲍勋作为军法官随征。

陈留太守孙邕前来拜见曹丕，他大概跟鲍勋也熟，所以拜见完之后顺道探望鲍勋。当时营垒还没建成，只竖立了营标（但立标埒）。孙邕是地方干部，大概不太了解军营里的规定，他走了侧路而没走大路，被鲍勋手下军营令史刘曜发现并检举他违反军令，鲍勋认为壕堑营垒还没建成，不必过于认真，于是调解了这件事情而没有举报。

后来，刘曜犯了罪，鲍勋上奏要把他废黜遣派，刘曜为自保，也为了报复鲍勋，就秘密上表揭发鲍勋私下解脱孙邕一事。

这本不是什么大事，即使违反了规定，批评教育一下就行了，但因为涉及鲍勋，曹丕觉得终于抓住了此人的把柄，于是下诏把鲍勋逮捕，交廷尉严审。

廷尉进行了审查，认为依据法令应判鲍勋有期徒刑 5 年，并处剃发戴枷的刑罚（治罪刑罚，剃发戴枷作劳役五年）。按照规定，廷尉对鲍勋这一级官员的审判结果需经三公会签后才能上报御前，三公把廷尉的报告直接驳回，认为刑罚太重，依照律条只需要交 1 公斤金子作为罚金即可。

廷尉重新递交报告，曹丕大怒："鲍勋这个人根本没有活命的资格了，你们竟敢宽纵他！再有人敢包庇就一块抓起来审问，将你们蛇鼠同穴、一网打尽！"

钟繇、华歆、陈群等重臣以及廷尉高柔等人一同表奏，认为鲍勋的父亲鲍信在太祖时有功劳，请求赦免鲍勋，曹丕不许。

鲍勋被杀影响很大，他的父亲鲍信跟曹操是生死之交，在曹操最困难的时候举全部家财给予支持，后来又为曹操的事业死在了战场上，这样的人曹丕说杀就杀，理由又不服众，难免让人议论。

二十三、文人开始带兵

曹丕的性格基因看来太不像他的父亲了，隐忍、执着、待人宽容是曹操能够在乱世里称雄的原因，而偏执、自负、有仇必报是曹丕性格的总特点。

在用人上曹操不拘一格、唯才是举，有海纳百川的气度。而曹丕多以自己的好恶划分阵营，无意识中把人分成了"自己人"和"不是自己人"两大类，"自己人"怎么都可以，不惜打破常规给予重用，"不是自己人"就想办法打压甚至迫害，失去了帝王的法度。

敢恨，是曹丕的性格；敢爱，也是他的个性。

曹休、曹真、夏侯尚、夏侯楙自不必说，对"太子四友"这些"小圈子"里的人，以及过去在夺嫡之争中支持过自己的人，曹丕也都一律给予关照和无条件信任。

曹丕称帝不久即下诏任命"太子四友"之一的吴质以振威将军的身份"都督河北诸军事"，后面是一项新职务，意思是指挥、节制河北地区的一切军事力量，类似于"河北战区司令员"。河北，指的是黄河以北，从行政区划上说包括冀州刺史部的大部以及青州刺史部、幽州刺史部的全部。

这项职务权力很大，把整个曹魏北部地区的军权都交给了吴质，而在此之前吴质担任过的职务，可以查证的只是一名朝歌长（县长）和某将军府里的长史，曹操在世时似乎对此人并不感冒。

也就是三两年的时间，一名从未带过兵、打过仗的朝歌长被直接提拔为相当于大军区司令，这当然是一种"敢爱"的表现。

"都督诸州军事"的制度也从此定型，曹仁、曹真、曹休以及张辽等人外出领兵一般都加以"都督某州诸军事"的名号，有的加以"持节"的授权。有这种名号和授权的将军权力更大，不仅可以调兵，而且可以惩治辖区内某一级别的官员，类似后世的钦差大臣。

曹魏习惯上分成了四大战区：北部战区一般为"都督河北诸军事"，主要职责是防御北部少数民族部落，辖区面积不小，但一直没打过大仗，重要性稍差；西部战区一般为"都督雍、凉二州诸军事"或"都督陇右诸军事"，主要职责是防御蜀汉，通常由征西大将军或镇西将军兼任；中部战区一般为"都督荆州诸军事"或"都督荆、豫二州诸军事"，主要职责是兼防蜀汉和孙吴，通常由征南大将军兼任；东部战区一般为"都督扬州诸军事"或"都督青州、扬州诸军事"，主要职责也是防御孙吴，通常由征东大将军或镇东大将军兼任。

吴质一跃成为曹魏政坛和军界的新星，但奇怪的是《三国志》却没有他的传记，主要原因是此人脾气很差，在生前即受到颇多议论。

黄初五年（224）吴质回洛阳朝觐，曹丕发现没有多少人搭理吴质，吴质显得有点孤独，曹丕专门下诏命上将军及特进以下高官都到吴质家里做客，想帮吴质结结人缘。

宴会上，客人喝得怎么样不知道，主人先喝高了。

吴质这个人，酒一喝多就把持不住。曹真这时候担任着中军大将军一职，长得有点胖，同为"太子四友"的朱铄时任中领军，长得很瘦，吴质便拿他们二位寻开心，令伶人在宴席上表演"戏说肥瘦"的段子，不想玩笑开过了头，曹真脸上挂不住，与吴质当场闹翻，要责罚伶人，甚至不惜刀兵相见。

看热闹的人都不怕事儿大，曹洪、王忠等人想看吴质的笑话，在一旁瞎起哄，故意逗火，曹真愈加恚怒，拔刀瞋目，大骂于座："这个伶人要是放跑了，我要拿你开斩！"

曹真是什么分量的人大家都知道，但吴质不示弱："曹子丹，你只不过是屠案上的肉，吴质吞你不用摇喉，咀嚼你也不用摇牙，何敢恃势而骄？"

眼看无法收场，朱铄从座席上起身来劝："陛下要我们陪你作乐，你怎么这样？"

有人劝架，顺着台阶下就得了，但吴质又回头骂朱铄：

"朱铄，你还是小心别把座席弄坏了（朱铄，敢坏坐）！"

朱铄也是个急性子，被吴质呵斥，气得拔剑朝地上砍（铄性急，愈恚，还拔剑斩地），其他想上来劝架的只好坐了回去。

吴质就是这样的臭脾气，结果把自己弄成了政坛上的"孤鸟"。

不仅吴质当了"河北战区司令"，到了黄初六年（225）的春天曹丕又突然做出了两项重要人事任命：以陈群为镇军大将军，录行尚书事，随车驾董督众军；以司马懿为抚军大将军，留守许昌，督后台文书。

吴质、陈群、司马懿，加上担任中领军的朱铄，"太子四友"全部有了军职，这些都打破了曹魏政坛的"潜规则"。

自曹操创业开始曹魏阵营一直以来遵循着严格的文臣、武将两条路径，文臣从不带兵，而武将中虽有个别人短时间内兼任过太守一类的行政官员，但极少有向三公、九卿方向发展的先例。

文人就是文人，武人就是武人，这是两个不同的集团。在曹魏的阵营里，有人概括出这两个集团分别各有一个核心，文人的核心是汝颍集团，武人的核心是谯沛集团。曹魏的主要文臣中荀彧、荀攸、郭嘉、钟繇、杜袭、辛毗以及后起之秀陈群等人都是颍川郡或汝南郡人，这里自古多奇士，世家大族辈出，故称汝颍集团。而谯沛集团，是因为曹氏父子乃沛国谯县人，谯沛集团其实就是"诸夏侯曹"集团。

文臣中最优秀者，如荀彧、郭嘉、荀攸和崔琰等，一生从未担任过军职，这既是因各人特长而造就的不同分工，也暗含着某种权力格局的制衡，有人负责决策，有人负责执行。决策的人不管执行，执行的人不考虑决策。

由"武人"而入"文人"者有一个特例，那就是程昱。他本来是一员武将，后来成为曹魏阵营的核心谋士。程昱的成功转型是仅有的一例，而且是由"武"入"文"，而非由"文"入"武"。

兵权是曹魏最核心的权力，三公可以让，九卿可以给，但兵权轻易不会给你。曹魏掌兵者不超过三种情况：一是如"诸夏侯曹"，或宗族或姻亲；二是如张辽、张郃、徐晃等人，是职业军人，为打仗而生，为打仗而死，绝对效忠于曹氏父子；三是臧霸、张燕、张绣那样曾经的地方实力派，被曹魏接收后暂时带兵，最终兵权也被稀释或整合。

陈群、司马懿等"太子四友"不属于以上任何一种情况，他们出身士族，走的是荀彧或崔琰的道路。尽管他们已身处权力核心，深得皇帝的倚重和依赖，但他们从未奢望过染指兵权，现在兵权却自己来了。

在给陈群、司马懿的任命诏书里，明确他们的军职分别是镇军大将军和抚军大将军，指挥的主要是"中央军"。

曹魏军制虽然延续了秦汉以来南军、北军的体制，但因为随时都在作战，四面都是战场，又加上曹魏实行特殊的五都制，除洛阳为常设首都外，邺县、谯县、许昌和长安是陪都，所以军制自然与和平年代的南军、北军有所不同。

曹魏的嫡系部队可以分为地方主力军团和中央军团两大部分，中央军团除中领军、中护军这些禁卫军外，还有一部分守卫其他几个都城。中领军、中护军简称"中军"，天子到哪里他们就守备于哪里，其他的中央军被编为镇军、抚军等兵团，由镇军大将军、抚军大将军指挥。

与一般杂号将军不同，陈群、司马懿的军职里还有一个"大"字，这是曹丕称帝以后的新发明，如果没有这个"大"字，这些将军就是普通的将军，相当于军长，加了一个"大"字，地位一下子抬升了很多，至少可以与四征、四安、四镇将军相当，也就是兵团司令或大军区司令这一级，从品秩上说略低于三公但高于二千石的九卿。

陈群和司马懿之前的身份仅是品秩千石左右的尚书令、尚书仆射，掌握了军权，品秩也骤然提升。同时，他们仍然负责尚书台，陈群以镇军大将军的身份"录行尚书事"，即兼任朝廷的秘书长，司马懿没有明确是否仍兼任尚书仆射这个副秘书长，但命他"督后台文书"，说明他仍然兼职于尚书台。

文帝命他们掌兵，也可以看作给尚书台加上了兵权，尚书台也可涉兵事，但直接带兵，这个恐怕连尚书台的缔造者汉武帝也没有这么做过。

任命诏书专门讲到了陈群和司马懿的分工："过去轩辕黄帝建四面之号，周武王称'予有乱臣十人'，先贤们之所以能治国理民，都是多任用贤人的缘故。现在内有公卿镇守京城，外有州牧掌管四方，遇到有军情需要出征，军中应该有柱石一般的贤帅，辎重所在之处也应该有重臣镇守，那么御驾出征就可以周行天下，而没有什么可顾虑的了。"

"现在，任命尚书令、颍乡侯陈群为镇军大将军，尚书仆射、西乡侯司马懿为抚军大将军，如果我亲征讨伐南方的敌人（若吾临江授诸将方略），就留抚军大将军守许昌，督后方诸军，处理后台文书诸事；由镇军大将军随车驾，董督众军，代理朝廷秘书长（录行尚书事）。他们都给予假节、鼓吹，并调拨给中军骑兵 600 人。"

对陈群和司马懿来说，手里有没有兵权其实有本质区别，曹操生前杀掉或逼死的重量级人士，从孔融、荀彧到崔琰、杨修、娄圭、毛玠等，都有一个共同特点：他们都是文人。而武将之中，将军以上的从未被杀过一个，也就是说，在曹魏阵营里最危险的是文人，而最安全的是武人。

这符合权力的逻辑和游戏规则，文人靠一张嘴，没有实力做支撑，杀也罢，用也罢，全凭君王的心情。而每个武人的背后都是一支队伍，君王即使不满，也会投鼠忌器，用别的方法解决权力问题。

像张绣那样手上有曹家血债的人，还有像臧霸那样的土匪，曹氏父子只得一忍再忍，找机会一点点把兵权收回来，而像荀彧、崔琰那样忠心耿耿、为曹魏做出过重大贡献的人，一句话就能要命。

这不是君王冷酷，这是权力规则。文人的智慧是君王所需要的，但那是软实力。手握兵权，才是硬实力，但兵权又是那样遥不可及，所以诏令下达之初司马懿、陈群尚不敢欣然接受，他们上书辞让。

曹丕下诏，打消他们的顾虑："我要处理的事情很多，以夜继昼，想休息都不得空，做出这样的安排并不是增加你们的荣耀，是让你们为我分忧哇（此非以为荣，乃分忧耳）！"

二人这才接受，上任后他们又接到了曹丕的诏书："我常常因为后方的事感到担忧，所以把重任交给你们。曹参虽有战功，但论封行赏时萧何最重（曹参虽有战功，而萧何为重），让我没有西顾之忧，不知道行不行？"

在曹丕眼里善于理政的萧何更重要，他想让陈群、司马懿做好的萧何。这种无以复加的信赖还不断继续着，后来曹丕专门给司马懿下过一份诏书："我在东方，抚军大将军全权处理西方的事务；我在西方，抚军大将军全权处理东方的事务（吾东，抚军当总西事；吾西，抚军当总东事）。"

君子一言，驷马难追，更何况皇帝的诏书？这份诏书可以理解为一份授权书，有了这项授权，司马懿俨然成了"曹丕第二"，尚书台里的司马懿成为曹魏帝国仅次于皇帝的人。

虽然最后面的这份诏书只出现在《晋书》里，不排除是为了粉饰司马懿而虚构的，但陈群和司马懿迅速跻身曹魏军界并掌握军事大权却是不争的事实，这极大地改变了曹魏的权力结构。

二十四、孙权的人事改革

曹丕称帝一晃好几年过去了，对外他 3 次兴兵伐吴，其中 2 次御驾亲征，都无果而终；对内大兴制度重建与改革，又有后宫争宠，挺忙。

这一时期孙权的主要精力都在应对曹魏的进攻上，利用刘备死后吴蜀关系出现的转机，重新修复与蜀汉的关系，以此对抗曹魏。与此同时，孙权在内部也推行了一次重要的改革，不过半途而废了。

这场改革常被人忽视，因为孙权并没有大张旗鼓地进行，他的改革动机十分隐秘，一直到最后都没有公开示人，这场颇有些神秘的改革与一个小人物有关。

这个人，名叫暨艳。

正史里没有暨艳的传记，他在孙吴的地位并不高，关于他的事迹更多地记录在宋朝人编撰的一部历代名人录里。"暨"这个姓氏很少见，这部书认为在暨姓的历代名人中暨艳算是一位。

暨艳字子休，扬州刺史部吴郡人，个性耿直、刚正不阿，喜欢以儒家的伦理道德为依据臧否人物（**性狷介，好为清议**）。吴郡也是孙氏的故里，但孙氏出身寒微，而吴郡向来以出世家大族著称，所谓顾、张、朱、陆等"江东四大家族"其实应该是"吴郡四大家族"，因为他们的祖籍都在吴郡。

暨艳出身于吴郡，对他来说既幸运又不幸。

由于同乡的关系暨艳受到了张温的器重，这个张温就是曾出使蜀汉的那个人，他出身于"吴郡四大家族"中的张氏一族，本来名气就挺大，出使蜀汉归来他的名气更大了。

孙权被封为吴王后吴国也设立了尚书台，张温曾在尚书台任职，具体职务是选曹尚书，相当于秘书局下面的人事处处长，这个职位品秩不高，只有 600 石，与县长、县令差不多，但它掌管官员选拔和考核，相当于人事部部长。

在张温的引荐下暨艳也进入了尚书台，后来张温调离，暨艳竟然接替他担任了选曹尚书这个重要职务，暨艳大概是个很有责任心的人，或者说很有心机，他上任后就开始琢磨孙吴在人事工作方面有没有不足之处。

经过一番调研，暨艳发现不仅有问题，而且问题很大。

暨艳发现，在孙吴的人事布局中世家大族的影响力过大。

这里说的世家大族有两个含义：一是指像"吴郡四大家族"那样的名门望族，他们兴旺于江东大多已若干代人，势力和影响都很大；二是指追随孙氏父子的豪门名将，孙吴实行世袭领兵制，子承父业，名将渐成豪门。

孙坚和孙策在世时不太重视江东的名门望族，孙策曾奉袁术之命攻打庐江郡太守陆康，导致陆康被杀，"吴郡四大家族"世代联姻，一荣俱荣、一损俱损，这件事让孙氏与吴郡的世家大族彻底对立。孙权接班后着力弥补这种裂痕，所以任用了顾雍、张温、朱据等"吴郡四大家族"成员，还把自己的侄女也就是孙策的女儿嫁给了陆逊，经过这些努力，孙权与江东大族之间的关系得到了缓和。

在豪门名将方面，孙氏父子依靠他们打天下，所以对他们一向尊崇。孙权是个重情谊的人，忘过记恩，对豪门名将的子弟也都广加延用，每每给以高官重位，一些子弟能力平平，却靠着父辈的影响青云直上。

这两股势力实际上把持了孙吴有限的官员职位，堵塞了有能力但没有背景的寒门子弟的晋身之阶，汉末两晋门阀制度盛行，孙吴人事方面存在的这些问题只是门阀制度的一个缩影，这是政治体制使然，要打破它还需要相当长的时间。

但暨处长不想等，也许他本人就出自寒门，进入仕途完全靠的是运气，所以对寒门子弟的境遇感同身受，他现在既然主持人事工作，所以理所当然地认为应该大力推进人事制度改革。为此，他大刀阔斧地干了起来，改革的重点是郎官的选拔与考核。

郎官是朝廷中下级官员的骨干，汉时最多达 5000 人，分议郎、中郎、侍郎、郎中 4等，由五官将署、左中郎将署、右中郎将署 3 个部门统管，故也称为三署郎，他们以在天子身边守卫门户、出充车骑为主责，除议郎外均须执戟宿卫殿门，轮流当值。郎官品秩不高，但在天子身边工作，号称天子门生，经常有出任地方长吏的机会，被人视为出仕的重要途径。又因为朝廷各要害部门的往来流转实际上由他们把持，为办事方便，人们不得不贿以行货，史书称这些郎官为"山郎"。

暨艳认为，孙吴上下庸庸碌碌的郎官比比皆是，大多不符合任职要求（郎署混浊淆杂，多非其人）。在副手（选曹郎）徐彪等人的支持下，暨艳开始了大规模的官员考核，根据考核结果重新确定郎官人选（核选三署）。

暨艳、徐彪等人制定的考核标准十分严格，让被考核者压力很大，考核结果出来，只有 10% 的人合格能继续留在原位（其守故者十未能其一），其余均不合格。对不合格者一律给予降职，有的被连降好几级（贬高就下，降损数等）。

还有一部分人，在考核中被发现有问题，暨艳、徐彪把他们全部贬为军吏，很多人遭到了这种处分，以至于朝廷设置了专门的营府来管理他们（置营府以处之）。

整顿官场风气、严格官员的选拔当然是正确的，但暨艳等人发起的这场人事改革力度未免过大，而且从矛头所指来看，显然是针对世家大族的，所以这场改革绝不是一名 600石的官员所能决定的。

有人认为张温是暨艳等人的后台，这其实不可能，张温不是尚书令，虽然他有一定影响力，但种种迹象显示孙权对张温相当不满意。出使蜀汉归来张温多次称颂赞美蜀汉（温称美蜀政），引起孙权的猜忌，张温出身吴郡大族，在社会上名声很大，有一帮铁杆"粉丝"，孙权认为这样的人只会惹祸，难以为自己所用（又嫌其声名大盛，众庶炫惑，恐终不为己用）。

张温不仅不是孙权的心腹，而且已招致孙权的不满，孙权一直在找机会"收拾"他（思有以中伤之）。所以，这场力度空前的改革不可能由张温在"背后指导"，况且，出身于"吴郡四大家族"的张温也没有理由把改革的矛头对准自己的阵营。

推测起来，暨艳、徐彪等人的后台只能是孙权本人。

孙权这么做，应该源于一种矛盾心理。孙权虽然重用世族子弟，但他也知道什么人能用，什么人不能用，他肯定不希望朝堂上下充斥着碌碌庸人，来一场改革，肃清朝堂，整顿吏治，这正是孙权所需要的。

但孙权是一个重情义的人，让他直接出面与世族们交锋，他拉不下这个脸，这些人大多随他们父子兄弟征战多年，一辈接一辈出生入死，用血汗换来了今日的荣耀，把他们的子弟扫地出门，孙权实在于心不忍。在江山社稷和人情面前孙权最终还是选择了前者，所以他暗中支持暨艳等人搞改革，希望自己不出面也能达到目的，大家要埋怨只能怨暨艳等人。

但接下来发生的事让孙权很吃惊，随着大批官员被贬斥，世族们开始反击，他们争相指责暨艳、徐彪等人主持考核没有出于公心，只讲私人感情（专用私情，爱憎不由公理）。

任何一场有实质内容的改革都会触及一些人的利益，而改革的过程中因为改革者自身的不足也会出现一些问题。根据史书的记载，暨艳等人在对官员考核中，揭发了一些人的隐私和短处，以炫耀自己的弹劾之功（颇扬人暗昧之失，以显其谪），陆逊的弟弟陆瑁曾给暨艳写信让他不要这么做，但暨艳不听。

对暨艳改革的反击之声一浪高过一浪，其中充满了埋怨和愤慨，一些很有杀伤力的传言也在滋长（怨愤之声积，浸润之谮行矣），远远超出了暨艳、徐彪等人的掌控能力，连后台老板孙权也大吃一惊。

为安抚众人孙权赶紧出面止损，下令对暨艳、徐彪进行审查。

孙吴黄武三年（224），暨艳、徐彪二人在狱中自杀，至今这都是一桩历史悬案，真实情况扑朔迷离。

暨艳、徐彪也许因激起众怒而恐惧，所以在绝望中自杀，也许另有隐情。如果孙权真是暨艳等人的幕后指使，在民怨已起的情况下他们被罢官、审查显然不能解决全部问题，在审查中如果暨艳等人交代了一切，说了一些不该说的话，那孙权就太尴尬了，所以他们必须死。

暨艳、徐彪死后孙权可以放手追查，并将事件引向对自己有利的方向。在审查中发现张温和暨艳、徐彪有过许多书信往来，孙权下令有关部门把张温抓了起来（幽之有司）。

接下来由审查暨艳、徐彪就变成了审查张温，经过"周密调查"，孙权给张温定了罪，决定撤销其一切职务，遣回本郡充当杂役（斥还本郡，以给厮吏）。孙权给张温定的罪有4项：一是举荐暨艳；二是在都督豫章三郡期间不听调遣；三是误信殷礼；四是在人事问题上牟取私利。

第一项罪名已经说了。第二项罪名是说张温出使蜀汉归来，孙权曾派他到豫章、庐陵、鄱阳三郡围剿逃入山中的残兵、奴客，为此孙权从身边拨出5000人马给张温。后来曹丕南征，形势吃紧，孙权命令把这5000人马调回，但张温已经把他们派到深山里，无法调回来。孙权认为幸亏曹丕主动撤兵，否则张温就误了大事。

第三项罪名中说的殷礼，在张温出使蜀汉时曾以郎中的身份随同出使，受到包括诸葛亮在内蜀汉人士的广泛好评，殷礼回来后理应续任郎中，但在张温引荐下他升任了代理户曹尚书，孙权认为这么重大的事张温一个人就包办了。

第四项罪名也有人证，在审查中发现张温私下对人封官许愿，他对一个叫贾原的人说，要举荐他当御史，又告诉一个叫蒋康的人说，让他接替贾原的职务，孙权认为张温的所作所为都是在为自己牟私利。

孙权在给张温定罪的命令里说张温所犯下的罪行本应处死示众（暴于市朝），他不忍心那么做才从轻发落。本来是审查暨艳、徐彪，结果让孙权轻易转移了话题，世家大族们的反击打在了棉花上，又白白搭上自己一伙的张温。

骆统等人上书为张温申辩，尽管骆统是孙权的侄女婿，孙权一向对他的意见很重视，但对于他为张温的申辩，孙权不予采纳。张温于是被撤职遣送回吴郡，于6年后病故。他的弟弟张祗、张白也很有才能，名气都不小，也受张温的牵连而废黜。

二十五、诸葛亮的丞相府

曹魏和孙吴那边都挺忙，这种局面对蜀汉来说无疑是有利的。

作为先帝驾崩前指定的托孤大臣，诸葛亮承担起治国理政的大任，后主继位后他就在成都建立了丞相府，以此治理蜀汉（开府治蜀）。

关于诸葛亮开府的时间史书强调是在刘禅继位后，刘备驾崩前诸葛亮已经当了整整两年的蜀汉丞相，怎么现在才开府呢？难道刘备在世时诸葛亮没有自己的丞相府吗？

按照汉代制度三公以上均可开府，地位低于三公的官员经过特别批准也可开府，一般会加"仪比三司"这样的话，丞相开府当然没问题，曹操生前掌控大权靠的主要是他的丞相府。

但是可以开不等于一定开，开府与不开府取决于需要，刘备在世时蜀汉一切大事都由刘备亲自决策，诸葛亮只是执行者，所以开不开府关系并不大。而且，刘备是在仓促间称帝的，称帝后又马上伐吴，有些事恐怕还顾不上来。

刘备东征期间诸葛亮留守后方，如果没有开府的话，他如何处理后方的日常事务呢？

刘备任命诸葛亮为丞相时还给了他一个"兼职"——录尚书事，也就是负责处理朝廷日常事务，张飞死后又让他兼任了司隶校尉，这两项职务应该才是诸葛亮最重要的工作。刘备东征期间有太子监国，朝政方面诸葛亮要随时向太子汇报，司隶校尉作为行政官虽然没有实际意义，但它还有监察百官的职责，刘备不在期间诸葛亮可以凭此监察蜀汉百官。

所以当时倒也没有必要组建一个丞相府，或者说即使有一个丞相府，也只是为诸葛亮履行职责服务的一个小的工作班子，绝不是蜀汉政权的核心。

现在情况不同了，诸葛亮要组建一个完整的、规模庞大的丞相府，这个丞相府将成为蜀汉的权力中心。

参照曹操组建的丞相府，其基本结构是：丞相以下设长史，类似于秘书长；再设主簿，类似于办公室主任；再往下设若干曹，类似于一个个处，各曹的处长称掾，副处长称掾属。汉代丞相府的标准编制是13个曹382人，但曹操丞相府的人数远远超过这个数字。

各曹中西曹和东曹最为重要。西曹负责丞相府内的吏员任用，东曹负责天下二千石官员的升降，包括军中的武将在内，二千石相当于部长级，在地方上是太守一级，在军队里相当于将军，所以这个曹权力极大。

其他还有负责祭祀、农桑的户曹，负责管理朝廷章奏的奏曹，负责民事法律诉讼的诉曹，负责交通以及邮驿等的法曹，负责运输的尉曹，负责侦办盗贼的贼曹，负责刑事审判的决曹，负责兵役的兵曹，负责管理货币、盐铁的金曹，负责管理国家粮库的仓曹，以及类似于丞相府总务处的黄曹。

从这些执掌看，丞相府的职权涵盖了行政、司法、经济等方方面面，曹操在他的丞相府里还增加了许多与军事有关的部门和人员，如军谋祭酒、军谋掾、军祭酒等，执掌军权。

在丞相府里长史最重要，是丞相的第一助手，这个人必须很得力，诸葛亮物色的人是王连。王连此前担任司盐校尉，多年从事的是与盐务有关的经济工作，这是项苦差事，在常人看来也是个不容易建功立业的岗位，但王连干得很好，很有成绩。

益州政坛向来有派系之争，本土派和外来势力一直暗中较量，王连是荆州刺史部南阳郡人，不属于益州本土派，但他又不是跟随刘备来益州的，他来得比较早，算是刘璋的旧部，所以也不属于荆襄派。但反过来说，以上两派或许又都认为王连是他们的人。

诸葛亮请后主封王连为平阳亭侯，并兼任屯骑校尉。屯骑是北军五营之一，屯骑校尉是中央禁卫军里的高级将领，王连有了这个身份也方便与军方打交道。

次于长史的是主簿，诸葛亮选的是担任过巴郡太守的杨颙，这也是个实干型人才，诸葛亮认识他比较早，对他的才能比较了解。本来杨颙的同宗杨仪或许更适合这个岗位，但之前杨仪由于和尚书令刘巴闹矛盾，被刘备用弘农郡太守的名义给挂了起来。

各曹负责人中，诸葛亮选的东曹掾是他一直以来都十分看好的蒋琬。刘备对蒋琬似乎很有成见，甚至曾要将其处死，幸亏诸葛亮求情蒋琬才得以保全。蒋琬目前担任尚书郎，在尚书台相当于科长这一级的低层级官员。

表面看只升了一两级，但东曹掾的分量和实权甚至比朝廷的九卿还大，体现了诸葛亮在用人方面的魄力。

东曹负责人是荆襄人士，西曹的负责人诸葛亮就选了益州本土出身的李邵。李邵字永南，益州刺史部广汉郡人，刘备在时他担任益州府内的书佐部从事，大约是秘书或秘书处长一类的职务。任用他为西曹掾，也是破格提拔，并且大出很多人的意料。

李邵的其他情况史书记载得不多，他哥哥李邈却特别出名，可以称为蜀汉的头号书呆子，也在丞相府任职。

李邈字汉南，在刘璋手下担任过牛鞞县长。刘备来益州后提拔他当了州府的从事，有一次正旦节，按礼制这是有些类似团拜的贺岁活动，李邈得以见到刘备。大过年的，人家都是祝领导身体健康、万寿无疆之类，这个李邈却说了一大堆让刘备不爽的话。

李邈对刘备说："刘璋将军因为你们同是宗室，所以拜托你来替他讨贼，什么功劳都没立，你却把他灭了。在下认为，将军你取益州，十分不合适（邈以将军之取鄙州，甚为不宜也）。"

好在刘备脸皮还算厚，又是过年，没有和他计较，而是开玩笑说：

"你既然知道我不对，为何不帮刘璋来打我？"

领导很有风度，李邈却不够幽默，他认真地说："不是不敢打你，是打不过你。"

刘备脾气再好，也有点儿恼了，让有关部门把李邈抓起来要杀他。最后诸葛亮出面求情才把他放了。李严卸任键为郡太守时诸葛亮专门推荐李邈接任，应该说对他是相当器重的。诸葛亮开府治事后把李邈调过来担任丞相参军，相当于丞相府高级参谋，但是这个李邈以后还犯过更大的错误。

李邈、李邵兄弟可能出身于广汉郡的大族，对于益州本地这样的家族，只要他们之中有可用的人才诸葛亮总是格外关注，他希望通过重用他们达到团结益州本土人士的目的。

跟李邈一同担任丞相参军的还有马谡，此前他一直担任越巂郡太守，但诸葛亮发现他的特长在军事方面，虽然刘备临终前专门交代对马谡不可重用，但诸葛亮觉得让马谡当太守也是对人才的浪费，何况担任参军只是出谋划策，算不上重用，所以就把他调了过来。

诸葛亮在丞相府里还设了一个门下督，任命的是马忠。门下督是一个不常设的职位，具体职责不太清楚，根据与之类似的职务进行比较，从事的可能是巡察、巡视兼保卫方面的工作。这个职务也不低，"建安七子"之一的陈琳曾任曹操的门下督，他是由军师祭酒转任的，军师祭酒相当于参谋长，所以这个职务不比各曹掾低。

马忠此前只是巴西郡下面一个县的县长，永安救驾给刘备留下了深刻印象，把他看作是益州出身人士中黄权一类的人才，刘备临终前给诸葛亮交代过不少人事方面的事情，马忠可能就是刘备交代给诸葛亮的可用人才，所以受到重用。

诸葛亮开府治蜀后不久，后主下诏由诸葛亮兼任益州牧。

丢失荆州后，蜀汉的地盘其实仅限于益州一地了，所以在治理地方方面益州牧府也很重要。州政府里最重要的职位是别驾，相当于副州长，诸葛亮选的是秦宓。

这项任命多少有些出人意料，不是因为秦宓名气太小、能力不强，而是之前说过刘备伐吴前被担任从事祭酒的秦宓苦劝，惹得刘备大怒要杀他，也是诸葛亮求情才免于一死，秦宓此刻还是戴罪之身，没有任何职务，直接提拔为万众瞩目的副州长，的确让人吃惊。

州政府里次于别驾的是功曹，相当于人事处长，诸葛亮任命的是五梁。五梁字德山，益州刺史部犍为郡人，益州本地名儒，有深厚的儒学才识，个人品德也比较突出，刘璋在时就是座上客，刘备称帝后担任议郎。这是一个德高望重的人物，又是本土出身，让他负责人事工作，别人不好说什么。

五梁有个同学叫杜微，也是本地出身的名儒，诸葛亮请他做州政府主簿，但这一次却碰了个钉子。

杜微字国辅，益州梓潼郡人，和五梁都受教于广汉郡大学者任安。刘璋时任命他为从事，因病去官。刘备来益州，杜微也称病不出。诸葛亮请杜微出来做事，杜微一再推辞，后来诸葛亮专门派车去才把他请来（舆而致之）。见了面，诸葛亮发现杜微耳朵有些聋，听不清别人说话，就在座中写了一段话给杜微，希望杜微能因天顺民、辅佐明主。

虽然是现场随手写的，但这段话还是保存了下来：

"常听说您的道德品行，早就想拜会您，但因为清流、浊流不相来往，所以没有机会当面请教（清浊异流，无缘咨觐）。王元泰、李伯仁、王文仪、杨季休、丁君幹、李永南兄弟和文仲宝等人经常赞叹您的高尚志趣，我没有什么才学，受命统领本州，德行浅薄、责任重大，常感忧虑。后主今年刚刚18岁，仁爱聪敏，爱惜有德行的人，谦恭地对待贤良之士，人们纷纷追慕汉室，这里想请您遵循天意、顺应民心，辅佐当今的明主，以建创复兴汉室功业，功勋将被写在竹帛上。我也知道，因为贤者与愚者不在一起共事，所以您过去谢绝刘璋，只在家中劳动，是不想屈辱自己。"

诸葛亮提到了清流、浊流，汉末品评人物常以此分野，诸葛亮言下之意杜微是清流而自己是浊流，确有抬高对方之意，但这应该看成是自谦而不是自贬，说的是在朝与在野的区分。诸葛亮提到的那些人，指的是王谋、王连、杨洪、李邵、丁玄、文恭等人。

诸葛亮如此谦恭让杜微无法再推辞，只好勉强答应下来，但不久又请病假回家养老（自乞老病求归），诸葛亮还是想把他留下，给他又写了一封信，告诉他请这个职务就是挂个名，不必朝九晚五，杜微不好再说什么，就留了下来。

《三国志》作者陈寿的老师谯周是蜀汉后期最知名的学者，他也是此时进入诸葛亮领导的益州州府任职的，职务是劝学从事，负责文化教育方面的工作。

谯周字允南，益州巴西郡人，幼年丧父，和母亲以及兄长一起生活，家境清贫，但耽古笃学，诵读典籍，废寝忘食，陈寿是这样描绘老师的：身材很高，个子跟诸葛亮有一比（身长八尺），长相看起来很纯朴，不喜欢修饰自己（体貌素朴，性推诚不饰）。

这是陈寿对老师长相的委婉描写，其实谯周的外貌很有特点。有一部史书记载，诸葛亮初次召见谯周，左右的人看到这个有点憨又有点萌的大个子都忍不住笑起来，诸葛亮一向对左右要求很严，谯周走后，有关人员向诸葛亮举报刚才有人发笑（有司请推笑者），诸葛亮摆摆手说："算了算了，我尚且差点忍不住，何况大家呢（孤尚不能忍，况左右乎）？"

有人看到这里会说诸葛亮怎么能自称孤呢？其实是可以的，称孤不是为了炫耀，而是谦称，除帝王外，侯爵也可以自称孤，诸葛亮此时已有了侯爵，是可以称自己为孤的。

二十六、兵分三路金沙江

经过一年多时间的准备，诸葛亮决定向南中用兵。

对蜀汉来说当时最大的敌人不是曹魏，更不是孙吴，而是南中。南中之乱已经持续相当长的时间了，且有越来越严重的趋势，如果不果断出手，局面将无法收拾。

按照曹丕制定的战略孙吴是当前曹魏的主攻目标，这为蜀汉创造了一个难得的战略机遇期，如果不趁此机会解决南中问题，将来无论是曹魏打来还是孙吴发起了进攻，就再也没有能力去平乱了。

后主建兴三年（225）春天诸葛亮提出了南征的想法，并决定亲自率兵前往。丞相府长史王连当时患了重病，听说丞相要亲征，他认为有些不妥。

王连抱病来见诸葛亮，向他建议道："南中是不毛之地，疫疠之乡，不应当由丞相亲自讨伐，做这样的冒险之举（不宜以一国之望，冒险而行）。"

王连不反对南征，反对的是诸葛亮亲征，诸葛亮目前是蜀汉的主心骨，如果长期不在成都的话，蜀汉能不能保持安定存在变数，所以不宜亲往。王连的话还有一层意思，那就是南中的情况很复杂，打胜了还好说，如果打败了或者虽未败却无功而返，诸葛亮的个人威望都将受到极大的挫伤。

对诸葛亮来说这当然是一个巨大的挑战和风险，尽管他在政治、外交上的才干已有目共睹，但在军事方面的能力还不为人所知，当初他曾指挥过三路大军入蜀，然而那还算不上一次真正意义上的大规模战役。现在诸葛亮在蜀汉的地位无人能比，如果只站在个人的角度看，他似乎并没有必要冒险去指挥一场战役来提高自己的声望。

诸葛亮可以派一名将领去征讨南中，比如赵云就是合适的人选，当年他率兵平复荆州的江南各郡，成绩很不错。但是，南中之战事关重大，必须倾蜀汉的全力去打赢这一仗，自己去无疑取胜的把握更大，所以不能因为避免让自己冒险而让整个国家去冒险。

诸葛亮感谢王连的好意，但仍决定亲自南征。

大军出发前王连病故了，对诸葛亮来说这是一大损失。此次南征他要离开成都一段时间，后方不仅要保持安定，还要向前方提供坚强有力的保障和支持，丞相府长史这个角色很重要，诸葛亮选拔了任步兵校尉的向朗接替王连。

在诸葛亮身边的几位重要助手中，论资历和能力似乎张裔、杨洪、蒋琬都比向朗更合适。向朗早年师从司马徽，跟诸葛亮有同学之谊，但诸葛亮选他来当丞相府的长史看中的倒不是这个，张裔等人固然更合适，但他们现在都另有重任。

张裔以俘虏的身份在孙吴待了一段时间，回来后被任命为丞相府参军，这是一个闲差，诸葛亮却没让他闲着，而是让他管理丞相府的日常事务，同时兼任益州州署府事，又领益州治中从事。张裔现在身兼军政两端，既了解诸葛亮的想法，又熟悉益州本地情况，起着别人无法替代的作用，此时不宜调动。

诸葛亮开府治事后又把杨洪调回蜀郡当太守，这个职务极为重要，掌管着成都的安危，地方一旦出现什么情况还得靠杨洪来稳定局面，也不宜变动。

蒋琬的能力深为诸葛亮所欣赏，但不久前他的职务又有了新变动，诸葛亮把他从尚书台调到丞相府，由尚书郎升任丞相东曹掾，负责人事工作，此时也不宜再动。

诸葛亮着意培养的人还有杨仪、费祎、董允、马谡、邓芝等几位，在这几个人里杨仪似乎比向朗更合适一些，但他被刘备亲自贬降过，现在挂着一个弘农郡太守的空衔，孙权对杨仪也有过负面评价，这些影响到诸葛亮对他的安排，诸葛亮让杨仪以丞相府参军的身份随自己一起行动。

后主建兴三年（225）春天，刘禅诏准诸葛亮率众南征。

刘禅赐给诸葛亮金铁钺一具，曲盖一副，前后羽葆鼓吹各一部，虎贲60人，这些都属皇帝专用。曲盖、羽葆属于出行的车辆仪仗，虎贲是皇家警卫，而金铁钺不仅好看，而且象征皇帝的授权，比假节、持节级别更高，持此如皇帝本人亲临，可以任意诛杀大臣而不用事先请示。

蜀汉的文武百官一直把诸葛亮送到成都郊外，大家回去了，还有一个人没走，他一直跟着诸葛亮前行。此人显然有话要说，但他特别能沉住气，走了数十里一直没吭声。

最后倒是诸葛亮忍不住了，对此人说："咱们在一块共事多年，希望你能多提些良谋妙策（**虽共谋之历年，今可更惠良规**）。"

见丞相催问，此人才慢慢说道："南中依仗险远，长期以来不服我朝，即使现在把它攻破，后面还会继续反叛。将来明公如果倾国家之力去对付强贼曹魏，他们知道我们后方空虚，叛乱会来得更快。如果把他们全部杀了以绝后患，那又不符合仁义，而且这也不是仓促间可以做到的事（**若殄尽遗类以除后患，既非仁者之情，且又不可仓卒也**）。用兵之道，攻心为上、攻城为下，心战为上、兵战为下，希望明公能让他们心服！"

天下之事莫神于兵、莫巧于战，所以《孙子兵法》说"攻心为上、攻城为下"。心战胜于力战，但也难以力战，力战胜于一时，心战胜于长久。南中地处边陲，地域广大，长期以来都是南中各族的天下，在战场上打败他们或许容易，但要把这里牢牢守住就十分困难。此次南征如果一味用武，难免会杀戮过重，与南中各族的积怨不仅解不了，而且会越积越深，到那时即使军事上取得了成功，也难以保证南中的长治久安。

所以此人提出了"心战"的构想，诸葛亮对此十分赞成。

提出这个建议的人是丞相府参军马谡，作为马良的弟弟，马谡一直深得诸葛亮的器重，诸葛亮认为他很有才干，对问题有独到见解，所以丞相府组建后就把他调到了身边，平时遇到问题就征询他的意见。诸葛亮与马谡经常在一起交谈，有时从白天一直谈到深夜（**每引见谈论，自昼达夜**）。

马谡此次没有随征，但他一直在思考南中之战，他看到了此战的关键点，所以想向丞相禀明，或许因为还没有考虑成熟，因而没有马上说出来。

他的建议启发了诸葛亮，诸葛亮在行军路上起草颁布了一份军令，作为此次南征的指导文件，这份名为"南中教"的命令只保留下来一句话："用兵之道，攻心为上，攻城为下；心战为上，兵战为下。"

前半句出自《孙子兵法》，后半句是马谡建议的原话。"心战"的提出进一步发展了《孙子兵法》的攻心思想，也正好契合了眼前的这一仗。

后主建兴三年（225）夏天，诸葛亮率军来到泸水。

泸水即今天的金沙江，在它与岷江汇合处有一个地方叫僰道，即今四川省宜宾市。蜀汉大军进驻僰道附近，再往前就是叛军控制的南中了。

提到诸葛亮征南中一般会想到孟获，以为孟获就是诸葛亮此次南征的唯一对手，其实当时的叛军有很多，孟获甚至算不上最重要的一支。

南中是个非常大的地理概念，包括今云南、贵州两省的全部以及四川省的西南部、广西壮族自治区的一小部，秦时蜀地只设了益州郡，汉初增设了犍为郡，汉武帝又分设了牂牁郡、越巂郡、益州郡、朱提郡，汉明帝时增设了永昌郡。

当时这几个郡都有叛军，较为集中的地区有三路。

第一路是所谓的"夷王"高定元，他据守在越巂郡，郡治邛都，即今四川省西昌市，他的这个"夷王"是自封的，但他的实力也最大，越巂郡在南中的西北部，北与蜀郡相接，对成都的威胁最大。

第二路是汉昌郡太守雍闿，他的这个太守是孙权任命的，但汉昌郡有吕凯等人死守，他未能进入汉昌郡，而占据着益州郡，该郡位于南中的中部，郡治在滇池，即今云南省晋宁区，与雍闿合盟的还有益州郡的夷人首领孟获。

第三路是原牂牁郡太守朱褒，他是刘备任命的郡太守，但也参与了叛乱，牂牁郡在南中的东部，今贵州省省会贵阳市即在该郡，当时的郡治是且兰，在贵州省黄平县一带，这里是朱褒的大本营。

总的来说，叛军从西到东可以分为越巂郡、益州郡、牂牁郡这三路，主要有高定元、雍闿、孟获、朱褒4支人马，总兵力实在难以统计，他们占据要塞，依托原始山林，易守难攻。

在南中未叛乱前刘备设有庲降都督一职对其进行管理，蜀汉的都督一职权力很大，是刘备称帝后设立的新职务。益州刺史部作为东汉13个州之一，最早时下面设12个郡国。蜀汉立国前后随着机构的不断调整，郡国的数目大为增加，最多时达到了27个。在这种情况下，除益州刺史部外蜀汉还先后设置了庲降都督、江州都督、汉中都督等镇守边境的行政机构，从级别上说与益州相同，下面分别管辖着数目不等的郡国。汉中都督管辖汉中郡以及后来设置的武都郡，江州都督是李严镇守永安后设置的，下面管辖着巴郡以及后来设置的黔安郡、涪陵郡等；庲降都督下面所管理的郡较多，南中地区各郡都在它管辖范围内。

第一任庲降都督邓方已经去世了，李恢是第二任庲降都督，由刘备亲自任命，刘备还命他兼任交州刺史，当然只是遥领。此时交州已成为孙吴的地盘，李恢平时驻扎在平夷县，即今贵州省毕节市，他也被叛军围困，这段时间一直艰难地在南中一带坚持着，直到诸葛亮率大军到来。

诸葛亮对此次南征做了大量的准备工作，根据史书记载整个南征大军有10万人左右，除去其他地方的守备军，这已经是蜀汉能临时征调的所有机动部队了。

针对叛军的分布情况，诸葛亮在僰道附近也把大军分为三路。

第一路由丞相府门下督马忠率领向西进军，直取牂牁郡的且兰，讨伐朱褒，是为东路军。

第二路由庲降都督李恢率领由朱提郡向南直取益州郡，讨伐雍闿、孟获，诸葛亮任命原牂牁郡太守王士为益州郡太守，协助李恢行动，是为中路军。

第三路由安上沿泸水南下讨伐越巂郡的高定元，这一路叛军实力最强，所以诸葛亮亲自率领，同时任命一个叫龚禄的人为越巂郡太守一同行动，是为西路军。

二十七、"七擒七纵"的真相

泸水分兵后，诸葛亮率一路大军向西南方进发，他的对手是盘踞在越巂郡的高定元。

越巂郡的范围相当于今四川省西南部，除这里外高定元的势力还延伸到永昌郡，该郡的范围相当于今云南省的大部分地区和缅甸的一小部，郡治不韦即今云南省保山市。

这一带山川阻隔，交通是一个严重问题，与成都平原的来往长期以来依赖于一条古道，这条道名叫旄牛道，早在秦汉之前就已开通，秦时在邛崃山设有邛筰关，由此往西翻过飞越岭，下大渡河，渡河向南，过雪门坎，进入大雪山西边的旄牛，此地在今四川省汉源一带。旄牛道是当年通往西南最重要的商路，商品主要有布帛、铁器输出和土特产输入等。

也就是说，过去要从成都到越巂郡只能走旄牛道，而这条道又翻山过河、十分难行。现在，即使这条路也没法走了，因为高定元占据越巂郡以后把旄牛道毁坏，大军要前行，必须另辟他途。

诸葛亮选择了水路，先由僰道沿泸水南下，过安上，再往前到达泸水上的一条支流卑水，也就是今天的美姑河。到这里后诸葛亮没有急于进兵，而是在这里集结休整。

高定元听说诸葛亮亲自前来，十分紧张，他控制的地盘很大，但这也成了他的包袱，为了集中兵力，他把人马从永昌郡全部撤至越巂郡，分兵把守在旄牛、定筰、卑水等几处要地，修建了许多防御营垒（**多为垒守**）。

旄牛的位置在越巂郡的北部，这里并没有蜀汉大军，高定元为何在此布下重兵防守？因为他并不清楚诸葛亮的军事部署，旄牛是他的北大门，他必须防守。

盐井是高定元的命根子，它们分布于越巂郡各处，高定元四处设营垒，也与保卫这些盐井有关，所以他不断地集结人马，做好防止敌人进攻的准备，这正中了诸葛亮的下怀，因为夷人善野战，却不善于守城，像高定元这个弄法，形同寻死。

正确的做法是放弃各战略要地，分散到大山之中，蜀汉军队可以占领越巂、永昌两郡，但其主力不敢在此停留太久，主力一撤，再出来作战。所以，诸葛亮不担心敌人聚集在一块，担心的是敌人过于分散（**不患其大聚，只患其分散**）。

大概高定元被下面的人捧为所谓的夷王，心理比较膨胀，敌进我退的事觉得没面子，大概还想恃险固守搏上一把吧。

看到敌兵的部署，诸葛亮决定在卑水按兵不动，敌人完成集结后，来个"一窝端"（**俟定元军集合，并讨之**）。

蜀军不动，高定元沉不住气了。他的本意是拼死一战，是胜是败赌上一把，现在人家不理你，就好比好斗的拳手上了拳台，又喊又叫又蹦，但对手始终没出现，自己的体力和士气先耗掉了不少。

高定元自忖不是诸葛亮的对手，于是派人向他东面的雍闿、孟获求援，但雍闿待在益州郡日子也不好过，蜀汉的中路大军已向他逼近，眼看也是朝不保夕，高定元曾经给过他不少帮助，他平时一向尊重甚至服从高定元，但现在这个局面，让他犹豫不决起来。

不见雍闿的援军，高定元十分生气，逐渐与雍闿生隙。诸葛亮得知这一情况后，马上派随同李恢行动的益州郡太守王士前往雍闿处，对雍闿进行策反。

王士的策反工作有了积极进展，但这时高定元也察觉了雍闿将要生变，于是派部曲袭杀雍闿，同时遇害的还有王士。

还有一种说法，雍闿增援了高定元，他从益州郡发兵想去越巂郡，但诸葛亮已派兵沿泸水一线进行布防，雍闿未能通过，只得退回益州郡，结果又被蜀军打败，逃到了高定元那里，高定元的手下们对雍闿很不满，认为他没尽力，结果把他杀了。

不管怎么说，雍闿一死，高定元失去了一个重要的外援，如果是高定元主动突袭的益州郡，那他的兵力势必也有所分散，诸葛亮认为发起攻击的时机到了。

诸葛亮下令由卑水进兵，直取高定元的老巢邛都。

此战没有悬念，一方是装备优良、准备充分、纪律严明的正规军；一方是由各少数部族拼凑起来的不大听从调令的乌合之众（以装备坚实节制之师，对乌合蛮夷无节制之众），蜀军很快占领了邛都，俘获了高定元的妻子儿女，高定元仅以身免。

此战结束后诸葛亮向后主呈报了一份战报，在这份报告里诸葛亮觉得高定元已经道穷计尽，他应该俯首投降求得一条生路，但是高定元仍不知死活，又纠合起 2000 余人，杀人结盟，准备死战到底，结果高定元被阵斩。

至此西路军圆满完成了任务，收复了越巂、永昌二郡。

再说东边的一路，马忠率军进攻牂柯郡也挺顺利，很快击杀了朱褒，占领了牂柯郡。

诸葛亮就让马忠在牂柯郡当太守，招纳叛降，抚恤民众，恢复那里的秩序。马忠为人宽济有度量，喜怒不形于色，处事果断，恩威并立，牂柯郡一带的少数部族既害怕他又尊重他（蛮夷畏而爱之）。

马忠担任牂柯郡太守 5 年后才调离，他在南中地区树立了较高的威望。马忠死后南中少数部族首领自行前去吊丧，流涕尽哀，并给他在南中地区立庙。

西边和东边进展都很顺利，只有中间的一路有些麻烦。

王士策反失败，雍闿被杀，孟获成为益州郡少数部族的首领。孟获现在的名气很大，但在当时知道的人却不多，对孟获其人正史记载也很少，《三国志》从来没提过他，只有其他一些史书简单地提到过他，说他在南中很有威望，夷人、汉人对他都很敬重（为夷、汉所服），推测起来他应该出自益州郡的大姓，在当地很有势力，所以雍闿要与他合作。

两汉治南中，郡守多由上面派遣，所谓铁打的衙门流水的兵，这些人来到这里，并没有扎根的打算，干个三年五载就回去，诸事全托付给本地大姓。

除此之外还有一个重要原因是语言，上面来的人不通当地语言，也只能由大姓们从中沟通，所以大姓们在南中势力很大。当朝廷强势时，对南中掌控力量强，大姓们也都比较顺从，一旦朝廷力量衰弱，这些大姓便趁机而起，左右地方，雍闿、孟获、朱褒都是这样的人。

孟获的号召力看来很强，他接手后，叛军的势力不降反升，中路军总指挥李恢的兵力有限，一度被孟获的叛军包围在今天的滇池附近，与诸葛亮失去了联系。

此时叛军数倍于李恢，为了打破困局，李恢骗叛军说："粮食吃完了，打算退回去，我离开乡里已有很长时间，现在才回来，不想再去朝廷效力了，想回来与你们共同对付朝廷，这都是真心话（欲还与汝等同计谋，故以诚相告）。"

李恢是本地人，他的老家在建宁郡，也属南中地区。李恢这封信其实是诈降信，表示愿意投降叛军。叛军相信了，放松了围城，李恢趁势出击，摆脱了包围，之后集结力量，接连打了几个胜仗，控制区南到槃江，东到牂牁郡，使三路大军连成一片（声势相连）。

高定元死了，雍闿死了，朱褒死了，南中叛乱的几个重要首领都死了，只用了不到 3 个月时间。胜利来得比预想得快，诸葛亮决定抓住机会，向最后的叛军发起总攻。

建兴三年（225）5 月诸葛亮率部由邛都等地出发，越过人烟稀少的山区，在一个叫三疑的地方渡过泸水，经过青岭，进入益州郡，与中路军李恢部会合，对孟获展开围歼，这就是诸葛亮《出师表》中"五月渡泸"的由来。

这是一次极为艰苦的行军，一来泸水两岸山势陡峭，崎岖难行，蜀军经过处多是无人区；二来是季节，农历五月天气很热了，在亚热带丛林里行军，可不是一件好差事，泸水一带一年四季气温都偏高，即使是冬天，爬山路的人都会热得脱掉衣服浑身流汗（虽方冬，行过者皆袒衣流汗）。

更为可怕的是泸水一带还多瘴气，闻到这种有毒气体，严重时人就会死，根据史书的记载，不幸染上瘴气的，10 个人之中有 4 到 5 个人得死。热带和亚热带原始森林中，植物腐烂或无人处理的动物尸体在气温过高的情况下会产生毒气，被称为瘴气，两广地区瘴气最盛，其中广西又被称为瘴乡。

根据有关描述，瘴气一般有两种形态：一种有形，一种无形。有形状如云霞，或如浓雾。无形的如腥风四射，有时则异香袭人。还有一种，初时见丛林灌林之中灿灿泛金光，忽然从半空坠落，小的如弹丸，大的如车轮；非虹非霞，五色遍野，香气逼人。

人闻到这种气味立刻就会有不良反应，严重时会立即发作，直至夺人性命。山里居民对付瘴气也积累了一定的经验，比如晓起行路，行前饱食，或者饮几杯酒，以抵抗瘴气。夏天再热，挥汗如雨，也别解开衣衫取凉，夜里睡觉要密闭门户，以防瘴气入侵。

有一个传说，诸葛亮率大军过泸水时遇到瘴气，这种瘴气正在此时最盛，当地人建议需要拿人头祭祀才能免瘴气之困，过去都是杀一些蛮人俘虏活祭，诸葛亮不肯，命人用面粉和面裹上肉馅儿做成人头状代替人头祭祀，这种东西后来便流传了下来，由于它代替的是蛮人的头，所以称蛮头，最后演变成了现在的馒头。这个传说在史书上没有记录，是否真实不知道，但流传这样的故事本身反映出诸葛亮南征是在遭遇瘴气等极艰苦条件下作战的。

诸葛亮指挥各路大军将孟获所部围困于南盘江上游一带，将孟获擒获，诸葛亮没有杀他，请他参观军营，参观结束后诸葛亮问孟获："这样的军队怎么样？"

孟获倒也实在，回答道："前面不知道你们的虚实，所以失败。今蒙赐观营阵，也不过如此，如要再战定可轻易取胜！"

诸葛亮笑了笑，把孟获放了，让他再战，共计 7 次释放又抓住 7 次，最后诸葛亮又把孟获抓住，再放他，孟获不走了，孟获说："明公有天威，南人不再反叛了！"

这就是"七擒七纵"典故的由来，诸葛亮按照心战为上的作战方针，为了让孟获等南人心服口服，不惜一再释放被俘的孟获，直到他不愿意再打了为止。

诸葛亮当时把战略重点放在北方（**方务在北**），担心南中容易叛乱，所以想到敌人如果有不轨的想法就让他们都使出来（**宜穷其诈**），于是赦免孟获，让他聚集人马再战，就这样总共7次俘虏又7次赦免，孟获等人最终心服，参与叛乱的夷、汉各族都愿意真心归顺。

由于《三国志》没有记录这件事，也从来没有提到过孟获这个名字，所以也有人认为所谓"七纵七擒"是杜撰的，有人甚至认为连孟获这个人都不存在。

有古代学者认为，军事行动岂能是儿戏，当时诸葛亮也没有那么从容的时间去做这样的游戏，他此时考虑的应该是尽早定南中，好准备下面的北伐。与南中相比，北伐才是诸葛亮更关心的大业，诸葛亮不会只是为了让夷人心服就在此无限期地耽误时日。

但也有学者认为这件事是真实的，清代有一部地方史不仅确信"七纵七擒"的真实性，而且通过实地考察最后归纳出七擒孟获的地点：一擒于白崖，二擒于豪猪洞，三擒于佛光塞，四擒于治渠山，五擒于爱甸，六擒于怒江边，七擒于蟠蛇谷。有关诸葛亮七擒孟获的故事在云南、广西一带广为流传，有很多传说属于后人的附会，但这么多传说故事的出现也反映出事件本身不会子虚乌有。

当然，把孟获这样的部族首领放7次再抓7次，的确有儿戏的嫌疑，不仅动机方面不好理解，某种程度上也存在操作上的复杂性。放一次、纠合人马、进行准备、发起进攻、交战、被抓、再被放，这一套流程下来最快也得个把月吧？实际上，一个月能完成一回那已是相当快了，不可能今天被释放，明天就领几十个人原路杀回，除非孟获有意恶搞，或者精神已经失常，否则一捉一放的时间不会太短。

如果按照清代这部地方史的考证，每次捉与放的地点也不一样，而且跨度相当大，看起来有眼花缭乱之感，不说认真组织实施战役，就是去这几个地方徒步旅游一遍，没有一年半载也不好完成。

所以真实的情况或许是，当年诸葛亮的确释放过孟获，孟获也的确再次打上门来，只是诸葛亮把他本人抓了又放的未必真有7次，所谓"七擒"，大概每次擒住的不一定都是孟获，而是把他手下的其他头目也都算进去了。

平定南中后，诸葛亮重新调整了南中的行政区划。

南中地区之前主要由4个郡构成，即益州郡、越巂郡、牂牁郡和永昌郡，这几个郡地盘都很大，一个郡相当于内地数郡，不便于管理，也容易形成郡太守权力过大。

根据新的调整方案，改益州郡为建宁郡，分建宁郡、牂牁郡的一部新设兴古郡，又分建宁郡、越巂郡、永昌郡的一部新设云南郡，同时把朱提郡也纳入南中行政管辖范围。这样，南中的4个郡就变成了7个郡。

随着郡数目的增加，县的数目也大为增加，能考证出来的，有朱提郡新设的南昌县，越巂郡新设的安上、马湖县，建宁郡新设的修云、新定、存邑、冷邱县，永昌郡新设的永寿、雍乡、南涪县，牂牁郡新设的广谈县，兴古郡新设的汉兴县，至少新增加了12个县。

郡县数目的增加，使行政管理进一步细化，统治基础进一步增强。

南中七郡仍由庲降都督进行管理，行政上与益州同一级别。原庲降都督李恢在此次平叛中表现出色，加上他又是南中本地人，更容易为南中夷、汉两族所接受，所以由他继续担任庲降都督一职，把都督治所移至建宁郡味县，即今云南省曲靖市，其正好处在南中七郡的中央，便于同各郡联络。

李恢除担任庲降都督外，还兼任建宁郡太守，并仍遥领交州刺史。云南郡太守由吕凯担任，在南中平叛之前吕凯已担任太守，一直坚持在南中，为此次平叛的胜利做出了重要贡献。牂牁郡太守已任命了马忠，他率所部是此次南中平叛三路大军之一，出色地完成了预定任务，诸葛亮干脆把他从丞相府调过来，留在南中，协助李恢做好南中的治理。永昌郡太守任命的是王伉，他原是吕凯的下属，协助吕凯坚守南中，也建立了功勋。

越巂郡太守之前任命的是龚禄，已经战死，加上朱提郡、兴古郡，这3个郡的太守是谁无法考证，推测起来诸葛亮任用的可能是当地汉人大姓或夷人首领。

建兴三年（225）12月诸葛亮率大军回到了成都，算起来整个南征用时不到一年，诸葛亮果断决策、正确指挥，以霹雳手段迅速解决了南中问题，尤其是推行了和抚的治理政策，保持了南中总体上的长期稳定，一直到诸葛亮去世，南中地区再也不敢反叛（**终亮之世，南方不敢复叛**）。

二十八、曹丕的遗憾

曹丕 34 岁继位，正是干事业的年龄。上天对他似乎也很眷顾，一切安排得都很好，只等他大展雄图了。

本来，他完全有条件成为汉武帝那样开创盛世的帝王，或者成为汉光武帝那样拨乱反正的明君，但几年过去了似乎并没有太大的起色，两个主要对手的实力不仅没有削弱，反而更强大了，孙吴的长江防线始终无法逾越，蜀汉在诸葛亮的治理下也重新焕发出生机，这让曹丕有点儿郁闷。

心情郁闷，人就容易胡思乱想，早在黄初三年（222）冬天，曹丕突然下了一份诏书，给自己指定了寿陵。

曹丕选的寿陵在首阳山东边，首阳山位于洛阳以北，为邙山最高处，该山因"日出之初，光必先及"而得名，北枕邙山、南望伊水和洛水，山前是一片开阔的平地，是墓葬的风水宝地，伯夷、叔齐当年耻食周粟隐居在此山采薇而食，死后也葬于此。

这一年曹丕才 36 岁，这么早就指定寿陵似有不祥之意。不仅如此，曹丕还另下了一份诏书，对自己的后事进行了详细安排，这份诏书仿照曹操当年的做法称为《终制》："根据礼制，君王活着的时候就要准备好自己的寿棺，即活着不忘记死亡。从前尧葬于谷林，入葬后把墓穴填平，上面种上树；禹葬于会稽，附近的农民不用迁移到别处，埋葬在山林之中，与山林合为一体。所以，封树之制不是上古之礼，我不会采取那种办法，我的寿陵要因山为体，不封不树，也不立寝殿，不造园邑，不通神道。

"葬，其实就是藏，也就是让别人看不见。人死了，骨头无痛痒之知，墓冢也不是栖神之宅，礼仪规定不到墓前致祭，就是不想打扰死者。棺椁的厚度能保持到骨头腐朽就行了，穿的盖的也都是这个道理。所以，我把寿陵选在这个不能耕种的荒山上，将来改朝换代后也就没人知道我埋葬的地点了（*故吾营此丘墟不食之地，欲使易代之后不知其处*）。

"下葬后不要放苇炭，不要藏金银铜铁，陪葬一律用瓦器，以及符合古时泥车、草人、草马这些东西就行。棺材只需在合缝的地方漆上 3 遍（*棺但漆际会三过*），嘴里也不要含珠玉，更不要穿什么玉制的衣服，这都是那些无知的俗人干的事。"

曹丕在诏书中还回顾了历史上关于厚葬和薄葬的往事，认为现在保存比较好的帝王陵墓都是因为薄葬的缘故，这份诏书还说道："自古及今没有不亡之国，也没有不被盗掘之墓。天下丧乱以来，汉氏诸陵无不被发掘，有的被烧取玉匣金缕、骸骨并尽，简直如同受了火刑，岂不痛哉！其灾祸的根源，无不与厚葬封树有关。

"魂若有灵，没有不能去的地方，一涧之间算不远。上面说的这些如果有人违背，妄加改变，那就等于让我在地下被戮尸，不仅被残害，而且一再被残害，等于死了一遍又一遍（*戮而重戮，死而重死*）。如果是这样，臣僚、儿子就背弃了君父，是不忠和不孝，假如死者有知，将不会保佑你们（*使死者有知，将不福汝*）。我命令，把这道诏书藏在宗庙中，并制作若干份副本，分别藏于尚书台、秘书署以及三公府（*副在尚书、秘书、三府*）。"

这份《终制》口气之重异乎寻常，甚至多次用了诅咒的话，看来曹丕相当重视。

现在就安排后事，在大多数人看来肯定是太早了。

这里面也许另有隐性，至于是什么也许只有曹丕本人最清楚，虽然朱建平预测过他会活到80岁，但曹丕也许并没有这个信心，一场夺嫡之争惊心魂魄，中间几经反复，险些前功尽弃，让曹丕一次次感受到了大喜与大悲，凡是有过这样经历的人无不养成了多疑的性格，看什么都像阴谋诡计，看谁都不像好人，曹丕其实心很累。心累，活得就累，太累的人容易折寿，这大概是曹丕不为人知的隐曲吧。

但是，寿陵都定下来了，就连棺材怎么漆都交代了，却还有一件更大的事没有明确，那就是太子。

曹丕先后共有9个儿子，分别是：甄妃所生的曹叡、李贵人所生的曹协、潘淑妃所生的曹蕤、朱淑媛所生的曹鉴、仇昭仪所生的曹霖、徐姬所生的曹礼、苏姬所生的曹邕、张姬所生的曹贡、宋姬所生的曹俨。其中曹协、曹贡、曹鉴、曹俨先后早逝，目前有5个儿子在世。

曹叡是曹丕的嫡长子，小时候就很聪明，曹操生前最喜欢这个孙子，经常把他带在自己的身边（常令在左右），朝中有宴会曹操也常把曹叡唤来，让他坐在近臣们之中，曹操曾高兴地对曹叡说："从我到你，一共有3代人了（我基于尔三世矣）！"

曹叡特别好学，尤其专心于法理规章（特留意于法理），用现在的话说就是特别喜欢行政管理专业，这样的身世和天赋，无疑是接班的最佳人选，但曹丕对曹叡却很忌讳，原因是不喜欢他的母亲，所以登基时并没有立他为太子，甄宓死后曹丕的这个心结就更重了。

在剩下的4个儿子中曹丕最喜欢的是徐姬所生的京兆王曹礼，一度有立他为太子的想法（有意欲以他姬子京兆王为嗣），另外仇昭仪生的曹霖也深得曹丕喜欢，但是不是真的要立他们为太子，曹丕还拿不定主意。

如果郭皇后有儿子，那曹叡也罢，曹礼、曹霖也罢都将与太子无缘了，可偏偏郭皇后没有儿子，这让曹丕很烦恼。

郭皇后登上皇后之位后倒也知道自矜持重，对永寿宫的卞太后也尽量恭顺，后宫里的各位贵人有什么过失，郭皇后还在曹丕面前替她们开脱说话，慢慢地得到了大家的好评，跟卞太后的关系处得也不错。

郭皇后无子，曹叡的生母已故，曹丕就让曹叡认郭皇后为养母（诏使子养帝）。曹叡生于建安九年（204），生母死时已经16岁了，很多事情瞒不过他，对于母亲的死曹叡心里常怅然不平。

但曹叡深知自己的处境，所以对郭皇后竭力侍奉，一早一晚都要去郭皇后那里问安（旦夕因长御问起居），这让郭皇后很满意。

曹丕的心里还是有立曹叡为太子的想法，主要是废长立幼这样的事把大家弄怕了，前车之鉴太多，让曹丕不敢做出那样的决定，曹丕自己能接班也与长幼之序没有打乱有关。史书还提到一件事，说是它最后坚定了曹丕立曹叡为太子的决心。

根据史书的记载，有一次曹叡随父亲去射猎，看见了一只母鹿，曹丕将其射杀，这时又见一只小鹿，曹丕让曹叡射杀它。

曹叡不忍动手，对父亲说："陛下已经射杀了它的母亲，我不忍心再杀它的儿子。"

曹叡边说边哭，曹丕深为触动，于是放下了弓箭。这件事让曹丕重新打量了曹叡，觉得这个儿子才能更突出，于是坚定了自己的想法（以此深奇之，而树立之意定）。

黄初七年（226）正月，曹丕决定到许昌巡视。

镇守许昌的是抚军大将军司马懿，他把曹丕接进城里，在入城的时候发生了一件奇怪的事，一向坚固的许昌城南门竟然无故崩塌了，曹丕想到了几年前父亲在洛阳也遇到过同样的事，他觉得这是极为严重的事件，是一个凶兆，心里不安，决定不进城了（心恶之，遂不入）。

正值壮年的曹丕竟然因此有了心事，并且突然感到身体有些不舒服了，于是回到了洛阳，从此一病不起。

4 月，曹丕接到报告说征南大将军夏侯尚病逝了，这让他十分悲痛，他与夏侯尚最为要好，情同手足。

5 月，曹丕正式下诏册立曹叡为太子。

5 月 16 日，曹丕把曹真、陈群、司马懿叫到病床前，又把曹叡叫来，指着曹叡对大家说："众位，请看清我的这个儿子，我死后由他继位，望众爱卿尽心辅佐！"

曹丕又指着他们 3 个人对曹叡说："有人如果在你面前对他们挑拨离间，一定不要轻易相信（有间此三公者，慎勿疑之）！"

完了，还专门对后宫的事做了交代，命令后宫妃嫔中淑媛、昭仪以下的都遣送回家（遣后宫淑媛、昭仪已下归其家）。

就在这一天魏文帝曹丕驾崩，享年 40 岁。

曹丕没有父亲的雄才大略，在位不到 7 年，也没有什么大的建树，但他不是个无能之辈，他从小受到父亲的刻意培养，很小就能吟诗、骑马，又到军中锻炼，善剑术，也算是文武双全的人才。曹丕缺乏建树与他的性格有很大关系，他生性偏狭，容易情绪化，爱憎过于分明，报恩报怨一目了然，没有其父的胸怀和气魄。

另一个重要原因是，他死得实在太早了，按照他父亲的天命，他至少还能再干 20 多年，如果是那样，后面的历史该如何书写就不好预料了。

但曹丕还是走了，走的时候一定带着深深的遗憾。

曹丕走了，也扔下了一大堆未竟的事业和未了的心愿，他这一走，曹魏的事业该何去何从呢？

中篇

新势力崛起

二十九、魏明帝曹叡

曹丕驾崩的地方是嘉福殿，下葬之前灵柩临时停放在崇华殿。

嘉福殿里的那一幕其实就是托孤，曹真、陈群和司马懿是曹丕临终前指定的托孤大臣。托孤，可以托给一个人，也可以同时托给几个人，或者像刘备那样给两个人托孤，但有正副之分。

其实形式不重要，因为各有利弊。托付给一人容易形成权臣，造成主弱臣强；同时托给几个人又不容易形成核心，削弱了权力，也容易引发托孤大臣间的内斗。

曹丕把曹叡现场托付给了3位重臣，但一般认为此次受托的大臣还有一位，那就是曹休，他当时身在扬州，一时间赶不来。

在托孤大臣的选择上曹丕是有精心考虑的，下面看看曹丕临终前曹魏主要文武官员的构成。

> 太尉：钟繇
>
> 司徒：华歆
>
> 司空：王朗
>
> 中军大将军：曹真
>
> 征东大将军：曹休
>
> 镇军大将军：陈群
>
> 抚军大将军：司马懿
>
> 前将军：满宠
>
> 左将军：张郃
>
> 右将军：徐晃
>
> 后将军：文聘
>
> 尚书令：陈矫

以上这份名单中没有曹仁、曹洪和贾诩，曹仁担任过大将军、大司马，已故；曹洪担任过仅次于大将军的骠骑将军，因故已贬为庶人；曹丕登基后的首任太尉贾诩，也已故去。

如果从这份名单论，当时曹魏地位最高的人应该是三公，这3个人曹丕都很敬重，但他们不是经国之臣，手里也没有什么实权，难当托孤大任。在军中威望最高的人是曹真和曹休，在朝臣中最有才干的人是陈群和司马懿，他们2个人主文、2个人主武，2个是亲密近臣、2个是宗室虎将，有他们保驾曹魏的基业一定长盛不衰。

陈群、司马懿由尚书台升任现职还是去年的事，直到这时大家才发现，原来曹丕在那时就开始了布局，如果没有这一步，陈群、司马懿直接进入托孤大臣的行列势必有些突兀。

黄初七年（226）5月，曹叡在洛阳继皇帝位，时年23岁。

曹叡即后世所称魏明帝，为方便起见以下直接以魏明帝相称。新皇帝下诏，本年仍用黄初的年号，次年改年号为太和。

曹叡被立为太子其实还不到一个月时间，朝臣们对他居然并不熟悉，史书上说他一向深居宫中，不问政治，只专心读书，也不结交朝臣（与朝士素不接）。

朝臣们都想一睹新天子的风采，但曹叡仿佛仍沉浸在丧父的巨大悲痛中，一连几天都不召见大家。过了一阵儿，曹叡单独召见侍中刘晔，谈论了整整一天，知道消息的文武百官都在外面等着，因为大家都想知道新天子是什么样的人。

刘晔从宫里出来，众人纷纷前来询问，刘晔对大家说："当今天子可与秦始皇、汉武帝相比，只是气场稍微弱一些（乃秦始皇、汉武帝之俦，只是器宇稍弱）。"

曹叡是个有天赋的人，见解、才能都没有问题，在个人经历方面与汉武帝还真的有些相仿，只是汉武帝一直有生母陪伴而曹叡没有。长年读书思考让这个年轻人具备了丰富的学识，但在危如累卵的深宫中，他又不得不谨小慎微地侍奉在父亲和养母跟前，让他做事更加严谨和沉稳，懂得如何忍耐，但也因此少了君王那种舍我其谁的霸气和自信。

按理说新帝继位后要马上着手新的人事布局，但曹叡丝毫没有这方面的动作。改元之后是大赦，这都是旧例，同时还下诏尊皇太后为太皇太后，尊皇后为太后。

这些，也都没有什么可说的。

紧接着曹叡提出尊生母甄宓为文昭皇后，甄宓葬于邺县，曹叡特派司空王朗持节奉策前去致祭，用的是太牢之礼，又另外修建了专门用于祭祀的神庙（又别立寝庙）。

有一部史书记载，甄宓死后曹丕先让李夫人带过曹叡一段时间，李夫人后来偷偷告诉曹叡，他的母亲是被诬陷致死的，下葬时没有大殓，披散着头发盖着脸（被发覆面），曹叡听了十分悲伤。

还有一部史书说，甄宓下葬时不仅披发遮脸，而且嘴里还被人填满了谷糠（以糠塞口），状况非常凄惨。曹叡知道这些后心里很难平静，继位后多次向郭太后询问母亲的死状，郭太后被逼无奈，对他说："那些都是先帝的诏令，你为什么要来责问我？你作为人子，怎能向死去的父亲追仇？又怎么能为前母而枉杀后母呢？"

但是，曹叡的心结仍然难解。

到这一年的 8 月，曹叡继位已经 3 个月了，曹魏这边内政外交仍然没有太多动作，而孙吴那边却忍不住了，孙权想乘人之危，对曹魏发起突然袭击。

孙权御驾亲征，主攻的目标是曹魏荆州刺史部的江夏郡。

曹叡这才召集朝臣商议对策，大家都建议应该发兵去救援，曹叡认为没有这个必要：

"孙吴熟悉的是水战，如今敢下船改为陆战，是寄希望于出奇制胜罢了（几掩不备也）。只需命江夏郡太守文聘固守就行，兵法上说攻守势倍，孙权不敢久战。"

后将军文聘兼任江夏郡太守，他也是名将了，曹叡相信有他在不必专门派兵增援。皇帝的表态就是决定，大家不好再说什么，只能看结果了。

结果竟如曹叡所料，孙权虽然来势汹汹，但曹魏这边没费多大力气就把他挡了回去，甚至连文聘都没出动。曹魏御史台的治书侍御史荀禹当时正在南方一带视察，刚好碰上孙吴大军来攻。治书侍御史是管监察的，品秩 600 石，经常赴各地巡察。荀禹其人不详，但他不是颍川郡荀氏本家，作为文官却很有胆略，强敌突然压境他一点也不惊慌，既没逃跑，也没有盲目拼命，他立即发动附近各县军民上千人，趁夜举火造势。吴军以为魏军早有防备，偷袭无法成功，随后撤回。

大家这才发现，新天子的见解果然不凡。

一直到了年底，众人期待已久也议论已久的人事任命颁布了。

根据魏明帝的诏令，朝廷新设了太傅、大司马二职，分别由钟繇、曹休升任，他们的地位均高于三公。钟繇空出的太尉一职由华歆担任，华歆空出的司徒一职由王朗担任，王朗空出的司空一职由陈群升任，陈群同时还负责尚书台的日常工作（录尚书事）。魏明帝还诏令升任曹真为大将军，升任司马懿为骠骑大将军。

诏书下达，华歆辞让太尉一职，愿意让给他的好朋友名士管宁。早年管宁与华歆、邴原并称"一龙"，天下大乱后管宁到了辽东，从此滞留在那里，曹操曾慕名征召他，被公孙度有意阻拦，曹丕登基后华歆就推荐过管宁，管宁因此回到内地，被授予太中大夫的荣誉职务，平时居住在家乡青州刺史部北海郡。

魏明帝不许华歆辞让，同时另任命管宁为九卿之一的光禄勋，命青州地方官员派车去接，管宁自称是草莽之人，上书辞让。

管宁是汉末三国隐士的代表，他是真正的隐士，自从回到中原后平时就坐在一只木榻上很少外出活动，这种习惯保持了50多年（自越海及归，常坐一木榻，积五十余年），当时大家喜欢席地而坐，坐在木榻上就要屈膝，如果腿上盖着被褥，膝盖就会把被褥顶起，史书说管宁盖腿的被褥与膝盖接触的地方都磨穿了（其榻上当膝处皆穿）。

魏明帝以后又多次征召过管宁，管宁都没有应征，魏明帝每年8月都会赐给管宁牛和酒。

后将军文聘恰在此时病故了，魏明帝想起了曹洪，任命他为后将军。曹洪被曹丕削籍贬为庶人后有不少议论，大家都觉得曹洪是曹魏的功臣，没有犯下大错却受到这么严重的惩处有些不公平（洪先帝功臣，时人多为触望）。

在上述人事布局中，对司马懿的安排引人注目，他担任骠骑大将军一职在军中仅次于曹真的大将军，一个基本上没打过仗的文职官员反超张郃、徐晃等名将之上。

司马懿担任抚军大将军后常镇守在许昌，手下有一支人马，但数量不多，有的史书提到仅5000人，远远算不上手握兵权。现在的情况不同了，不仅在军中地位崇高，而且魏明帝还把中线战场的指挥权交给了他（加督荆、豫二州诸军事），这个战场一向由征南大将军夏侯尚负责，他在曹丕驾崩前刚刚故去。

曹真一向负责西线战场，即关中方向，曹休一向负责东线战场，即合肥方向，司马懿接替夏侯尚成为中线战场的总指挥，从此移驻于南阳郡的宛县，包括襄阳在内的重要据点都在他的管辖之内。

与曹真、曹休并驾齐驱，这是司马懿受命托孤的最大收获。

三十、孟达的靠山倒了

曹丕的死，让一个人顿觉不安。

这个人，就是曹魏的建武将军兼新城郡太守孟达。

孟达投降曹魏后看起来顺风顺水，被任命为将军和郡太守，还加了散骑常侍的头衔，既是军中高级将领和地方大员，又有皇帝身边近臣的身份，同时还被封为阳亭侯。

新城郡是原房陵、上庸、西城三郡合并而成的，包括今陕东南、鄂西北的大部分地区及相邻的渝、豫两地各一部，人口算不上多，地盘却很大，而且处于长安、汉中、襄阳、公安等战略要地的衔接处，是魏、蜀、吴三家此消彼长的关键点，地位其实相当重要。

如要把合肥看作曹魏的东南核心，新城就是曹魏西南的核心，曹丕把这里都交给了孟达（委以西南之任）。

曹丕是个爱恨分明的人，恨谁一会儿恨得要死，一旦被他盯上就算完了，但他要是喜欢一个人也会喜欢得要命，给予无条件的信任，找机会就提拔，孟达是曹丕喜欢的人。

曹丕对孟达的喜欢受到了大家的嫉妒，陈群、司马懿就看不上孟达，他们曾向曹丕进言，认为孟达并不可靠，这倒不能全归为陈群、司马懿心眼小，想想也是，孟达跟刘璋又叛刘璋，跟刘备又叛刘备，短短不过几年已经换了3个东家。

职场里把爱跳槽的人称为"跳蚤"，不管你本事再大、学历再高，一翻简历，你平均一两年就换一家公司，那对你的第一印象就会大打折扣，大概在陈群和司马懿的眼里孟达就是一只"跳蚤"。

但曹丕不这么看，他认为孟达很有本事，当他听到有很多质疑孟达的声音时，曹丕坚定地说："我敢担保孟达没有问题（吾保其无他）！"

皇帝亲自为一个人担保，谁还能再说什么？曹丕担心这些议论会让孟达不安，还专门给孟达写过一封信让他不要介意，信中说："过去伊尹离开商朝归顺周朝，百里奚离开虞国来到秦国，乐毅有感于皮囊装尸之故从燕国脱身到了赵国，还有汉朝的王遵，他也很理解得失进退的选择，知道成功和失败的道理。上面这些人都留于丹青、史册。你姿容、才貌出众，才气、度量超群（卿姿度纯茂，器量优绝），也一定能在史册上留下美名！

"现在你愿意像鱼一样在水中自由地生活，我感到欣慰快乐，我常向西边眺望，思念之情如同对老朋友那样（虚心西望，依依若旧），提起笔来给你写信，欢悦之情也随之而来。之前虞卿到了赵国很快就得到了相位，陈平归顺汉朝一见面就与皇帝同乘一车，我和你的感情超过了这些（孤今于卿，情过于往）。现在我让人给你送去御用的马匹，以表明我对你的敬重和喜欢！"

曹丕是写文章的高手，但把信写到这种程度，也不能说他只是矫情，他真的很欣赏孟达，认为他是不可多得的人才。

曹丕对孟达的评价是"将帅之才"，还说他是"卿相之器"，上面的信中他提到了虞卿，此人名叫虞庆，是战国时的一名游说之士，受到赵孝成王的器重，一到赵国就被授予上卿之位，佩相印，曹丕似乎暗示孟达，他在曹魏还会有更大的发展。

既然孟达这么有才能，刘备和诸葛亮怎么就没有发现从而更加重用呢？其实，孟达的才干很多只是表面的，他这个人很有气场，尤其有辩才（进见闲雅，才辩过人），刘晔干脆评价他只不过是凭借一些小聪明、爱玩心计罢了（恃才好术），这样的评价或许有些苛刻，但大体没错。

孟达属于情商远远高于智商的那路人，他不过是一名降将而已，之前也没有太大的名气，却轻松搞定了老板，不仅如此他还很会拉关系，在很短时间里就有了两个"铁哥们"，而且都不是一般人。

一个是桓阶，曹魏朝廷的首任尚书令，曾是陈群、司马懿的顶头上司；另一个是夏侯尚，曹丕的"发小"，曹魏的征南大将军，新城郡就在他的辖区里，是孟达自己的顶头上司。

孟达跟他们二人非亲非故，也没有同乡之谊，他是怎么拉上关系的不得而知，但对情商特别高的人来说这也不是什么难事。总之，孟达来到曹魏后一开始地位是稳固的，上面有曹丕撑腰，下面得到了桓阶、夏侯尚两位重臣的帮衬（既为文帝所宠，又与桓阶、夏侯尚亲善）。

但天有不测风云，孟达很快遇到了烦心事，先是桓阶因病去世，老对头陈群接替桓阶成为朝廷新的尚书令，紧接着夏侯尚也病逝了，孟达顿感靠山失去了一半。

这时，蜀汉江州都督李严手下有个叫王冲的人投降了曹魏。

王冲是益州刺史部广汉郡人，李严的老部下，职务是牙门将军，也算是蜀汉的高级将领。江州都督"行政级别"上与益州刺史部相当，守着蜀汉的东大门。李严平时不喜欢王冲，王冲因心里紧张就投降了曹魏。

江州紧邻新城郡，所以王冲先来到了孟达这里，因为都是蜀汉旧人，孟达与他有过一次交谈。

在这次谈话中，王冲对孟达说他投降曹魏后诸葛亮感到特别愤恨（明公切齿），一定要诛杀孟达的妻子儿女，最后因为先主不听，所以没那么做。可孟达根本不信，他对王冲说诸葛亮很了解他投降曹魏的前因后果，决不会像王冲说的那样（诸葛亮见顾有本末，终不尔也）。

这也就是一次普通的叙旧，说的人说完了，大概也就忘了。

但听者有意，他们谈话时刚好有个人在场，此人名叫李鸿，担任何职不详，不过能参与孟达的私密谈话，应该也有一定地位吧。李鸿从头到尾听完了二人的谈话，尤其注意观察了提到诸葛亮时孟达的表情，他发现孟达对诸葛亮仍然很敬重。

凑巧的是，李鸿不久投降了蜀汉，时间是诸葛亮从南中回师的前夕。诸葛亮听说后，命人把李鸿送来，就在回师的路上接见他，地点是朱提郡的汉阳县，时间是蜀汉建兴三年（225）的年底。

李鸿向诸葛亮讲述了他了解的曹魏那边的情况，顺便也讲了孟达与王冲之间的这次谈话，诸葛亮对此非常感兴趣，问了很多细节，王冲告诉诸葛亮："可以看出孟达至今仍然非常敬慕您，只是他觉得再也回不到蜀汉了（委仰明公，无复已已）。"

这是一个重要情况，让诸葛亮陷入了深思。

当时蒋琬和费诗也在场，诸葛亮对他们二人说："回到成都后，得给子度写封信（还都当有书与子度相闻）。"

子度是孟达的字，尽管他杀了诸葛亮的大姐夫、曹魏的房陵郡太守蒯祺，于公于私诸葛亮都应该恨这个人，但从诸葛亮的口气看，提起孟达仍然很亲切。

费诗看不上孟达这样的人，对诸葛亮说："孟达是个小人，先前侍奉刘璋就不忠诚，后来又背叛先主，这样反复无常的小人，还值得给他写信吗？"

诸葛亮听了只是沉默，没有再说话。

回到成都，诸葛亮先向后主汇报了此次南征的详细经过，又对有功人员进行奖赏，忙完这些就过年了。

次年初，诸葛亮真的给孟达写了封信，信中写道："去年南征，年底才返回，在汉阳县正好遇到了李鸿，从他那里知道了你的一些情况，你的感叹表明你仍心存大志（慨然永叹，以存足下平素之志），说明你不是只图虚名，只知道背主叛国的那种人。

"孟君啊（呜呼孟子），过去都是因为刘封侵犯了你，损伤了先主的待士之义。另外，王冲编造谎言，而你却能明了我的心迹（王冲造作虚语，云足下量度吾心），不被王冲的谎言所惑，我重温你说过的那些话，想起往日的友谊，不禁依依东望，所以给你写了这封信。"

诸葛亮在信中表明，当年孟达之所以反叛完全是受刘封欺凌的结果，现在刘封被杀了，先帝也不在了，所以别有什么顾虑，还是回来吧！

信送去之后，诸葛亮又派人去永安，向李严说明情况，请李严也给孟达写信相劝。李严和孟达都是刘璋时期的旧人，二人交往更深，也更能相互了解。

李严按照诸葛亮的要求给孟达写了信，信中说道："我和孔明都受托孤之重，深感责任重大，常常思念有良才相助（吾与孔明俱受寄托，忧深责重，思得良伴）。"

信写得言真意切，意思也只有一个，劝孟达回归。

诸葛亮和李严的信秘密送到新城郡，孟达接信后深思良久，虽然他没有立即有什么表示，但心里已经有些动了。

到这一年的 5 月，突然传来曹丕驾崩的消息，孟达知道他的靠山算是全倒了。不仅如此，司马懿以骠骑大将军的身份接替夏侯尚成为曹魏中线战场的总指挥，魏明帝明确司马懿"都荆豫二州诸军事"，成了自己的直接领导。

看来，这一回不反也得反了。

三十一、诸葛亮上表出师

平定南中极大地增加了诸葛亮的个人威望，那些曾经怀疑过他的人也不得不佩服诸葛亮的才能，不仅有文韬，而且有武略。诸葛亮也一直牢记先帝临终前的嘱托，南征归来后不敢停歇，立即着手加强军事准备，等待时机发动更大规模的军事行动（治戎讲武，以俟大举）。

在诸葛亮早年为刘备制定的战略规划中，时机是非常重要的，对于如何北伐曹魏，隆中对策共讲了3个要点：一是率益州方面的主力由汉中出关中（将益州之众出秦川）；二是率荆州方面主力北上直捣宛县、洛阳（命一上将将荆州之军以向宛、洛）；三是等待曹魏内部出现问题（待天下有变）。

诸葛亮认为，相对弱小的蜀汉要想战胜曹魏必须同时满足以上3个条件，只有这样霸业才能成就、汉室才能复兴。本来形势一片大好，3个条件逐渐成熟，但荆州丢失后情况又发生了变化，有一个重要的条件已经难以实现了。

但这并不意味着统一大业不能成功，只是成功的难度更大了，而时机的作用也格外重要。所谓"天下有变"，既可以是曹魏统治区内发生了大规模叛乱，也可以是曹魏发生了宫廷政变，到那时就可趁乱出击，事半功倍。

现在曹丕死了，一个毫无政治经验的新人上位，是不是一次时机呢？这也许还算不上"天下有变"，但已经是难得的机遇了，诸葛亮决心抓住。

南中之战消耗了蜀汉一定的军力，本应再多等一阵，好好恢复一下国力，但诸葛亮觉得不能坐等，必须抓紧北伐的进程，所以曹丕死后只过了半年左右他就决定行动了。

蜀汉建兴五年（227）3月，诸葛亮上表请求出兵伐魏。

这份奏表就是著名的《出师表》，也称《前出师表》，表中写道："先帝开创的事业还没进行到一半，就中途去世了。现在天下分裂成三个国家，就数蜀汉民力最为困乏，实在到了形势危急、决定生死存亡的关键时刻！宫廷里侍奉守卫的臣子不敢片刻懈怠，疆场上忠诚有志的将士舍生忘死作战，都是在追怀先帝对大家的恩遇，想要报答于陛下啊！

"陛下应该广开言路听取群臣的意见，发扬光大先帝遗留下的美德，振奋鼓舞仁人志士们的勇气，不要随便看轻自己，说出不恰当的话（不宜妄自菲薄，引喻失义），以致堵塞了忠臣劝谏的道路。

"宫里、丞相府里本是一体，奖惩功过、好坏不应该执行不同的标准，有做坏事违犯法纪的，或尽忠心做善事的，应该交给主管部门判定他们受罚或受赏，以显示陛下公正严明的治理，切不应私心偏袒，使宫廷内外施法不同。

"侍中、侍郎郭攸之、费祎、董允等，都是品德良善诚实、志向忠贞纯正的人，所以先帝才选拔来给陛下。我认为宫内的事情无论大小，应当征询他们的意见，然后去施行。弥补缺点和疏漏之处，得到更多成效。将军向宠性情平和公正，通晓军事，过去先帝在时称赞说他很能干，所以大家商议推举他为中部督。我认为军营里的事情，无论大小，都要征询他的意见，就一定能够使军队团结和睦，好的坏的各得其所。

"亲近贤臣、远离小人，这是前汉所以能够兴盛的原因；亲近小人，远避贤臣，这是后汉所以衰败的原因。先帝在世时，每次跟我谈论起这些事，对桓帝、灵帝莫不痛心遗憾。侍中郭攸之、费祎，尚书陈震，长史张裔，参军蒋琬，这些人都坚贞可靠，能以死报国，愿陛下能亲近他们，信任他们，这样汉室兴盛，时间就不远了。

"我本是个平民，在南阳郡务农耕田，在乱世里只求保全性命，不求被诸侯们知道而获得显贵。先帝不介意我出身低微，见识短浅，而是自降身份接连3次到草庐看望我，征询我对时局大事的意见，我深为感激，答应为先帝驱遣效力。后来正遇危亡关头，在战事失败的时候我接受了任命，在危机患难间我受到委任（受任于败军之际，奉命于危难之间），至今已21年了。

"先帝深知我做事谨慎，所以临终前把国家大事托付给我。接受遗命以来，我日夜担忧兴叹，唯恐托付给我的大事做得没有成效，损害先帝的明察。所以我5月里率兵南渡泸水，深入荒芜之地。如今南方已经平定，武库充足，应当勉励三军，北伐中原，我希望竭尽自己低下的才能，铲除奸邪凶恶的敌人，复兴汉朝王室，迁还旧都，这是我用来报答先帝、忠心于陛下的事（此臣所以报先帝而忠陛下之职分也）。至于面对问题制定适当措施，毫无保留地进献忠言，那是郭攸之、费祎、董允他们的责任。

"希望陛下把讨伐曹魏的任务交给我，如果不成功，那就惩治我失职的罪过，用来告慰先帝的神灵。如果没有发扬圣德忠言，那就责备郭攸之、费祎、董允等人的怠慢，用来揭示他们的过失。陛下也应该自行谋划，询问治国的好道理，识别采纳正确的言论，追念先帝遗愿，我就受恩、感激不尽了。如今正当离朝远征，面对着奏章我已眼泪滴落，不知道说了什么（今当远离，临表涕零，不知所言）。"

在这份奏表里，诸葛亮首先阐述了北伐的动机和意义，他提出北伐是先帝的遗志，是先帝未竟的事业，作为继承者和后来者必须坚决完成，蜀汉上下，无论文臣武将大家也有这个决心和意志。

接着诸葛亮针对后主年轻、主政经验可能不足提出了一些劝谏，对自己率军离开成都后的一些具体事项进行了必要的安排，诸葛亮特意谈到了"宫中"和"府中"，这是一个敏感问题，涉及"皇权"和"相权"，诸葛亮没有回避，作为托孤大臣他没有因为别人的议论而缩手缩脚、遮遮掩掩，而是正面提出了如何处理好二者的关系。

作为自己离开成都后的重要安排，诸葛亮特别向后主推荐了几个人，包括政务方面的郭攸之、费祎、董允，军务方面的向宠，诸葛亮告诉后主遇到问题可以多向他们征询意见。诸葛亮请后主要亲贤远佞，他说郭攸之、费祎以及尚书陈震、长史张裔、参军蒋琬等人都坚贞可靠，是可以信赖的人。

上面提到的这些人之前大多已讲过，只有郭攸之还比较陌生。郭攸之字演长，荆州刺史部南阳郡人，以器识才学知名于时，历任黄门侍郎、侍中。

最后诸葛亮还表明了自己的心迹，说自己誓将先主遗志完成到底。出师北伐不是平定南中那么简单，无疑将要冒着极大的风险，诸葛亮不顾这些坚持劳师远征，没有强大的精神力量为支撑是无法办到的。

诸葛亮的精神力量来自对先帝遗志的继承，为完成刘备临终前的嘱托，诸葛亮不计个人得失、不辞辛劳、一往无前，作为托孤大臣他深知自己肩上的重担，除了立志北伐、完成兴复汉室的大业外他还不避闲言，用了大量篇幅对后主进行劝谏，晓之以理、动之以情，没有矫饰、没有虚伪，忠心可鉴。

这封奏表最早由《三国志》的作者陈寿收录进《诸葛亮集》，当时的题目是"北出"，南梁萧统编《文选》，收集了截至当时所有最著名和最优美的文章，他认为诸葛亮的这篇文章无疑有资格入选，于是收录书中，并改名为"出师表"。

虽然只是一篇公文，篇幅也不到700字，但里面的内容却很丰富，写得深沉、诚挚、亲切而流畅，既是一篇不可多得的优秀文章，也是诸葛亮政治理想和政治理念的集中表达，深得后世的推崇。

在有限的篇幅里诸葛亮先后13次提到"先帝"，7次提到"陛下"，"报先帝""忠陛下"贯穿全文，处处不忘先帝"遗德""遗诏"，处处为后主着想，期望他成就先帝未竟的大业，没有华丽的辞藻，没有深奥的典故，所言既不失臣子的身份，也切合长辈的口吻，平实中见忠贞，平淡中见真情。

这篇文章写得率直而质朴，语言凝练、一气呵成、充满气势，文中有不少词汇经诸葛亮提炼成为成语，比如"妄自菲薄""引喻失义""作奸犯科""苟全性命""斟酌损益""感激涕零""不知所云"等，一篇几百字的小文章竟产生出这么多被后世广泛使用的成语，在这方面没有任何一篇文章能与之相比了，可谓字字珠玑。

后人对《出师表》推崇备至，给了很多的高度评价，其中最推崇的当数宋代的两个人，一个是名将岳飞，他以诸葛亮兴复汉室的精神为动力，毕生致力于抗金大业，据说由他亲手书写的《出师表》至今仍然能看得到。

另一个是诗人陆游，他每读一次《出师表》都有新的感受和发现，一生中先后写出了"出师一表真名世，千载谁堪伯仲间""出师一表通古今，夜半挑灯更细看""出师一表千载无""一表何人继出师""凛然出师表，一字不可删"等诗句。

三十二、宫中和府中

孙策死时把年仅 18 岁的孙权当面托付给张昭，张昭相当于孙吴的托孤大臣；刘备死时把刘禅托付给诸葛亮，刘禅那一年也 17 岁了。

论接班时的年龄，刘禅与孙权差不多，但结果就差得太远了。

孙权接班后迅速控制了局面，不仅把外部事业越搞越大，在内部也很快站住了脚，大权独揽、说一不二，张昭托孤大臣的作用反倒被淡化了，甚至有被孙权排挤出核心权力之外的趋向。

刘禅接班后却成了人们心目中的傀儡皇帝，成为诸葛亮的影子，诸葛亮掌握了蜀汉军政大权，丞相府远重于皇宫，府中的实际影响力远高于宫中。

有人说张昭比诸葛亮老实，人家让他辅佐他就老老实实辅佐，没有别的想法；有人说诸葛亮的野心比张昭大，他利用刘禅的软弱和无能不断培植自己的势力，逐渐把刘禅架空了。

有这些看法很大程度上不了解当时的具体情况，在当时情况下，弱国蜀汉需要的是一位强势领导人，只有在强人的带领下才能自保和发展，这一点与孙策死时的情况也相同，不同的是刘禅不是强人也无法很快培养成强人而孙权可以，所以两次托孤才有不同的结果。

诸葛亮用权、集权是事实，但用权不等于篡权、夺权，集权也不等于霸权，权力本身无所谓正当与否，关键要看用权力来做什么。

如果诸葛亮的着眼点只是权力本身，他就不会拿权力来冒险，征南中也就用不着亲自去，更不必着急北伐，他甚至在接到曹魏的劝降后可以考虑跟他们谈谈条件，像孙权受领曹魏吴王那样去领一顶"蜀王"的王冠，既避免了劳师远征的艰辛，又不必担心失败带给个人的风险。诸葛亮没有这么做，因为他集权的目的是完成先帝的遗愿。

无论是征南中还是北伐，都需要倾尽蜀汉全部国力才行，必须上下一心，思想上、行动上保持高度一致，必须形成一个强有力的权力核心，在权力结构上不可能既强化丞相府又保证皇宫的传统权力，那样势必导致两个核心的出现。

所以宫中府中必须成为一体，尤其是在诸葛亮离开成都后，也必须保证这种格局的稳定，这是北伐成功的最大前提。

为此，诸葛亮还作了一系列人事安排。

诸葛亮不在成都期间，留守成都的各个机构里，最核心的职务应该是丞相府长史一职，征南中时该职曾由向朗临时代理。诸葛亮对向朗还是很满意的，他们是同学，感情自然比别人近一些，更重要的是向朗的行政能力很突出，是个不可多得的干才（*以吏能见称*），诸葛亮决定让向朗随他出征。

诸葛亮走后，留守在成都的丞相府需要再选一位长史，他看好的人是张裔，诸葛亮知道忠节将军兼蜀郡太守杨洪与张裔很早就有交往，对他比较了解，就向杨洪征询意见。

张裔和杨洪都是益州本地出身的官员，他们二人之前的关系一向很好，但后来却产生了矛盾。张裔是蜀郡人，杨洪担任蜀郡太守，张裔有段时间拘禁在孙吴，他的儿子张郁在杨洪手下为郡吏，曾因一些不大的过失而受到处罚，有人去说情杨洪也不许（**微过受罚，不特原假**），张裔回来后知道了这件事，心里有些不满。

对诸葛亮的征询，杨洪表达了反对意见：

"张裔的天赋确实很高，洞察事物的能力也很强，尤其长于处理复杂的事务，才能确实胜任这一职务，但是他为人不够公正（**才诚堪之，然性不公平**），恐怕不适合单独承担重任，不如还让向朗担任此职，向朗性情上的缺点少一些，可以让张裔在您身边施展才华，这也是两全其美。"

杨洪的意见是，丞相府如果要选两个秘书长，干脆让向朗留守，让张裔随军，张裔是个不好合作的人，待在丞相身边倒做不出来什么出格的事。杨洪下来后又想了想，担心日后张裔知道这件事而产生更大的误解，于是主动到张裔那里把他跟丞相说的话都讲了。

张裔一听很不痛快，对杨洪说："丞相已决定把我留下，你根本无法阻止（**公留我了矣，明府不能止**）！"

张裔能力的确很强，又十分熟悉益州的情况，是诸葛亮不可多得的助手，但他的性格确实有些问题，不大容人。张裔离任司盐校尉一职时诸葛亮打算由岑述接替他，但张裔表示反对，以致他跟岑述的关系闹得很僵（**至于愤恨**）。

但是，考虑到留守成都还是需要一个能力非常强的人才行，诸葛亮最后选择了张裔，而让向朗随自己北伐。针对张裔性格上的缺陷，诸葛亮特意给他写了封信加以提醒，信中写道："你当初在柏下军营被攻破，我就想起你，所以担心你的安危，以致食不知味；后来你流落到孙吴，我又时常悲叹，以致寝不安席；等到你回来，我委付你大任，一同报效朝廷，我自认为跟你有古人所说的金石之交了。所谓金石之交，就是可以推举仇人以辅助国家，割舍骨肉之情以表明无私（**举雠以相益，割骨肉以相明**），做到这些尚且不能推辞，何况我仅仅信任于元俭，你竟然无法容忍吗？"

元俭，是岑述的字。

仅有提醒还不够，诸葛亮又命丞相府东曹掾蒋琬协助张裔处理留守成都期间的丞相府日常工作（**琬与长史张裔统留府事**），让他来协助和监督张裔，避免张裔头脑发热。

另外还有两项重要人事安排，侍中费祎改任参军，随自己北伐，他空出的侍中一职由董允升任，董允同时兼任虎贲中郎将，掌管禁军。

费祎与前益州牧刘璋有亲戚关系，刘璋的母亲是费祎族父的姑母，费祎在益州与许多名士都有交往，与董和的儿子董允齐名。诸葛亮很看重费祎，这次征南中回师，百官远出数十里相迎，当时官员中年龄和地位大多比费祎高，但诸葛亮专门让费祎与他同乘一辆车，让大家刮目相看（**亮特命祎同载，由是众人莫不易观**），把费祎从后主身边调来，是进一步发挥他的才干，同时有继续培养的意思。

董和也是诸葛亮刻意培养的人才，后主被立为太子时董和的儿子董允便担任了太子舍人、洗马，后主继位后董允担任黄门侍郎，一直都在后主身边任职。侍中是侍奉于皇帝身边的近臣，品秩相当于九卿，再兼任禁军统领，等于事实上的"大内总管"。

哪知这项任命一出，竟然引起了风波。

董允接替的虎贲中郎一职原由来敏担任，来敏也是刘璋的亲戚，他的妹夫黄琬是刘璋祖母的侄子，同时他还是个学者，精研《春秋》、擅长训诂，刘备在时任命他为典学校尉，从事的是文化方面的工作，刘禅被立为太子时来敏任太子家令，可能因为这个原因，后主继位后来敏被任命为虎贲中郎将，掌管禁军。来敏此时年龄已经很大了，加上又是个文人，所以诸葛亮让他改任辅汉将军、丞相府首席参谋（军祭酒），把禁军交给董允。

辅汉将军地位比虎贲中郎将高，但重要性不如后者，来敏大概觉得自己被明升暗降了，所以发起了牢骚：

"新提拔的人有什么功德，竟然剥夺我的荣誉和地位？大家都讨厌我，为什么（诸人共憎我，何故如是）？"

来敏认为先主在时对自己一向器重，诸葛亮主政后对他不够重视，怀疑诸葛亮对他有成见。这些话传到诸葛亮那里，诸葛亮很生气。当初刚入成都时就有人说来敏此人性情有问题，容易制造不和谐，甚至认为他就是蜀汉的孔融（议者以为来敏乱群，过于孔文举）。

诸葛亮对来敏一向包容，但不服从人事安排已经不是小事了，诸葛亮果断奏请后主将来敏撤职，让他在家里闭门思过（表退职，使闭门思愆）。来敏从此成为布衣之身，直到诸葛亮去世后刘禅才把他重新召回，给予了重用。

诸葛亮临行前向后主提到不少人，但似乎缺少最重要的一个。

李严，另一位托孤大臣，地位理应远在除诸葛亮之外的众人之上，可诸葛亮在《出师表》中一个字都没有提到过他，有人说他被诸葛亮排挤了。

这其实是误解，刘备生前任命李严为朝廷尚书令，但李严随后一直以前将军的身份镇守永安，守卫着蜀汉的东大门，无法履行这项职务。后来李严由尚书令改任品秩更高的九卿之一的光禄勋，当然也因为他远在永安而只是荣誉性职务。不久前后主已诏命尚书陈震升任朝廷尚书令，陈震早年随刘备来益州，长期担任郡太守，刘备驾崩后进入尚书台任职，他和李严是南阳郡的老乡。

江州都督区成立后李严又以前将军的身份兼任江州都督，之前说过，江州都督区在行政上与益州刺史部相等，江州都督的分量相当于诸葛亮兼任的益州牧。

所以没有提到李严并不是他不重要，相反他在蜀汉地位仍很重要，关羽、张飞、黄忠、马超等人相继亡故后，他担任的前将军一职目前是蜀汉最高军职，地位在镇北将军魏延之上，也在征南将军、后改任镇东将军的赵云之上。

诸葛亮决定北伐后请李严移驻江州，也就是今重庆市，命护军陈到驻扎在永安，归李严指挥。陈到是追随刘备时间较长的将领，经常与赵云一并提及，史书上说他的名位略低于赵云。

诸葛亮正准备动身，李严却从江州给他写来一封信，信中提到的事让诸葛亮吃了一惊。

在这封信里李严说的不是军国大事，而是劝诸葛亮接受九锡，晋爵称王。此议来得相当突兀，从另一位托孤大臣那里说出来更不简单，当前北伐在即，正需要全国上下齐心协力，李严却提出这种不合时宜的建议，动机实在不好猜测。

也许诸葛亮主政以来李严认为自己一直处于被边缘化的状态，实权与托孤大臣的名分不符，多少有些不满，所以故意出此举，他知道诸葛亮不会接受，只是说出来故意刺激一下对方。但也有另一种可能，李严看到诸葛亮主政后外交、内政处理得井井有条，尤其是南征，更让诸葛亮获得了极高的声望，在此情况下为表示和诸葛亮并无二心所以才有此举。

　　不管是哪种情况，诸葛亮还是有点儿生气，给李严回信道："我和你相处的时间也不算短，可你为什么一点儿都不了解我？你劝我不必拘泥礼数，因此我不能沉默了，我本是东方一个普遍人（东方下士），被先帝误用，地位已经很高了，而且赏赐给我的钱财上亿。现在讨伐曹魏还没有成功，你却不明白我的志向，把我比作齐桓公、晋文公，这实在不对。如果能灭掉曹魏、斩杀曹叡，让陛下还归故都，我与诸位一起升迁，即使十命都可以接受，何况九锡呢？"

三十三、诸葛亮进军汉中

蜀汉建兴五年（227）3 月，诸葛亮率蜀军主力到达汉中。

这是诸葛亮第一次来到秦岭与巴山之间的这块平原，这里曾是汉高祖刘邦发迹的地方，是汉朝的"龙兴之地"，蜀汉以"汉"为国号，这里也是蜀汉的圣地。

当时汉中虽然称为汉中都督区，但武都郡此时还在曹魏控制之下，都督区所辖主要是汉中一郡，魏延以镇北将军、汉中都督兼汉中郡太守的身份在此已驻守了 7 年。

这些年来，蜀汉的战事主要集中在东线和南线，北线倒相安无事，这也得益于魏延驻守有功。当年魏延向刘备夸下海口，敌人大军如果来攻汉中，他不仅能拒而且能吞，实际上他也做到了，他的做法就是在汉中盆地外围大量修筑坚固的军事堡垒，派遣重兵分别把守，把敌人拒之门外（*皆实兵诸围以御外敌*）。

这些堡垒称为"围"，汉中被群山所环绕，缺点是没有战略纵深，敌人来攻时无法作大范围的穿插和机动，但优点是利于修筑工事以防御，本地又多土木石料，修筑这些堡垒也不太费事。

魏延镇守汉中以来修建了大量的"围"，重要的至少有 3 处，一处是阳平关，这是汉中西边的门户，自古以来都是叩开汉中大门的锁钥，曹操和刘备取汉中都经过此处，张鲁在时阳平关已有相当规模，但经过几场大战，关隘遭到破坏，魏延对阳平关进行了重新修筑和加固。

另一处是黄金戍，此地在汉中盆地的最东边，与阳平关左右对称，是汉中东边的门户，控制着汉水上的黄金峡。汉中向东就是孟达驻守的新城郡，此时是曹魏的控制区，守住黄金峡可防魏军溯汉水逆攻汉中。

还有一处是兴势围，依兴势山所筑，位于黄金戍以西，既可作为黄金戍的第二道防线，又可控制秦岭三大栈道之一的傥骆道，防备敌军突然从栈道中杀出偷袭，此处要塞最早为魏延所修，后来果然在防备魏军出击傥骆道中发挥了重要作用，在此曾发生过著名的兴势之战。

除了这些大的堡垒，遍布汉中盆地四周还有许多较小的"围"，利用这些"围"所构筑的防守体系，魏延实现了他当初的承诺。

魏延当时驻守在南郑，即今陕西省南郑区，这里是汉中的中心。

诸葛亮到达汉中后却没有入驻南郑，而是将主力屯扎在阳平关、石马山一带，让大军在此集结修整。

推测起来，诸葛亮带到汉中来的有 10 万人左右，这是战斗部队，除了他们还得调动大批人员负责军粮等物资的供应运输。汉中与成都之间隔着巴山，道路崎岖难行，运输更是个大问题，为此次北伐诸葛亮组建了庞大的运输队伍，除了征调百姓参与外，还要求官员子弟带头参加，其中就包括诸葛亮的养子诸葛乔。

诸葛亮与黄氏结婚后一直没有儿子，后来哥哥诸葛瑾把自己的二儿子诸葛乔过继给了诸葛亮，这在当时算是一件大事，还经过了孙权的亲自批准，到诸葛亮出师汉中时诸葛乔已经 20 多岁了，担任蜀汉驸马都尉一职。

不过就在出师汉中的前一年底，黄氏为诸葛亮生下了一个儿子，诸葛亮为儿子取名诸葛瞻，"瞻"的意思是向远处或高处看，诸葛亮希望自己儿子将来是一个胸怀宽广的人。

到汉中后诸葛亮曾给哥哥诸葛瑾写过信，信中透露诸葛乔就在这次北伐后勤运输队中，诸葛亮让他率领一支数百人的运输队，和其他官员子弟一样在汉中与成都间运送粮草（今使乔督五六百兵与诸子弟传于谷中）。可惜，就在出师汉中的第二年诸葛乔就因病去世了，死时年仅 25 岁。

就在此次北伐之前诸葛亮又派费祎出访孙吴，除增进双方友好之外不排除协商双方联合军事行动的可能。诸葛亮进驻汉中后，孙权又继续派兵袭扰曹魏南线、东线两个战场，孙权手下的将领周鲂在一次行动中还生擒了曹魏的将领彭绮，这些都让曹魏不能抽调出太多的兵马到西线战场来，孙权的行动确实支援了诸葛亮北伐。

诸葛亮下一步的进攻目标虽然是关中，但位于侧翼的凉州地位显然很重要，所以诸葛亮在汉中做出了一项重要人事安排，任命魏延为凉州刺史，同时兼任丞相司马。

丞相府司马相当于丞相府里的长史，它们都类似于秘书长，只是一个掌武、一个掌文。表面上看这是一个奇怪的任命，因为魏延已官至镇北将军，品秩介于三公与九卿之间，是大军区司令，相当于上将军衔，而丞相司马的品秩只有千石，又是属吏，算是个大校吧。上将干了大校的活儿，所以有人认为诸葛亮把魏延降级了。

其实这是误解，司马一职虽然品秩不高但职责很重要，负责协调丞相府里与军事有关的所有事务，也可以说是丞相府内所有武职的总牵头人，是诸葛亮在军事方面的第一助手，诸葛亮觉得这个岗位只有魏延担任最合适，这是对魏延的器重和信任。

而且也不存在贬降问题，因为任命魏延为丞相司马后并没有免除他镇北将军职务的记载，兼任凉州刺史后也没有免除他原任的汉中郡太守一职，魏延的丞相司马、凉州刺史都是兼职（领丞相司马、凉州刺史）。

诸葛亮到达汉中后没有立即展开行动，他在等待。

转眼就到了这一年的下半年，诸葛亮等待的事仍没有发生。

蜀汉建兴五年、曹魏太和元年（227）秋天，北方地区连降大雨，许多人因水灾而死，又多闪电，异于常时，一向比人更灵敏的鸟雀也有被闪电击中而死的（数大雨，多暴卒，雷电非常，至杀鸟雀）。

新帝初立，社稷不稳，虽然面临弱国的挑战，但曹魏上下仍然有一种紧张和不安。

如何应对蜀汉方面的进攻？曹魏的朝臣们存在争论。

大部分人认为应该主动发起进攻，将主力部队派往西线，讨伐诸葛亮（时议者以为可因发大兵，就讨之），曹叡开始也倾向于这个意见，但遭到了另外一些人的反对。

反对者中以中书令孙资为代表，他认为进攻的代价太大且有风险，所以攻不如守，这个看法有避战、怯战的嫌疑，但具体到当时的情况，尤其是曹魏必须独自面对吴、蜀两方同时进攻的战略格局，这种判断无疑是正确的。

而且，汉中与关中、中原之间的地理形势也支持这个观点，秦岭是汉中的屏障，所以进攻汉中并不容易，反过来，秦岭也可以屏障于关中，蜀军出秦岭来攻关中更不容易，与其让这个屏障阻碍我方的进攻，不如让它成为我方防守的盾牌。

孙资这个人之前曾经提到过，他是曹操当年平定冀州后招募的人才，跟他同时期进入曹魏阵营的还有常林、王象、杨俊、王凌、仲长统、刘放以及司马懿、司马朗等北方人士。

曹操在世时孙资、刘放成为他的秘书郎，品秩不高但位置重要。曹丕称帝后对机要部门进行了一次改革，设置了中书，比尚书台更接近皇帝，成为核心中的核心，分别由中书监、中书令管理，相当于朝廷机要局局长、副局长，其中担任中书监的是刘放，担任中书令的就是孙资。

曹叡继位后刘放、孙资的实际地位进一步上升，成为每天侍奉于曹叡身边的心腹智囊，相当于曹丕身边的陈群、司马懿。陈群、司马懿作为先帝托孤重臣，一个位列三公，一个以骠骑大将军的身份出镇宛县，已经无法常伴君王左右了。

曹叡需要培植自己的嫡系和亲信，军队里他倒还算放心，有曹真、曹休两位叔叔，军权不至于旁落，而对朝中事务的控制很大程度上就依赖于刘、孙二人。

所以孙资的话对曹叡很有影响，加上曹叡本人也很聪明，无论是从战术层面还是从战略层面，只要细细考虑一下，还是防守更有道理。

曹叡于是下令，东、中、西3个战场的各路人马仍原地不动，依托各自地势和关隘加强防守，不得随意进攻。

在曹魏中线和东线两个战场，孙权本来也采取了攻势，但是江夏战役的失败让这个进攻受到了挫折，为了继续配合诸葛亮北伐，孙权随后命左将军诸葛瑾攻击曹魏的襄阳，但这时司马懿已经就位，诸葛瑾进攻无果，吴将张霸在战斗中被斩杀。

这样，西线战场暂时风平浪静，而中线、东线也暂时相安无事了，这更加坚定了曹叡立足于防守的想法。

曹叡放下心来，他这时甚至还有心情办了一件事：给自己册立了皇后。

曹叡当太子时娶河内郡人虞氏为妃，曹叡当了皇帝，照例太子妃应该转正为皇后，但曹叡却没有这么做，把这件事搁置了起来。

曹叡不立即册立皇后，可能有3个原因：一是父皇登基后也没有马上册立皇后，这是先例；二是继位之初曹叡马上过问生母是怎么死的，又派人建庙祭祀，等于被办了一次国丧，这样册立皇后的事就放缓了；三是曹叡对虞氏有所不满，至少不是很宠爱。

相对于虞氏，同为河内郡人的毛氏更得曹叡的宠幸，曹叡出来进去经常让毛氏跟自己坐同一辆车（出入与同舆辇），这让身为正妻的虞氏很不满。

看来曹操的子孙在感情问题上多不平静，这让太皇太后卞氏操碎了心。卞太后发现虞氏有牢骚，就去安慰这个孙媳妇儿几句，哪知虞氏仍然怒气未消："曹家有个传统，都喜欢贱货（曹氏自好立贱）！从来不尊重正派世家，皇后的责任是使后宫安定，君王的责任是让朝廷运转，相辅相成。没有好的开端哪儿来好的结局？看着吧，国家可能由此破灭，祭庙可能因此摧毁（殆必由此亡国丧祀矣）！"

这哪里是一般的牢骚，简直是诅咒了。

更要命的是，虞氏愤不择言，把好心安慰她的祖母也给骂了。太皇太后卞氏出身于民间歌舞表演艺人之家（倡家），在当时的地位恐怕比毛氏还低，虞氏一竹竿下去，把卞太后也给打到了水里。

虞氏的命运由此可知，被罢黜妃子之位后遣送至邺县居住。

曹叡顺势册立毛氏为皇后，毛氏的父亲毛嘉本是宫中制造车辆的一名工匠（典虞车工），女儿成为皇后，他直接被任命为奉车都尉，宠赐颇多，后又封为博平乡侯，给了个光禄大夫的头衔。

毛氏一族突然富贵，但他们与世家大族仍格格不入，大家与他们也来往很少，曹叡干脆下了道命令，让朝臣去他家里饮宴，结果毛嘉经常有不得体的举止，受到大家的耻笑。

比如，当时士大夫交谈时为表自谦，常称自己为"仆身"，毛嘉认为他有侯爵，所以跟人说话常称自己为"侯身"，不伦不类。

曹操以倡家出身的卞氏为王妃，曹丕以平民出身的郭氏为皇后，曹叡又册立了车工的女儿毛氏，曹氏三代人的婚姻观在当时显得颇为另类（三后之升，起于幽贱），这与汉代帝后多选于勋臣世家的做法有很大改变。

有人认为这种喜好出于偶然和巧合，出于曹氏父子的思想解放（尚通脱），但仔细分析一下也许他们另有考虑。

后汉中期以来皇权屡被宦官、外戚两股势力袭扰，皇帝时常成为傀儡，造成了政治上恶斗不止，有鉴于此，曹魏立国后便从制度上禁绝宦官、外戚的干政，宦官虽然仍然存在，但已无缘接触政治，外戚虽然仍然富贵，但对他们干政的制约也有很多。

所以，不在世家大族中选立皇后并非偶然，而是刻意为之的。

三十四、文人造反，三年不成

诸葛亮在汉中没有马上兴兵，他在等孟达。

孟达控制的新城郡即今陕南的安康市、商洛市大部分地区及鄂西北一带，位置十分重要，不仅是汉中的右翼，而且紧连着曹魏中线战场的宛县和襄阳，如果汉中郡与新城郡能连成一片，诸葛亮进攻曹魏的路线无疑多了新的选项。

诸葛亮对孟达寄予了很大希望，从他们之间书信往来的情况看，孟达也确实动了回归之心，李严在给孟达的信中说"思得良伴"，意思是不仅希望他回来，而且还会继续委以重任。

但是孟达那边却一直没有动静，这让诸葛亮很着急。

孟达在等什么呢？难道他又动摇了吗？

其实未必是动摇，接连失去了几座靠山，孟达重回蜀汉的决心还是挺大的，但他是文官出身，优点是心思缜密、虑事周全，缺点是失于果断。叛魏降蜀这样的大事，孟达总想做得万无一失，所以他总在思谋和筹划，而没有马上行动。

在此之前，孟达至少有 3 次回归蜀汉的好机会：一次是在曹丕驾崩时，曹魏上下一片混乱，重臣们都去了洛阳，新城郡所在的中线战场在夏侯尚死后实际负责人还没到位，这是最佳的机会；另一次是孙吴发动江夏战役时，曹魏中线战场的焦点转向荆州的东边，司马懿还在洛阳处理新帝继位的事，这个机会也不错；最后一次是在司马懿刚到宛县时，情况还需要一定时间熟悉，诸葛瑾又奉孙权之命北攻襄阳，司马懿的注意力被牵制到了那里。

但这几次机会都让孟达浪费了，孟达想得实在太多了，他想把每一步都走得稳稳当当。同时，对于蜀汉那边的态度孟达也不敢完全放心，李严信中的一些话孟达看了又看，觉得理解了对方的意思，但又不能确认，他为此给诸葛亮写了信，想进一步求证。

诸葛亮给孟达回信，信中说："李严的性格你知道，他处理事情干净利索，就像流水一样，进退决不犹豫含糊（部分如流，趋舍罔滞，正方性也）。"

诸葛亮的意思是，李严给你信中说的那些话都没问题，都算数，只等你赶紧回来。但是，这似乎仍然没有打消孟达的疑虑，孟达还在犹豫着。

从他们双方写的信看，似乎都有些绕弯子，话说得都那么含含糊糊，这件事要换成吕布、张邈、袁术那样的人，直接说清楚你要什么条件、我能给什么条件就行了，但文人就是文人，正印证了那句话："文人造反，三年不成。"

这段时间，孟达一直保持着与蜀汉方面的书信联络，有一次孟达还随信送给诸葛亮一顶纶帽，一副玉玦。纶帽是丝绸做的帽子，表明他对诸葛亮的敬仰；玉表示坚贞，玦与决谐音，暗示自己决心已下。

其实还是那句话，没有那么难，也没那么复杂。

从新城郡内部的情况看，孟达犹豫不决或许是有原因的。

新城郡是曹魏合并原房陵、上庸、西城三郡设立的，但曹魏后来又设了一个魏兴郡，让地方实力派人物申仪当太守，此人先后依附于刘表、刘备和曹魏，由于在当地很有实力，所以并不把孟达放在眼里，但孟达的地位比他高，又假节，申仪得听从孟达的调遣。

申仪总想找机会把孟达扳倒或赶走，结果机会来了。

孟达和蜀汉密信往来频繁，纸里包不住火，时间一长就被申仪察觉了，申仪向朝廷告发，一开始魏明帝曹叡竟然不太相信（魏兴太守申仪与达有隙，密表达与蜀潜通，帝未之信也）。

曹叡把这件事交给已经到宛县上任的司马懿处理，司马懿派参军梁几到新城郡访查情况，经过秘密调查，申仪的举报被证实。司马懿本来就不喜欢孟达，于是向魏明帝建议征召孟达入朝，如果没有事，自然肯来；如果有事，一定不敢来。

孟达当然不敢去，这才决定立即起兵。

但是，时机已经完全不对了。

申仪是怎么察觉到孟达要反叛的呢？仅凭揣测显然是说服不了朝廷的，得有证据。

有一个说法也记载在史书中，申仪的证据来自一个叫郭模的人。

根据这个记载，孟达迟迟不动手让诸葛亮有些着急，为尽早促成孟达反正，诸葛亮就派郭模去诈降曹魏，郭模路过申仪的防区，故意把孟达反叛的事泄露给了申仪。

按照这个说法孟达是被诸葛亮出卖的，即便不是阴谋至少也算是"阳谋"，对此司马懿似乎比孟达看得更清楚。这时候司马懿大概还没有准备好，为避免孟达马上反叛，司马懿专门给孟达写了一封信，信中写道："将军当初背离刘备，以身托付我曹魏，朝廷委将军以封疆重任，让将军图谋伐蜀之事，这一切，都像日月一样让大家可以看到。蜀人无不切齿于将军，诸葛亮想让咱们自相残杀，只苦于没有办法（诸葛亮欲相破，惟苦无路耳）。郭模说的那些话，都不是小事，诸葛亮怎会轻易地告诉他并让他泄露出去呢（模之所言，非小事也，亮岂轻之而令宣露）？想想其中的道理，就应该明白了。"

司马懿告诉孟达，诸葛亮策反你另有企图，你得想清楚了。

按照司马懿的逻辑，包括诸葛亮在内蜀汉大多数人心底里是比较厌恶孟达的，诸葛亮的战略意图其实是利用孟达和新城郡最大限度地牵制魏军中线战场的主力，让他们无法支援西线战场，如果孟达反叛成功，顶多为蜀汉增加了一些地盘而已，曹魏那边完全可以不理，伺机再予夺回，对诸葛亮来说最佳的局面是：孟达反叛，曹魏派大军镇压，孟达被消灭，曹魏付出代价的同时也受到最大牵制。要达到这个目标，既要策动孟达真的反叛，同时又要巧妙地将孟达造反的消息传递给曹魏那边，所以才有了郭模诈降。

根据这部史书的记载，司马懿识破了诸葛亮的阴谋，并且用一封信稳住了孟达（达得书大喜，犹与不决）。

不管是阴谋还是阳谋，摆在孟达面前已经没有其他选择了。

如果轻信司马懿那些话，那就太幼稚了，但奇怪的是，都已经大祸临头了孟达仍然很乐观，他认为现在反叛依然有十足的把握。

在孟达看来，司马懿远在宛县，东距新城郡1200多里，这是汉代的里，合今约420公里，没有高速公路，也没有公路，甚至没有像样的路，其间还有山路阻隔，著名的山峰包括今天的风景名胜武当山，要走完这一段路，需要相当长时间。

当时的行军速度一天约 60 里，这还算是比较快的，即使昼夜兼程至多也就 100 里上下，曹操赤壁之战前追击刘备，率虎豹骑创造了一昼夜 300 里的惊人速度，但那是虎豹骑，精锐中的精锐。

要执行一个战役仅靠轻骑兵、特种兵是不行的，各兵种、包括后勤辎重在内都要跟进，这就是大兵团的集体行动，边走边修路架桥，速度更快不了。按照孟达的计算，由宛县到新城郡的这 1200 里，最快没有半个月魏军无法到达。

而且孟达熟悉魏军调兵的体制，魏军要展开这么大的行动，必须待身在洛阳的明帝批准方可进行，由宛县到洛阳又是 800 里，一来一回至少半个月。也就是说，曹魏那边即使接到了自己反叛的消息，人马要杀到新城郡至少得 1 个月。

孟达已向蜀汉那边求援，1 个月时间那边的援军怎么说都到了，一旦援军到达，孟达觉得自己也就算安全了。

可惜孟达把时间算错了，他根本不了解司马懿的办事风格。

司马懿在宛县接到申仪的密报后立即向洛阳报告，报告归报告，司马懿不指望朝廷马上有什么指示下来，不是他不相信朝廷，而是他认为时间来不及。

司马懿决定不待明帝诏书到达，立即起兵到新城郡平叛。手下众将都认为，没有明帝的诏令就出兵不妥，建议还是等等再说。

众将当然知道兵贵神速的道理，但大家更担心谁来负责任，打赢好说，成功的案例谁来总结都是好案例，可一旦失手，就得追究责任，就得有人背黑锅，该请示的没请示、该汇报的没汇报，这就是黑锅，是大忌。

可要都这么想那就别干事了，四平八稳，没有风险，不会犯错，这样的官当然好当，但绝干不成大事。但司马懿刚到荆州，还要慢慢树立威望，所以耐心向大家解释道：

"现在的形势已刻不容缓，必须趁孟达犹豫不定之机将其一举消灭，如果等蜀汉援军赶到，再夺下新城郡就难了！"

司马懿紧急调动驻宛县附近的军队，倍道兼行，直奔新城郡。1200 里的路程他们只用了 8 天。孟达当时在上庸城，接到报告，已经晚了，司马懿率大军已杀到城外。

上庸城三面阻水，孟达命人在城外修筑了很多木栅以自固。司马懿指挥魏军渡水，破其栅，直至城下，从四面向上庸城发起猛攻。说起来孟达也不是饭桶，真拼了命也是好样的，司马懿猛攻了半个月，未攻破上庸城。

到第 16 天，孟达的外甥邓贤、部将李辅等开门投降。司马懿率军进城，抓到孟达，将其斩首，将首级呈报京师。

此战共俘获 1 万余人，取得大捷。

新城大捷是司马懿第一次独立指挥大规模作战，打得很漂亮，从战役决策、筹划到实施都堪称完美。此战不仅消灭了孟达的势力，还顺便解决了在这一地区盘桓了数十年的申氏家族。

魏兴郡太守申仪一向尾大不掉，由于在地方上势力太大，所以表面顺从，内心里不太听从召唤。他认为这里天高皇帝远，所以多有不法，甚至私自授官（承制刻印，多所假授），这样的人只要有机会就一定得根除。

司马懿表面沉静，像是个文人，其实是个有霹雳手段的人，他认为既然来了一趟，干脆新旧问题一起清算。消灭孟达后，荆州各地郡守都奉礼来贺，唯独不见申仪来，司马懿让人专程去提醒他（使人讽仪），申仪想了半天，还是来了。

申仪一到，司马懿立即下令把他抓了起来，质问他伪造朝廷命令私自授官的情况（问承制状），之后把他押解到洛阳。

在消灭孟达之战中申仪出了不少力，为配合司马懿的行动，他断绝了蜀汉与新城郡之间的道路，让蜀汉援军无法及时到达，但这并没有帮助他免罪。

申耽、申仪兄弟二人是新城郡一带的实力人物，他们是随孟达一起投降曹魏的，申耽当时被曹丕以一个怀集将军的名号调离了新城郡，曹丕命他迁居南阳郡，相当于一名人质，这也是申仪不敢轻易造反的原因之一。

不过申氏兄弟在新城郡毕竟根深叶茂，为了控制住这一地区，申仪被押到洛阳后没有治罪，而是给了他一个楼船将军的名义，让他住在洛阳，后来申耽、申仪兄弟都死在了异乡。

孟达的首级送到洛阳，魏明帝下令在洛阳的交通要道上焚烧示众。为了彻底肃清孟达以及申氏兄弟在新城郡一带的残存势力，司马懿挑选了当地7000户人家迁往幽州刺史部。

孟达失败引起了连锁反应，蜀将姚静、郑他等率部属7000多人随后降魏，这二人担任何军职、驻军何处不详，估计驻地与新城郡相邻，在魏军的威压下无法自保，才选择了投降。

魏明帝下诏对司马懿给予嘉奖，司马懿回军后专程到洛阳向魏明帝汇报此战经过，魏明帝除听取了他的汇报外，还就一些军政大事向他垂询意见，其中问到蜀汉和孙吴两个对手，应该先征讨哪一个（又问二虏宜讨，何者为先）。

就此，司马懿回答说：

"吴人以为我们不习水战，所以敢在东关驻军。要攻敌，必扼其喉而捣其心，夏口、东关是吴人的心喉。不如以陆军进攻皖城方向，引孙权主力东下，然后以水军向夏口，乘虚而击，如神兵从天而坠，必然能大胜。"

魏明帝听了，十分赞同，命司马懿仍回宛县坐镇，指挥中线战场。

三十五、魏延的子午谷计划

司马懿为魏明帝提出的作战方案涉及东线和中线两大战场，东关在东线，夏口在中线，所以他提出这样的建议并不算越权。

在曹魏三大战场中，司马懿是中线战场的总指挥，东线战场的总指挥是曹休，而西线战场一向由曹真负责，只是曹休此时并不在长安，他已被任命为大将军，留在洛阳协助魏明帝处理军务，在长安坐镇的是曹魏安西将军、都督雍凉诸军事夏侯楙。

夏侯楙是夏侯惇的儿子，他的妻子是曹操的清河公主，清河公主是曹操的大女儿，与曹操的长子曹昂都是刘夫人所生，从年龄上看她比曹丕可能还要大，所以夏侯楙应该是曹丕的姐夫，曹叡得叫姑父。

之前说过，曹丕跟夏侯楙从小一起长大，二人关系很好，曹丕继位时就任命夏侯楙为安西将军，但夏侯楙没什么军事才干，对养生却很有研究（性无武略，而好治生），而且他比较好色，身边养了很多侍妾，清河公主因此与他感情不和。

草包误大事，但这是父皇生前的安排，又是自己的长辈，所以魏明帝一直没有变动夏侯楙的职务，这无疑成了曹魏阵营比较薄弱的一环。

魏延看到了这种情况，向诸葛亮提出了一个大胆的作战方案："曹魏在长安的守将是夏侯楙，是曹家的女婿，此人怯而无谋。现在给我5000精兵，再派5000人专门负责运粮食（今假延精兵五千，负粮五千），由褒中出发，沿秦岭向东，走子午道北行，不用10天就可以到达长安。夏侯楙听说我突然杀到，必然乘船而逃（楙闻延奄至，必乘船逃走）。

"夏侯楙一走，长安只剩下御史、京兆尹这些官员，长安附近有横门邸阁的粮仓，加上百姓手中的散粮，足可以供人马食用，曹魏关外人马聚合好杀到长安，最少得20天，而丞相您率领大军从斜谷出来，绝对能赶到，这样就可以一举拿下咸阳以西的地盘！"

魏延的这个作战方案，就是历史上有名的子午谷计划。

子午谷就是子午道，是汉中与关中之间的3条著名栈道之一。这3条栈道中最东边的就是子午道，与长安直线距离较近，出北面的午口即关中平原，长安就在眼前，但此道最险；西边还有一条叫褒斜道，出南面的斜口之后是郿县，即董卓当年筑郿坞之处，此道路途较远，但路况相对较好。子午道和褒斜道之间还有一条傥骆道，因南口称傥、北口称骆而得名，此道几乎荒废，无法通行。

魏延的计划是由子午道和褒斜道同时出击，先在褒斜道佯攻，吸引和迷惑对手，然后把主攻方向放在子午道，用奇兵出其不意拿下长安，之后两路大军会合，占领关中。

但是，这个作战计划被诸葛亮否决了。

诸葛亮认为这个计划太冒险（亮以为此悬危），成功的可能性并不大，拿上万蜀军将士的生命作赌注，他不能干。

魏延的子午谷计划因此没有机会实施，不仅魏延本人觉得遗憾，以致以后仍对此念念不忘，而且后世也有不少人认为魏延的这个计划是可行的，诸葛亮过于保守了。

持这种观点的人认为，魏延久居汉中，对当地情况十分了解，在蜀、魏军力不对等的状况下，弱小的一方应出奇制胜，魏延的计划正可以达到这样的目的。

但客观地说这个计划确实过于冒险，要取得成功，关键是出其不意，但上万人、十多天的军事行动不让敌人察觉是不可能的，曹魏一定会在沿途派出很多侦察兵，一旦知晓蜀军动向，一方面会在山中依托险要地势进行袭扰和阻击，另一方面会调集重兵把守午口，使蜀军不得入关中。

即使历尽千难万险、做出重大牺牲后杀到长安城下，面对这个千年古都，能否立即得手希望也很渺茫。所以魏延的子午谷计划不是出奇制胜，而是纯粹的军事冒险。

《孙子兵法》说"凡战者，以正合，以奇胜"，也就是说常规战法为"正"，出其不意为"奇"，二者必须结合起来，脱离常规战法的基础，一味出奇则未必制胜。以5000能战之兵去攻长安，虽是奇兵，但缺少常规战法作为基础就成为孤军。

夏侯楙虽然不是名将，但也不会看到屈屈几千人就弃城而逃，一旦夏侯楙不逃，魏延的计划就输掉了一大半。在冷兵器时代，兵家怕的不是野战，不是守城，而是攻城，即使一座孤城，久攻不下的战例也不胜枚举，魏延想率5000人攻进长安，可行性几乎没有。

诸葛亮决定不走栈道，而是出兵陇右，由左翼向曹魏发起进攻。

具体部署是：由镇东将军赵云、中监军邓芝率一路人马兵出褒斜道，作战略佯攻，吸引魏军的主力，诸葛亮自己率大军由汉中向西攻击，占领战略要地祁山，进而攻占曹魏控制下的陇右地区。

随诸葛亮进攻陇右的蜀将有刘琰、吴壹、王平、张翼、马岱、刘琰、马忠、廖化等人，参谋人员有杨仪、爨习、马谡、向朗等。这些人大部分都介绍过，只有张翼、马岱还比较陌生。张翼字伯恭，之前当过蜀汉梓潼郡太守；马岱是蜀汉已故骠骑将军马超的从弟，随马超征战，后一同归附蜀汉。

还有一个刘琰，之所以把它排在吴壹等人之前，是因为他的资历、地位都比众人高，他在刘备当豫州刺史时就追随左右了，后主继位后升任后将军，在名义上仅次于前将军李严。

刘琰生性风流、善谈论，好车服饮食，被人视为侈靡，缺乏实际才能，同时他脾气不好，虽居高位却经常跟人闹意见，其中跟魏延尤其关系不和。

大军随后行动，赵云、邓芝率一部分人马进入褒斜道，大造声势，给人以杀入关中、直取长安的感觉，而诸葛亮率蜀军主力悄悄开往此战的首攻目标祁山。

祁山位于今甘肃省礼县以东，是汉水上游一条连绵50余里的小山脉，它西起北岈、东至卤城，汉水从其南面流过。此山虽小，却风景优美，每一座山峰都很秀美、挺拔，诸峰相对（**连山秀举，罗峰竞峙**）。

之所以把首战的目标定在这里，是因为祁山有独特的地理位置。祁山往西北可通南安、陇西二郡，东北通天水郡，往南以及西南方向可通达汉中郡以及汉中通往益州的咽喉阴平，祁山因为扼蜀陇咽喉，控攻守要冲而成为兵家必争之地。

也就是说，无论是从益州还是从汉中，要去陇右必须过祁山，而占领了祁山，也就打开了通往曹魏凉州地区的道路。

凉州是曹魏的西部屏障，由于历史原因，曹魏在这里的控制相对薄弱，攻取的难度最小。如果能占领凉州，就可以居高临下，向东直取雍州，诸葛亮认为这是攻取曹魏比较保险的做法。

凉州虽地广人稀，但它的陇右地区人口相对集中，河水丰沛，灌溉便利，自古便是粮食的重要产区，蜀汉国力有限，得到陇右可以增强国力，在与曹魏的对抗中可以增加胜算。陇右和凉州还盛产好马，对于以步兵为主的蜀军来说，这更是宝贵资源。

到达祁山后，诸葛亮给后主上了一道奏表，其中介绍了他所看到的祁山的一些情况："祁山距离沮县500里，有1万户居民，站在山顶远望，可以看出这个地方确实很富有（瞩其丘墟，信为殷矣）。"

根据这份奏表可知，祁山之中有一座城堡，里面有上万户居民，这在当时绝对是大数目了，尤其是在偏僻的凉州。

三十六、陇右的争夺战

诸葛亮西取祁山，是出其不意的一笔。

祁山属曹魏雍州刺史部的天水郡，在汉中的西北方向，两地直线距离 200 公里，汉中与长安的距离与此大体相当。

由汉中去祁山必须经过武都郡，该郡传统上属凉州刺史部管辖，后属曹魏的雍州刺史部，郡治下辨在今甘肃省成县西北，当年刘备取汉中时曾派张飞、马超等在此与曹洪、曹休有过交战，蜀军在那次作战中失利，退出了下辨。

诸葛亮由武都郡顺利进军祁山，说明该郡要么大部分地区已成蜀汉地盘，要么曹魏在此力量薄弱，所以位于今甘南地区的军事重镇下辨未能迟滞诸葛亮大军的行动。

对突然到来的蜀汉大军，曹魏陇右地区的官员和少量驻军竟然毫无防备，纷纷投降。史书上说投降蜀汉的包括南安郡、天水郡和安定郡（南安、天水、安定三郡反应亮）。

常说陇右，其实它不是一个行政概念，古人以东为左、以西为右，所以江东又称江左，而陇右即指陇山以西。陇山主要指的是今甘宁分界的六盘山，汉末三国时的陇右地区主要包括曹魏治下的陇西、南安、天水等郡。

南安郡在天水郡的西面，天水郡告急，南安郡肯定也不保，但安定郡也响应了蜀军，问题就严重了。

安定郡在天水郡的东北方向，今宁夏回族自治区固原市和甘肃省平凉市都在该郡范围内，这里不仅与天水郡相隔较远，而且两郡并不相邻，中间还有一个广魏郡。如果史书记载属实，那么曹魏雍州刺史部西部地区几乎都沦陷了。

雍州刺史部西边还有一个凉州刺史部，目前设有金城、武威、张掖、西平、敦煌 5 个郡，这几个郡一下子就与关中失去了联络，蜀军如果彻底占领了陇右地区，下一步攻取凉州刺史部就易如反掌了。

所以诸葛亮兵出祁山这一招其实很厉害，如果一切顺利，那么就以最小的代价拿下了曹魏一个半州的地盘。

离祁山最近的县城是其东北方向的天水郡西县，属今甘肃省礼县，蜀军占领祁山后又攻下该县，诸葛亮把总指挥部设在了这里。

雍州惊变，震惊了曹魏朝野上下。

在此之前，为应对诸葛亮的进攻魏明帝已经做出了人事调整，把夏侯楙调回洛阳任尚书，把大将军曹真派回长安坐镇。

曹真刚到长安就接到情报，说蜀军在褒斜道有大动作，似乎要从这条栈道攻击关中。还有情报说，蜀军将第一个攻击点确定为郿县。

曹真不敢怠慢，立即集合人马进驻郿县，在此展开堵截。

但这个时候突然传出陇右告急的消息，而且情况变化之迅速让人根本来不及反应，关中地区也受到了波及，人心惶惶（关中响震）。曹真有些慌了，远在洛阳的曹叡也坐不住了。

魏明帝紧急召集大家商议对策，朝臣们一时竟拿不出什么好办法来（朝臣未知计所出），魏明帝只得自己给大家打气道："诸葛亮只会以山势为依托（阻山为固），今天他这是自投罗网，正合兵法上说的'致人之术'，肯定能击破他！"

"致人之术"是什么？不太清楚。曹叡估计也只是这么一说，为的是不让大家失去信心。为进一步安抚人心，魏明帝决定御驾西征。

有人反对这么做，钟繇的儿子钟毓时任皇帝高级侍从（散骑侍郎），上疏谏道："最好的办法应该是在朝堂上战胜敌人（夫策贵庙胜），国君不离宫殿却能在千里之外赢得胜利。陛下应当坐镇京师，以为各个方向的威势源泉。陛下亲率大军西征，对壮大前线军威固然有很大作用，但因此消耗的资源钱财也会更大。而且在炎热的暑期用兵应当慎重，现在还没到您万尊之躯出动的时候。"

此时应该是曹魏太和二年即蜀汉建兴六年（228）的正月，"暑期用兵"的说法似乎与实情不合，也许钟毓是出于大规模军事行动时间上有一定提前的考虑吧。

钟毓的建议未被采纳，魏明帝仍决定亲征长安，他下令迅速组建一支5万人的先头部队，由右将军张郃率领支援西线战场。

此时张郃驻军于荆州刺史部，按理归骠骑大将军司马懿节制，但他曾长期协助夏侯渊驻守汉中，对西线战场的情况更熟悉，所以派他去。

魏军主力要赶赴陇右还需要时间，在此之前只能依靠雍、凉二州的官员和少量驻军与蜀军周旋了。

曹魏此时的雍州刺史是郭淮，之前介绍过，他是并州刺史部太原郡人，曹丕当太子时他是曹丕的属官，后转任征西将军夏侯渊的司马，夏侯渊战死时军中大惧，郭淮等人收拢散卒，推时任荡寇将军的张郃为主将，诸营方安。曹丕继位后派郭淮到西部任职，担任镇西将军府长史，因为是嫡系所以升得很快，被提拔为雍州刺史。

而在不久前，曹魏的凉州刺史竟然是诸葛亮昔日的好友孟建。

孟建仕魏后官职逐步擢升，魏文帝黄初四年（223）接替温恢担任了凉州刺史一职，至今已经5年，他在凉州政绩不错，有一定声望（有治名）。大概考虑到孟建与诸葛亮的特殊关系，魏明帝不久前已下令把孟建调离，另派徐邈担任凉州刺史，不过孟建并未受此事件太大影响，他以后在曹魏的仕途仍然顺利，最后做到了征东将军的高位。

徐邈字景山，幽州刺史部人，当过曹操的丞相府军谋掾，后出任陇西郡、南安郡太守，对凉州的情况很熟悉，后来他被调回内地担任过郡太守、典农中郎将等职，司马懿任抚军大将军，徐邈担任过抚军大将军军师。

魏明帝任命徐邈为凉州刺史，兼任护羌校尉，徐邈临危受命，一上任就赶紧组织手下以及金城郡太守等人反击，他们首先攻击了已被蜀军占领的南安郡，取得了一些胜利。

137

诸葛亮一方面应对徐邈等人的反击，另一方面向东西两个方向扩大战果。在西面，诸葛亮派兵攻击陇西郡，遇到了顽强抵抗。

曹魏的陇西郡太守游楚面对蜀汉大军毫不惧怕，召集吏民说："我素无恩德给大家，今蜀国大军已至，其他几个郡已经叛降，我看这是诸位取得富贵的好机会（**此亦诸卿富贵之秋也**）。我为朝廷守郡，义在必死，诸位可以拿我的人头去换富贵！"

大家听完深受感动，一致表示："愿与明府同生死，绝无二心！"

"既然如此，我有一个想法。现在我们东面的两个郡已经丢了，敌人马上就来，我们在此坚守，如果朝廷的救兵到了，蜀兵必退去，到时候咱们一郡之人都坚守了大义，人人都将获得奖赏（**一郡守义，人人获爵宠**）。如果救兵没来，而蜀军攻势又急，你们可以取我的人头去投降，到时候也不算晚！"

于是大家都去守城，蜀军到了，游楚派遣郡政府长史马颙出门设阵，自己站在城上对蜀将说："你们能断绝秦陇大道，让东来的援军无法到达，只需要一个月，陇西郡的百姓不攻自降，如果做不到，你们只会自费力气（**卿若不能，虚自疲弊耳**）！"

游楚命马颙鸣鼓出击，魏兵士气高昂，将蜀军打败。

在这场曹魏陇右保卫战中游楚是个立下大功的人，魏明帝后来听说了他的事迹，专门召他到洛阳相见。作为边地的一名郡太守，如无特殊机缘一般很少能来到京城御前见驾，游楚生平是第一次上朝。

游楚长得身材短小，但嗓门挺大，按照朝仪他将由侍中引导到御前，侍中呼完"陇西太守"前，游楚应回答"唯"，但游楚一紧张，老大地嗓门回一声"诺"，把魏明帝和周围的人都逗笑了。

游楚来到洛阳后，发现这里真不错，不是雍凉僻壤可比，于是上表乞求留在京师为官，魏明帝看在他立过大功的分上特别诏准，任命他为驸马都尉。

游楚好游猎、音乐，畜养歌者，整日樗蒲、投壶，欢欣自娱，在洛阳过起了快活日子，直到 70 多岁才死。

再说东边，在这个方向蜀军的行动也不太顺利。

诸葛亮指挥蜀军占领天水郡时，该郡太守马遵正陪同曹魏雍州刺史郭淮一行在洛门视察工作（**随雍州刺史郭淮偶自西至洛门案行**）。

雍州刺史管理的地盘很大，除了关中地区的冯翊郡、京兆尹、扶风郡、北地郡，还有陇右地区的南安、天水、陇西以及广魏、安定等郡，除此之外，武都、阴平两个郡也都归雍州刺史部管辖，只是它们的大部分地区目前已被蜀汉控制。

当时郭淮接到报告说天水郡郡治冀县可能已被蜀军占领，现在无法回去，郭淮吃惊地对马遵说："看来诸葛亮来者不善！"

渭水的上游流经天水郡，冀县就在渭水边，洛门在冀县的西边，今甘肃省天水市那时称上邽，是陇右地区一处军事重镇，位置在冀县沿渭河往东。郭淮判断上邽仍在魏军手中，于是决定绕过冀县，连夜回上邦，这个决定遭到了随同郭刺史视察的一名官员的反对。

这名官员对马遵说："明府应当回冀县！"

马遵一听急了："我不信任你们，你们已经通敌叛国！"

双方不欢而散，马太守跑到上邦避难去了。上邦成为天水郡境内魏军集结的一处重地，诸葛亮后来派兵进击上邦，但在郭淮等人的防守下，上邦无法攻克。

三十七、降人姜维

现在来说说那个劝马太守回冀县的人。

这个人不得不说，因为他就是日后大名鼎鼎的姜维。

姜维字伯约，他的老家就在冀县，他的父亲姜冏曾是天水郡功曹，羌、戎叛乱，姜冏挺身与乱军作战，不幸战死沙场，姜维因此受赐为中郎。

中郎是天子身边的属官，承担宿卫天子的任务，姜维被授予此职只是一种荣誉，他本人没有到洛阳任职。姜维平时很好学，尤其喜欢郑氏学，也就是当时大学者郑玄开创的学问，但他并不想当一名学者，他有志于功名，好结交江湖朋友，不想过普通老百姓的日子（阴养死士，不修布衣之业）。

姜维后来担任了本郡上计掾，又被任命为州里的从事，相当于一名处长，同时他还参与本郡的军事事务（参本郡军事）。

姜维幼年丧父，母亲一手把他拉扯大，他很孝顺，母亲现在就在冀县，他无论如何不会撇下母亲不管，这是他竭力劝马太守回冀县的主要原因。

马太守走了，姜维仍不死心，他跟其他几位官员一起去追马太守，希望把太守追回来。马太守的马跑得太快，姜维他们一直追到上邽城外也没有追上（追迟，至城门）。

这时城门已经关闭了，姜维在外面叫门，里面的人不给开，因为他们不清楚姜维等人是否也参加了叛乱（疑维等皆有异心）。

姜维等人无奈，回到了冀县。

这时蜀军尚未来到，但城里的人已经高度紧张。有一个记载说，姜维等人又在城外叫门，但城门也没开，原因与上面一样，城里的人怀疑他们已经投降了蜀军，姜维等人走投无路，只好投奔了诸葛亮。

另一个记载是，冀县城里的官民见姜维回来，把他们迎进了城，这时大家一商议，觉得根本无法自保，一致同意投降蜀军，太守等郡里的主要官员都不在，姜维是目前最重要的官员，大家于是推举他去见诸葛亮。

这次见面改变了姜维的一生，这一年他 27 岁。

诸葛亮见到姜维很高兴，让他回冀县安抚那里的百姓。可姜维还没到冀县时，魏军的增援部队就赶来了，他们重新接收冀县，姜维只得回到诸葛亮那里。

诸葛亮这才有时间跟姜维好好谈谈，姜维世居陇右，对这里的情况很熟悉，诸葛亮一定有很多事情要了解。经过一番深谈，诸葛亮对这个年轻人有了很高的评价。

在诸葛亮看来姜维是个不可多得的人才，诸葛亮在写给留守成都的丞相府秘书长（留府长史）张裔以及参军蒋琬的信中说："姜伯约此人忠于职守，勤于理事，思虑周密，这些都是他的长处，永南、季常等人都不如他，堪称凉州一带的一流人才（其人，凉州上士也）。"

永南是李邵，曾担任诸葛亮丞相府的西曹掾，季常是马谡的大哥马良，是诸葛亮格外看中的人之一，在诸葛亮眼里他们都不如姜维。

诸葛亮任命姜维担任丞相府仓曹掾，很快又提升为奉义将军，并奏请后主封姜维为当阳亭侯。

从这些安排可以看出诸葛亮对姜维不是一般的喜爱，奉义将军是军长一级的高级将领，姜维此前的职务不过是个州政府里的从事，授予一个中郎将都算是破格了，直接提拔为将军，则显得很不一般。

也是27岁那年诸葛亮与刘备第一次相见，诸葛亮当时被人称为卧龙，虽是一介布衣却名声在外，刘备对诸葛亮十分欣赏，之后诸葛亮在赤壁大战中立下大功，又被刘备赋予重任，而诸葛亮那时担任的职务，不过是一名中郎将。

诸葛亮成为军师将军是他出山4年以后的事，这个提拔速度已经不算慢了，而姜维在既无名气又未为蜀汉建立任何功勋的情况下直接被任命为将军并封为亭侯，显得很不简单。

不只如此，诸葛亮不久后又派姜维回成都，并对他的工作进行了细心安排，诸葛亮再次给张裔、蒋琬写信："可以把虎步监的兵士拨出五六千人交给他带领，姜伯约很有军事才干，他胆略过人，又深通兵法（既有胆义，深解兵意），心存汉室，才能超过众人，等他全面掌握了军事本领后，就让他进宫朝见主上。"

这一系列的安排说明诸葛亮没有把姜维当作一名普通的降人看待，谁都能看出来诸葛亮对姜维寄予了很大的期望。

选贤任能是执政者日常考虑最多的事，诸葛亮作为托孤大臣，肩负着为蜀汉拔擢后进俊才、培养接班人的重任。在人才方面蜀汉与曹魏无法相比，甚至也比不上孙吴，所以更要刻意去发掘人才。近年来，在行政、经济乃至外交方面蜀汉都涌现出一批良才，如张裔、蒋琬、费祎、杨洪、邓芝等，但军事方面的"后备干部"却有些不足。

蜀汉本来也曾将星云集，后世所谓的"五虎上将"个个都是当时享誉天下的一流将领，但近年来蜀汉似乎武运不济，名将纷纷凋零，知名的将领仅有赵云、魏延等人，名气要逊色很多的王平、陈到等人目前都挑起了大梁。

蜀汉高级将领面临青黄不接的局面，对军事人才的培养更加刻不容缓，一些文职出身的官员，如果他们身上也有军事方面的才干，诸葛亮都会不遗余力地加以锻炼，希望从中发现军事方面的人才甚至是未来的军事统帅。

诸葛亮在写给张裔、蒋琬的信中特别强调姜维精通军事，是一流的人才，又说他又忠心汉室，这些都与诸葛亮一贯追求的政治理想相符，也与目前的现实需要相契合。

姜维还有一个特殊之处，他出身于陇右，对这里的情况比较熟悉，在地方上也有一定影响力，在诸葛亮看来与曹魏的战争将是一场持久战，占领陇右、徐图东进是他既定的作战方针，姜维的出身有利于未来军事斗争的需要。

姜维是个新人，这是他的不足却也是他的优势，他与蜀汉政坛和军界素无瓜葛，所以不需要考虑太多的平衡因素，重用姜维各方面都更容易接受。

所以诸葛亮一见到姜维就下定了重点培养的决心，但这并不等于说陇右初次相见就已经明确了姜维日后军事接班人的地位，这不符合诸葛亮的做事风格。诸葛亮对姜维也有一个了解和考查的过程，通过观察才逐渐坚定了对姜维的认识，从而大胆使用、破格提拔。

姜维投身蜀汉阵营后便与母亲失散，他是个孝子，曹魏方面后来想通过他母亲动员他回归，让母亲给他写信劝降，随信还给姜维捎来了中药当归，喻指应当归还之意（送当归以譬之）。

姜维很思念母亲，但他更坚定在蜀汉的事业，对诸葛亮的知遇之恩更觉得无以回报，所以他给母亲回信道："良田百顷，不在一亩，但有远志，不在当归。"

虽然姜维来投是一大收获，但陇右战局眼看就要陷入僵持中，这让诸葛亮很着急。

诸葛亮原来认为西取陇右是出其不意的一招，避免了军事上的冒险，是非常有把握的一件事（安从坦道，可以平取陇右，十全必克而无虞），现在看来这种判断多少有些乐观了。

以蜀军的实力全部平定陇右继而拿下凉州肯定不是问题，但时间却拖不起，如果陷入对峙，曹魏援军开到，那西取陇右的计划也就失败了。

问题不仅如此，后方也传来了让诸葛亮不安的消息。

大军远征，后勤保障始终是薄弱环节，为了支持前线作战蜀汉建立了庞大的运输队伍，运输线不断拉长，安全就成了问题，广汉郡一带发生了山贼袭扰运输队、盗抢军用物资事件，他们在一个叫张慕的人带领下不断劫掠吏民。

广汉郡处在成都与汉中之间，是运输线上的重要一环，如果不能迅速平定事态、剿灭山贼，后果将十分严重。但蜀军主力都在前线，从其他地方也抽调不出来更多人马，只能依靠当地官民自己去清剿了。

郡里也有一定武装，相当于民团，由郡都尉率领，相当于民团司令，幸好广汉郡都尉是个很能干的人，凭一郡之力硬是把事情解决了。

这个都尉名叫张嶷，益州刺史部巴郡人，出身贫寒，早年当过县吏，遇强盗寇犯县里，县长逃亡，张嶷偕县长夫人冒死突围，忠义之名由此大振，后来担任了广汉郡都尉。

张嶷率领郡兵讨伐山贼张慕，张慕打不过，散入山林，张嶷骗他出来和亲（乃诈与和亲）。张嶷置办了酒席，张慕赴宴，席间趁张慕酒醉之际将其以及部下50多人全部斩杀，又清剿了其他山贼，所有山贼头目悉数斩杀。

张嶷立了大功，但他家境贫寒，得了病都没钱医治。张嶷拖着病体去郡太守何祗府上请求帮助，何祗这才得知帮助自己平定叛乱的英雄竟然病重难医，于是倾尽家财给张嶷治病。

张嶷后来被提拔为牙门将，派往南中地区清剿那里的山匪，之后留在那里当了一名郡太守。

三十八、街亭发生了什么

蜀军攻下了冀县，下一步将转攻上邦，拿下陇右全境眼看指日可待，这时传来曹魏右将军张郃率5万大军星夜驰援而来的消息。情况有些紧急，诸葛亮决定立即派出一支人马前去堵截，为陇右战役的最后胜利赢得时间。

这个任务至为重要，此去阻击只能成功不能失败。派谁去呢？在众人的心目中至少有两位合适人选：一位是魏延，一位是吴壹。魏延自不必说，镇北将军兼凉州刺史，早就独当一面。吴壹是刘备吴皇后的哥哥，讨逆将军兼关中都督，在军中的威望也很高。

然而诸葛亮却派了另外一个人，这个人大家都知道，马谡。

马谡时任丞相府参军，是诸葛亮身边的高级军事参谋，从他的资历来看，当过县令、郡太守，但在军队里的履历只是参谋，没有独立带过兵，执行如此重要的任务，行吗？

大家都在怀疑，但丞相已经做出了决定，也没人说什么。结果大家也都知道了：马谡此去一败涂地、损兵折将，更为重要的是打乱了诸葛亮陇右战役的部署，诸葛亮被迫仓促撤军。

诸葛亮用马谡守街亭，的确匪夷所思。

有人认为是马谡自己主动要求去的，他信心十足，保证守住街亭，为此还立下了军令状，诸葛亮虽然犹豫还是派他去了。但这个说法没有史料依据，只是小说演义之言。事关重大，如果诸葛亮心里真的犹豫不决，马谡说得再天花乱坠估计也没用。

派马谡去，一定是诸葛亮觉得他合适。

对马谡这个人刘备生前有不同看法，他在临终前曾专门对诸葛亮说马谡言过其实，不能大用，希望诸葛亮好好观察他，但诸葛亮并不这么看（亮犹谓不然）。

此前征南中时马谡提出的心战思想让诸葛亮印象深刻，所以对他很器重。诸葛亮让马谡当他的高级参谋，经常与他谈论问题，有时常常忘记吃饭睡觉（每引见谈论，自昼达夜），如果马谡只是纸上谈兵的赵括，估计诸葛亮不会这么重视他。

有人分析认为，从诸葛亮对马谡的态度看有刻意培养之意，马谡在诸葛亮心目中的地位现在远远超过姜维，或许在诸葛亮心中马谡就是未来军事上的接班人，为马谡创造锻炼的机会符合诸葛亮的初衷。

有人进一步分析认为，马谡的哥哥马良与诸葛亮情同兄弟，在蜀汉政治格局中诸葛亮是荆襄派的代表，得到了马氏、杨氏、习氏等荆襄人士的支持，所以对他们也格外照顾，杨仪、马谡等人就是在这种背景下受到重用的。

这种观点看似有一些道理，但说服力却不强。诸葛亮重用了马谡、杨仪、蒋琬等荆襄人士，但他也重视张裔、杨洪、费祎、董允等益州本地出身或在益州长期生活的士人，作为执掌蜀汉朝政的大臣，他在用人方面一直兼容并蓄，说他因为派系斗争的需要而力排众议使用某一个人，是站不住脚的。

但这一次确实派了没有带兵经验的马谡去守街亭，又如何理解呢？这的确不好理解，也许当时有很多具体的情况，诸葛亮派马谡去必定有他的考虑，只是这些已无法得知了。

根据史书记载，诸葛亮率大军西出祁山时要确定先锋的人选，当时军中有宿将魏延、吴壹等人，大家都认为他们最合适担任先锋之任，但诸葛亮最后让马谡当了先锋，让他统率众兵在前，最后与张郃战于街亭（亮出军向祁山，时有宿将魏延、吴壹等，论者皆言以为宜令为先锋，而亮违众拔谡，统大众在前，与魏将张郃战于街亭）。

完整地看一下这个记载，可以有两种理解。

一是诸葛亮此次西出祁山，出发前就确定了全军先锋的人选，这个人就是马谡，马谡督率先头部队首先伸入陇右地区，前面不少仗都是他指挥打的，魏军的先锋张郃来了，作为蜀军先锋马谡去堵截是理所当然的。

二是陇右战役打响，张郃率军驰援，蜀军主力必须迎战，当时蜀军尚未完成陇右战役，只得先派一支先头部队去堵截，马谡这个"先锋"指的是这支先头部队的指挥官。

两种理解都有道理，但对照史书原文似乎前一种理解更通顺，也就是说马谡其实早就担任了蜀军的先锋，他去堵截张郃其实是一件顺理成章的事。

由关中来陇右，必走关陇大道。

汉初的西北疆界只到黄河，为打通西域商路，汉武帝派人翻越陇坂，了解沿途地理和敌情，选定了关陇大道的基本路线，为保证这条路线的畅通，汉武帝在其沿线设置郡县，每隔5里设一烽燧，10里设一墩，30里设一堡，50里设一寨，从而使关陇大道成为一条重要的交通干道。

关陇大道的基本走向是：由长安出发，经过今甘肃省陇县，再过固关镇，翻越陇坂，到达今甘肃省张家川县境内的分水驿，沿马鹿、闫家店、弓门寨、张川、龙山一路西行，最后到达今甘肃省天水市。

在这条路上有一处极佳的伏击地点，名叫街亭，具体位置在今甘肃省秦安县陇南镇，秦陇大道由此经过，两边高山，中间是一条坦途，此地名为"街亭"，意思就是它处在大道的中间，正好堵住这条魏军的必经路线。

魏军长途奔袭，来的几乎全是骑兵，为了争取时间只能走关陇大道，也只能过街亭，抢先占领该地，可以利用有利地形展开阻击。

诸葛亮具体给了马谡多少人马史书没有记载，有的说是10万人，这也是小说演义的，诸葛亮此次西出祁山的总兵力大约也不过10万人，不可能都交给马谡。而且，真有10万机动部队可用也就不必打阻击了，直接把张郃的5万人马放进来围歼就行。

当时蜀军的兵马应该分布在陇右的几个郡，诸葛亮能临时调集起来的人马并不多，推测起来应该在1万人左右，用1万人去阻击5万人，打得好的话也勉强够用。

诸葛亮命王平以副将的身份一同行动，王平现在的军职是裨将，诸葛亮把从南中夷人子弟中选调出来的无当飞军交给王平统领，参加街亭战役的应该就有这支人马，之所以做出这样的安排，也许考虑到无当飞军善使弓弩，正好是骑兵的克星。

除了王平参与街亭阻击战的还有张休、李盛、黄袭等人，他们的军职应该与王平相当或稍低。在这些人里，还有一个姓陈的参军，具体叫什么名字不知道了，他有一个儿子特别爱读书，日后成为著名的史学家，这就是《三国志》的作者陈寿。

马谡带着这支人马火速赶往街亭，幸运的是他们先到了。

马谡立即观察周围的地形地势，抢占有利位置，做好伏击准备，马谡的任务是占据街亭要塞，堵住敌人，不让他们通过，把他们拖在这里一段时间就算胜利。可是马谡看完街亭的地形，决定对诸葛亮的部署进行修改，具体说就是舍弃下面的要塞上山。

街亭在山谷中，两侧的山都很高大，其中一侧被称为南山的，顶部平缓，向下三面皆陡峭，马谡决定把人马拉到南山上，待敌人前来攻打，居高临下，把敌人打败。王平是一位很有经验的将领，他一眼就看出了这项作战有致命的缺点，赶紧劝阻马谡，但马谡不听（平连规谏谡，谡不能用）。

马谡指挥蜀军上了南山，这时张郃率领的大军也到了。

张郃是一位名将，作战经验十分丰富，他打了一辈子仗，马谡还是个小朋友的时候他已经是袁绍手下的高级将领了。张郃看到蜀军不占大道上的要塞反而上了山，立即猜出了蜀军的意图，下令不急于攻山，而是断了山上取水的道路（绝其汲道）。

山上有上万名蜀军将士，还有马匹，随时需要大量水源，时间短了还能忍忍，时间一长就麻烦了。马谡这才吃惊地发现，原来水道是他的软肋，眼看不能久拖，马谡只好硬着头皮下令从山上向下面出击。

结果可想而知，蜀军大败，四散逃命（众尽星散），只有王平率领的一支人马，临阵不慌，他们不断敲击战鼓（鸣鼓自持），张郃以为有伏兵所以没敢猛追，蜀军守街亭的 1 万人马最后只剩下王平带回来的 1000 多人。

以上是史书关于这场战役过程的记载。

看了这个过程不免会产生许多疑问：马谡为何固执地认为上山更好？王平从哪些方面看出上山不利，他有没有告诉马谡？马谡虽然没有带兵的经验，但应该也是位出色的参谋，否则诸葛亮不会重用他，在显而易见的事实面前，他为何仍然固执己见？蜀军毕竟也有上万人，何以败得如此迅速和彻底呢？

这又是一个困惑，就像诸葛亮为什么派马谡守街亭一样，马谡为什么把仗打成了这个样也实在让人不解，马谡除非是曹魏派来的卧底，否则他的指挥怎么看都让人匪夷所思。

而这一切又都真实地发生了，要找出合理的解释，或许只能结合街亭的地理状况来推断了。如果现在去古街亭战场作一番实地考察，就会发现此处确实十分险要，两边的山很高，魏军舍中间的大道便无法通过，尤其是他们的骑兵，不走山谷中间便无路可走。秦陇大道行至此处，鬼斧神工地出现了一道地质断层，西边比东边高出 10 多米，成为一处断崖，街亭要塞就是以此为依托修成的。

也就是说关陇大道走到这里形成了高度落差，西高东低，蜀军占领街亭这个要塞，正好可以居高临下堵住魏军，要想过必须向上攻，类似于攻城，这是冷兵器时代所有将领都头疼的事，以 1 万人守住 5 万人的进攻是可能的。

但是当马谡来到街亭时他看到的或许是另一番景象，都知道街亭有处要塞，但这处要塞早已年久失修、残破不全，敌人来攻很多地方都可以轻松下手，原来固若金汤的街亭要塞现已不复存在了。

有这种可能吗？有。

这与街亭两边的区域环境有关，街亭所在的天水郡一直是曹魏的控制区，街亭要塞的作用实际是防范由东面而来的敌人，对西面之敌却没有任何作用，如果陇右一带有人造反，他们会想起街亭，用它来抵挡曹魏的大军，反之则毫无意义。因此，曹魏控制街亭后不会下力气整修这处工事，为防今后出现不测，刻意对其破坏都是有可能的。

对马谡和蜀军来说，这是一个极为严重的新情况。

现在修整工事时间来不及了，张郃的大军马上就到。在这种情况下，马谡想到了上山。在实战经验丰富的王平看来山上固然很好，但并不利于防守，因为山上没有水源，上万人马齐聚山顶，假如敌人不急于求战，来个困而不打，山上的人不就惨了。

假如王平提出了这样的看法马谡还会坚持吗？也许会，因为在马谡看来，张郃为什么不急于求战呢？如果他真的不战，在这里慢慢耗着，那不是更有利了？他的任务就是拖住魏军，不管用什么办法，只要拖住他们一段时间，就算完成了任务。

所以在马谡看来，心急火燎地从东面赶来的魏军一定会发了疯似的攻山，到那时他们依托居高临下的地形，只要用弓箭、连弩去"招呼"敌人就行了。

马谡可能认为水源也是个问题，但问题不大，他是荆州人，后来长期生活在益州，因是南方，整天发愁的是如何防水防涝，在他的脑子里还没有因为缺水而带来麻烦的经历。况且他得知，南山上面没有水却有水源（水道），有这个还怕什么。

但如此一来水道就成了蜀军的软肋，这一点岂能逃过经验丰富的张郃的眼睛，张郃一下子抓住了蜀军的要害，导致蜀军全面溃败。

水道被破坏后蜀军仍不至于立即大败，一天不喝水有点儿难过，但不致这边没水那边就会死人，马谡还有反击的机会。但他是参谋人员，有智商也有情商，却缺乏胆商，关键时刻他方寸大乱，拿不出绝地反击的办法了。

而且马谡在军中缺乏足够威望，他是参谋出身，跟大家在一起的时间也短，还没有建立起足够的亲和力和默契度，水道被断后众人对他肯定充满了指责和埋怨，马谡已经控制不了局面了。

以上多重因素叠加，注定了蜀军在街亭必败。

三十九、有没有"空城计"

京剧有一套传统剧目叫"失空斩"，由《失街亭》《空城计》和《斩马谡》3部戏组成，剧情相连，起因都是马谡丢失街亭。

根据剧情，马谡失街亭让蜀军措手不及，为避免全线溃败诸葛亮不得不上演了一出"空城计"，骗过了魏军统帅司马懿，之后蜀军安全撤回汉中，诸葛亮追查街亭失利的责任，马谡被斩。

以上情节与历史事实大体相合，失街亭、斩马谡都是有的，但其中一些细节并不符合史实，尤其"空城计"这一段。

街亭大败的消息肯定会让诸葛亮很震惊，他当时在哪里呢？

他在祁山附近的天水郡西县，前面说过，诸葛亮占领西县后把大本营就放在了这里。街亭在广魏郡，西县的东北方向，两处直线距离在200公里以上，中间山水阻隔、道路险峻，以魏军的行进速度，即使由街亭直奔这里也得好几天才能到。

而此时整个陇右地区蜀军兵力仍占上风，张郃的任务只是打前站，控制住局势，并不是寻找蜀军主力决战，所以放下陇右其他重镇直接进攻西县，这种可能性不大。

尽管如此，诸葛亮仍决定马上撤退。张郃的5万人马虽不足虑，但随后就会有大批魏军源源不断开来，拿下陇右继而攻占凉州的计划已经失败了。

诸葛亮命令各部撤退，他自己离开西县时还随队带走了该县1000多户人家，把他们迁到汉中（**乃拔西县千余家还汉中**）。

所以这次撤退是从容的，并不需要上演"空城计"。

那么，至今妇孺皆知的"空城计"又是怎么来的呢？

晋朝有一部史书，讲晋初扶风王司马骏守关中，他手下有几位中下级官员在一起议论诸葛亮的功过，大家对诸葛亮多持讥评，认为他托身蜀汉不当，力量小却想办大事（**力小谋大**）。有个叫郭冲的人站出来为诸葛亮鸣不平，说了诸葛亮的5件事，把这几位官员说住了，司马骏听后十分感慨，称赞郭冲说得对。

这就是有名的"郭冲五事"，其中一件就是诸葛亮的"空城计"。

按照郭冲的说法，诸葛亮有一次屯兵在外，魏延率主力东进，他只留有1万人马守城，这时魏军主将司马懿率20万大军来了，和魏延率领的主力错道而行，蜀军因此没有发现，等诸葛亮知道情况时敌人只有60里了（**径至前，当亮六十里所**）。

诸葛亮想派人通知魏延，但相去甚远，魏延即便回军也来不及了。城中将士皆失色，诸葛亮却镇定自若，他下令军中偃旗息鼓，不准随便走出营帐，又下令大开城门，并派人洒扫街道（**敕军中皆卧旗息鼓，不得妄出庵幔，又令大开四城门，扫地却洒**）。

司马懿知道诸葛亮一向持重，而今却摆出如此虚弱无力的样子来，怀疑诸葛亮有伏兵，于是率领人马向北上了山。第二天到了吃饭时，诸葛亮对左右的人拍手大笑道："司马懿必然认定我装出胆怯，一定会有伏兵，所以遁山而走。"

侦察兵报告确实如诸葛亮所说，司马懿后来也知道了这件事，后悔不已。

这大概是诸葛亮用"空城计"骗司马懿这件事的出处，只是郭冲说的"空城计"并非发生在西县，而是阳平关。这样就有漏洞了，因为司马懿从来没有率兵到汉中腹地阳平关与诸葛亮交过战，而一次出动20万人马也不可能。

并且，司马骏是司马懿的儿子，郭冲作为司马骏的下属，胆敢在儿子面前非议他老子，可能性更小。

所以，晋朝这部史书所载的"郭冲五事"虽然细节逼真、过程齐全，但可靠性并不强。然而这成为小说家进一步发挥创作的素材，也就有了诸葛亮在西县用"空城计"吓退司马懿10万大军的故事。

司马懿现在根本不在陇右，而在千里之外的荆州。

这次陇右保卫战曹魏虽然从中线战场抽调了一些人马支援西线，但作为中线战场的总指挥司马懿本人并没有来，带队的是张郃。

张郃没来西县，司马懿更不可能来，说诸葛亮在西县摆下"空城计"，那他对付谁呢？

再退一步分析，如果司马懿真的能率10万大军突然围住西县，诸葛亮能不能摆出"空城计"呢？答案也是否定的。

作为一座县城，规制有着严格的限制，城池的周长不过十来里，与现在县城的概念完全不同。可以看一下北京西南郊的宛平城，这也是个县城，大体上是古代县城的标准版，该城有4座城门，城中的主要街道其实只有2条，也就是连接4座城门的街道，站在任意一处城墙上都可以把城内的情况一览无余。

古代县城里的常住人口一般也不多。在汉末三国时，即使中原地区超过1万户的都算是大县了，像西县这样的边地小县，人口很难超过5000户，这还是全县的总人口，不是住在县城里的人。诸葛亮撤退时带走了西县1000多户，这大概占了西县全部人口的绝大部分。

也就是说西县的城池很小，站在城外随便一个制高点上就可以看清城里的一切，不用10万人，只需1万人马就能把它围成铁桶，司马懿真的来到城外，诸葛亮并没有施展"空城计"的条件。

而且，这么小的县城里也藏不了多少人，即使司马懿胆小，怕杀进去遇到埋伏，那也肯定会先围起来再说。

事实上，西出祁山的这一路蜀军撤退得还算顺利。

再说另一路蜀军，他们在赵云、邓芝率领下由褒斜道发起佯攻，在箕谷与曹真率领的大军相遇，由于寡不敌众，被魏军打败。

褒斜道是秦岭山中大体呈东北—西南走向的一条栈道，两侧有一些溪谷，箕谷是其中之一，今即伐鱼河谷道，因形如簸箕故称"箕谷"。有人考证伐鱼河本名叫伐魏河，因蜀汉经此伐魏而得名，秦人"鱼""魏"音近，相沿日久讹传为伐鱼河，该河又古称磻溪，相传姜太公垂钓即在此河，今河上建有钓鱼台水库。

箕谷的位置靠近褒斜道南口，附近有蜀军的重要军需仓库赤岸，如果从褒斜道出击曹魏，赤岸是最近的后勤补给基地，所以赵云开始让邓芝守住赤岸，自己由箕谷北上，深入到褒斜道深处。

这一段栈道有近百里，非常险峻，一端悬于崖壁之上，一端凌空，栈道之下全靠立柱支撑。登过华山的人应该有体会，站在这种凌空栈道之上，有恐高症的人一定吓得不敢动弹。

赵云本来只是佯攻，任务是吸引曹真大军的注意力，让他不得不在褒斜道的北口重兵驻防。没想到曹真主动出击，沿着褒斜道杀了进来，赵云兵力有限，不敢在秦岭山中与魏军过多纠缠，于是后退。

蜀军退、魏军追，在褒斜道里一直追到了箕谷。

再往前就是汉中盆地，如果曹真追出来汉中就保不住了。危急关头赵云下令把栈道烧了，魏军无法前进，只得退去。火烧栈道虽然保住了汉中，却使蜀汉蒙受了巨大损失，因为如果今后再想从褒斜道出击，必须先修好这条栈道。

所幸的是这一路蜀军损失并不大，诸葛亮后来问邓芝："街亭失败后各部兵将都失散了，兵不知将，将不见兵，而箕谷退军时却能做到将不离兵、兵不离将，是什么缘故呢（箕谷军退，兵将初不相失，何故）？"

邓芝如实回答丞相："赵将军亲自断后掩护撤退，所有军资装备一点儿都没有丢弃，兵和将也没有分离。"

同样是兵败，马谡吓傻了眼而赵云却能镇定从容，这就是老将与新手的区别，这不仅靠胆识，更是身经百战所积攒出来的经验，还有长年累月和将士们之间形成的默契与相互信赖。

赵云军中有不少富余的绢帛（云有军资余绢），诸葛亮让赵云拿出来分赐给部下，赵云对丞相说："仗没有打好，还要什么赏赐？所有的物资请全部存入赤岸的府库中，等到冬天发给大家过冬吧！"

四十、马谡究竟该不该杀

第一次北伐就这样结束了，总的来说打了败仗。

诸葛亮回到汉中，还来不及休整就着手检讨此次战败的原因，追究相关人员的责任。毫无疑问，街亭惨败是此战被逆转的关键，马谡是战败的第一责任人。

可这时大家才发现，马谡找不到了。

蜀军从街亭败下来，1万多人只剩下了1000多，他们是在王平等将领率领下回来的，而马谡下落不明。

马谡干什么去了？他潜逃了。

街亭战败，马谡知道这个祸闯得太大了，他又悔又怕，没敢回去，逃跑了（谡逃亡）。他是怎么逃的、逃到了哪里，史书没有详细交代，只有马谡的好朋友向朗知道一些细节，向朗此时正以丞相府长史的身份在汉中供职。

打了败仗，已经犯下大错；又私下逃走，一错再错。

马谡还是回来了，是自己跑回来的还是被抓回来的史书也没有记载，诸葛亮命令把马谡下狱审查。

诸葛亮与马良、马谡兄弟感情很深，他们之间的交往可以追溯到青年时期，尤其是马良，是诸葛亮的挚交，马良称诸葛亮为"尊兄"，按当时的习惯非亲戚关系一般不这样称呼。马良为国尽忠后诸葛亮视马谡为自己的弟弟，对他的才华也十分欣赏。

但感情代替不了国法军规，诸葛亮不会徇任何私情。

在狱中马谡也知道罪责深重，给诸葛亮写信说："您一向拿我当儿子看，我也把您当作自己的父亲（明公视谡犹子，谡视明公犹父），愿您能体察舜杀了鲧却能起用禹的大义，使我二人平生之交不因此事而亏损，我虽死了，也无恨于黄泉！"

马谡说的是一段上古往事，那时洪水滔天，舜命鲧治水，但无功，舜杀鲧于羽郊，但舜不因此废人，后来又命鲧的儿子禹去治水，禹治水功成。

马谡说此话有两层意思：一是想说街亭之败虽罪不容赦，但不是自己刻意为之，就像鲧治水无功一样，都是天命使然；二是想以此向诸葛亮托付后事，希望诸葛亮能一如既往善待马氏族人。

马谡有子女，但情况不详。马良的儿子马秉在蜀汉任骑都尉，很受诸葛亮和后主的信任。

马谡该不该杀？大家对此还有不同意见。

胜败是兵家常事，打了败仗不一定就犯了死罪，关键要看打的是什么样的败仗、仗又是如何败的，除非有特别的情况，造成了十分严重的后果，一般情况下败军之将可以被降职、撤职，却很少有被立即砍头的。

只凭打败仗马谡还不致死，但这又是影响全局的街亭之败，杀他也应该。所以，杀马谡，说得通；不杀马谡，也不算枉法。

但马谡不该犯下第二个大错，那就是逃亡，这一条也是大罪，不说打败仗的事，仅这一项也能定死罪，马谡离死刑又近了一步。

但仍然有人建议不要杀，蒋琬正好由成都来汉中，劝诸葛亮："当年晋楚相急，楚王杀了成得臣，可以想见晋王是多么高兴。现在天下未定，却杀才智之士，岂不可惜？"

成得臣是楚国名将，他指挥楚军在城濮与晋军会战，结果楚军大败，大家都跑去向晋文公道贺，晋文公却忧心地说："楚军主帅成得臣还在，我们的灾难恐怕还没结束。"但楚王因打了败仗而斩杀了成得臣，晋文公听到后如释重负，喜不自胜，比打了胜仗还高兴。

诸葛亮明白蒋琬的意思，人才确实也难得。

但诸葛亮内心里已坚定杀马谡以明军纪的想法，听完蒋琬的话他流下了眼泪，对蒋琬说："孙武之所以能决胜于天下，在于他用法严明。所以昔日杨干乱法，魏绛杀其仆人。现在天下分裂，兵争正起，如果不讲法纪，拿什么讨伐贼人呢（四海分裂，兵交方始，若复废法，何用讨贼邪）？"

诸葛亮讲的也是晋国故事，那是在晋悼公时，他的弟弟杨干犯法，大夫魏绛处斩了杨干的仆人，晋悼公认为魏绛做得好，命魏绛主持晋国军队。现在正因为大业未兴，处在用人之际，所以更要讲法纪，这样才能吸引更多的人才。

诸葛亮还是把马谡杀了。

蜀军将士听说马谡被杀，无不为之流泪（于时十万之众为之垂涕），诸葛亮也亲自为他祭奠，后来待马谡的遗孤如自己亲生孩子一样。

就诸葛亮杀马谡一事，后世的史学家曾提出过不同意见，晋代史学家习凿齿认为，蜀国居于偏僻之地，优秀人才本来就少，现在杀俊才，只能退收庸才（杀其俊杰，退收驽下之用），诸葛亮虽然强调了法纪，却害了人才，还能成就什么大业？

但这个逻辑是讲不通的，如果是个人才就可以不受法律的约束，那这个世界会恐怖成什么样？

参加街亭战役的其他几位将领也受到了处罚，张休、李盛与马谡一同被杀，另一位将领黄袭被夺去了兵权，没有被追责的只有王平，因为他曾力谏马谡，兵败后又能组织有效撤退，减少损失，所以不仅没有受罚，而且由裨将军晋升为讨逆将军，封亭侯。

赵云虽然组织撤退有功，但毕竟箕谷还是打了败仗，诸葛亮奏请后主，将赵云的镇东将军降为镇军将军，相当于由兵团司令降职为军长。

向朗知道马谡潜逃的事却没有报告，因此也受到连累，诸葛亮二话不说，把向朗一撸到底（免官还成都）。向朗的仕途本来一直看好，在诸葛亮着意培养的人中，向朗是有前途的人之一，资历、地位都远在蒋琬、费祎等人之上，但此事严重影响了他的发展，虽然数年后他重新复出，但也只是在朝廷里担任了光禄勋的闲职。

马谡手下有一位姓陈的参军也因为此事受到处罚，被诸葛亮处以髡刑，即剃去头发的一种有期徒刑。此人有一个儿子，特别好学，后来拜蜀中大学者谯周为师，他就是《三国志》的作者陈寿。

有人认为，正是因为陈寿的父亲此次受罚，加上诸葛亮死后陈寿又被诸葛亮的儿子诸葛瞻所轻视，这些影响到他著史的忠实性，在《三国志》里陈寿评价诸葛亮"随机应变和用兵的谋略不是他的特长，缺乏应敌之才（将略非长，无应敌之才）"，又评价诸葛瞻"只

151

善于书法，名气很大但没有实才（惟工书，名过其实）"，这些评价都不客观，受到大家的批评。

这其实并不客观，只要认真读完陈寿为诸葛亮所作的传记，就会发现他对诸葛亮是极为推崇的，在《三国志》里陈寿对诸葛亮有大量的赞颂，并明确地说诸葛亮是治世的良才，可以与管仲、萧何相匹敌（可谓识治之良才，管、萧之亚匹矣），不存在有意诋毁。诸葛亮的第一部文集也是陈寿编著的，因为他的努力诸葛亮的许多作品才得以保存下来。

至于诸葛亮的将略，这是个有争议的话题，陈寿的看法至少算是一家之言吧。

该杀的杀了，该罚的罚了，诸葛亮认为对此事的追责还没有结束，有一个人也要受到惩罚，这个人就是他自己。为此，诸葛亮向后主上表，主动承担责任：

"我以浅薄的才能，占据着不能胜任的职位，执掌军权，督率全军，却不能按照规章，严明法纪，面临大事而不慎重，发生了马谡在街亭违抗军令的错误以及赵云在箕谷戒备不严的过失（致有街亭违命之阙，箕谷不戒之失），这些都是我用人不当造成的。我清楚对下属不了解，考虑问题不周全，按照《春秋》里提出处罚主帅的原则，我应当受到处罚。请将我的官职降低三级，以惩罚这个罪过（请自贬三等，以督厥咎）。"

这次打败仗诸葛亮的确负有责任，正如这份上疏中所说，他的责任在于用人不当，错用了马谡，造成了无可挽回的损失。

但是谁没打过败仗呢，谁又没走过麦城？曹操一生打过多少败仗？孙权也打过，刘备也打过，有胜就有败，普通将领兵败受罚，但对于大军统帅，还没怎么听说过打败仗受惩罚的，诸葛亮自己不提，不会有人去追究他的责任。

但诸葛亮一向执法严明，马谡有错，他不包庇，赵云、向朗他本可以睁一只眼闭一只眼，但也不马虎，轮到自己，更是带头执法。后主接到奏疏，按照诸葛亮的意见，下诏将他由丞相降为右将军，代行丞相职权。

四十一、寂寞的曹植

蜀军撤离陇西后，魏军趁机把这些地方全部收回。

除张郃所部外，曹真率领的人马也陆续抵达了陇西。陇西各郡有不少投降蜀汉的人，最大的一支是安定郡的杨条。他率众劫持官员据守月支城响应诸葛亮，曹真率大军一进入安定郡，杨条便自缚出降。

街亭之战发生时魏明帝还在赶往长安的路上，虽然前面传来报告说危情已解除，但魏明帝仍决定继续前行，于曹魏太和二年（228）2月到达长安。

魏明帝下令对陇西会战进行检讨，该罚的罚、该奖的奖。陇西各郡的地方官员，除陇西郡太守游楚等因守城有功被封赏、升职外，其他大部分人都受到了惩处，其中南安、天水两郡的太守还获重刑。

本次会战左将军张郃立了大功，魏明帝下诏给予嘉奖："贼人诸葛亮率巴、蜀乌合之众，遇上了猛虎一样的我军将士，将军您披肩甲、执锐器，攻无不克、战无不胜，特嘉奖您的大功。"

魏明帝下诏给张郃增加食邑1000户，连同之前的食邑共4300户。之后命张郃率本部仍回防荆州，继续接受司马懿的指挥。

雍州刺史郭淮、凉州刺史徐邈也受到了表彰，诸葛亮派马谡守街亭的同时，还派蜀将高详驻守列柳城，郭淮攻击高详，取胜。之后郭淮还率部在枹罕攻破陇西著名羌人首领唐氾，魏明帝下诏加郭淮建威将军的头衔。徐邈指挥部属积极开展防守，也打了胜仗，被封为都亭侯，食邑300户，也加建威将军的头衔。

大将军曹真没有受到封赏，作为整个西线战场的总指挥，毕竟一开始他判断出现了失误，把防御重点放在了关中，结果在陇西措手不及，大部分城镇一度陷落，曹真应对此负责。后期曹真积极补救，重新收复了失地，但损失和影响已经造成，功过相抵，不予惩罚也不予表彰。

为进一步提振士气，魏明帝向天下发出公告，并特意指示必须公告到益州（*帝露布天下并班告益州*）。在这份公告里，魏明帝连贬带损地把诸葛亮说得一无是处，是因为之前诸葛亮曾代刘禅颁布过《伐魏诏》，这算是对他的回击。

为庆祝此次大捷，魏明帝下诏大赦天下。

曹魏太和二年（228）4月，魏明帝回到了洛阳。

之所以匆忙从长安赶回来，是因为内部出了问题，情况还相当严重。就在魏明帝御驾亲征长安期间，洛阳到处流传着一个谣言，说魏明帝在外驾崩了，曹魏的大臣们正在商议迎请雍丘王曹植继位（*是时讹言，云帝已崩，从驾群臣迎立雍丘王植*）。

这当然禁不起推敲，但它来得十分突兀，因为曹植已经有很多年淡出了人们的视线，现在把他抬出来，背后一定有文章。

这个谣言不可能是曹植或他手下人散布的，那毫无意义，反而给自己找麻烦。制造和散布这个谣言的无外乎两种人：一是曹魏内部的反对派，他们或反对曹魏政权，或只反对魏明帝，总之希望曹魏混乱或分裂，之后趁乱起事，浑水摸鱼；二是曹魏的对手，最有可能的当然是蜀汉，孙吴也不能排除。

利用谣言打击对手属于舆论战，也是作战的一种形式。魏、蜀、吴三方都向对方互派了不少间谍人员，收集情报、搞暗杀等活动之外也负责制造谣言，从内部扰乱对手，这次洛阳突然冒出来这样一个谣言，诸葛亮的嫌疑最大。

这个谣言流传甚广，弄得人心惶惶，曹魏的大臣们以及太皇太后卞氏都十分害怕（京师自卞太后群公尽惧），在这种情况下魏明帝自然不敢在长安多待，赶紧回驾洛阳。

看到孙子平安回来，太皇太后悲喜交加，心里的一块石头才算落了地。她主张追查谁编造了这个谣言（欲推始言者），但魏明帝不同意："天下人都这么说，又追查谁呢（天下皆言，将何所推）？"

在这件事情上似乎可以看出魏明帝有一些无奈。

谣言当然是可恶的，但谣言之所以能流行，被大家乐于传播，还是因为人心有所指向，看来大家对自己继位以来的作为多少有些不满，所以才希望皇权易位，对魏明帝来说这是一种伤痛，不愿意追查下去就是希望这种痛到此为止。

同时，这件事牵扯进叔叔曹植，也是一件敏感的事。由于早年的特殊经历，魏明帝对曹氏宗亲在情感上与父亲有所不同，父亲的这些兄弟、自己的叔叔们处境都不怎么好，魏明帝更能理解和同情他们，但要改变父亲苛禁宗室的政策，魏明帝还下了不那样的决心。

所以，魏明帝继位以来曹植等人处境虽有所改善，但总体上依然远离着政治，在各自封地过着看似逍遥实则形同被软禁的生活。

曹植这些年先后被封为平原王、鄄城王和雍丘王，封地一改再改，也是对他的一种提防。曹丕驾崩前一年，即黄初六年（225），曹丕在东征途中专门去了趟雍丘，与曹植有过一次长谈，谈话的内容不得而知，但气氛应该不错，曹丕走时下诏为曹植增加封邑500户。

魏明帝继位后曹植一度被改封为浚仪王，次年又复为雍丘王。侄子继位，燃起了曹植心中本已泯灭了的抱负，他觉得自己怀抱着利器而无所作为（植常自愤怨，抱利器而无所施），于是向魏明帝上疏要求出来做一些事。

这份奏疏正好写于太和二年（228），不清楚是不是这一年的年初，如果是的话，或许与春天里洛阳出现的那个谣言多少有些关联。

但是，曹植的满腔热情却没有下文。

也不能说完全没有任何反响，就在这份上疏发出的第二年曹植再次改封，这一次的地点是东阿。

雍丘属豫州刺史部陈留郡，即今河南省开封市杞县，大学者蔡邕、才女蔡文姬的故乡，当年曹操曾在此亲自指挥过雍丘之战，这里相对比较贫瘠，曹植被封为雍丘王5年，为改变这里的面貌，亲自组织大家种果树，迄今累计种植了5万多株。

东阿县属兖州刺史部东郡，在当时自然条件要好得多，所以这次改封与前几次不同，是从贫瘠的土地迁往肥沃的土地（转居沃土）。据说这次改封是太皇太后提议的，她说雍丘低洼潮湿，所以把曹植改封到东阿，还特意强调先派人去问问曹植的意思，如果同意再改封（可遣人按行，知中居不）。

曹植于是离开了居住了5年的雍丘来到东阿，魏明帝还曾下诏从国家仓库里拨出5000斛粮食补助他。

　　处境虽然改善了不少，但曹植试图在政治上有所作为的理想却一直未能实现，曹植仍然在他的封地过着寂寞的日子。

四十二、孙权的荆州

蜀汉和曹魏在那边对峙，让孙权轻松了不少。

为配合诸葛亮第一次北伐，孙权也发动了一次江夏战役，虽然成效不大，但却形成了在荆州战场上的攻势局面，战略上更加主动。

武昌作为孙吴新大本营的地位更为巩固，这里的自然条件非常好，其三面环山，一面临水，其东南方的幕阜山余脉，山势险峻，是天然的军事屏障。而江边的西山十分秀美，环城绕廓有洋澜湖和三山湖，让古武昌城显得景色宜人，适于居住。附近的西山还自古出铁，离武昌不远的汀祖、碧石和大冶一带铜矿丰富，冶炼业在这里早有一定规模。

武昌城西 90 里处有樊川，可停泊水军船只，与樊川相连的有长达百里的梁子湖，湖面很宽，水量足，终年不枯，是操练水军的理想处所。由樊川还可轻松进入长江，其交汇处就是三国时期著名的军事要塞樊口，这里已经成为孙吴水军重要的基地之一。

要与强大的魏军争衡，水军是吴军的制胜法宝，孙权一向重视水军建设，大本营迁到武昌后，孙权命人在这里大量造船，其中有一艘最大的战船取名为长安，船造好后，孙权下令在钓台圻试航，他本人亲自登船参加首航。

但这一天天气很不好，船行至江上突遇大风，亲近监谷利下令船工驶回樊口。孙权生性喜欢冒险，大风大浪根本吓不住他，反而激起他挑战自然的欲望。

孙权身向船工下令道："扬帆驶往罗州（当张头取罗州）！"

船工当然得听孙权的，谷利急了，拔刀对船工道："不去樊口者斩！"

船工只得掉头回樊口，风果然越来越猛，几乎无法行进。

谷利本是一名奴人，为人忠果刚烈，从来不会曲意逢迎（言不苟且），因而受到孙权的喜爱，把他留在身边，平时呼他作"阿利"，之前在逍遥津那次也是谷利帮孙权脱的险。

试航归来，孙权对谷利说："阿利，你怎么这么怕水（阿利畏水何怯也）？"

谷利跪着回禀道："大王是万乘之主，不能轻于不测之渊，戏于猛浪之中，船楼很高，容易颠覆，一旦出了意外，社稷怎么办？所以我才以死相争。"

孙权听完更加器重他，以后连"阿利"也不叫了，常叫他"谷"（自此后不复名之，常呼曰谷）。

应该说，孙权在战略上比刘备主动得多。刘备当年占据益州后就把大本营从荆州迁到了成都，虽然更安全了，但也从此失去了主动。

三国争雄，长江就是一个主战场，很多战事发生在长江之上或两岸，而荆州是长江防线的核心，刘备的退守与孙权不断西进形成了鲜明对比，当年关羽失荆州，表面来看是一系列偶然事件所造成，但仔细想想里面其实有着战略上的必然。

孙权十分重视对荆州的经营，连年战事，荆州地区的经济也造成了严重破坏，为了保持供养军队，百姓的税赋负担接近了极限，孙权看到这种情况，颁布命令："战争已经进行了很久，百姓流离失所，农业松弛，父子夫妇之间也不能相互关照，想到这些我心里很难受。现在北方的敌人已经退去，境内已无战事，各州郡可以减轻百姓赋税（其下州郡，有以宽息）。"

减轻赋税当然受到上上下下的欢迎，但如何弥补由此带来的收入亏空也是一个问题，辅国将军兼荆州牧陆逊建议军队增加屯田（表令诸将增广农亩）以解决军需不足的问题，孙权认为很好，下令推广。

屯田在曹操时期就早已推行，屯田户平时务农、战时为兵，两方面都能兼顾，曹魏通过大量实施屯田渡过了经济难关，但这项制度在孙吴还没有大面积展开。为推广屯田，孙权本人带头参加耕作，他还以自己和儿子们的名义领种了公田，申请了8头牛和4张犁（车中八牛以为四耦），孙权对大家说："这样做虽然比不上古人，但我愿意与大家分享种田的辛苦（虽未及古人，亦欲与众均等其劳也）。"

江夏战役结束后陆逊再度上奏，对时局进行了分析，认为魏明帝继位后曹魏境内造反的人减少，中原恢复平静，魏明帝选拔了一批忠良之臣，宽松刑罚，广施恩惠，减轻赋税，取悦民心，以此看来，孙吴所面对的敌人比曹操在时还强大（其患更深于操时）。陆逊建议除减轻赋税外还要进一步施行仁德，减轻刑罚（施德缓刑，宽赋息调）。

在这份上奏中，陆逊还专门写了这样几句话："有许多忠言不能一一陈述，只有那些苟且容身的小人才频频以营营小事向您奏报（忠说之言，不能极陈，求容小臣，数以利闻）。"

这也许只是一些客套话，但也许有所指，所以引起了孙权的深思和警惕，他从陆逊的信中似乎看出了需要进一步广开言路、除旧革新的意味，于是给陆逊回了一封很长的信，表示陆逊提出的刑罚、赋税过重的问题将交有关部门讨论研究，鼓励大家多提尽规之谏，千万不要心里有话藏着不说（不能极陈）。

在给陆逊的这封回信里，孙权也专门写了几句话："我和你在名分上虽有君臣之分，但休戚荣辱是一样的，你表中所说不敢随流苟安，这正是我对你的衷心希望啊（来表云不敢随众容身苟免，此实甘心所望于君也）！"

孙权让有关部门把现行法律政策逐条开列，派中郎将褚逢送交陆逊和诸葛瑾，让他们增删认为不妥当的地方（使郎中褚逢赍以就逊及诸葛瑾，意所不安，令损益之）。

但对陆逊说的曹魏现在更强大的观点孙权并不认同，孙权与诸葛瑾曾有过一次谈话，孙权详细分析了曹操、曹丕和曹叡三代的用人特点，认为曹叡现在重用的陈群、曹真等人，要么是文人儒生，要么是宗室子弟、皇亲国戚，无法担当起治理天下的重任。

在这次谈话中孙权认为，曹丕达不到曹操的万分之一，而曹叡还不如曹丕，其差距就像曹丕与曹操一样（今叡之不如丕，犹丕不如操也）。孙权还认为，曹丕临死前做出的辅政安排很有问题，曹叡幼弱，不像曹丕继位时已是成年人，曹真等人势必结党营私，形成各自的帮派（阿党比周，各助所附），到那时曹魏必奸谗并起，互相猜怨，而幼主不能统御。自古至今，哪里有让四五个人把持着朝政而不让他们互相倾轧仇杀的（安有四五人把持刑柄，而不离刺转相蹄啮者也）？

孙权的眼光应该说很毒辣，曹魏后来日渐式微，有人认为正是始于文帝、明帝接班之时，表面风光强大，但正如孙权分析的那样，权力核心未能巩固，从而慢慢走向衰亡。

但就眼前的情况看，陆逊的担忧却不无道理。

就在曹魏应对诸葛亮第一次北伐的前后，孙吴接连发生了多起叛降事件，说明问题的严重性，也极大地挫伤了士气。

江夏战役发生前昭武将军韩当因病去世。他的儿子韩综承袭爵位并统率部曲，因为有孝在身，孙权没有让韩综参加江夏战役，而是让他留守武昌。在此期间，韩综干出了淫乱不轨的事，被孙权发觉，感到压力很大。

韩综具体干了什么事史书没有明确记载，孙权考虑到他是老将之后，并没有追究他的责任，可韩综仍然感到惧怕，动了叛降的念头。

韩综怕左右不从，就暗中派人抢劫，之后又表示宽恕抢劫的人，结果鼓励了大家，让大家纷纷效法。韩综突然诈称接到孙权的命令，要严厉追究抢劫者的责任，造成了将士们的恐慌。

一个人已下水，自认为最安全的办法就是拉更多的人下水，韩综这时召集大家商量，孙吴军纪很严，对犯罪的惩处也很重，众人一致认为只有投降曹魏一条路可走。

为进一步拉拢部下，韩综以安葬父亲为由召集族人，把族人和亲戚中的女人嫁给自己的部将，甚至把自己宠爱的婢妾也给了出去（尽呼亲戚姑姊，悉以嫁将吏，所幸婢妾，皆赐与亲近）。

黄武六年（227）12月，韩综和大家杀牛饮酒歃血，共同盟誓，之后载着父亲的灵柩，携数千人逃往曹魏。韩综是孙吴名将之后，一下子又带来了数千人，受到曹魏的欢迎和重视，魏明帝任命韩综为将军，又重新封了侯爵。

韩综投靠曹魏后很卖力，不断袭扰孙吴边境，杀害孙吴人民，孙权对此痛恨不已。但直到孙权去世，韩综过得都很逍遥自在，最后还是诸葛瑾的儿子诸葛恪发动东兴之战，把韩综打死，首级送到孙吴太庙。

除了这次叛降事件，还有吴将翟丹的叛降。翟丹其人其事不详，可能是犯了什么错，感到恐惧，因而叛降。

一连串的叛降事件让孙权深为反思，他认为或许是之前的刑罚过重才迫使大家叛降，故此发布了一道命令："今后将领们只有犯了3项重罪，才能交有关部门议处（自今诸将有重罪三，然后议）。"

史书没有记载孙权具体指的是哪3项重罪，这道命令实际上是减缓刑罚的一部分，对于制止不断发生的叛乱起到了重要作用。

四十三、曹休之死

这时，诸葛亮第一次北伐结束了。

魏军在西线战场取得大捷，消息传到合肥，负责东线战场指挥的大司马曹休既感到鼓舞，也感到了压力。

曹魏东线战场主要指的是扬州，对手是孙吴。曹操在世时魏吴双方多次在这一线交战，主要的战场一是合肥，二是长江边上的濡须口，双方互有胜负。

曹丕时，东线的主战场逐渐移向了濡须口以东的广陵郡一带，曹丕不止一次亲征广陵郡，但都无功而返，双方以长江为轴线展开了攻防，长江以北除少数地方外基本都为曹魏控制。

近年来，孙吴趁曹魏政权交替之际不断向长江以北蚕食，魏吴实际控制线已经向江北深入了很远，最北端离巢湖都不太远了，孙吴在这里建立了皖城基地，濡须口也一直在孙吴掌控之下，这些地方过去属孙吴的庐江郡，后来一度纳入新设的鄱阳郡管辖。

曹魏三大战场中数东线最被动，这让曹休的压力很大。他是大司马，是曹魏品秩最高的朝臣，如果长期被动下去会很失威信，所以他一直想找机会反击，至少把孙吴的势力全部赶到长江以南。

想什么就有什么，机会突然来了。

孙吴的鄱阳郡太守名叫周鲂，原本倒也没什么名气，曹休对他也所知甚少，这个人却突然派人秘密前来联络，表示愿意举全郡投降曹魏，让曹休又惊又喜。

鄱阳郡的郡治在江南的鄱阳，即今江西省鄱阳县，他提出投降让曹休并不敢轻信，但也不想放弃这个机会，曹休于是派人秘密渡江，潜入鄱阳郡进行调查。

调查的结果，周鲂投降居然是真的。

周鲂字子鱼，少时好学，举孝廉，有一定才干，担任过县长，孙权的老家钱塘县发生了彭式等人聚众作乱事件，周鲂因为有能力，被任命为钱塘侯相，上任1个月即斩杀彭式及其党羽，周鲂被孙权提拔为丹杨郡西部都尉。

这时鄱阳郡发生了彭绮叛乱，攻陷城池，聚众数万，孙权任命周鲂为鄱阳郡太守，在吴将胡综的协助下进行征讨，最后把彭绮活捉，孙权命周鲂以郡太守的身份兼任昭义校尉。

这是一个有本事也有业绩的人，正为孙权所重用，怎么会投降呢？据密探报告，就在不久前孙权派人到鄱阳郡检查工作，查出了周鲂不少问题，孙权治下一向严厉，周鲂吓坏了，自己剃光头发到郡政府门口请求宽恕（自处髡刑）。

接到这些密报曹休对周鲂的怀疑解除了，决定接受周鲂的投降，以此为契机展开东线战场反击。不仅肃清孙吴在江北的势力，而且可以占领江南的鄱阳郡，如果一切如愿，东线战场的形势将立刻改观。

孙吴的传统势力范围在吴郡一带，现在着力经营着荆州，鄱阳郡正好处在二者中间，如果在这里站住脚，等于把孙吴拦腰斩为两截，令其首尾不得相顾。

但这毕竟是一项重大决策，曹休不敢直接做主，于是向魏明帝进行了报告，同时上报了一份详细的作战方案。

魏明帝接到报告后也很高兴，西线战场刚刚大胜，如果东线战场再胜一局，意义显然不只是锦上添花。魏明帝同意曹休的作战计划，为配合曹休的行动，魏明帝给在荆州的骠骑大将军司马懿下达密诏，要他在中线战场同时发起进攻，攻击孙吴控制下的荆州重镇江陵，另外又命令建威将军贾逵率兵攻击濡须口。

江陵、濡须口都是掩护，目的是让曹休的东线反击计划实施得更顺利。三路大军同时行动，你孙权这一回还如何应对？

设计得很好，可惜落入了对手的圈套。

魏明帝不知道的是，所谓周鲂来降不过是一个陷阱，目的就是要钓曹休这条大鱼。诸葛亮第一次北伐结束后曹休急于建功，这个心理被孙权及时捕捉到，于是给他下了一个大饵。

孙权开始设计的方案是，让周鲂秘密寻找鄱阳郡的那些被清剿过，又为曹魏那边熟知的部族首领，说服他们为孙吴效力，之后让他们去诈降曹休（密求山中旧族名帅为北敌所闻知者，令谲挑魏大司马扬州牧曹休），但周鲂认为这个办法不够稳妥，因为这些部族首领让人信不过（恐民帅不丑不足杖任），所以建议由自己直接去诈降。

周鲂给曹休写了一封密信，信中说他对孙吴原本忠贞不贰，无奈受到陷害自身难保，现在已祸在眉睫，所以愿意归顺曹魏。信中故意透露，近期孙权正在秘密筹划一次对曹魏的大行动，拟派吕范、孙韶进攻淮河方向，派全琮、朱桓进攻合肥，派诸葛瑾、步骘、朱然进攻襄阳，派陆议、潘璋征讨梅敷，孙权本人将举武昌一带的主力进攻石阳，如此一来武昌就将空虚，届时守城的兵力不足 3000 人（江边诸将无复在者，才留三千所兵守武昌耳）。

信中说，鄱阳郡的百姓虽然愚昧，但都是一根筋，上面征发赋役没人搭理，招呼大家造反却保准一呼百应（帅之赴役，未即应人，倡之为变，闻声响拊），前鄱阳郡太守王靖就想投降曹魏，只可惜事情败露而被杀，鄱阳郡及其周边几个郡的百姓都曾举过事，他们都羡慕曹魏的老百姓，如果听说要投奔曹魏，谁不争先恐后呢（思咏之民，谁不企踵）？

周鲂为曹休勾画了一幅更加诱人的蓝图：只要曹休派大军前来，他将去历口进行接应，大军过江后鄱阳郡及周边各郡就将闻风而动，孙权的军事部署就会被打乱，曹魏可趁武昌空虚之际将其一举夺下。

周鲂派去秘密联络的人是他的心腹董岑、邵南，为把戏演得更逼真，周鲂在信中反复说此二人跟随他多年，情谊深厚，自己待二人如儿子一般（亲之信之，有如儿子），所以请求务必做好保密工作，以免二人的家眷有杀身之祸。

周鲂同时开出了此次叛降的价码：请曹魏为他的手下颁发侯印、将军印各 50 枚，郎将印 100 枚，校尉、都尉印各 200 枚（乞请将军、侯印各五十组，郎将印百组，校尉、都尉印各二百组），以激励士众。

这相当于今天的 50 个军长、200 个师长，这个要价太离谱了，至于侯爵，曹操当年平定荆州后为奖励荆襄士人也只给了十几个而已，一口气要 50 个侯爵，简直疯了。

但是，看起来越不讲理就越像是真的，曹休不怕对方要价高，怕的是对方给他玩阴的，只要事情顺利，什么条件都可以先答应下来，至于将来，那还不是一切由自己说了算。

周鲂把这封信送出去前，专门抄写了一份给孙权秘密送去，请孙权过目、核准。

孙权批准。

孙吴黄武七年（228）8月，距离诸葛亮第一次北伐结束约半年，曹魏东线战场迎来了一场悄悄进行的大战。

曹休正在秘密准备，而孙权和陆逊也神不知鬼不觉地来到了位于江北的皖城，和他们先后来皖城的，还有分头秘密开至的数支人马，总兵力多达6万人。

孙权在皖城成立前敌指挥部，任命陆逊为总指挥（大都督），朱桓、全琮为副总指挥（左右督）。孙权亲手将诛杀部属用的黄钺交给陆逊，命陆逊代行王事，统领包括自己禁卫部队在内的所有吴军，孙权亲自为陆逊执鞭，众将对陆逊行参拜礼（统御六师及中军禁卫而摄行王事，主上执鞭，百司屈膝）。

陆逊做出布置，将各支人马分别安排就位，形成一个包围圈，只等曹休送上门来。

此时曹休还浑然不知，他也准备就绪了，按照与周鲂的约定，他先接收皖城，之后再图过江。曹休亲自率魏军主力浩浩荡荡地由合肥南下，越过双方的实际控制线继续前进，奔皖城而来。

由合肥到皖城大部分是山路，山路的北口叫夹石，南口叫石亭，中间数百里山势险峻，很容易被伏击。随同出征的琅邪郡太守孙礼提醒曹休注意，建议暂停进军。曹休认为自己兵力足够强大，吴军即便有埋伏也不足为惧。

好不容易走过了这段死亡地带，到石亭皖城也就在不远处了，大功即将告成。曹休很兴奋，然而吴军的伏击战开始了。

吴军6万精兵同时上阵，利用有利地势向魏军发起突然进攻，魏军在石亭惨败，被迫原路退回。

魏军在山路上狂奔，又经受了巨大的损失，终于到了夹石。这时有一支魏军前来接应，他们是贾逵派来的。本来贾逵的任务是攻击濡须口以策应曹休，但他感到有些不对劲，就派出一支人马向曹休方向赶来，在夹石挡住了吴军，掩护曹休撤离。

战前吴军副总指挥朱桓认为曹休如果被打败必然沿原路返回，夹石是其必经之地，于是向孙权建议："曹休因为是皇亲才得以重用，其实算不上智勇双全的名将，料定他此战必败，之后必然逃走。他有两条路可走：一条经过夹石，一条经过挂车，这两条都是凶险的窄路。如果派1万人用树木石头把路堵死，定可把曹休及其人马全部俘虏（若以万兵柴路，则彼众可尽，而休可生虏）。"

朱桓请求派他去执行这项任务，认为如果把曹休活捉，而他又愿意归降，吴军就可乘胜长驱，直取寿春、淮南，进而攻占许县、洛阳。朱桓认为这是千载难逢的好机会，机不可失、失不再来（此万世一时，不可失也）。

孙权觉得朱桓的建议看起来也有道理，但又觉得不会那么容易，他于是向陆逊询问，陆逊一听就否决了这个计划。

现在，曹休果然败回夹石，如果此时真有一支吴军埋伏，把魏军的归路堵死，那么即使有贾逵的援军前来接应，魏军的损失也将更惨重，说不定曹休真的就回不去了。

是陆逊失算了吗？不是，陆逊是对的。

这是因为，此次胜算的关键是出其不意，这是周鲂诈降的目的，所以务必要做到保密，如果魏军发现是圈套一定会随时退回，所有的努力也都前功尽弃了。按照朱桓的计划，1万吴军必须深入数百里穿插到敌后，再隐蔽也会弄出动静，那样就因小失大了。

石亭之战吴军取得大捷，此战斩杀和生擒魏军1万多人，曹休大军远袭，随行带着大量车辆辎重，逃命时都顾不上，全部成为吴军的战利品。

孙权下令在皖城摆下酒宴庆贺，席间专门来到周鲂面前，对他说："你为了大义而削去头发，这才成就了孤的大事（**君下发载义，成孤大事**），你的功名一定记入史册！"

孙权升周鲂为裨将军，赐爵关内侯。

酒席宴上，孙权提议此战的总指挥陆逊跳舞，陆逊跳时孙权上前与陆逊对舞。舞毕，孙权脱下所穿的白鼯子裘赠予陆逊（**酒酣，命逊舞，解所着白鼯子裘赐之**），又脱下钩络带亲自给陆逊戴上。

陆逊要回西陵，孙权又赠送自己的翠羽车盖给他，命陆逊假黄钺，这是一种授权，比假节、持节级别更高，孙权还亲自为陆逊执鞭。

这么高的荣耀对陆逊来说也是应该得到的，他成为吴军高级将领以来参与了夺取荆州之战，指挥了夷陵、石亭两大战役，全部取得大捷，对孙吴事业的贡献无人可比。

胜者喜气洋洋，败者垂头丧气。

曹休退回合肥后上表请求治罪，魏明帝下诏不予追究。但曹休是个要面子的人，又愧又气。曹休认为自己虽然姓曹却不是"官二代"，他今天的地位是一仗一仗打出来的，以前都是他追着别人打，很少被人"修理"成这样。

曹休越想越难受，背上竟然长了一个疮，这种因心情郁结而长的背疮叫背疽，弄不好会要命，刘表就是得这个病死的，而这一次真的又要了曹休的命，没出1个月曹休就死了，年仅40来岁。

曹丕终前指定的4位托孤大臣，才2年就死了一个，而且是曹魏政坛的头号人物。魏明帝任命前将军满宠接替曹休担任东线战场的总指挥（**都督扬州诸事军**）。过去这类职务非曹即夏侯，司马懿算是唯一的另类，现在"诸夏侯曹"纷纷谢幕，唯有曹真硕果仅存，不用外人也不行了。

从这个意义上说，石亭之战也是曹魏国运的一个重要转折点。

四十四、王业不偏安

曹魏大败于石亭，消息传到汉中，诸葛亮认为这又是一次难得的机会，于是决定第二次北伐。

这段时间诸葛亮一直在汉中厉兵讲武，为继续北伐做着准备。从第一次北伐失败的情况看，兵力不足似乎是一个问题，有人劝诸葛亮增加兵力，诸葛亮不同意：

"当初我军无论是在祁山还是在箕谷，人数都比敌人多（**大军在祁山、箕谷，皆多于贼**），不能破贼反而为贼所破，原因不在于兵少，在于我一个人。如今我想精减兵将，明罚思过，今后能灵活变通。如果不能这样，即使兵多又有什么作用？从今以后，诸位要为国尽忠谋虑，要经常指出我的不当之处（**但勤攻吾之阙**），那么大事可成，贼可死，胜利指日可待！"

要增加兵力，就要加大在益州各地征兵的力度，但诸葛亮非常了解益州的实际情况，在人口总量有限的情况下，大量增兵意味着增加百姓的负担，为这次北伐，已经临时对征兵工作进行了调整，在常备军 8 万名员额的基础上有所增加，如果再增兵，那就超过了国力所能承受的极限。

按照诸葛亮的想法，兵不仅不能再增，还要精减兵员，在数量有限的前提下，把提高部队战斗力的突破口放在加强训练上，以此弥补自己的短板。

诸葛亮考虑到，孙吴在东线战场得手后曹魏上下必然十分紧张，将极大地牵制魏军主力，让他们不敢大量向西线战场增兵，现在再次举兵北伐正是最佳时机。

但是年初刚从陇西败回，不到一年又要北伐，势必会有一些人不理解，为了统一思想、坚定决心，诸葛亮再向后主刘禅上了一份奏表，重申北伐的意义，向后主同时也向蜀汉民众解释又要北伐的原因。

这就是《后出师表》，在这份奏表中诸葛亮首先申明了先帝的遗志，表明不北伐没有出路的道理，否定那种"王业偏安"的思想，认为不征伐曹贼先帝所创建的事业就会丢掉，与其坐着等待灭亡，不如去讨伐敌人（**坐而待亡，孰与伐之**）。

在这份奏表的最后，诸葛亮说出了那句著名的话："我将小心谨慎地为国家奉献出我的一切，直到死为止（**臣鞠躬尽瘁，死而后已**）。至于事业是成功还是失败，是顺利还是不顺利，那就不是我的智慧所能够预见的了！"

前一份奏表读起来激昂热烈，与之相比后面这一份奏表或许更重说理，因而显得气势不如之前，言语之中也多了许多悲壮。

这是因为，首次北伐遇挫对诸葛亮的心理势必产生不小的影响，他更清楚地看到敌我之间力量对比上的差距，所以《后出师表》强调了困难，强调了完成先帝遗志的艰巨性，但是决心未变，理想未变，胜利的信心也未变。

仔细品读《后出师表》，看到的是一个更加真实的诸葛亮。这份奏表中多次谈到曹操一生遭遇过的失败，似乎隐约透露出诸葛亮此时面临的处境，虽然不会有人公开谈论他的过失，但第一次北伐就以失败告终，他面临着很大的压力。诸葛亮希望大家理解失败是正常的，尤其对手那么强大。

蜀汉建兴六年（228）秋天，诸葛亮第二次北伐。

在路线选择上诸葛亮进行了调整，这一回没有再出陇西，而是兵出大散关，由此直插陈仓，该地即今陕西省宝鸡市，是关中西部的门户，也是关中通往巴蜀的枢纽。

不选择再出祁山至少有3个方面的考虑：一是蜀军在陇西新败，再去那里大家心理上多少会有些障碍；二是陇西各郡降而复叛，曹魏再次收复后亲蜀汉的势力尽被清洗，再去不会得到之前那样的欢迎；三是此次必须抓住战机，趁魏军被其他战场拖住的机会发起突然进攻，出陇西过于迟缓。

本来，秦岭山中有子午道、傥骆道、褒斜道3条栈道通行，魏延曾建议由子午道北伐，被诸葛亮以太多冒险而否决；傥骆道年久荒废，很难行走；褒斜道倒是一个不错的选择，但几个月前赵云、邓芝经此道撤退时把栈道全烧了，目前还来不及修复。

所以诸葛亮没有太多的选择，只能走大散关。

对手也清楚这一点，曹真重新收复陇西后已经料到诸葛亮再次北伐一定会走陈仓这条路线（真知亮惩于祁山，后出必从陈仓），所以事先做出了准备，派郝昭、王生守陈仓，加紧修整守城工事（治其城）。

郝昭字伯道，并州刺史部太原郡人，为人雄壮，年轻时就加入军籍，多次立下战功，从部曲督一步一步升为军长（数有战功，为杂号将军），说起来也不是无名小卒。

曹操病逝前后武威郡发生了叛乱，武威郡太守毌丘兴向金城郡太守苏则求援，苏则认为叛军虽然气势很旺，但人心不齐，如乘机进攻，叛军内部必然发生分裂。郝昭当时是金城驻军将领，上面命令他原地驻防，不得西渡，郝昭根据当时的形势做出判断，支持苏太守的建议，违令救援武威郡，结果把叛军打败。

郝昭镇守河西地区10多年，当地汉人和外族都表示顺服（遂镇守河西十余年，民夷畏服）。在魏将中郝昭的名气远不如张辽、张郃，很大一个原因是他久在河西地区服役，内地知道他的人并不多，但他绝对是一名出色的职业军人，久在军旅、经验丰富、敢打敢拼，又深得带兵之道，是打仗的一把好手。

郝昭驻防后立即准备守城器具，等待蜀军的到来。

蜀军来了，总兵力接近10万人，而陈仓城里的守军只有1000多人。

按理说城里的人应该望风而逃，因为这个仗根本不用打，也没法打。诸葛亮开始也不想打，他听说一个叫靳详的人跟郝昭是太原郡老乡，关系不错，就派他去劝降。

靳详到了陈仓城外，郝昭站在城楼上对他说："魏朝的法律先生都熟悉，我的为人先生也都清楚（魏家科法，卿所练也；我之为人，卿所知也）。我受到的国恩很重，而家族的人口也多，你就别再说了，我只求一死。请回去转达我对诸葛亮的谢意，请他直接来攻城吧（卿还谢诸葛，便可攻也）！"

说得很实在，靳详只得回来禀报诸葛亮。

诸葛亮不想放弃，又让靳详去劝说，告诉郝昭实力无法匹敌，不要做无谓牺牲（言人兵不敌，无为空自破灭），郝昭这次对靳详说："前面已经都说完了，我认识先生，箭却不认识你！"

诸葛亮只得下令攻城，一场最著名的攻防战打响了。

攻城的一方占有绝对优势，势在必得；守城的一方信心十足，誓死守住，仗打得很激烈。

在冷兵器时代，主要的攻城方法有3种：一是用云梯、冲车直接进攻，通过云梯往城墙上爬，用冲车撞城门；二是在城外竖起高楼，高度超过城墙，站在上面朝城里射箭，使守军所依赖的城墙高度优势丧失；三是往城里挖地道，办法笨一些，但隐蔽性高。

这三招蜀军都用了，却未能奏效。

守军用燃着火的箭逆射云梯，云梯着火，梯上的人都被烧死，又用绳拴上石磨砸冲车，冲车被砸折；对竖在城外的敌楼，守军通过不断加固城墙的办法抵挡住进攻；对地道，守城的人也挖，他们横向挖，将攻城的地道阻截（于城内穿地横截之）。

20多天过去了，陈仓城仍未攻破。

一耽搁，曹魏的援军就到了。

这次来的不是曹真，仍然是左将军张郃，本来他已重新归司马懿节制，驻扎在方城，这次魏明帝又调他率部增援陈仓，之所以做出这样的安排，大概曹魏方面还没有完全看清蜀军的意图，担心陈仓是佯攻，所以曹真在长安没有轻举妄动。

张郃第二次成为"救火队队长"。他率3万人马从方城星夜往关中赶，路过洛阳时魏明帝特意在城南设宴为他洗尘。张辽、徐晃、乐进、于进等名将已先后辞世。魏明帝对张郃格外看中。

席间，魏明帝问援军到后诸葛亮会不会撤军，张郃说："诸葛亮孤军远征，粮草困难，臣料想不等我方援军到达，诸葛亮自己就会撤退。"

果然如张郃所料，诸葛亮主动撤军了。

第二次北伐就这样匆匆结束，又是一次劳而无获，唯一的胜利是在回师途中将追击的魏将王双斩杀。

陈仓一战让郝昭成名，魏明帝赐郝昭为列侯，并亲自召见。郝昭到了洛阳，魏明帝对他十分赞赏，召见时朝廷中书令孙资也在场，魏明帝知道郝昭和孙资都是太原郡人，高兴地对孙资说："你们太原郡有郝将军这样的人才，朕还有何忧愁？"

但郝昭不久就因病去世了。

史书上也记载，郝昭临终前对儿子郝凯说："我为将，深知为将的不易，我几次挖掘别人的坟墓，用棺材板作攻战用具（吾数发冢，取其木以为攻战具），知道死后厚葬对死者没有用。所以，一定在我死后下葬时用普通的仪式就行了。人啊，活着的时候有处所，死了要那些有什么用呢？把我葬在离本族的墓地远一些的地方，不管东西南北，你自己安排就行了（今去本墓远，东西南北，在汝而已）。"

魏明帝对郝昭的死深表痛惜，悲伤之情超过对普遍大臣的礼制，为此饭量较平时减去不少（减损大官肴馔）。

陈仓之战，10万人用了20多天没有攻下1000多人防守的一座县城，算是一个败仗了，这成为诸葛亮军事生涯的低谷，有人非议诸葛亮的军事才能常以此为例。

有人认为陈仓之败源于指挥失误，如清人曾国藩说："孙权攻合肥，被张辽打败；诸葛亮攻陈仓，被郝昭打败。这都是开始势头太猛，锐气过后而衰竭（皆初气过锐，渐就衰竭之故）。"

也有人认为陈仓之败源于攻城的不易，如元人胡三省说："攻城很困难，守城相对容易（攻则不足，守则有余）。如果评论攻城和守城谁更优，基本上都会倾向于守城的一方，不是能守城的人的才能优于攻城的人，而是由主客位置所决定的，所以从用兵上看，攻城是最难的事。"

"守则不足，攻则有余"是《孙子兵法》里的话，道出了冷兵器时代城池攻防战的艰辛，曹操为这句话作注时也说："我们之所以要守，是因为能力不够；之所以攻，是因为能力有余（吾所以守者，力不足也；所以攻者，力有余也）。"

之前讲到过，袁绍、曹操等人都有面对孤城久攻不下的记录，有的长达数月甚至1年。陈仓虽是汉末的一个县城，但历来是军事重镇，汉灵帝中平五年（188）11月凉州人王国举兵起事，重兵包围陈仓，结果攻打了80多天未破，只得退去。

郝昭驻守陈仓后对城池进行了加固，在陈仓旧城附近新修了一座新城，这座新城建在一块台地上，后倚原麓、前横高岸，依势所筑，地险而城坚。这样的城池20多天打不下也正常，不能因此就否定诸葛亮的军事才能。

而且，对诸葛亮发起此战的意图还有另外一种理解。

从战术上看，3万增援的魏军在张郃率领下驰援陈仓，当时蜀军有10万人，似乎可以一战，但诸葛亮退得很干脆，似乎说明这里面另有隐情。

当看到诸葛亮写给哥哥诸葛瑾的一封信时，似乎找到了这个疑问的答案，这封信容易被大家忽视，因为正史都没有收录，它保存在一部地理志里，诸葛亮在这封信中说："有一个叫绥阳的山谷，山崖险要，溪水纵横，行军困难。以前侦察兵在这一带往来，都走的是险要的小道。现在我命令先头部队砍伐树木，修建道路，以便通往陈仓，足以牵制敌人，让他们不能分兵去进攻孙吴（足以扳连贼势，使不得分兵东行者也）。"

从信的内容看应该写于陈仓攻城战打响前，这封信至少可以说明几点：一是在大战即将拉开帷幕的时候，诸葛亮还在与远在孙吴的哥哥通信，保持着信息上的沟通；二是此次北伐诸葛亮也做了大量准备工作，派出侦察人员前往陈仓一带做过侦察；三是信中特意讲到蜀军的行动可以起到牵制魏军的效果，让他们不能分兵攻打孙吴。

尤其是第三点，透露出蜀军此次军事行动的目的就是配合孙吴，所以大战将至的紧张时刻诸葛亮还有精力给哥哥写家书，因为这不是普通的家书，而是通过哥哥向盟军通报情况的重要信函。

刘备死后吴蜀重新交好，在军事上双方多有配合，诸葛亮第一次北伐期间孙权也出兵牵制了曹魏，这种配合应该是双方面的，既有孙吴配合蜀汉，也应该有蜀汉配合孙吴。

石亭之战发生在曹魏太和二年（228）农历八月，是秋天，诸葛亮第二次北伐也在这一年的秋天，从时间上看两次军事行动是同时酝酿的，周鲂诈降从5月就开始了，因为高度机密，事先不大可能把细节通报给蜀汉，但可以知会蜀汉方面正在筹划一次大战役，请这边出兵攻打曹魏的西线，减轻孙吴的压力。

诸葛亮接到孙吴方面的请求后就立即行动了，在西线战场发起进攻，不仅牵制了西线战场魏军总指挥曹真不敢乱动，而且调动原属荆州战场的张郃率部回援。

诸葛亮的策略是，如果进军关中顺利，不妨直捣长安；如果不顺利，也能调动魏军主力，配合盟友的行动。后来魏军增援部队赶来了，这时孙吴那边也完成了石亭大捷，诸葛亮也就没有恋战，迅速回防。

所以，对于这次大败而归，一向严于律己的诸葛亮没有再次做出反省或自罚。

四十五、第三位皇帝

石亭之战巩固了孙吴的长江防线，加上蜀汉在关中方向频频向曹魏施压，魏军在长江一线不得不进入守势。

三雄争衡天下，孙吴本来最弱小，内部又有山越这个老问题，处在被挤压的状态，但孙权掌权至今，战略上一直保持了主动，没有出现重大失误，几次关键战役都取得了胜利，现在的势力已经超过了蜀汉，虽然和曹魏相比还有很大不足，但也能始终保长江防线不失。

石亭之战后孙权的个人威望达到了顶峰，劝他称帝的呼声高涨起来。次年即孙吴黄武八年（229）的春天，孙吴公卿百官一起劝孙权正尊号。

新皇帝上位本来称"登基"，但曹丕称帝不称登基称"禅让"，以示帝位不是他硬夺的；刘备称帝不称登基称"继位"，以示他仍尊汉室，不是夺权而是继承了汉献帝的大位；孙权也一样，避开登基这个词而称作"正尊号"，因为在孙吴公卿百官看来孙权早就是皇帝，现在只是正名而已。

如同其他皇帝登基前一定会出现各种祥瑞事件一样，此前孙吴各地纷纷报告了黄龙、凤凰等出现，预示一个新纪元就要开始了。与此同时，兴平年间在吴县一带流传过的一首童谣也在社会上重新流行起来，童谣唱道：

> 黄金车，班兰耳；
> 阊昌门，出天子。

意思是：车上黄金放光，挡泥板颜色闪亮，打开西边昌门，出来一位皇上。昌门是吴县的西城门，为战国时吴王夫差所筑。这首童谣流行的时间正是孙策开拓江东的时候，现在这首童谣重新流传，说明孙权称帝的民意基础已经具备。

这一年的4月，在曹魏、蜀汉分别立国称帝8年之后孙权也正式在武昌城南的郊庙称帝，成为三国时代第3位皇帝。

之前孙吴是曹魏治下的吴国，已有年号黄武，孙权称帝后国号仍为吴，因为不是统一的王朝，故习惯上仍称孙吴，年号改为黄龙。

接着，孙权以孙吴皇帝的名义向天下诏告：

"汉朝享国24世，经历了434年，最后行气数终，禄祚运尽，天下率土分崩，以致让孽臣曹丕窃取了神器，曹叡接着作乱。我孙权生于东南，志在平世，奉辞行罚，以安天下。群臣将相、州郡百城都认为汉氏已绝于天，皇帝位目前虚置，郊祀无主，根据上天的旨意，将这些祥瑞加于我，我畏天命，不得不从。希望上天保佑我吴国，永终天禄。"

根据这篇文告的说法，自刘邦建立汉朝迄今共434年，而根据曹魏方面的看法汉朝在8年前已经不存在了，所以曹丕的登基文告里说汉朝国运是426年，双方统计上的差异反映出孙权并不承认曹魏是汉室的继承者，这8年汉朝仍然存在，只是帝位空置。

这篇文告集中抨击了曹魏篡夺汉室政权的违法行为，但对于蜀汉却只字未提。蜀汉一直认为自己是汉室的延续，孙吴下一步如何处理与蜀汉的关系，这是一个棘手的问题，不提蜀汉，就是把这个问题先搁置起来，以为后面留有余地。

孙权下诏追尊父亲孙坚为武烈皇帝，母亲吴氏为武烈皇后，哥哥孙策为长沙桓王，立长子孙登为皇太子。

孙权没有马上立皇后，孙权的第一位夫人是谢夫人，之后又娶了袁夫人、徐夫人、步夫人，而他最宠爱的是步夫人。步夫人不仅长得漂亮，性格也好，不妒忌，得宠于孙权。步夫人没有儿子，给孙权生了2个女儿，大女儿取名叫孙鲁班，字大虎；小女儿取名叫孙鲁育，字小虎。孙权很喜欢这2个女儿，步夫人因此更加受宠。

孙权的长子孙登的母亲地位低贱（登所生庶贱），死得也早，没有留下姓氏，孙登从小由徐夫人养大，孙登视徐夫人为生母。但徐夫人后来不被孙权宠爱，被送回吴郡居住。

鉴于废长立幼的教训实在太多，孙权不敢弃孙登立其他儿子为太子，他试图让步夫人与孙登多接近，以培养母子二人的感情。步夫人每次送给孙登东西，孙登不敢推辞，但仅拜受而已。如果是徐夫人派人送东西来，孙登必先沐浴再去接受。

孙权为吴王时就已立孙登为王太子，当时孙登对父亲说："本立才有道生，要立王太子，请先立后。"

"那你说说你母亲现在在哪里（卿母安在）？"

"在吴郡。"

孙权听罢，只能默然。

问题是孙吴的群臣也支持孙登的观点，认为应该立徐夫人为王后，孙权曾试着提过立步夫人的事，结果众人一致反对，坚持要求立徐夫人，孙权一生气，谁都不立，王后之位一直空着。

孙权称帝后又想立步夫人为皇后，但他知道如果提出此议群臣还会反对，所以干脆作罢，让皇后位子空在那里。

为了纪念称帝庆典和黄龙现身，孙权命人制作了一面黄龙大旗（黄龙大牙）立在中军帐，作为指挥各军的旗帜（诸军进退，视其所向），命老同学胡综作《黄龙大牙赋》昭示天下。胡综是孙权的"大笔杆子"，这篇赋写得很有气势。

孙权相信天运命数，此时著名术士吴范已去世，常在孙权身边负责占卜测运的是赵达。孙权让赵达推算一下他当天子能持续多少年，赵达说："汉高祖封王称帝共12年，陛下将会达到24年（高祖建元十二年，陛下倍之）。"

孙权此时48岁，按照赵达的推算，他至少能活到70岁以上，曹操活了66岁，刘备活了62岁，曹丕只活了40岁，如果能活到70岁以上那绝对是长寿了，所以孙权听了赵达的话感到很高兴，左右也都向他道贺。

在称帝大典上，孙权看到眼前的百官百感交集，他首先想到了周瑜，对大家说："如果没有周公瑾，我称不了帝呀（孤非周公瑾，不帝矣）！"

接着，还想到了鲁肃："当年鲁肃曾向我提到过建号称帝的事，他真可称得上明了时势的人啊（昔鲁子敬尝道此，可谓明于事势矣）！"

孙权的话勾起了许多人的回忆，他们回想起这些年来一道走来的披荆斩棘的岁月，为终于有了孙吴建国的这一天而感到欣慰和骄傲。

当然，也有人会在心里默默反省，比如张昭。

孙权当初为吴王时没有任命众望所归的张昭为丞相，任命了资历和名望都差得远的孙邵，孙权任命张昭为绥远将军，让他和孙邵、滕胤、郑礼等人参照周、汉两朝的做法撰定本朝礼仪。

现在，按照惯例大臣们在这个大典上应当称颂帝王的功德，等张昭跪在那里举笏板要开口说话时，孙权突然道："如果当初听了张公的话，现在该去要饭了吧（**如张公之计，今已乞食矣**）？"

张昭惭愧万分，伏地流汗不止。

不久，张昭便以老病为由辞去一切职务，孙权念其是三代老臣，拜他为辅吴将军，改封为娄侯，食邑万户，朝会时的班位仅次于三公（**班亚三司**）。张昭彻底离开了政坛，待在家里没事，开始读书著述，曾撰有《春秋左氏传解》和《论语注》等著作。

孙邵已经去世，孙权提拔原吴国尚书令顾雍接替他。顾雍是大学者蔡邕的学生，出身于吴郡大族，孙权对他相当器重，顾雍不喜欢饮酒，也不爱多说话，举止行为都很恰当，孙权曾感慨地对人说："顾先生不轻易说话，一说话就会切中要害（**顾君不言，言必有中**）。"

孙权提升辅国将军陆逊为上大将军、左将军诸葛瑾为大将军，大将军一向被认为相当于全国武装部队的总司令，但孙权又发明了一个"上大将军"，那么陆逊就相当于总司令，诸葛瑾相当于副总司令。

孙权把荆州地区的长江防线分为两段，由左、右都护分别任总指挥，左都护治所公安，右都护治所武昌，陆逊兼右都护，同时仍兼荆州牧，诸葛瑾兼左都护，同时兼豫州牧。豫州是曹魏的地盘，这个任命只有象征意义。

上大将军、大将军以下是骠骑将军、车骑将军，孙权分别任命了步骘和朱然，同时让步骘兼任冀州牧，让朱然兼兖州牧。再往下，全琮被授予卫将军，兼任徐州牧；朱桓被授予前将军，兼任青州牧；潘璋被授予右将军，兼任襄阳郡太守；吕岱被授予镇南将军，兼任交州刺史；孙韶被授予镇北将军。

程普、黄盖、韩当、甘宁、朱治、贺齐等名将已去世，老将里还有一个吕范也深得孙权的器重，孙权曾把鲁肃比作邓禹，把吕范比作吴汉，孙权本来想让他担任大司马，该职务掌四方军事，位在三公之上，可与丞相相匹，官印和绶带还没有发下来吕范就因病去世了（**印绶未下，疾卒**）。

孙吴的文官体系一向相对次要，所以丞相以下九卿的设置无法考全，只知道太常卿是由蜀汉投降过来的潘浚，孙权对他一向器重，为儿子孙虑娶潘浚之女，结成儿女亲家。光禄勋卿是刘繇的儿子刘基，孙权为儿子孙霸娶刘基之女，也结成儿女亲家。

与九卿地位相当的文官还有侍中，是皇帝的高级秘书兼顾问，孙权分别任命了徐详、胡综，深为孙权信赖的是仪担任尚书，他们仍然在孙权身边掌管文秘、机要。

四十六、吴蜀军事同盟

孙权称帝虽是意料之中的事，但在政治上算是一件大事了，对蜀汉来说也是一道难题。

如果蜀汉跟着反对，那么与孙吴的联盟关系将再次动摇，现在要北伐曹魏又离不开孙吴的支持；如果不反对，又是一件很尴尬的事。称帝后孙权派使臣到蜀汉告知相关情况，并表示今后将继续维护孙刘联盟，同时尊吴、蜀两位皇帝（**孙权称尊号，其群臣以并尊二帝来告**）。

从理论上说蜀汉是刘汉的延续，视天下为一统，讨伐曹魏正是因为"皇纲失统"，所以不能承认孙吴政权。

而且，蜀汉大多数人认为和孙吴继续交往下去已没有太大作用，当初孙吴内外皆不稳定，需要蜀汉的支持才不得已结盟，现在孙吴的局势越来越稳定，孙权称帝后主动向曹魏出兵的意愿将大为降低，所以不少蜀汉人士建议应该表明立场，公开与孙吴断绝盟友关系（**议者咸以为交之无益，而名体弗顺，宜显明正义，绝其盟好**）。

孙吴和蜀汉这一对盟友的确有太多的纠结，有时团结如一人，同仇敌忾；有时又是杀红了眼的仇人，恩怨无解。关羽被杀、先帝兵败，蜀汉内部有一股仇视孙吴的力量，虽然前一阶段双方的关系有所缓和，但大家的气一直在憋着，需要找个发泄口。

孙权称帝眼看将成为不满情绪的发泄口，如果是那样将正中曹魏的下怀。看到这种情况，在汉中的诸葛亮感到很着急。

人是感性的，政治和外交却必须理性，只靠蜀汉自己的力量很难完成灭魏大业，只能联合孙吴，利用吴魏之间的矛盾推动北伐事业的完成。从大局出发，孙刘联盟不仅不能断，而且还要强化。

为统一大家的思想，诸葛亮写了一篇文章阐述与孙吴断绝盟约的损害。孙权称帝问题的核心是名分，正如孔子说的"天无二日，地无二王"，但这样的理论问题一旦讨论起来就会没完没了，所以诸葛亮干脆也把其定性为僭越之举，避免大家争议不休。

但理论无法完全代替现实，从现实来看孙吴对蜀汉仍然很重要，至于孙权称帝后会不会继续积极进取、与蜀汉一道对付曹魏，诸葛亮认为是会的，大家的顾虑大可不必。

为答谢孙吴使者来访，诸葛亮决定派人回访。

此次出使意义非同寻常，使臣的人选十分重要，本来邓芝是合适人选，他与孙权不仅多次见过面，而且私交很好，孙权对他很认可。但邓芝此时在汉中前线，任扬威将军一职，作为赵云的副手带领一支人马，赵云刚刚去世，邓芝离不开。

费祎也是人选之一，此次北伐他以侍中的身份改任丞相府参军，在军前效力，作为诸葛亮着力培养的"后备干部"。最近诸葛亮准备改任他为中护军，回到成都协助张裔、蒋琬的工作。

最后诸葛亮决定由朝廷尚书令陈震出使孙吴，为了表示此行的隆重，诸葛亮奏请后主升陈震为九卿之一的卫尉。尚书令品秩只有600石，卫尉品秩2000石，级别高得多。

出访前陈震专程到汉中当面听取诸葛亮的指示，诸葛亮向陈震交代了此次孙吴之行应坚持的原则和注意事项，诸葛亮还专门给大哥诸葛瑾写了封信让陈震带上，信中说："孝起这个人，为人忠诚质朴，经过时间的磨炼而更加坚定（**孝起忠纯之性，老而益笃**），让他奉命敬贺吴主称帝，沟通吴蜀双方的关系，使双方保持友好往来，和睦相处，对联盟有可贵之处。"

孝起，是陈震的字。

陈震率使团进入吴国边界，诸葛瑾以孙吴大将军的身份驻扎在公安，陈震一行路过公安时，一定会将诸葛亮的信转呈，诸葛瑾也会对他们的行程给予关照。

过去蜀汉多次派人出使孙吴，但这一次不同，因为对方也有了正式的国号和皇帝，现在是两国之间的交往，都说外交无小事，如何确定双方的称呼和交往中的礼仪，都需要谨慎对待。

陈震为此专门给沿途的吴国守将写信，表明此行的意图：

"东国与我西国之间驿使来往不断，双方之间的友好关系一天天加强（**申盟初好，日新其事**）。相信东尊一定能保持基业长久，分疆裂土，四方响应。在这个时候，只要我们双方同心讨贼，何患贼人不灭！

"我西国的君臣，为此感到欢欣鼓舞，充满期待（**西朝君臣，引领欣赖**），陈震我不才，担任下使，奉命结好，很高兴来到贵地。当年献子到了鲁国，不小心触犯了鲁国的法令，《春秋》因此讥笑他。请一定把有关注意事项通知我们，让使团安心。我会举行仪式，把需要注意的事告诉大家，让大家自我约束。

"我们将顺江而下，速度会比较快，两个国家制度有所不同，担心不注意而因此触犯，希望把需要注意的事都告诉我们，明确指出哪些能做哪些不能做（**幸必斟诲，示其所宜**）。"

陈震称蜀汉为西国，称孙吴为东国，称孙权为东尊，这些外交辞令都是反复斟酌的结果，既合乎外交礼仪，又不让自己一方尴尬，可谓用心良苦。

陈震一行顺利抵达武昌，对于他们的到来，孙权给予了热情欢迎，在此之前，蜀汉方面对自己称帝是否承认，孙权心里也没有底，蜀汉使团的到来，让孙权心里的一块石头落了地。

陈震首先以蜀汉特使的身份祝贺孙权登基（**贺权践位**），接着根据行前诸葛丞相交代的原则与孙吴就下一步的合作进行商谈，双方谈论的焦点不是名分问题，而是一旦灭掉曹魏领土该如何划分。

这看起来虽然不现实，但又是当下最务实的事。双方以东汉原有的 13 个州为标准，把曹魏占领的豫、青、徐、幽、兖、冀、并、凉州以及司隶校尉部一分为二：豫州、青州、徐州、幽州归孙吴，兖州、冀州、并州、凉州归蜀汉，司隶校尉部以函谷关为界，西边归蜀汉，东边归孙吴。

不知当时双方具体是怎么谈的，可能也只是站在地图前挥手一划拉就定了，否则不会把并州、冀州给蜀汉而把它北面的幽州给了孙吴，真那样的话幽州就成了孙吴的一块"飞地"了。

没认真，说明没必要认真，这一点双方都心知肚明。即使曹魏将来真的被灭了，双方能不能按照这份协约去分领土地呢？很难说。说不定到那时又会再提桴鼓、重开战事。

但现在只谈政治和外交，将来的事将来再说吧。

谈判进展得很顺利，孙权挺高兴。

孙权觉得还应该再搞一个隆重仪式重新誓盟，纪念双方的合作，顺便造一造势，于是下令筑起誓坛，之后亲自登坛，与蜀汉特使陈震歃血盟誓。

誓文还是由胡综撰写，写得辞气慷慨，气势十足。根据誓约，吴蜀双方正式建立起军事同盟关系，之前双方虽然视对方为盟友，也有过军事上的配合，但以书面形式并立誓约确定军事同盟还是首次，双方规定当一方受到别国攻击时另一方有义务出兵相助。

在誓约中孙吴称自己为吴国，称蜀汉为汉国，这是对现实的尊重。誓约中还有一段文字对蜀汉丞相诸葛亮进行了赞扬，这在两国外交中是少见的，这反映出孙权对诸葛亮一贯力主孙吴联盟的感激。

为落实誓约，孙权决定把国都由武昌迁回建业，表明自己无意在西面与蜀汉相争的诚意。此前孙权任命步骘遥领冀州牧、朱然遥领兖州牧，根据双方关于领土的划分，孙权下令解除步骘和朱然的这两项兼职。

蜀汉也迅速回应，把鲁王刘永的封号改为甘陵王，把梁王刘理的封号改为安平王，原因是鲁、梁二地属于未来孙吴的地盘。

四十七、孙吴的新生代

孙吴黄龙元年（229）9月，孙权正式迁都建业。

建业本来就是孙吴的大本营，屋舍、衙署一应俱全，孙权下令各机构回迁后一律利用原有设施办公，不再增加新的建设项目（皆因故府，不复增改）。

回建业途中孙权在夏口主持召开了一次军事会议，讨论迁都后长江的防务问题。虽然基于巩固蜀汉联盟的需要决定迁都，但武昌与建业间有2000多里长的河道，孙权担心一旦有紧急情况发生来不及救援（虑水道溯流二千里，一旦有警，不相赴及）。

夏口会议在水军码头召开，随行的百官以及驻守在附近的诸将都来参加了会议，孙权特意告诉大家不必拘泥于自己的职守（诸将吏勿拘位任），有对国家有利的建议就畅所欲言。

与会人员提出了不少建议，有的将领认为应该在夏口附近的江面上建栅栏（诸将或陈宜立栅栅夏口），有的建议可以设几道铁索拦住长江（或言宜重设铁锁者），孙权对这些办法都不太满意。

孙权的堂弟孙奂时任扬威将军，他带着副将张梁参加了会议，张梁也想发言，但他的职位太低，轮不到他说话。听了半天大家的发言，终于忍不住越席进策道："听说香饵能引来泉水的鱼，重金可募得勇士，如今应公开赏罚条款，派兵沿汉水进攻（遣将入沔），形成与敌相攻的态势，敌人自然不敢轻易进攻了。"

张梁建议以进攻换防守，夏口、沔口往上的汉水在魏军手中，被动防守，不知道敌人何时进攻，警惕性再高也会疏漏，让敌人钻了空子，与其想尽办法加强防守，不如直接进攻，不为夺地，只为形成攻势，反而好守。

对于具体方案，张梁建议道："假如武昌有1万精兵交给有谋略的人统领，一旦有敌情，就应声赴援，再修筑甘水城，内存数千只轻舰，所有物资都准备齐备，这样即使开门请敌人来，敌人也不敢来啊（如此开门延敌，敌自不来矣）！"

孙权认为张梁的办法最好，就破格提拔了他，张梁后来官至沔中都督，相当于沔中军区司令，从这项任命看以攻为守的建议被采纳了。

驻守在西陵也就是之前夷陵的骠骑将军步骘给孙权上表，说有一个叫王潜的曹魏降人报告魏军正在赶制沙袋，打算用这些沙袋填堵长江，如不预先准备，将很难防范。

孙权认为绝不可能，回复步骘道："魏军兵力不足，必不敢来攻。如果我说得不对，就用1000头牛做东请客（若不如孤言，当以牛千头，为君作主人）！"

孙权走后，武昌这边留太子孙登驻守，上大将军陆逊、大将军诸葛瑾、尚书是仪等留下辅佐。

陆逊本来兼任荆州牧，孙权又下令把原属扬州刺史部的豫章等3个郡也交由他掌管（并掌荆州及豫章三郡事）。陆逊生性耿直，看不惯的地方就说，孙权的儿子建昌侯孙虑喜欢斗鸭，在厅堂里做了一个斗鸭栏，颇为精巧，陆逊看到后批评说："你应当勤览经典，不断充实自己（以自新益），干吗玩这个？"

孙虑一听，赶紧把它毁了。

孙权的侄子孙松是个射声校尉，在所有侄子里孙权最喜欢他，但孙松根本不是带兵的料，队伍让他带得松松垮垮，陆逊根据军法撤了他的职并判处髡刑，该刑罚是剃光头发并罚做苦役5年。

当时曹魏江夏郡太守逯式经常率兵骚扰，陆逊听说逯式与魏将文休不和，于是想出一条计策除掉逯式。文休，是赤壁之战前从刘表那里投降曹魏的老将文聘之子。

陆逊给逯式写了封信，信中写道："看到你的来信，感觉你诚恳之至，知道你与文休结嫌隙已久，势不两存，你想来归附，以密信相报，你现在暗中先做好准备，具体接应日期到时候再通知你（宜潜速严，更示定期）。"

陆逊故意让魏军士卒得到这封信，士卒得信后呈报给了逯式，逯式惶惧，就以送妻子儿女为借口回了洛阳。大家听说这件事，认为他有通敌的嫌疑，不敢和他交往，逯式最后竟然被免官。

有陆逊辅佐，荆州的事孙权可以放心，唯一让孙权觉得不安的是太子的性格。在孙权看来这儿子一点儿都不像自己，毫无霸气，遇事也不果敢、坚强，生性内向和敏感。

孙登出去打猎，一定会吩咐手下人走大路，远避农田，不能践踏庄稼，要休息时也总选择空地（至所顿息，又择空间之地）。有一次，孙登骑马外出，忽然有一颗弹丸飞过，左右立即搜寻，发现有一个人刚好手持弹弓，身上还有弹丸（左右求之，有一人操弹佩丸），大家认为刚才那一粒弹丸必然是这个人射的。

此人喊冤，左右要打他，孙登制止了，他让人去寻找刚才那粒弹丸，竟然找到了，跟这个人身上带的弹丸进行了比对，发现并不一样（比之非类），孙登下令将其释放。

还有一次，孙登有个镶着金马的水盂丢了，抓住了偷盗的人，原来是自己身边的工作人员（觉得其主，左右所为），孙登不忍处罚他，把他叫来责备了一番，遣送回家，还专门告诉左右不要把这件事张扬出去（敕亲近勿言）。

一个善良的人，一个谦虚、谨慎富有同情心的人，很容易赢得百姓的好感和身边人的感恩爱戴，但却不一定是个好国君。

孙登此时20岁，他有些像魏明帝曹叡，都出身在豪门，一个生母不受宠、一个生母卑贱，从小习惯看别人的眉高眼低，性格上不敢张扬，显得谦卑甚至怯懦。

孙权想改变孙登，所以给他挑选了有名望的老师授业，同时在群臣中选拔一些才能出众的子弟陪他读书，诸葛瑾的长子诸葛恪、张昭的次子张休、顾雍的孙子顾谭和陈武的庶子陈表等人入选，他们被称为孙吴的"太子四友"。

孙权让孙登重点学习汉朝历史，熟悉当代的事情（欲登读汉书，习知近代之事），张昭在这方面很有研究，孙权就让张休先从张昭那里学习，之后由张休转授给孙登。

孙登成为皇太子后建立了太子府，上面这几个人都在太子府里有了正式职务，其中诸葛恪担任太子左辅，张休担任太子右弼，顾谭担任太子辅正，陈表担任翼正都尉，加上太子府里的谢景、范慎、刁玄、羊衜等人，一时间太子府人才济济（于是东宫号为多士），他们成为孙吴政坛的"新生代"。

孙登曾请胡综作《宾友目》评价他们，其中说：

英才卓越，超逾伦匹，则诸葛恪。
精识时机，达幽究微，则顾谭。
凝辨宏达，言能释结，则谢景。
究学甄微，游夏同科，则范慎。

意思是：诸葛恪英才卓绝，无与伦比；顾谭善于把握时机，通晓大义；谢景善于辩论，解难释疑；范慎探究学问的奥妙，广结中原的才士。

孙登虽有不足，但在众多才学之士的辅佐和带动下也会慢慢成长起来。不过孙权也有两手准备，在让孙登留守武昌的同时他还任命建昌侯孙虑为镇军大将军、假节，在半州开府，此地在今江西省九江市以西，位于当时的柴桑附近。

孙虑是孙权的次子，比孙登小4岁，性聪体达，更得孙权的喜爱。从这项安排里似乎可以看出，必要的时候孙虑有取代孙登的可能。

在孙吴政坛的新生代里，有一个人要多说些，这就是诸葛瑾的儿子诸葛恪。

诸葛恪字元逊，出生在赤壁之战前，他继承了诸葛氏家族的某些优秀遗传基因，身高接近1.8米（长七尺六寸）。但他不像叔父诸葛亮那样仪表堂堂，长得不怎么样：胡须、眉毛稀少，塌鼻梁、宽额头，嘴大、嗓门高（少须眉，折頞广额，大口高声）。

诸葛恪的天赋很高，从小才思过人，尤其善于辩论，很少有人能辩过他。孙权很器重诸葛恪，诸葛恪在太子府任职前孙权曾想任命他为节度官，掌管军粮，诸葛亮听说此事后给陆逊写了封信：

"家兄年事已高，诸葛恪生性疏忽，现在让他主管军粮，而军粮是军队最重要的东西，我虽人在远方，但听说后一直不安，请转告吴王，为诸葛恪调换一下职务（足下特为启至尊转之）。"

节度官是孙权创设的官职，品秩不详，但是它的首任徐详是由偏将军转任的，所以这是一个相当于副部级的高官。诸葛亮认为诸葛恪不合适，一种可能是觉得这个官职太高，诸葛恪年轻，资历尚浅，还需要锻炼；另一种可能是这个职务很重要，责任重大，又与经济有关，诸葛恪没有这方面的才干。

陆逊把此事报告了孙权，孙权还真给诸葛亮面子，没让诸葛恪当节度官，而是让他去带兵，当了一段时间的骑都尉。

四十八、魏吴的秘密战

孙权称帝的消息传到曹魏，反响却不强烈。

孙吴和曹魏早已翻脸，孙权称帝一点儿都不让人吃惊，从魏明帝到群臣，没有太多人议论这件事，也没有人建议因孙权僭越而去讨伐他，洛阳对孙权当上皇帝这件事的反应不是平静，而是平淡。

魏明帝曹叡这段时间在忙什么呢？

曹叡现在有些心烦，是关于儿子的事。

魏明帝出生于赤壁之战前的两年，现在已经23岁，即使在民间，也早已有几个孩子了，3年前他的第一个儿子出生，取名曹冏，宝贝得要命，赶紧封了个清河王，但不知什么原因，当年这个儿子就早殇了。

去年他又有了一个儿子，取名曹穆，封为繁阳王，千呵护万呵护，但今年又死了。

终魏明帝一生都没有养活成一个儿子，最后还是养子继的位。这让曹叡很烦心，看来不能怪后宫，只能怪自己的遗传基因不好。

按说曹家的遗传基因不应该有问题，曹操一生有过25个儿子，很出色的就有好几个，曹丕的儿子没有那么多，但也有10个，而且没有早殇的，偏偏到了魏明帝就出了问题。

所以也有风言风语传出来，说他根本就不是曹家的后人。

史书没有记载曹叡的具体生年，只说他死于青龙三年（239）正月，说完这句话按惯例就结束了，但史书上还有一句话，说曹叡死时享年36岁（时年三十六）。

细心地品一下这几个字，会发现很有问题因为按照时间往前推，曹叡就应该出生于建安九年（204），而这一年的8月曹军才攻克邺县，即使曹丕一见到曹叡的母亲甄宓就迎娶了她，她也来不及当年就生下曹叡。

有人认为这是史书的笔误，曹叡死时应该是35岁；也有人认为"三十六"和"三十五"笔画上有明显区别，不可能在编书和出版的过程中不小心被抄错，史书里专门写上曹叡的年龄是故意的，是想说曹叡的生父另有其人，不是曹丕。

不是曹丕，那是谁？

之前说过，甄宓在嫁给曹丕前是有夫之妇，她的丈夫是袁绍的儿子袁熙，曹叡如果不是曹丕的儿子，那就应该是袁熙的了。

如果真是这样的话，这个玩笑就开大了，曹操的孙子成了袁绍的孙子！有人相信这是真的，他们认为史书在此使用了曲笔，不敢明说曹叡的身世，只好委婉曲折地表达，理由是曹丕生前迟迟不立曹叡为嗣，直到最后才立曹叡，而甄宓又是被曹丕突然赐死的，凡此种种都说明里面有不可告人的内幕。

其实这不大可能，曹叡是不是自己曹家的后代，别人搞不清，曹丕肯定清楚，即使曹丕当年出于对甄宓的痴情而故意忽略了此事，曹操也不会装糊涂，曹操生前对自己的这个长孙很喜爱，走到哪里都带上，曹叡15岁时就跟他的叔父们一起被封了侯，是曹操孙子中封侯最早的，这些迹象表明曹叡不可能是袁氏后代。

177

但谣言、绯闻这些东西之所以流行，就是因为不会给当事人以解释的机会，曹叡特殊的身份和神秘的少年生活难免会成为被八卦的重点，虽然没有人敢在曹叡面前直接挑战他血统的纯正性，但风言风语总是一种困扰。

这时候自己的2个儿子相继早殇，曹叡的心情低落到了极点。

曹叡觉得有些事还是提前说清楚好，于是在孙权称帝的这一年7月颁布了一份诏书。诏书很长，中心意思不是说君王没有儿子该由谁来继位，而是讲继了位的人应该明白作为后人的大义（**当明为人后之义**），绝不能随便建立尊号以扰乱大统（**妄建非正之号以干正统**）。

什么意思呢？就是假如曹叡到最后都没有亲生儿子，根据古制将在侄子里选一个作为继承人，曹叡的侄子有一大把，人倒不愁找，曹叡告诫他们，继位可以，但你得明白是以过继的身份继的位，要尽继子的义务，到那时不能为生父、生母建尊号。

曹叡命人把这份诏书刻在竹简上，藏在宗庙里，记录在国家的法令里（**书之金策，藏之宗庙，著于令典**），总之要确保不得推翻，谁要违背，立即诛杀。

除了这件事，曹叡还有一个烦心事，有人在拉帮结派，搞小团伙。

干这事的不是那些老臣、重臣，而是一帮年轻人，是曹魏政坛的"新生代"，他们这些人职位都不太高，但都有显赫的背景，或者说是清一色的"官二代"。他们平时在一起交游唱和，不仅沽名钓誉，而且以各种各样的名号互相标榜，相当无视朝廷。

散骑常侍夏侯玄、尚书诸葛诞、邓飏等人互相吹捧（**共相题表**），把夏侯玄、田畴等4人称为"四聪"，诸葛诞等8人称为"八达"，刘熙、孙密、卫烈等3人虽不及他们，但其父官职显赫，被称为"三豫"。

"四聪""八达""三豫"共有15个人，史书没有把他们的名字全都列出来，一般认为他们包括以下这些人：何晏、夏侯玄、诸葛诞、邓飏、荀粲、李胜、丁谧、毕轨、孙密、卫烈、钟会、司马师等。

何晏是曹操的干儿子，也是女婿；夏侯玄是夏侯尚之子，夏侯尚是夏侯渊的侄子，跟司马懿是儿女亲家；邓飏是东汉名臣邓禹的后人，荀粲是荀彧的小儿子，丁谧是曹操故友丁斐的儿子；李胜的父亲是名士李丰，毕轨的父亲是魏臣毕子礼；孙密的父亲是孙资，刘熙的父亲是刘放，他们是魏明帝跟前的大红人；卫烈是名臣卫臻之子，钟会是名臣钟繇之子，司马师是司马懿之子；诸葛诞是诸葛丰的后人，算起来是诸葛亮的本家，有人说他是诸葛亮的族弟，但史书没有明确记载，他虽然没有诸葛亮、诸葛瑾的名气和成就大，也是一位风云人物。

这些人都是"高干子弟"，又喜欢结交，整天搞在一起，引起了曹叡的警觉。

曹叡少时长年独处深宫，加上他有口吃的毛病，所以性格比较内向，不喜欢那些夸夸其谈的人。更重要的是，对于互相吹捧、拉帮结派、左右舆论这些事他从内心里深恶痛绝。

但是这些人都有很深的背景，盘根错节，互相勾连，已成势力。

经过一段时间的观察和调查，曹叡暗中掌握了这些人的主要情况，这时老臣董昭上书，痛斥这些人的不端，魏明帝借势下诏，将其中华而不实的人予以罢官，把他们全部撤销职务，不再任用（皆罢退之），这就是著名的"浮华案"。

该案所涉及的人一时都淡出了历史舞台，但这是暂时的，他们后来还将重新活跃起来。

因为这些烦心事，曹叡没有像父亲那样在军事上积极进取，更多地是以守为主，但也不是完全消极，他曾对孙吴发起过一次秘密战，并险些成功。

这场秘密战，更确切地说是间谍战。

就在孙权称帝后不久，曹叡突然秘密召见了一个人，跟他有一次神秘的谈话，之后这个人就从曹魏消失了。

这个人的名字叫隐蕃，史书里没有他的传记，连他字什么都不清楚，只知道他的祖籍在青州刺史部。孙吴黄龙二年（230）他突然出现在了江东，表示要投降归顺。

当时隐蕃只有22岁，也没有多少知名度，一开始并没有引起孙权的注意。隐蕃给孙权上书，并且到了孙权的手上，正是这份上书改变了隐蕃的命运。

隐蕃在这份上书中写道："在下听说纣王无道，所以微子出逃；汉高祖宽明，所以陈平来投。在下今年22岁，舍弃了在魏国的荣华富贵来投，归命于有道的君王，多亏上天的庇佑才能安全到达。但在下到吴国已经很多天了，您却把我和一般的投降者一样，没有特别对待我，使得在下有许多好的言论和计策没办法告诉您。我在家中一日三叹，害怕自己这辈子就这样度过（于邑三叹，曷惟其已）。"

孙权很在意自己的形象，他想当汉高祖，不想被视为殷纣王，所以就破例召见了隐蕃。

在这次召见中孙权问了隐蕃一些问题，隐蕃都对答如流，说起当今时务更是滔滔不绝，很有见地，也很有条理，让孙权刮目相看。

召见中，孙权少年时代的同学、江东"大笔杆子"胡综也在，隐蕃退下后，孙权问胡综对隐蕃的看法，胡综认为此人有点像东方朔，又有点像祢衡，但才华不如他们，言下之意没有真才实学。

孙权问胡综隐蕃适合担任什么职务，胡综建议不能安排他到地方上治理百姓，先给他在京城安排一个小职务试试（未可以治民，且试以都辇小职）。

鉴于隐蕃谈论中涉及刑狱方面的东西比较多，孙权就任命他当廷尉监。廷尉是九卿之一，负责刑狱和司法，相当于司法部部长，廷尉监是廷尉的属官，品秩600石，与县令相当，隐蕃的这个职务类似于司法部下面的一名处长。

职务虽不是很高，但隐蕃的活动能量很大，很快就在江东积攒了不少人气，左将军朱据以及隐蕃的顶头上司廷尉郝普都称赞他，认为他有王佐之才，还争着巴结他，隐蕃家门口常车马云集，宾客盈堂。

尤其是郝普，经常为隐蕃鸣不平，认为当个处长太屈才了。这个郝普，就是原来在刘备手下担任零陵郡太守的那位，吕蒙当年越湘江、取三郡，郝普投降，孙权相当信任他，让他当了廷尉。

也有人觉得其中有问题，太常卿潘濬的儿子潘翥争相交好隐蕃，给他送粮送钱，潘濬

179

知道后生气，写信责骂了潘濬，让他把送给隐蕃的礼物要回来，并自行受杖100，大家都觉得潘濬实在不讲人情，有些过了，但事后才发现潘濬多么有先见之明。

隐蕃确实是曹叡派来的卧底，他到孙吴来肩负着重大使命。在行前的那次秘密谈话中，曹叡让他到孙吴后想办法当上孙吴的廷尉，掌握大臣们的情况之后离间他们（求作廷尉职，重案大臣以离间之）。

本来，隐蕃仕途一片看好，离廷尉也越来越近，但后面发生的一件事打乱了他的计划。

上次诈降曹休让孙吴尝到了甜头，他又想给曹魏再使一招反间计，这一次让中郎将孙布去诈降，诱使魏军进攻。这是一个重大机密，隐蕃得到了情报，眼看事态紧急，来不及通知曹魏，隐蕃于是冒险仓促起事，试图打乱孙吴的部署，后因消息走漏，隐蕃出逃。

隐蕃被捉，遭到严刑拷打，孙权要他供出同党，隐蕃倒是条汉子，闭口不说。孙权亲自审问，对隐蕃说："身体是自己的，为何替别人受罪呢（何乃以肌肉为人受毒乎）？"

"孙先生，大丈夫干这样的大事怎会没同伴？但我可以殉难，却不能牵连别人（孙君，丈夫图事岂有无伴！烈士死，不足相牵耳）。"

隐蕃最后缄口而死。

这是一个相当诡异的间谍案，隐蕃看来确实是三国时代的一个经天纬地的大才，他的才学能骗过众人、打动孙权，还能让曹叡坚信只要把他派到敌人那里就一定能混个廷尉当，这样的才干恐怕不亚于卧龙、凤雏，祢衡肯定比不了，东方朔估计也难以办到。

孙权非要审出结果，这样来看此案的内幕可能要复杂得多，隐蕃也许不是一个人在战斗，他还有不少同伙，只是随着隐蕃一死这些也都永远成为秘密了。

即使如此这个案子也连累了不少人，其中郝普受到的责难最多，作为隐蕃的直接上级，又是力挺隐蕃的人，郝普承受了巨大压力，孙权当面对郝普说："你之前到处称赞隐蕃，又埋怨朝廷屈才，这才让隐蕃反叛，这都是你造成的（使蕃反叛，皆卿之由）！"

郝普和隐蕃一样都是降人，仅仅受到责备还罢了，如果受到怀疑就跳进长江也洗不清了，郝普于是自杀了。

左将军朱据被软禁，但他是孙权的女婿，孙权最后原谅了他。

这件事让孙权吃了一个亏，孙权也在"秘密战线"上回了一招。

孙权听说曹丕驾崩后曹魏的振威将军吴质受到猜疑和排挤，觉得可以做做文章，于是让胡综伪造了几封吴质的请降信，故意让这些信在社会上流传。

吴质不是小人物，与司马懿、陈群同为曹丕的"太子四友"，曹丕当上皇帝后改革军制，在全国设立几大军区，负责人称为"都督某某诸军事"，第一个被派出去的就是吴质，职务是都督河北诸军事。

但吴质怙威肆行，性格有问题，跟谁都合不来，在曹魏政坛是一只有名的孤鸟，曹丕死后吴质失去依托，又跟北方的几个州刺史、郡太守关系不好，心情一直很郁闷，多次向曹叡提出辞职。

胡综一共伪造了3封信，其中一封信伪称是吴质的同乡黄定潜逃送来的，另一封信诈称吴质已做好内应准备，除了所部人马可作接应外，吴质还准备了 3000 多匹马，只等孙权派兵北上，大功即可告成。

这都是假的，也禁不起调查，但把这样的消息主动散播出去，就会形成舆论战，弄得人心惶惶。不知道是不是舆论战起了作用，魏明帝很快便下诏把吴质召回，解除了他的兵权，改任侍中。

石亭之战后，魏吴之间的主战场不知不觉转向了舆论战、间谍战，因为在西线战场被蜀汉牵制，曹魏暂时无力组织起对孙吴的大规模进攻。

四十九、秦岭山中的大雨

就在孙权称帝的这一年，诸葛亮在汉中又有一次大的军事行动，这一年的春天诸葛亮再次兴兵北伐。

距陈仓之战还不到 3 个月，诸葛亮又主动发起攻击，不禁让对手吃了一惊，这从侧面再次证明了，第二次北伐在陈仓遇阻算不上一次意外，更不是一场惨败。

此次北伐没有再攻陈仓，也没有出兵陇右，而是重新规划了路线，出击曹魏控制下的武都郡和阴平郡。

武都郡是汉中郡的西邻，诸葛亮第一次北伐时曾率领大军从这里经过，阴平郡在武威郡的西边，这两个郡属于魏、蜀拉锯地带，双方经常在此展开争夺，第一次北伐失利后，这两个郡大部分地方被曹魏实际掌握，但它们又与长安相距遥远，孤悬在外。

摊开地图，汉中郡、武都郡、阴平郡由东向西一字排开，祁山和陇右大约在汉中郡的左上方，所以从方位上看攻取武威、阴平二郡不算"北伐"，应该称"西征"。

前两次北伐无功，蜀汉上下被失败的阴影笼罩，急需来一场胜利，把相对易攻取的这两个郡拿回来，也是对士气的一次鼓舞，这大概是诸葛亮急于发动第三次北伐的原因。

即使如此诸葛亮也不敢有丝毫怠慢，而是进行了周密部署，他派将军陈式率兵去攻取武都、阴平二郡，陈式参加过猇亭之战，在刘备时期就是蜀军的高级将领。

陈式只是诸葛亮派出的诱饵，目的是吸引魏军的主力。身在长安的曹真在陈仓胜利的喜悦中过了一个快乐的新年，天气刚刚转暖，他根本没料到诸葛亮还会出击，加上魏军主力分散，武都、阴平偏远，所以被打了个措手不及。

曹真命雍州刺史郭淮组织就近的魏军前去救援，郭淮领命，带领人马朝陈式迎来，这正是诸葛亮想看到的。

诸葛亮立即亲自率领主力包抄过去，攻击建威（亮自出至建威）。建威即今甘肃省成县，距曹魏的陇右重镇上邽仅数十里。

幸亏郭淮发现得早，赶紧撤退，否则将被蜀军包围歼灭。打退了来增援的魏军，武都、阴平二郡没费多大力气就占领了，这两个郡纳入蜀汉的版图。

第三次北伐规模不大，历时也不长，但收获很大。

武都、阴平二郡的面积都不小于汉中郡，此战使蜀汉北部边防区扩大了 3 倍，并把北部防线连成一体，为以后再出祁山、攻击陇右扫清了道路。尤其是收复了阴平，从而控制了著名的阴平道北面的入口，对于防止魏军利用这条古道偷袭蜀汉意义十分重大。

诸葛亮在武都等地稍作停留，按照征服南中的成功经验，对当地的氐族、羌族等少数民族部落首领进行了一番安抚（降集氐、羌，兴复二郡），之后率兵回到汉中。

胜利的消息传到成都，后主立即下诏对诸葛亮予以嘉奖：

"街亭之败，原因都在马谡，但您却勇于承担责任，自贬职务（街亭之役，咎由马谡，而君引愆，深自贬抑），寡人不愿违背您的意愿，所以顺从了您的意见。年前出师，斩杀了敌将王双，今年再出征，又赶跑了郭淮，招降了一批氐、羌部族，收复武都、阴平二郡，以神威震服了凶暴的敌人，建立了显赫的功勋。如今天下仍战乱不宁，最大的敌人仍然未除，您承担着讨伐敌人的大任，是国家的支柱，却长期贬抑自己，这不利于发扬宏大的伟业。所以，现在恢复您丞相的职务，您务必不要推辞！"

以右将军的身份行使丞相职权毕竟有许多不便，对于后主恢复自己丞相职务的诏书诸葛亮也没有再推辞。

回到汉中后，诸葛亮继续加紧了汉中的建设。

汉中的首府是新郑，诸葛亮率大军来到汉中，考虑到人马太多，大本营一直没有进驻新郑，而是安扎在阳平关附近一个叫石马的地方。为了今后长期在汉中驻军，诸葛亮利用这段相对空闲的时间，命人修筑了两座新城，巩固汉中的防卫。

一座新城在沔阳县即今陕西省勉县附近，称汉城；一座新城在城固县即今陕西省城固县附近，称乐城。这两座新城的位置，一个在南郑的东边，一个在南郑的西边，加强了汉中的防务。

诸葛亮把大本营也迁往南山之下，这里位于沔阳县城之南，是一处通往巴中的平原地带，地势开阔。诸葛亮抓紧这段相对平静的时间，发展汉中的生产，依托新城的修建，扩大屯耕面积，积蓄粮食，加强训练，为再次北伐做准备。

在治军、选将方面，诸葛亮更是费了不少心思。

诸葛亮素来以治政、治军严厉著称，他认为只有纪律严明才能提高战斗力，他主张平时严格训练，战时才能保持严明的纪律。他亲自抓作战训练，有些地方管得还很细，他曾发布过一道命令："听到擂5通鼓的号令，应举黄、白2块幡合成的旗子，摆设3面对敌的圆阵（闻鼓者，举黄帛两半幡合旗，为三面陈）。"

在选将用人方面诸葛亮也倾注了大量心血，他写了不少这方面的文章，内容包括好将领应有什么样的素质、有什么样的气度，应具备什么样的机变权谋，如何振奋士气、提高军队战斗力，如何肃军容、扬军威，如何发挥幕僚的作用，什么是将领的软肋，什么是不合格的将领，等等。

第三次北伐进攻武都郡的第一天，为砍敌人的鹿角，竟然一口气用坏了1000把斧子，幸好敌人已经跑了，否则再有敌人来就没有斧子可用了。这让诸葛亮很纳闷，不知道为什么斧子这么不禁用。

回到汉中，诸葛亮又让人制作了几百把斧子，用了100天还没有坏，这才知道先前主管制作刀斧的官员不负责任，应当拘捕治罪（余乃知彼主者无益，宜收治之）。

通过这件事，诸葛亮告诫大家："这不是小事，如果再拿那种质量不合格的斧子与敌人交战，就会破坏整个军事行动（若临敌，败人军事矣）！"

武都、阴平二郡丢失后，曹真有些气不过。

曹真已接替了曹休的职务成为大司马，仍驻守长安，负责西线战场，曹真的大将军一职由司马懿升任，仍然驻守宛县，负责中线战场。

在所有"诸夏侯曹"中曹真目前是硕果仅存的一个了，是曹魏名副其实的中流砥柱，但也很孤独。诸葛亮第三次北伐后，曹真专程赶到洛阳，向魏明帝提出了一个主动出击的计划。

曹真认为，蜀军连年侵略边地，总防守也不是办法，应该发起进攻，数路共进，可以取得大胜（**数道并入，可大克也**），其具体计划是：由他率主力由褒斜道进攻，作为主攻方向，再派数路魏军从其他方向进攻，让蜀军无法兼顾，最后在汉中腹地会合，一战至少可收复汉中。

魏明帝一时拿不定主意，把曹真的计划交给司空陈群看，陈群反对，理由是：

"武皇帝过去经阳平关攻张鲁，收割了敌人占领地区大量的豆子、麦子作为军粮，然而敌人还没有打败，粮食就吃光了。如今到敌人那里抢不到粮食，而且褒斜道地势险峻，进退困难，运送粮食又容易被敌人抄了后路，如果留下太多的兵力保护运输通道，又会分散兵力，这些都不得不深思熟虑呀（**转运必见钞截，多留兵守要，则损战士，不可不熟虑也**）！"

陈群当过镇军大将军，但本质上是个文臣，站在军事的角度看他的见解只能说一般，按照他的说法汉中永远都无法收复了，困难始终摆在那里，总得想出个解决的办法。但作为政治家，他的见解又或许是对的，同时面对蜀汉、孙吴两个对手，要不要主动出击、什么情况下主动出击的确应当谨慎。

魏明帝其实也不愿意主动出兵，他赞同陈群的意见。但曹真很执着，把作战方案修改了一下，又重新上报，新方案的主攻路线由褒斜道改为子午道，其他不变。

魏明帝又把曹真的方案给陈群看，陈群仍然反对，并列举了不宜出兵的具体理由，重点谈到了军费开支问题（**群又陈其不便，并言军事用度之计**）。

魏明帝再次把陈群的反对意见批转给曹真，他没有直接否决曹真的计划，但倾向性已很明显，他并不是很积极。但曹真不这么看，他觉得皇上没有否决他的计划就等于是批准了，把陈群的意见转来只是让他参阅。

曹魏太和四年（230）秋天，曹真精心策划的汉中之战开始了。这已经是曹魏第三次征汉中了，前两次都是曹操亲自带的队，这一次曹真志在必得，共集合了约20万大军，分三路大军同时出击：

第一路由他亲自率领，由长安以南入子午道，出子午谷后直取汉中的南郑；

第二路由张郃率领，由郿县入褒斜道，经斜谷出汉中，向南郑方向会合，张郃现在已升任车骑将军一职，是魏军的第三号人物，目前也在西线战场，归曹真调度；

第三路由大将军司马懿率领，由新城郡沿汉水溯流而上，水陆并进，向南郑挺进。司马懿在荆州时曾打算训练一支水军进攻孙吴，现在先用到了这里。

消息传到汉中，大家都有些紧张。

诸葛亮马上派人通知吴帝孙权，告知曹魏的大军已向汉中方向集结，中线战场兵力空虚，请孙权在中线、东线两个战场上同时采取行动，趁机抢占曹魏的地盘，至少拖住曹军主力，让他们不敢轻易向西线增兵。

诸葛亮把汉中地区的蜀中主力集结起来，除分守南郑、汉城、乐城等要地外，重点布兵于赤阪，此地位于子午道南出口附近，一旦曹真的大军从子午道杀出，这里必将有一场恶战。

鉴于汉中兵力不足，诸葛亮请前将军李严速从江州抽调2万人马北上，由李严亲自率领来汉中增援。

这时，诸葛亮却遇到了意外的麻烦。

危急关头李严本应火速增兵前来，但他却给诸葛亮回了封信，信中故意透露司马懿在秘密拉拢他（司马懿开府辟召）。开府就是组建自己的工作机构，没有开府，你的官再大，也是给人家"跑腿的"；开了府，你就成了"掌柜的"，目前蜀汉只有诸葛亮一人开府，李严觉得他也是托孤大臣，曹魏的托孤大臣司马懿能开府，自己也应该效仿。

接到李严的信，诸葛亮一定很生气，但为了确保他赶紧增兵汉中，诸葛亮不得已奏请后主，升李严为骠骑将军，并升其子李丰为江州都督，接替李严的位置，仍旧镇守江州。

这样，李严才带着临时抽调的人马前往汉中。

先不说曹真是如何进攻的，先说说孙权。

接到诸葛亮的请求孙权立即行动，让江北地区的吴军向外放出话来，要攻打合肥（扬声欲至合肥）。曹魏东线战场的总指挥目前是征东将军满宠，听到消息不敢怠慢，立即征调兖州、豫州各地兵马向合肥方向集中，以备吴军来攻。

但吴军只是做做样子，没有真打（贼寻退还），大家以为这是吴、蜀之间玩的老把戏，那边开打，这边虚晃一枪目的是牵制，孙权顶多是出工不出力。

魏明帝下诏，让满宠把临时征调来的人马退回去。但满宠认为孙吴的真实打算未必只是虚晃这一枪，他们撤退也许是一种心理战，一定会趁这边没有防备之时，杀一个回马枪（必欲伪退以罢吾兵，而倒还乘虚，掩不备也）。

满宠上表，要求暂不退兵，魏明帝诏准。

果然让满宠料对了，这一次孙权的打算不仅是帮帮场子，而且要抓住时机真干一回，他先声夺人，之后又示弱而退，都是心理战，目的是让合肥的守军放松戒备，然后集合大军突然攻击合肥。

由于满宠早有准备，合肥兵力充足，吴军无法得手，只得退回，但如此一来，魏军在东线受到了牵制，诸葛亮协同孙吴行动的目的也达到了。

曹魏中线战场总指挥大将军司马懿接到魏明帝的诏书，让他配合曹真攻打汉中。司马懿远没有曹真那么积极，此战获胜出名的是曹真，他的威望定然进一步增加，与自己拉开差距；如果此战失利，损失的是曹魏基业，自己也白忙一场。

尤其是溯汉水而上的作战路线，司马懿肯定更有意见，他有理由怀疑这是一帮参谋对着地图拍着脑袋拟订的方案，汉水汹急，一路穿山越岭，虽有部分河段可通航，但顺流而下与逆流而上完全是两回事，自古征汉中，都是自北向南，或者出大散关，像这样由东南方向往西北攻的很少，走水路逆流而上根本就没听说过。

但司马懿仍得执行诏令，他由宛县赶到新城郡，由那里出发，组织人马水陆并进，溯汉水向汉中方向攻击，但他们的进展没法太快，因为这一带很多地方都没有路，他们一边走一边开路（斫山开道）。

秦岭中间的2条栈道里，曹真和张郃分别指挥大军进攻。这时是农历的八月，秦岭山中出人意料地下起了大雨，一口气下了30多天（大雨霖30余日）。

山中道路本来就难行，现在到处是水，不停地有滑坡、泥石流，没法休息，冷得要死，吃不好睡不了，简直如同进入人间地狱，有人建议撤军，曹真急了，不许。

在洛阳，太尉华歆也上疏建议撤军：

"陛下的圣德堪比成康，即便有吴蜀二贼，也不过苟延残喘。用兵，不得已而用之，愿陛下以治理国家为第一要事，然后再考虑征伐（臣诚原陛下先留心于治道，以征伐为后事）。千里运粮，越险深入，劳而无功。我听说今年征战已严重影响到生产，为国者以民为基，民以衣食为本，如果天下百姓没有饥寒之患，他们也就没有离土之心，吴蜀二贼，可坐而平定。"

魏明帝还想等等看，就回复华歆道："先生考虑得很深，我感到欣慰。但是，贼人凭借山川之险，武皇帝、文皇帝在世时，也多次未能平定，我何德何能，可以指望不费力就把他们消灭？先试探一下，如果天时未到，再说撤兵不迟（若天时未至，周武还师，乃前事之鉴）。"

又过了几天，雨还在下，少府卿杨阜上疏说："现在吴蜀未平，上天频频降下凶兆，大军刚出发，大雨就下个不停。目前大军已困在山中多日，粮草转运都靠肩挑背扛，十分费力，《左传》说'见可而进，知难而退，军之善政也'，应该赶紧退兵。"

王朗的儿子、散骑常侍王肃也上疏说："古说'千里馈粮，士有饥色，樵苏后爨，师不宿饱'，这说的还是平途行军的事，何况现在深入险境，凿路而前，劳力必百倍。加之现在大雨，山路湿滑，行军速度很慢，粮草又难以保证，这些都是兵家所忌。"

看到大家一致反对，魏明帝知道不能再坚持了，下诏让包括曹真在内的各路魏军撤回。

魏军撤退，诸葛亮命魏延和吴壹分别率人马攻击曹魏控制的陇右，魏延和吴壹越过武都郡，向西攻入曹魏南安郡境内，曹魏后将军费曜、雍州刺史郭淮率兵来迎，魏延和吴壹打败了他们，取得了胜利，蜀军随后退回。

这是第三次北伐获胜后紧接着的又一次胜利，诸葛亮把魏延在丞相府里的职务由丞相司马提升为丞相前军师，并上报后主，将魏延的爵位由亭侯晋为南郑县侯；上报后主擢升吴壹为左将军，由亭侯晋爵为高阳乡侯，魏延留下的丞相司马一职提拔费祎来担任。

有人把阻击曹真这一仗，以及魏延、吴壹主动出击陇右也看成单独的两次北伐，其实这两仗属于同一场战役，这场战役是曹魏一方主动发起，不能算严格意义上的北伐。

五十、新对手来了

曹魏太和四年（230），曹魏大司马曹真策划的伐蜀之战以失败而告终，这让曹真跌了个大跟头，因为这一仗是在他力排众议下打的。

曹真病了，情况跟石亭战败后的曹休有些类似，这容易让他联想起袁绍和袁术，他们都自认为高人一头，风云际会，时势造英雄，他们也都干出了一番事业，然而一旦遭受打击却一蹶不振。

在乱世争雄必须有一个强大的内心，在这方面他们远不如曹操、刘备这些创业者，回顾曹操、刘备等人的一生，吃过无数苦，多次身处绝境，打过许多败仗，但都以乐观的心态挺了过来。

曹真一病不起，魏明帝赶紧命他回洛阳养病。曹真回到洛阳后病情不断加重，魏明帝亲自到府邸探望。不久曹真去世，魏明帝谥其为元侯，爵位由长子曹爽继承，曹羲、曹训、曹则、曹彦、曹皑等其余几个儿子也全都封为列侯。

曹真的去世是个标志性事件，作为"诸夏侯曹"第二代的核心人物之一，他的离世标志着这个把持了曹魏30多年军权的集团已逐渐淡出，虽然此时"诸夏侯曹"中的第一代人物曹洪仍健在，担任着属于荣誉性职务的骠骑将军，虽然"诸夏侯曹"的后人中还有多人在军中任职，但他们已经没有太大影响了，目前掌握曹魏军权的是司马懿、张郃、满宠、蒋济等一批异姓将领。

在曹魏三大战场中西线无疑是重中之重，魏明帝决定把坐镇中线战场的司马懿调到那里以接替曹真，魏明帝给司马懿发了诏书，其中写道："现在西线战场出现了问题，非你去不可呀（西方有事，非君莫可付者）！"

虽然很殷切，但这也许并不是魏明帝内心的真实想法，曹休死后魏明帝心里感到了一丝孤单，对曹休、曹真两位叔父他是完全放心的，对司马懿，他有些吃不准。

之前魏明帝之所以同意曹真伐蜀，也是基于对曹真的进一步扶持，希望以此打压司马懿，但事不凑巧，一场大雨扰乱了好事。

魏明帝也考虑过让别人去接替曹真，这一点虽无明确记载，但从他与吴质的一次谈话中可以看出端倪。之前说过，孙权使用离间计，结果负责曹魏河北军政事务的吴质被调回洛阳任侍中，吴质回到洛阳后魏明帝曾召见过他，和他有过一番长谈。

这次谈话的重点不是北方的情况，也不是吴质未来的安排，而是陈群和司马懿的优劣。当年吴质、陈群、司马懿以及朱铄并称先帝的"太子四友"，魏明帝觉得吴质对他们应该更了解。吴质远离中枢整整10年，现在又处闲职，和他们没有任何利益关联，也会客观公正地给出评价。

吴质没让魏明帝失望，对于这个有可能得罪人的问题没有给出模棱两可的回答，也没有王顾左右而言他，他认为："司马懿的特点是忠诚、智慧而且公正，堪称社稷之臣（司马懿忠智至公，社稷之臣也）；陈群只是一个从容之士，当不了国相，身负重任却不能亲力亲为（处重任而不亲事）。"

这个评价大概让魏明帝有些失望，但他恐怕也会深有同感。他倒不认为司马懿多么忠诚，但他知道司马懿很有本事，陈群虽然忠诚，也让他放心，但的确如吴质所言，陈群越来越像他的祖父陈寔、父亲陈纪那样成为一位名士，与司马懿相比他缺乏坚强的进取心，这样的人难以托付大事。

除了陈群，其实魏明帝还有另一个选择，那就是张郃。不过，在魏明帝的心中张郃以及已故的张辽、乐进、于禁等人虽是不可多得的名将，却够不上帅才，在统筹方略、指挥调度、协调上下方面他们还有不足，让张郃单独对付诸葛亮，魏明帝也没有信心。

就这样，魏明帝下诏升司马懿为大将军，同时升张郃为车骑将军，车骑将军在班次上略低于曹洪担任的骠骑将军，但此时在魏军里是事实上的二号人物，让军界排名前两位的将领同时集结在一个战场，显示出这是一项非同寻常的安排。

曹魏太和五年（231）诸葛亮决定再次由汉中北伐，这已经是他指挥的第四次北伐。

诸葛亮做了精心的准备，其中一项重大调整是，他命令此前一直驻守在江州的李严率2万人马来汉中，之后让他以中都护的身份留守汉中，处理丞相府行营的各项事宜（**命严以中都护署府事**），重点保证前线的军粮供应。

诸葛亮还派人联络孙权，请他同时向曹魏发起攻击。每次北伐前诸葛亮都会通知孙权，这已经形成了惯例，而孙权也都尽可能给予配合，因为对他们来说这同样是一次进攻的好机会。

这一回孙权又使出了诈降计，他安排中郎将孙布向曹魏扬州刺史王凌诈降。不久前周鲂诈降，曹休被打得大败，王凌觉得孙权再笨也不会把刚使完的招数拿来又用吧，所以竟然相信了。

王凌是汉末名臣王允的侄子，出身于著名的太原王氏家族，年轻时曾在曹操手下任职，曹丕在位时对他很器重，让他当兖州刺史，又兼建武将军，是曹魏政坛的新生力量。在石亭之战中曹休率领的魏军失利，王凌指挥所部拼死突围才使曹休得以安全撤退，后任扬州刺史。

王凌有些心高气傲，把顶头上司征东将军兼西线战场总指挥（**都督扬州诸军事**）满宠也不放在眼里，二人关系较差，王凌不断让人写告状信，想把满宠赶走。

对孙布投降这件事满宠觉得可疑，王凌认为这是满宠怕他建功，于是越过满宠直接向魏明帝报告了情况。王凌和孙布进行了一段时间的接触和试探，最后王凌彻底相信孙布投降是真的。

但满宠仍然认为这里面有阴谋，就以王凌的名义给孙布写了封信，说自己这边兵力不够，让他再等等，到时机成熟时再行动（**先密计以成本志，临时节度其宜**）。

这时，魏明帝突然下诏让满宠回洛阳商量事情，满宠一走，王凌就加紧了与孙布"里应外合"的准备，想在东线战场创造出一个奇迹来，这场戏无论怎么演，都牵动了曹魏东线战场的注意力。

而在中线战场的荆州方向，自从司马懿离开后还没有明确新的接替人选。这样一来，形势对蜀汉就十分有利，在曹魏三大战场中，西线战场的总指挥刚刚上任，中线战场的总指挥还没有明确的继任者，东线战场的总指挥临时被召回，暂时负责的人又被孙权的反间计吸引，在历次北伐中，没有比这更好的机会了。

对第四次北伐，诸葛亮选择的路线是陇右，汉中西边的武都、阴平二郡已被蜀军掌握，所以蜀军轻易就攻至祁山堡，将其包围，魏军守祁山堡的将领是贾嗣和魏平，他们赶紧上报雍州刺史郭淮，请求支援。

司马懿已经到了长安，他以大将军、都督雍梁二州诸军事的身份召集车骑将军张郃、后将军费曜、征蜀护军戴凌、雍州刺史郭淮等重要将领开会，研究对策。

张郃认为陇右固然重要，但更重要的还是关中，应分兵驻扎在汉中的雍县、郿县等要地以防不测，司马懿不同意这个看法，他认为："如果前面的人马能挡住敌人，将军这么说有理；如果挡不住，把人马分成前后两部，这就如当年项羽把人马一分为三，反被黥布所打败一样（此楚之三军所以为黥布禽也）。"

汉高祖十一年（前196）楚将黥布叛逃，项羽出兵阻截，把楚军分成三部，他的想法是，如果一部被打败，另外两部可以增援，但结果却不是这样的，黥布击败其中一部后其他两部便迅速瓦解了，这说明分散兵力容易被对手各个击破。

但张郃的意见也并非没有道理，现在的主战场看起来是陇右，但如果蜀军在那边只是佯攻，而将主力暗藏在秦岭山中，待魏军主力西进后，蜀军主力迅速从秦岭里的各条栈道杀出直击关中，那形势就严峻了。

张郃久在西部，与蜀军打过很多交道，著名的街亭之战就是他指挥的，他的建议自然有一定道理，但司马懿仍坚持自己的看法。这其实是一种赌博，赌的是诸葛亮没有从秦岭栈道用兵的计划。

司马懿随后率魏军主力前进到隃糜，此地在今陕西省千阳县境内，之后命费曜、戴凌率4000人马前往天水郡境内的要地上邽，自己率其余主力赶往祁山，以解祁山堡之围。

那么，诸葛亮有没有在秦岭山中留一支奇兵呢？没有。不是他智谋不足或不敢冒险，而是蜀军无此实力。

经过前三次北伐，蜀军损耗很大，在综合实力方面蜀汉本来就远逊于曹魏，也不如孙吴，由于总人口有限，蜀汉的常备军人数一般只有10万人左右，即使临时加大征兵的强度，总兵力也不会超过15万人，分出三分之一守全国各处，能集中在汉中的顶多10万人。

这10万人马其实也无法同时全部调用，因为士兵有轮休制，一般情况下五分之四在军，五分之一轮休，"在岗"的士兵总数只有8万人上下了（亮有士十万，十二更下，在者八万）。

此次北伐前有人建议暂停轮休，以增加声势（宜权停下兵，以并声势），诸葛亮不同意这么做，他认为将士轮休是一项制度，那些将要轮休的人，他们的妻子儿女像鹤一样翘首以盼，天天算计着时日（去者束装以待期，妻子鹤望以计日），不管前线多么吃紧，国家也不能失去这个信用，让将士们不能与家人团聚。

如果有充足的兵力，诸葛亮当然可以分兵两处，根据对手的反应相机确定主攻方向，但现在却不能，要么把主力拉到陇右，要么兵出秦岭栈道，二者不可兼得，而将希望寄托在秦岭山中的那几条栈道，这一直都不是诸葛亮看好的方案。

此前诸葛亮和司马懿从未有过直接交锋，听说曹魏新任的这位大将军亲自来了，诸葛亮立即调整部署，命王平率部屯扎在祁山附近的南围，继续攻击祁山堡，自己率蜀军主力去迎战魏军。

　　但诸葛亮没有直奔司马懿本人而来，而是向上邽发起了攻击，由于双方兵力相差悬殊，郭淮、费曜被打败，蜀军占领了上邽，司马懿随即率主力赶来，在上邽以东扎营。

　　蜀军求战，魏军却避战不出，这是司马懿的策略，他认为蜀军的弱项一是人数不占优势；二是后勤保障不足，所以禁不起耗，司马懿命令魏军凭借各自险要地势加强防守。雍州总体上还是曹魏的地盘，陇右与关中的交通还算通畅，蜀军难以获得补给而对魏军来说则不是大问题，司马懿耗得起。

　　在求战不能的情况下，诸葛亮决定撤退（军不得交，亮引而还）。

五十一、木门道反击战

后勤供应跟不上，成为蜀军面临的最大困难，由汉中转运粮草的确费时费力，而且中途损耗很大，难以长久支撑。

幸运的是，此时已经是农历的四月底，正是陇右地区麦子成熟的季节，在屯兵上邽期间诸葛亮抓住时机，命蜀军收割麦子（因大芟刈其麦），多少有了一些存粮，所以退到祁山附近的卤城时，诸葛亮下令就地扎营，不再退了。

司马懿率大军随后赶来，他还是采取之前的做法，在距离蜀军大营不远的地方也扎下一座大营，只对峙而不发动进攻，对于这种打法，张郃再一次表示了不同意见：

"蜀军远道而来迎战我们，现在他们请战不成，必然会认为不战对我们有利，是想用长期对峙的办法对付他们。现在祁山那边已经知道我军主力就在附近，人心已经稳定下来，可以屯兵于此，然后派出奇兵抄其背后，不应坐在这里不敢向前，让民众失望啊（不宜进前而不敢逼，坐失民望也）！"

即便不实施正面进攻，至少也要派兵袭击敌人的后路，以寻求战机，而不应这样干耗着，毕竟这里是曹魏的地盘，敌人打到家里来而不敢战是怯懦的表现，会让雍州的百姓对魏军丧失信心。

但是司马懿仍然不接受这项建议，命令魏军不得出击。

这一招果然让诸葛亮很难受，攻坚战历来是蜀军的弱项，陈仓之战就是最好的例证，蜀军拿手的是"防守反击"，但遇到这个死活都不肯主动出招的对手竟然也毫无办法。

诸葛亮无奈，命令从卤城后撤，看看魏军的反应。

蜀军后退，魏军就往前移，始终保持一段距离，仍不进攻。

就这样，蜀军一直退到祁山跟前，魏军索性进到尚未被蜀军攻克的祁山堡，司马懿命令军士在山上抓紧修筑工事，摆出一副凭借高山深谷长期据守的姿态（既至，又登山掘营，不肯战）。

对大多数魏军将领来说，过去跟着曹真和张郃时还从来没有这么窝囊过，敌人在面前不停地叫阵，自己却龟缩在营垒里不敢出来，多让人丧气！

贾栩、魏平等将领多次请战，司马懿一律拒绝，他们实在想不通，觉得堂堂大魏的军队还不至于这么胆怯吧，他们对司马懿说："您畏惧蜀军就像见到老虎，就不怕天下人耻笑吗（公畏蜀如虎，奈天下笑何）？"

敢直接顶撞顶头上司，如果这不是一时的激愤之语，那只能说明司马懿在这里还无法服众。的确，这里的大部分将领对司马懿还都比较陌生，之前有人可能会认为曹真的接班人应该是张郃，司马懿这个不速之客横插一道，怎能让人服气？

司马懿不怕天下人耻笑，因为只有笑到最后才是王道，他认真研究过蜀军的战法，知道其优劣所在，在当前情况下守而不战无疑是正确的选择，但这些道理要让每个人都懂也是一件难事。又过了几天，魏军将领都来请战（诸将咸请战），司马懿知道再不打就要出问题了。

5月10日司马懿下令出击，他让张郃率一支人马进攻南围的蜀将王平所部，自己率主力进攻诸葛亮。

魏军放弃有利地势发起主动进攻，这是诸葛亮求之不得的事，他立即指挥蜀军全面应战，结果魏军大败，被蜀军斩杀3000人，蜀军同时缴获玄铁打造的铠甲5000副，弓弩3100张（获甲首三千级，玄铠五千领，角弩三千一百张）。

张郃在南围方面的进攻也受阻，别看蜀军攻坚不行，防守却是一流的，尤其是他们的弓弩很厉害，对付骑兵相当有效，再凌厉的攻势也穿不透如蝗的箭雨，南围攻击无果（郃不能克）。

事实证明一退再退的蜀军不是纸老虎，它的爪子和牙齿都锋利得很，对付它只能小心翼翼，这一仗让那些对司马懿不服的人暂时安静了下来。

双方继续对峙，对蜀军来说越来越不利。

此时已到了夏秋之交，开始下起了连阴雨，蜀军本来就很脆弱的运输线终于出了问题，李严派参军狐忠、督军成藩突然来到前线，向诸葛亮报告说，由于阴雨连绵粮食实在无法供应，李严报告了后主，后主诏令诸葛亮回师。

诸葛亮让李严留守在汉中，让他负责丞相府里的事，遇到问题李严应该先向自己汇报，是否撤兵应该由自己来定，李严不打招呼直接向后主做了汇报，这让诸葛亮十分不快。

现在双方对垒，拼的是意志和决心，蜀军有困难，魏军也一样，这就要看谁能坚持到最后了，轻易撤军，那前面的所有付出岂不是白费了？如果要撤，干吗还要等到现在呢？

但现在诸葛亮没有别的选择，粮草供应不上，的确难以再支撑下去，更重要的是，一向不太管事的后主居然下诏让他回师，他只能服从。

于是诸葛亮下令撤退，这一回不是佯退而是全面撤退，在祁山堡的司马懿也看到了这种情况，下令追击，张郃对此又表示反对：

"兵法说，围城一定要给个出口，撤退的敌人不要追击（围城必开出路，归军勿追）。"

然而司马懿仍然坚持追击，并且点名张郃率队。

张郃不理解，也很无奈，但他是军人，懂得服从，于是领兵去追。

张郃率部沿着蜀军主力撤退的方向一路追下去，一直追到了木门道这个地方，这是一条古道，东西两面雄山壁立千仞，中间一线空谷，宛若门户，当地百姓称其为峡门，具体位置在今甘肃省天水市秦州区西南40公里的木门村附近。

这样的地势是打伏击最理想之处，诸葛亮果然在此设下了伏兵，魏军到时，埋伏在峡谷两侧的弓弩手万箭齐发，魏军将士纷纷落马。

有的史书说，一支冷箭射中了张郃的右膝（飞矢中郃右膝），还有的史书说，射中的是张郃的髀骨（弓弩乱发，矢中郃髀），总之张郃中了箭。

还有一部史书记载得更详细，说张郃一路追到木门道，突然发现路边有一棵大树被削了皮，上面题写着"张郃死此树下"几个字，张郃正迟疑间，蜀军埋伏在两侧的数千张强弩便一起向魏军射来（豫令兵夹道，以数千强弩备之），张郃死于乱箭。

对木门道之战的记载在细节上尽管略有些出入，但结果却是一样的：魏军大败，损失惨重，堂堂的曹魏车骑将军张郃也被射死了。

这一仗让魏军充分领教了蜀军弓弩手的厉害，这是一支在当时最为强悍的弓弩兵，他们手中持有一种特制的武器——诸葛连弩，这是诸葛亮革新兵器的一项发明。

之前人们制弩沿用的是秦汉工艺，弩机以青铜制成，一弩一矢，经过诸葛亮的改造，箭矢改用铁制，增加了杀伤力，并且又增加了"一弩十矢"的设计，使单发变成了连发（以铁为矢，矢长八寸，一弩十矢俱发）。

10支箭是否一次性射出？对这个问题有不同理解。明代有人对诸葛连弩的制作有详细描述，根据它的记载，诸葛连弩的工作原理如下：弩机上刻直槽，有一个函，里面装10支矢，另安装一个机木，在手板弦的上面，发去一矢，槽中又落下一矢，则再扳木上弦而发。

按照这样的描述，诸葛亮改进弩机就是在上面增加了一个箭槽，这一装置可以放入10支短箭，扣动一次扳机就发出一矢，箭槽中就掉下一矢，这样反复扣动扳机，实现连续发射。

即便不是十矢齐射，这种手动变半自动的方法也极大地提高了发射频率。弓弩是对付敌人骑兵的利器，弓弩要提高杀伤力，除增加射程和力度之外，更要提高速度，面对敌人的骑兵，射击速度是制胜关键，无论是手拉的弓箭还是弩机，一次一发，弓弩手再怎么训练速度也难以提高，改成一弩十发后，速度增加了数倍。

魏军里也有连发的弓弩，但它达不到一次连发十矢，魏明帝写的一首诗里有"长戟十万队，幽冀百石弩，发机若雷讯，一发连四五"的句子，从它的描述看魏军弓弩的发射效率只是诸葛连弩的一半。

千万不要小看这种速度上的提高，因为这才是敌人骑兵的噩梦，可以想象，面对铺天盖地如蝗虫般扑来的飞矢，再厉害的骑兵也会胆寒，蜀军以步兵战骑兵，靠的就是这种武器。

为进一步提高弩的效率，诸葛亮还主持作了进一步改进，一种方法是通过在箭头上涂毒药来提高杀伤力，诸葛连弩虽然很轻，但铁镞上涂有毒药，这种毒药可以射杀老虎，人马见血立毙，持这种弩就连懦夫妇女也可以守城，上面有的史书说张郃只是被射中右膝或髀骨，结果一样不治身亡，可能就是中了一支毒箭。

还有一种方法，就是增加瞄准器，近代曾在成都附近出土过一把诸葛连弩，弩机上有一个装置叫望山，是瞄准用的，这在当时也是一项了不起的创新，可以大大提高射击的准确性。

根据史书记载，诸葛亮训练了不少专门的弓弩手，把他们按照一定比例配属到部队中，临战专门负责阻击敌人的进攻，效果非常明显。这种弓弩兵的配备数量有时是惊人的，有一次诸葛亮从涪陵一地就征召了3000人，全部训练成连弩士。

张郃很不幸，正好撞上了蜀军的弓弩手，又在木门道这个最有利于伏击的地方，所以战死了。

对张郃的死，历来有不少人认为是司马懿的阴谋，张郃的地位仅次于司马懿，在军中素有威望，在一些问题上又多与司马懿存在分歧，被司马懿视为眼中钉，所以故意逼死了张郃。

但这只能是猜测，蜀军败退，司马懿下令去追，这是没有问题的，至于张郃战死，那只能说是个意外，或者是他自己不小心，司马懿又有什么责任呢？

如果真是借刀杀人，也只能说司马懿做得实在太高明了，高明得让谁都挑不出礼来。

张郃的死让魏明帝最伤心，听到这个消息时他正与司空陈群谈事，魏明帝悲伤地对陈群说："蜀国未平，张将军却死了，你说该怎么办啊（蜀未平而郃死，将若之何）？"

魏明帝的心情陈群也许最能体会，但他也只能应道："张将军确实是一代良将，是国家的依靠哇（郃诚良将，国所依也）！"

魏明帝下诏谥张郃为壮侯，爵位由其长子张雄继承，其余 5 个儿子中有 4 人被封为列侯，1 人被封为关内侯。

五十二、李严冤不冤

在诸葛亮第四次北伐的同时，孙权的诈降计划也一直在进行中，开始进展还算顺利，尽管曹魏东线战场总指挥满宠十分警惕，但曹魏的扬州刺史王凌却始终深信不疑。

满宠被魏明帝征召入朝，他深知王凌立功心切，会上敌人的当，临行前专门给自己的长史叮咛说："你一定要注意，如果王凌提出去迎接孙吴的降人，千万不要给他派兵（**若凌欲往迎，勿与兵也**）。"

王凌后来果然来要兵，长史按照满宠的嘱咐坚决不给，王凌就让自己手下一个将领率所部700步骑前去迎接孙布，结果中了孙布的埋伏，孙布趁夜发起攻击，魏军人马死伤过半。

魏明帝召满宠来洛阳，最重要的原因还是因为王凌指使人写的告状信，王凌一心想把满宠排挤走，就让手下心腹写信诋毁满宠，说他年纪老迈，办不好事，不适合担当大任（**凌支党毁宠疲老悖谬**）。魏明帝可能还没见过满宠，不知道告状信上的内容是否属实，就以召见的名义想亲眼看看。

魏明帝身边的给事中郭谋建议："满宠当汝南郡太守、豫州刺史前后20多年，在东南边境建立了功勋，吴人都害怕他（**及镇淮南，吴人惮之**），现在把他突然召回，如果不像王凌所表，陛下就问问他前线的敌情，问完让他回去。"

魏明帝也是这个意思，但在召见中发现满宠体格健壮、精神饱满，完全不像王凌说的那样。

告状信上还说满宠不仅年纪大而且经常喝酒误事，不可留任，魏明帝特意把满宠留下来请他喝酒，满宠连喝一石酒，一点都没有醉意（**饮酒至一石不乱**），魏明帝更加深信告状信所言不实。

汉代一石合20升，如果王凌能喝20升酒，也就是40斤，那他的肚子得有多大呀？但汉代的升比今天小得多，不到今天的0.3升，也就是一顿喝了5升多的酒，10斤多点儿，当然这也不少，但那时酒的酒精度数都比较低，类似于今天的啤酒或低度米酒。

而正在这时前线也传来消息，说王凌上了敌人的当，魏明帝于是改变了想法，对满宠慰勉了一番，又让他回扬州，仍全面负责东线战场的指挥。

满宠则多次上表，请求留在京城，魏明帝不许，下诏：

"从前廉颇为向使者表示自己身体健康，仍可带兵打仗，一顿能吃1斗米、10斤肉。马援62岁仍请兵作战，在马鞍上可以回头顾望，以示可用，卿未老而自谓已老，为何与廉颇、马援相差这么大呢（**何与廉马之相背邪**）？卿要想努力设法保卫边境，为国效力呀！"

考虑到满宠与王凌的关系，魏明帝下诏将王凌改任为豫州刺史，满宠这才回去。

在另一边，诸葛亮率军回到了汉中。

回去之后，诸葛亮最急切想弄清楚的是后方究竟出了什么问题，后主得到了怎样的报告才给前方下诏回师，而解开这一切疑惑的关键就是李严，但让诸葛亮大吃一惊的是，李严走了。

在诸葛亮回到汉中之前，李严已请病假去了沮漳（托疾还沮漳），后来又去了江阳。沮漳应指沮水和漳水，但它们不在蜀汉，而在孙吴的控制区，所以有人怀疑史书上的这个地名是笔误，应该是哪里已说不太清楚了。

江阳在蜀汉，它指的是新设立的江阳郡，在成都的东南方向，但李严不是江阳郡人，也从未在那时任过职，他的祖籍是荆州刺史部南阳郡，在犍为郡当过太守，所以有人认为江阳也是笔误，应该是江州才对，李严长期驻守江州，前不久离开江州后，他的儿子李丰任江州督，仍负责江州的防务，所以回江州的可能性最大。

李严如果真的回到了江州，那问题就相当严重了，大概他已意识到自己有一场政治危机即将到来，回江州是要与诸葛亮彻底翻脸的前奏，他可以携江州自重，与诸葛亮公开对峙，甚至可以投降曹魏。但到后来，李严在参军狐忠等人的反复劝说下还是回到了汉中，大概他认为无论是公开撕破脸还是投降敌人，都没有太大的把握吧。

让诸葛亮不解的是，李严回到汉中后对之前的事情不仅没有做出合理解释，反而对撤军一事表示了惊讶，他说："军粮很丰富，您为什么要撤呀（军粮饶足，何以便归）？"

这当然是糊弄不过去的，诸葛亮让人马上回成都，调阅了李严这段时间里上给后主的所有奏章，诸葛亮惊讶地发现，在李严给后主的奏章中竟然有这样的话："现在让大军撤退是假的，目的是引诱敌人一战（军伪退，欲以诱贼与战）。"

李严采取了两边欺骗的办法，一边告诉诸葛亮，后主让他撤军；一边告诉后主是诸葛亮要求撤军的，撤军是一种战略战术。李严之所以这么做，是因为他办事不力，加上又遇到了连阴雨，他负责筹办的军粮出了问题，为掩饰过失才想出这样一个不太高明的办法。

诸葛亮把李严写给自己的信以及给后主所上的奏章都拿出来，摆在李严的面前，前后矛盾之处无法抵赖，李严只得认错，连连叩头谢罪（辞穷情竭，首谢罪负）。

事情弄清楚了，但怎么处治却让诸葛亮犯了难。

如果就事而论，李严这次绝对犯下了大错，他不仅误事而且欺瞒后主，致使第四次北伐前功尽弃，这样论起来杀了他都不为过。但李严跟自己一样，都是先主生前亲自指定的托孤重臣，如果处理得太重，势必给人一种权力斗争的印象。

诸葛亮平时很注意和李严处好关系，尽量给予包容甚至忍让，第一次北伐时诸葛亮就想抽调李严所属人马来汉中，但李严却不理会，反而写信劝诸葛亮加九锡，又提出设立巴州，由他当巴州刺史，最后调兵的事也不了了之。

曹真进犯汉中时，汉中的兵力实在有限，诸葛亮再次请李严增兵，但李严又提出了新条件，说他走后必须让儿子李丰任江州督，诸葛亮无奈，只得上表后主，擢升李严为骠骑将军，并同意由李丰负责江州的事务，这样李严才肯来。

诸葛亮也听到一些议论，说李严平时情绪挺大，常发牢骚，觉得自己同是托孤大臣却没有得到相应的实权，心里很不满，常因此影响工作。

考虑再三，诸葛亮决定这一次不再忍让，于是向后主郑重上表，回顾了近年来李严的种种不端行为，并说李严来到汉中后，自己把各种事务都交给了他，群臣都怪他对李严太宠爱了（平至之日，都委诸事，群臣上下皆怪臣待平之厚也），而自己之所以那么做，是因为北伐大业正在进行，很多事情还没有头绪，与其批评李严的短处，不如发挥他的长处和优点，但李严不能理解，竟然犯下了这种不能宽恕的错误。

在这份弹劾表里，诸葛亮最后说："如果这件事不去解决，将会造成更严重的后果。这也怪我平时不够敏感，不能及时发现问题。不再多说了，多说更增加了罪责（**是臣不敏，言多增咎**）！"

值得注意的是，这份弹劾表并非诸葛亮一人所上，后面还有20多位蜀汉大臣共同联署，包括车骑将军刘琰、征西大将军兼凉州刺史魏延、前将军袁綝、左将军兼荆州刺史吴壹、右将军高翔、后将军吴班、丞相长史兼绥军将军杨仪、扬武将军邓芝、征南将军刘巴、中护军兼偏将军费祎、偏将军许允、笃信中郎将丁咸、偏将军刘敏、征南将军姜维、讨虏将军上官雝、昭武中郎将胡济、建义将军阎晏、偏将军爨习、裨将军杜义、武略中郎将杜祺、绥戎都尉盛勃、武略中郎将樊岐等，从这份名单里，大致可以看到当时蜀汉的主要权力结构。

结果李严被后主解除了所担任的一切职务，夺去俸禄，收回节传、印绶、符策，削去都乡侯的爵位，以一个老百姓的身份到梓潼郡居住。

李严的儿子李丰不合适继续留任，但诸葛亮没搞株连九族那一套，而是让李丰以中郎将的身份到丞相府任参军，诸葛亮担心李丰有心理负担，还专门给他写信劝慰，信中写道："我和你父亲同心协力辅佐汉室，不仅世人知晓，也是神明所知的事。所以，我推荐你父亲到汉中任职，委托你在东部要地镇守，也是不想让那些议论是非的人有话柄（**表都护典汉中，委君于东关者，不与人议也**）。我只想实心实意感动于人，始终保持其中的友情，谁又能想到中途会出变故呢？"

李丰后来到了成都的丞相府，蒋琬是丞相府留守的长史，诸葛亮还鼓励李丰与蒋琬精诚合作，李丰也不负诸葛亮的一片真诚，跟蒋琬合作得很好，后来被提拔为朱提郡太守。

但毕竟是一位托孤大臣弹劾另一位托孤大臣，所以历来也有人认为李严案有"内幕"，是诸葛亮争权或为第四次北伐失利找借口而制造出的冤案，但这种看法只能算一种揣度，缺乏事实依据。

事实上，诸葛亮在这件事的处理上既坚持了原则又充满了人情味儿，李严本人虽被罢免，心里却不恨诸葛亮，后来诸葛亮死了，李严听到消息十分悲痛，认为从此以后不可能有人还能理解他（**策后人不能，故以激愤也**）。

后世有史学家就此发出过感慨，认为水很平所以人们拿它作为标尺，镜子里的人很丑但人看了不会发怒，水和镜子之所以能穷物尽态而人们却无怨，因为它们是无私的。水和镜子因为无私，所以能避免别人的诽谤，大人君子心怀好善之心，有宽恕之德，法行于不可不用，刑加于犯罪之人，赐给爵位不是因为关系好，诛杀犯罪不是因为自己被触犯，天下哪有不服的？

五十三、兵出褒斜道

在蜀汉建兴九年（231）第四次北伐之后，有2年的时间诸葛亮一直没有大规模用兵，他在做着各种准备，其中一个重要的工作就是修复秦岭山中的栈道，并在里面修建粮仓（邸阁）。

到建兴十一年（233），斜谷的粮仓里已经储备下大量粮食，之前被烧毁的褒斜道栈道也基本修复完成了。次年2月，天气转暖，秦岭山中的积雪融化，诸葛亮决定进行第五次北伐。

与每次北伐一样，这一次诸葛亮也给孙权写了信，约定共同行动，信里写道："汉室遭遇不幸，朝廷的法纪被废弛，从曹操篡逆开始，已蔓延到了今天，我们双方都有剿灭曹贼的想法，但是一直到现在还没有达成目标。我承蒙昭烈皇帝的重托，不敢不尽忠竭虑。现在大军已集结于祁山一带，敌人即将被消灭于渭水之滨（今大兵已会于祁山，狂寇将亡于渭水）。恳切盼望您按照同盟的约定，命令将领北征，一同平定中原，共扶汉室。书不尽言，万望明鉴。"

从信里透露的意思看，此次北伐的路线似乎还要西出祁山，这与在秦岭山中正在做的大量准备工作不符，其实这只是个笼统的说法，或者为了保密的需要故意放出的烟雾弹。

孙权接到来信后立即进行了部署，蜀汉经过这么长时间的沉寂再举北伐，孙权知道这次的力度肯定会超过以往，所以他也想抓住这个机会，在东线和中线两个战场同时给曹魏制造出强大的压力，因而此次的配合行动也超过了以往。

吴军主力悉数全出，分3路向曹魏发起进攻：一路由孙权亲自率领，总兵力达10万人，由皖城等地出发，出巢湖，攻击合肥；一路由上大将军陆逊、大将军诸葛瑾率领，由江夏郡出发攻击曹魏南部重镇襄阳；一路由镇北将军孙韶、奋威将军张承率领攻入淮水，目标是曹魏的六陵、淮阴。

魏明帝接到报告，感到事态很严重，他命负责东线战场的征东将军满宠、负责中线战场的荆州刺史毌丘俭等加强守备，同时抽调其他州郡的兵马前去支援。

史书记载，蜀汉建兴十二年（234）2月初，发生了太白侵荧惑的天象，太白是金星，也被视为天神；荧惑是火星，也被视为战神。金星追赶上火星，是少有的天象。身在洛阳的魏明帝让人占卜，报告说今年将有一场大战（大兵起，有大战）。

蜀军就是在这时发动的第五次北伐，之前的4次北伐，2次西出祁山，一次出武都、阴平，一次出大散关，用兵的重点基本都在西边，以夺取陇右为目标，这个战略有一定的正确性，但也有明显的缺点，那就是魏军如果一味采取避战的办法拖着不打，你也没有太好的办法。

所以诸葛亮改变了策略，这次北伐兵出秦岭山中的褒斜道，以最快的速度把主力拉到关中，寻找魏军主力，让其不得不决战。

但这个想法也被司马懿想到了，第四次北伐结束时有些谋士和将领认为等到第二年麦子成熟时诸葛亮还会再次来攻陇右，司马懿不同意这个判断，他认为："诸葛亮两次出祁山，一次攻陈仓，都遭遇挫折而撤军。即使后面再出兵，他也不会攻城，而会谋求野战，而且地点是陇东而不是陇西（必在陇东，不在西也）。诸葛亮每次都恨其粮食太少，这次退兵，必然会积蓄粮食，我料定他不到粮食成熟3季不会再出兵（非三稔不能动矣）。"

事实完全如司马懿所料，包括蜀军进攻的时间和路线，当然这也可能是史家故意美饰司马懿。不过，司马懿坐镇长安以来也没闲着，为了防备蜀军的进攻他也做了不少工作，比如奏请魏明帝同意，从冀州等地迁徙了大量人口补充关中和陇右，又整修了关中的成国渠，修筑长了晋陂，大力发展关中地区的农业，不断积蓄力量。

诸葛亮命征西大将军魏延为前部，其余各部随后，蜀军总兵力仍然在10万人左右。对54岁的诸葛亮来说，这一次北伐也几乎穷尽了他个人的全部力量，他甚至有了一些不好的预感，所以在行前上表后主，破天荒地交代了一些后事："如果臣出现了不幸，国家大事请托付给蒋琬（臣若不幸，后事宜以付琬）。"

诸葛亮曾对后主表示过，他将为蜀汉的大业战斗到最后一息，也许他对自己越来越差的身体状况感到了担忧，所以才有这样不同寻常的举动。

西线战场的紧急军情也立即传到了洛阳，面对三大战场同时受敌，魏明帝感到了空前的压力，他深知西线战场尽管形势最紧张，但有司马懿在那里可以完全放心，倒是孙权本人来攻的东线战场让他放心不下。

满宠向魏明帝提出了一个大胆的作战计划，想放弃合肥，让敌人纵兵来攻，待魏军增援部队赶到时向其发起总攻，这个计划过于大胆，一旦失手后果很可怕，魏明帝没有批准。

魏明帝决定亲征合肥，大军未到前派出一支人马急行合肥，命他们多带旌旗，四处擂鼓，故意制造声势。尽管剩下的兵马已经不富裕了，魏明帝仍抽出2万人，由骁骑将军秦朗率领增援关中，归司马懿调度。

秦朗字元明，小名阿苏，他的父亲是吕布手下的将领秦宜禄，之前说过，秦宜禄死后，曹操见他的妻子杜氏长得很漂亮，就收为妾，秦朗于是随母亲来到曹家，与何晏一样成为曹操的继子，算起来是魏明帝的叔父。

魏明帝曹叡幼时藏于深宫，因为母亲失宠又被杀，所以从小尝尽人情冷暖，性格上与其祖其父很不相同，反倒与这个过继给曹家的叔父很能谈得来。秦朗本是一个公子哥，没什么实际才能，也不像何晏那样成为一个大学者，但魏明帝仍然给他以宠信，每次呼他都叫他"阿苏"。

魏明帝改任秦朗为征蜀护军，所部受司马懿节制。秦朗还带来了魏明帝的谕示，魏明帝认为蜀军属于远途作战，他们必然希望速战速决（侨军远寇，利在急战），所以让司马懿不要急于求战，坚守营垒，以挫其锋，如果敌人不得进，停留太久粮食就会吃完，必然会撤退，等他撤退的时候追击，是全胜之道。

司马懿听了很高兴，因为这也正是他对付蜀军的一贯思想，他也认为拖是最好的办法，上次在祁山他已经试过蜀军的战斗力，他发现这支部队人数虽然处于下风，骑兵的比重也不多，但训练相当有素，野战经验十分丰富，能攻能守，交起手来一定会吃大亏。

司马懿完全不担心拖不过蜀军，诸葛亮虽然在汉中进行了大量准备，但这两年他在关中也没闲着，经过长时间的备战，尤其是大修水利工程，已积蓄下足够吃的粮食，即使不从关内调粮，也足够了。

这时，诸葛亮已率领蜀汉大军出了褒斜道进入关中，在褒斜道的北谷口扎下大营，魏延率一部人马在10多里外另扎下一座营垒。

此地属曹魏雍州刺史部扶风郡的郿县，马超、法正、孟达都是扶风郡人。诸葛亮没有指挥人马去攻打郿县的县城，因为当年董卓被封为郿侯，在此修筑了著名的郿坞，城池异常高大，里面可以储存无数的粮食，想必不会比陈仓更好打。

蜀军扎营的地方是渭河的南原，此处虽然也属关中平原，却是其最东端，平原并不开阔，中间是渭河，南面是突起的秦岭，北边是北原台地，南北可以相望。

司马懿率郭淮、胡遵、周当等部随后也赶到了，他们在渭河的北岸扎下营垒，与蜀军隔河对峙。雍州刺史郭淮认为诸葛亮必然会去争夺北原，应当先占据（**亮必争北原，宜先据之**），但其他人都不同意他的看法，认为诸葛亮攻击的重点是郿县县城，之后是长安，所以防御的重点应该放到东面。

郭淮仍坚持自己的看法，他认为："如果诸葛亮渡过渭河占有北原，就会在北山地区连成一片，从而断绝关中与陇中的通道（**连兵北山，隔绝陇道**），使汉夷各族震动，使我方处于不利的地位。"

司马懿认为郭淮的话有道理，就命他率所部进屯北原。郭淮立即率军赶到北原，并马上开挖壕堑，没等挖好，蜀军的一支人马就赶到了，由于有先到之利，郭淮指挥魏军将蜀军击退。

诸葛亮确实看到了北原的重要性，无奈被郭淮抢先了一步，于是他改变策略，让一部分蜀军向西面佯动，继续做出大举西进的姿态，而其实想夺取的，是战略要地阳遂。

阳遂这个地名已失考，"遂"通"燧"，可能是魏军设在渭河沿线的一处重要营垒，位置应在蜀汉大营的东面。魏将普遍认为，诸葛亮攻击的目标是西围，这个地名也无考，之前诸葛亮第四次出祁山曾分兵王平让他占据南围，它们意思也许不是固定的地名，是以方位划分的营垒名称，相当于魏军的西大营。

郭淮又不同意这种判断，他的理由是蜀军突然制造声势说要向西面攻击（**盛兵西行**），这有些不合常理，可能是佯动，敌人的目标不在西面而是东面，具体来说就是阳遂。郭淮的建议再次得到司马懿的支持，于是命郭淮和胡遵率兵赶赴阳遂。蜀兵果然来攻，由于魏军早有准备，攻击无法得手，退去。

初战看起来并不顺利，诸葛亮决定既不往西，也不往东，干脆就地屯兵，他看好了一个屯兵的好地方，就是渭河南岸的五丈原。

"原"通"塬"，是西北黄土高原地区因流水冲刷而形成的一种地貌，一般呈台状，四周陡峭，顶上平坦，这种地势适合于扎营，因为四面不是深沟就是峭壁，利于防守。不过在这样的地方扎营，必须解决好水源问题，一旦断水，后果不堪设想。

五丈原就是一块高出周边的台地，当时属郿县以东的武功县，如今属陕西省宝鸡市岐山县，现在它的具体位置在岐山县城以南20公里处，背倚秦岭大山，面前是渭河。诸葛亮之所以选择这里扎营，不仅因为其南北皆有阻隔，利于防守，而且这个地方东西也有深沟，是天然形成的壕堑。

当地人传说，当年秦二世胡亥某年的秋初西巡，在此看到一股旋风刮起五丈高，形成奇观，挥笔写下"五丈秋风原"，此地因而得名。

不过还有另外几种说法：一是说这块四面皆有阻隔的天然台地平均高度为汉代的50丈，所以称为五十丈原，简称五丈原；二是说五丈原的形状如葫芦，两头大，中部窄，其最窄处仅五丈，故称五丈原；三是说五丈原地形像汉代五铢钱的五字，原来叫作五状原，后误传为五丈原。

总之，诸葛亮率大军驻扎之前这里就叫五丈原了，这一点从史书中也能找到依据，诸葛亮屯兵五丈原后，曾写信给孙吴骠骑大将军步骘，介绍了驻兵五丈原的一些情况：

"我不久前把部队驻扎在五丈原（仆前军在五丈原），五丈原在武功县城以西10里，武功县城以东10多里是马冢山，那里地势很高，不便攻取，所以就留下来。"

陆逊担任上大将军后，孙权把防守吴蜀边境一带的军政事务交给了步骘，让他以骠骑大将军的身份督师于西陵，与蜀汉距离最近，来往也最密切，所以诸葛亮会给他写信。

在渭河北岸的司马懿完全可以用目视的方法看着蜀军主力上了五丈原，那一刻他似乎松了一口气，他对部下说："诸葛亮如果真的厉害就会出武功，沿着南山向东攻击（亮若勇者，当出武功依山而东），如果上了五丈原，那就没什么可忧虑的了！"

五十四、五丈原的秋风

蜀军主力退守五丈原，司马懿决定将魏军主力趁势推进至渭水南岸，这让众将有些吃惊。

按照大家的看法，既然拖着不打更为有利，那么待在渭水北岸岂不更好？渭水可以作为屏障，如果蜀军来攻，正好沿渭水展开阻击；如果蜀军不来攻，那就这么耗下去。

司马懿解释了攻击渭水南岸的理由："这一带的百姓都在渭水南岸聚居（**百姓积聚皆在渭南**），这是非争不可的。"

原来，渭水行进到这一段，不是从南原与北原正中间走过的，而是偏向北原，让渭水南岸一带拥有了大片耕田，人们也习惯于在南岸居住，从陈仓至郿县几乎都是如此，如果不过河，让蜀军放手去一一占领这些地区，那蜀军的粮食就会得到大量补充。

现在去五丈原，可以坐动车在岐山站下车，该站远离北原上的岐山县城，就位于五丈原的脚下，往西的下一站就是宝鸡，即三国时的陈仓，往东是郿县、武功。五丈原背倚大山，俯瞰脚下、虎视左右，确实不易进攻，其视野之内的确有大片的农田。

也许这就是诸葛亮据守五丈原的真实用意，他仍然坚持"稳扎稳打"的策略，以五丈原为战略支点，不急于向东攻击，而是先占领陈仓到武功这一线的大片地区，好与魏军长期相持。

司马懿看到了这一点，所以坚持让魏军主力渡过渭水。渡河后，魏军在五丈原附近扎下营垒，司马懿命部将周当率一部人马驻扎在阳遂附近，本意是想把这作为诱饵，待蜀军来攻时从后面包抄，但蜀军没有任何行动。

渭水在此有一条支流叫武功水，诸葛亮命步兵监孟琰驻扎在武功水以东，司马懿派人进攻孟琰，诸葛亮命人在武功水上搭建竹制浮桥，过河射杀魏军（**做竹桥越水射之**）。

魏军一时无法得逞，诸葛亮干脆在五丈原附近搞起了分兵屯田，做长驻的打算。蜀汉的屯田兵和渭水岸边的百姓杂居在一起（**耕者杂于渭滨居民之间**），大家相处得很好，百姓乐于接受，蜀军也军纪严明，后世对此评价很高。

诸葛亮用尽了各种办法引司马懿来战，但渡过渭水后的魏军始终避而不战。诸葛亮多次派人到司马懿那里下战书，还送给司马懿一些女人的服饰以激怒司马懿（**又致巾帼妇人之饰，以怒宣王**），司马懿把衣服收下，既不生气也不出战。

魏军将领却没有这么好的脾气，纷纷请战。开始还好办，时间一长司马懿也有了压力，他于是郑重其事地给魏明帝写了一封请战书，言辞激昂，请求出战，为表示郑重，司马懿特意让手下的主要将领们一一署上名。

魏明帝当然明白司马懿的用意，知道司马懿快扛不住了，到他这里搬救兵来了，于是派卫尉辛毗为特使前往军前，名为慰问，其实是阻止众将的请战行为。

辛毗是曹魏老臣，被称为骨鲠之臣，事曹氏父子三代，以耿直著称，一旦认定的事就会坚持，谁的面子都不给，关于他的这种性格还有一段往事。

魏文帝曹丕在位时曾打算从冀州迁 10 万户充实到黄河以南，群臣一致反对，但曹丕态度坚决，非办不可。辛毗及群臣求见，曹丕知道他们的来意，故意拉下脸，吓得大家都不敢再吱声（作色以见之，皆莫敢言），只有辛毗不管，问曹丕："陛下想迁冀州的士民，出于什么考虑？"

"你认为我做得不对吗？"

"确实不对。"

"这事我不想跟你讨论（吾不与卿共议也）。"

"陛下不以臣不肖，把我放在左右，让我当谋议之官，怎么现在又说不跟我讨论？臣所说的，不是私事，是社稷大事，你生什么气呢（臣言非私也，乃社稷之虑也，安得怒臣）？"

曹丕简直崩溃，干脆起身就走，辛毗不干，上去一把拽住曹丕的衣袖（毗随而引其裾）。曹丕从来没被人这样对待过，本能地往回拉，拉了半天才拉开（帝遂奋衣不还，良久乃出）。辛毗字佐治，曹丕说："佐治，你干吗拉得那么紧（卿持我何太急邪）？"

"现在迁移士民，失去人心，到了新地方又没吃的。"

最后曹丕妥协，把10万户减成5万户。说起来，魏明帝也不太喜欢这个老臣，但今天这个差事派谁都不如派他去，曹叡命辛毗兼任司马懿的大将军军师，持节，前往关中前线。

蜀军又来挑战，司马懿顶不住压力，表示要出营迎战，辛毗拿出魏明帝赐给的节，立于营前，魏军不能出。姜维回来把这件事告诉了诸葛亮，忧虑地说："辛毗一来，魏军不会再出来交战了。"

司马懿的把戏瞒不过诸葛亮，他对姜维说："司马懿本来就不想出战，之所以再三向上面请战，是做给下面的人看的（以示武于其众耳）。为将的，率大军在外，君命有所不受，如果他有办法对付我们，用得着向千里之外请战吗？"

这段相持的时间长达几个月，在此期间双方也有一些往来。

司马懿每次视察军阵都相当隆重，必然全副武装（戎服莅事），他没见过诸葛亮，不知道诸葛亮平时穿什么，就派人出去看，有人报告说诸葛亮坐着一个简单的小车，头戴葛巾，手里拿着羽毛扇指挥三军，蜀军随他的号令整齐进退（指麾三军，随其进止），司马懿听完，感叹道："诸葛先生真有名士风采啊（诸葛君可谓名士矣）！"

有一次，司马懿会见诸葛亮派来的使者，不问军中大事，只问诸葛亮的日常生活，问得很详细（唯问其寝食及其事之烦简，不问戎事）。

在两国交战期间主帅的一切都是军事机密，包括健康情况、生活规律、个人嗜好，等等，从这些蛛丝马迹中可以推测出对方很多有用的信息，从这一点看司马懿挺贼。蜀国的使者显然警惕性不高，对司马懿有问必答："诸葛丞相日夜操劳，睡觉很少，军中二十杖以上的处罚他都亲自过问，饭量也小，每天不过数升（所啖食不过数升）。"

蜀汉使者走后，司马懿对大家说："诸葛亮的身体状况很差，坚持不了太久（亮体毙矣，其能久乎）。"

诸葛亮的身体状况确实很糟糕。

长年的操劳，正可以用积劳成疾来形容，加上战事胶着，劳力之外更劳心，诸葛亮真的病倒了。转眼到了秋天，秋风起，天气凉，秋风萧瑟，又容易让人感伤，诸葛亮的病情竟然严重起来。

　　消息传到成都，后主刘禅大为惊愕，赶紧派朝廷尚书仆射李福星夜赶往五丈原，一方面探视丞相的病情，另一方面还有大事相问。李福赶到五丈原时，看到诸葛亮的病情已经很重了。

　　李福在病床前向丞相询问对国事方面的交代，听完后就急忙回成都复命。走了几天，李福突然想起来还有重要的事没有问，于是又返回来重新面见丞相，诸葛亮已知道了他的来意，对李福说："我知道你的意思，想说的很多，再说一天也说不完，你想的问的，公琰合适（*君所问者，公琰其宜也*）。"

　　公琰是蒋琬的字，李福道："前几天确实忘了问您这件事，就是您百年之后谁可以接替大任，所以又回来。我还想再问您，蒋琬之后，谁可以接任（*乞复请，蒋琬之后，谁可任者*）？"

　　诸葛亮回答："文伟可以。"

　　文伟，是费祎的字。李福又问费祎之后谁合适，诸葛亮不再回答（*又复问其次，亮不答*），他向后主上了一份表章，托付后事："我家在成都有 800 株桑树，有薄田 15 顷，家中子女的衣食，已经很宽裕了。我在外领兵作战，没有别的收入和花费，随身的衣物膳食都依靠国家，不从事其他营生以增加一分一毫的私产（*随身衣食，悉仰于官，不别治生，以长尺寸*）。如果我死了，不会使家中有多余的资产，身外有多余的钱财，以致辜负陛下对我的恩情。"

　　诸葛亮给丞相府丞相长史杨仪等人留下遗命，自己死后葬于汉中的定军山下，借助山势作坟，墓冢大小够容纳棺材就行了，殓葬时穿平时的衣服就行，不用陪葬的器物（*冢足容棺，殓以时服，不须器物*）。

　　蜀汉建兴十二年（234）8 月，诸葛亮病逝于五丈原，终年 54 岁。后世传说他出生于 4 月 14 日，卒于 8 月 28 日，但史书对此没有明确记载。有史书记载，诸葛亮病逝的那一天有星赤而芒角，自东北向西南流射，落于蜀军大营。

　　诸葛亮临终前不仅饭量很小，而且心情不好，有的史书说他还吐过血（*亮粮尽势穷，忧恚欧血*）。吐血不是咯血，加上饭量不大，容易让人联想到消化系统的疾病，有人认为诸葛亮得的病是消化道出血，具体症是消化道溃疡或者胃部肿瘤。

　　还有人推测诸葛亮的病或许与血吸虫有关，他长期生活在荆州，无论是襄阳的隆中还是南阳的卧龙岗，在当时都在血吸虫疫区内，尤其靠近汉水的襄阳，在那时血吸虫病情更重，时常大规模发作，诸葛亮有长达 10 年的躬耕生涯，接触血吸虫的可能性是很大的。

　　另外，引起大量吐血的疾病除消化系统还有可能是呼吸系统的原因，如果患有肺癌或严重的肺结核也会大量咯血，此外脊椎性结核也可以导致吐血，有人认为诸葛亮得的正是这种病，史书记载诸葛亮作战时经常坐着小车而不太骑马，这正是脊椎有问题的表现。

　　无论是哪一种情况，积劳成疾和精神压力太大都是诸葛亮病倒以致过早辞世的根本原因。北伐以来，虽经多次努力，但或因为天时或因为地利或因为内部原因，前几次都未取得成功，这让诸葛亮很忧心。

诸葛亮觉得对不起先主的托付，又感到长期消耗下去没法向后主和蜀汉官民交代，这种沉重的压力和过度的操劳都是常人难以想象的，最终夺去了他的生命。

历史不应以成败论英雄，诸葛亮不惧艰难挑战、矢志不渝的精神受到后世的肯定，他公而忘私的品质也受到高度赞扬。在人们看来，诸葛亮具备治国治军的突出才能，又有济世爱民、谦虚谨慎、廉洁奉公的品格，为后世树立了榜样。

回顾诸葛亮的一生，他的忠贞、济世、敬业、至公、廉洁、谦虚等都为帝王、将相以及普通百姓的称颂，人们从不同的角度称赞他，成为帝王心目中理想的人臣、人臣治国理政的榜样和普通人平时学习的楷模。

五十五、悲情魏文长

五丈原上的这一夜，可谓漫长。

大敌当前，孤军悬外，主帅突然病逝，这个打击实在太大了，敌人如果得知这个消息一定会趁机发起攻击，所以丞相去世的事在蜀军中只有极少数几个人知道。

此时论职务魏延最高，他是蜀汉的征西大将军，比征西将军还要高，论品秩更在九卿之上，地位远远高于丞相长史杨仪、丞相司马费祎，打个比方说，如果魏延的军衔是上将，杨仪、费祎连大校都算不上。

但丞相去世时魏延却不在身边，也没有在第一时间得到消息，所有的事都是杨仪、费祎等人处理的，知道消息的至少还有姜维、王平、马岱等几个将领。姜维这几年军职升得很快，魏延就任征西大将军后，姜维接任了他的征西将军一职，相当于魏延的副手，而王平当时还只是一名讨寇将军，马岱与王平的职务相当，或者更低一些。

诸葛亮临终前对杨仪、费祎、姜维等人交代了后事，让他们秘密撤军，同时对撤军的计划也进行了安排，让魏延负责断后，姜维次之，还特意强调，如果魏延不执行命令，大军可直接出发（若延或不从命，军便自发）。

之所以做出这种奇怪的决定，大概是考虑到蜀汉内部的团结问题。魏延跟杨仪之间关系很差，二人平时一见面就争论不休，势如水火。有一次魏延甚至举刀要杀杨仪，杨仪痛哭不已（延或举刀拟仪，仪泣涕横集），费祎则尽可能居中调解，看见他们实在争执不下，干脆就坐在他们中间，两头做工作（祎常入其坐间，谏喻分别）。

诸葛亮把撤军的事托付给了杨仪，实际上是让他来统筹负责，这样就不得不考虑魏延的态度了，所以才做那样的安排，诸葛亮去世后，杨仪心里没底，就让费祎到魏延那里试探态度。

那么，魏延此时在哪里呢？

魏延应该在五丈原下的军营里，他是作为蜀军先头部队率先开进关中的，驻军五丈原后，魏延可能仍率一部人马在附近扎营，具体位置应该就在五丈原脚下。

史书有个记载，说刚来到关中时魏延有一天晚上做了个梦，梦见自己头上长出了角，军中有个叫赵直的人善于占梦，魏延就把梦中情景告诉他，问问吉凶，赵直对魏延说："这是吉兆，你看麒麟，长着角但从来没用它，这是敌人不战而破的预兆哇（麒麟有角而不用，此不战而贼欲自破之象也）。"

说得魏延挺高兴，但赵直没说真话，他下来秘密告诉朋友说："角这个字，上面是刀，下面是用，头上用刀，看来是凶兆哇（头上用刀，其凶甚矣）！"

当然，所有这些占星占梦都是附会之说，如果真有此事也纯属巧合。现在费祎来到魏延营中，通报了丞相病故的消息，这让魏延大吃一惊，当他听说现在的事都由杨仪来安排时，心里更厌恶了，他没有直接说反对杨仪，而提出反对撤军：

"丞相虽然死了，我还在。丞相府的官员护送还葬，我来率领众军击破敌人，怎么能因为一个人的死废掉天下大事呢（云何以一人死废天下之事邪）？再说我魏延是什么人，

206

应当接受杨仪的指挥，做一个断后将军吗？"

魏延说得其实有道理，我堂堂一个上将难道要听一个大校的指挥？论资历、论威望杨仪都差了十万八千里，为什么杨仪说撤就得撤？魏延的态度虽不让费祎感到意外，但也让他感到了忧虑，魏延把费祎留了下来，要跟他一起重新制订作战计划，计划完成后魏延又逼着费祎和自己共同签署，并向下面的将领们宣布。

费祎现在只想脱身，就哄魏延说："我现在就去向杨长史解释，杨长史是个文官，过去很少参与军事，他一定不会违背您的命令。"

在要阴谋诡计方面魏延显然不行，他相信了费祎的话，放他走了。费祎一出营门就赶紧打马飞驰而去，让魏延感到有些不对劲，想去追赶已来不及。

魏延派人打听五丈原上的情况，报告说杨仪等人正按丞相生前的部署进行撤军（**诸营相次引军还**），魏延知道自己真的被费祎耍了，于是勃然大怒。

你们不是要撤军吗？那我就先撤了。魏延也不向杨仪等人通报，抢在大队人马之前撤了军，这是完全可能的，因为褒斜道的谷口在五丈原右侧，五丈原上的人马如果撤退，也得先从原上下来。

魏延做得更绝，自己通过后命人一把火把栈道烧了（**率所领径相南归，所过烧绝阁道**），等杨仪、费祎、姜维等人率其他各部蜀军撤到这里时只得在秦岭山中重新开辟道路。

如果魏军这时得到消息趁机发起猛攻，困在秦岭中的蜀军必受重创，但蜀军的保密工作似乎做得不错，等司马懿明白是怎么回事时已经有些晚了。

首先发现蜀军有异样的不是魏军，而是五丈原附近的百姓，他们看到大批蜀军离开军营撤走（**整军而出**）就报告了司马懿，司马懿这才下令追击，蜀军已有准备，负责断后的姜维突然率部反过头来，挥舞旗帜、鸣响战鼓，做出进攻的架势。

这让司马懿有些吃不准了，担心是诸葛亮的诡计，诸葛亮求战不能，会不会故意卖个破绽等我们进招呢？司马懿产生了狐疑，于是又下令退回大营，所以后来百姓中流传死的诸葛亮也能吓跑活的司马懿（**死诸葛走生仲达**），这个谚语在当时就流传开了，甚至司马懿本人也听说了，他倒不生气，自我解嘲说："我可预料到他活着的事，没办法预料到他已经死了呀（**吾能料生，不便料死也**）！"

蜀军撤走后整整一天过去了，看到五丈原上确实没有了动静，斜谷口方面也没有重兵埋伏的迹象，司马懿才命魏军向五丈原前进，上去后发现是一座空营，司马懿亲自过去察看，特意看了看蜀军留下来的营垒以及诸葛亮生前生活的地方（**行其营垒，观其遗事**），不禁叹道："真是一个天下奇才啊（**天下奇才也**）！"

在蜀军营寨内还发现来不及带走或销毁的文书档案，还有大量粮食，直到这时魏军内部仍然有人认为撤退没准儿是诸葛亮的计谋，魏明帝派来的特使辛毗尤其坚持这种看法，看来诸葛亮确实给对手造成了很大的心理阴影。

司马懿认为不是，他分析说："军事家所看中的是军事文书、兵马粮草，现在这些都不要了，哪里有人肯把五脏拿出来以求生的道理（**岂有人捐其五藏而可以生乎**）？"

司马懿下令追击，他们同样要在秦岭山中边开路边前行，关中生长着很多蒺藜，司马懿命2000人穿着软木平底的木屐背着蒺藜在前面开道，路不好的地方就把蒺藜铺上，人马再前行。就这样，魏军一口气追到了赤岸。

赤岸的位置在褒口附近，褒斜道的北口叫斜口，南口叫褒口，也就是说，再往前追就到汉中平原了，这时魏明帝派人送来了诏书，要司马懿撤军。

有人认为史书的这个记载不符合常理，这么好的机会，为何不趁势拿下汉中？但仔细想想，魏明帝的这个决定或许更为明智，汉中是蜀汉多年经营的重镇，不是那么容易一口就能吞下的，魏军至少在汉中打过两次大败仗了，每一次都影响深远。蜀军是主动撤退的，在没有做好充分准备的情况下贸然攻入汉中平原，是福是祸还真不好说，不如见好就收吧。

还有一个重要原因，就是最近以来东北的形势突然吃紧，辽东的公孙渊势力不断坐大，魏明帝派人清剿却吃了败仗，如果汉中失利或被拖住，公孙渊那边又趁机向南扩张，局面就严重了。

当然撤军也符合司马懿的想法，他已经成为魏军的头号人物，放眼军中已没有任何人能向他发起挑战，只要对手继续存在，他的作用就只会越来越重要，真要把蜀汉一举灭掉，对他个人来说未必有利。

司马懿于是下令，让追击的魏军全部撤回关中。

再回到蜀汉方面，魏延和杨仪等人分别率一支人马回到汉中，双方既已翻脸，势必战场上一决高下，杨仪命王平去战魏延。真打起来王平未必能占到便宜，但他会心理战，在战场上王平斥责魏延的手下："丞相刚刚去世，尸骨未寒，你们怎敢如此？"

当时的情况是，除魏延以外蜀汉所有重要人物都在杨仪这一边，魏延给人一种造反的印象，他的手下感到理亏，于是不战而散，最终魏延只带着几个儿子一起逃往南郑，杨仪派马岱前往追拿，马岱将魏延父子抓住，就地斩首。

杨仪终于看到了魏延的首级，他一脚踏上（起自踏之），骂道："狗奴才，看你还能做恶不？"

杨仪下令夷灭魏延的三族，看来不是一般的恨。

成都方面，先是接到丞相病逝的消息，后主和群臣深感震惊和悲痛，接着更令人震惊的消息不断传来，魏延和杨仪一天好几拨地派人来报告情况，各说各的理（延、仪各相表叛逆，一日之中，羽檄交至）。

后主不知道该信谁，就问侍中董允和丞相留府长史蒋琬，蒋琬、董允都为杨仪担保，对魏延表示怀疑（咸保仪疑延）。大家商量了一下，命蒋琬率一部禁军北上接应，蒋琬刚出发几十里，杨仪的报告就来了，说魏延已死，蒋琬便领兵回到成都。

平息这场内乱后，杨仪、费祎、姜维等人按照诸葛亮生前的遗愿，把他的遗骸安葬在汉水旁边的定军山下，后主刘禅在成都素服发哀3天，并派左中郎将杜琼为特使前往汉中宣读策命，策命说："您是文武全才，既聪明又睿智，一生忠诚，接受先帝的遗诏辅佐寡人，致力于复兴汉室，平息战乱。您统率大军，连年征战，神威显赫，压倒八方，为蜀汉建立了卓越的功劳，一生的建树可以和伊尹、周公相比。人生为何如此不幸？在统一大业即将完成之际，您患病身亡，让寡人无限悲伤，肝胆欲裂！"

后主在策命中追赠诸葛亮忠武侯的谥号，之前他的爵位是武乡侯，于是后世尊称诸葛亮为武侯。

在成都，一些在诸葛亮手下任过职的官员想立即前往汉中奔丧，但这既不符合诸葛亮的遗愿，又影响到蜀汉的正常秩序，后主发现后，立即下诏禁止。

也有跑得快的，《三国志》作者陈寿的老师谯周在诸葛亮手下担任过劝学从事，他听到消息没做停顿直接就走了，等到诏书发出他已走了很远，结果只有他到了汉中。

回顾魏延事件，的确令人唏嘘，不仅一代名将悲情落幕，也使蜀汉实力大损，实在是亲者痛、仇者快。

也有史书站在魏延的一边进行了不同记载，重要的一点是说，诸葛亮临终前其实把事托付给了魏延，让他代行丞相之职（令延摄行己事），诸葛亮临终前魏延不仅在跟前，而且诸葛亮还对他说："我死之后，你们好好守住现在的江山，千万别到这里来了（但谨自守，慎勿复来也）。"

根据这部史书的记载，魏延按照诸葛亮的遗令指挥秘密撤军，到褒口后才发丧。杨仪见魏延代理丞相指挥部队，担心被他所害，于是扬言说魏延将率众投降曹魏，并带人来攻魏延，魏延根本无心投敌，所以并不应战，结果被追上杀了。

两种记载截然不同，一个说魏延不听遗令，是造成蜀军分裂的主要责任人，失败被杀咎由自取；另一个说魏延忠实地执行了遗令，是杨仪挑起内斗，魏延死得很冤枉。

尽管前一种说法占据了主流，但也留下了许多谜团。诸葛亮为什么那么不信任魏延，宁愿把权力交给资历差得多的杨仪也不愿意交给魏延？既然不相信魏延，为何又让他身居高位、手握重兵？诸葛亮难道没有想过杨仪和魏延势必会自相残杀的一幕吗？

也许这就是诸葛亮的无奈，在二人只能选择一个的情况下，诸葛亮不得不把蜀汉的未来放在最有把握的一方，不管魏延想不想起兵造反，等待他的注定只有悲剧。

五十六、倔强的杨仪

诸葛亮突然去世，蜀汉内部所造成的剧烈震荡还没有结束。

问题仍出在杨仪身上，这是个很有才干的人，所以深得诸葛亮的赏识，凡是诸葛亮交代的事，杨仪不仅干得很好而且很利落（不稽思虑，斯须便了），诸葛亮十分倚重他，让他当了丞相府丞相长史。

但此人是出了名的臭脾气，不仅与魏延不和，之前跟刘巴等人也闹过很深的矛盾。有能力却不会团结人，这样的人不合适负责全面工作，所以诸葛亮生前秘密指定蒋琬做接班人。

提起蒋琬，杨仪更不服气了，关羽留守荆州期间，杨仪当过关羽的功曹，后到成都在刘备的左将军府里当兵部掾，而同时期蒋琬只是一名县长（广都长），还因为干得不好差点儿被刘备砍头。

刘备称汉中王，刘巴任汉中王府尚书令，杨仪是秘书局的一名尚书，蒋琬则是一名秘书郎，杨仪连顶头上司刘巴都看不上，当然不会正眼去瞧蒋琬，在杨仪心里蒋琬一直是他的下级。

但蒋琬进步得更快，而且显然更深得诸葛亮的器重，北伐开始后丞相府一分为二，汉中、成都各有一个，诸葛亮让蒋琬担任成都留府长史，让杨仪来汉中，二人虽然都是诸葛亮的秘书长，但论重要性显然杨仪比不了蒋琬。

安葬完诸葛亮，处理完魏延事件，杨仪、姜维等人率主力回到成都，汉中方面留吴懿镇守，他是刘备穆皇后的哥哥，原来的职务是左将军，现被提拔为车骑将军，姜维回到成都后改任辅汉将军，车骑将军暂时是蜀汉此时的最高军职。

按照诸葛亮的交代，蒋琬被任命为朝廷尚书令，同时兼益州刺史，又代行总都护一职。都护类似于监军，总都护相当于全国军队的总监军，大概考虑到蒋琬只是一介幕僚出身，在军中毫无建树，不宜贸然成为全军统帅，所以没有直接任命他为大将军，但后主同时授蒋琬"假节"，让总都护有了类似于大将军的职权。蒋琬集军政大权于一身了，跟诸葛亮比也只差一个丞相的名义。

杨仪回去后却被"挂"了起来，丞相不在了，丞相府也就解散了，杨仪唯一正式的职务自动解除，蒋琬给他安排了新的工作——中军师，这是一个不知所云的职务，看名号相当于中军参谋长一类的角色，但中军在哪里杨仪恐怕并不知道，他也没有下属，整天闲着（无所统领，从容而已）。

杨仪深为不满，不仅把不满之情表露无遗，而且一天到晚恨得"心颤肝疼"（怨愤形于声色，叹咤之音发于五内）。杨仪仗着资格老，发牢骚、说怪话也从不避人，一般人都不敢应和他，只有费祎常来劝劝他。杨仪在费祎面前没少有怨言，有一天说激动了，甚至说了过头的话："丞相去世时我如果举兵联合魏延的话，怎么会落魄到今天这般光景呢？想想真是追悔莫及！"

费祎就把这些话上报了，杨仪于是被后主废为平民，指定其迁往汉嘉郡居住。经过这个打击，按理说杨仪应该有所反省，但他更不服了，上书后主表达不满，言辞更加激切。

后主一生气，命郡里将其收捕下狱，其实也许只是吓唬吓唬他，挫挫他的性子，但杨仪一生高傲刚烈，哪能受此大辱，结果就在狱中自杀了。

在孙吴方面，孙权指挥三路人马攻击曹魏，来势凶猛，但最后也无果而终。

三路人马中，攻击合肥的这一路由孙权亲自带队，对外号称10万人，兵力最强，算起来这是孙权第四次带队来攻合肥了。曹魏负责东线战场的征东将军满宠组织人马拼死抵抗，战斗进行得很激烈，满宠组织了一支数十人的敢死队（募壮士数十人），用松枝扎成火炬，又在上面浇上麻油，在顺风口放火，烧毁了吴军的攻城器具。

乱战中，孙权的侄子孙泰被射死，他的父亲孙匡是孙权的亲弟弟。这时吴军中又流行疾病，不少士卒病倒了，孙权又听说魏明帝亲率大军来援，于是下令撤退。

孙韶率领的另一路是配合攻击合肥的，同时撤退。

三路大军中只有荆州方向还在继续，陆逊和诸葛瑾指挥吴军向襄阳一带的魏军发起进攻，其间陆逊派身边一个叫韩扁的人去给孙权报告军情，但韩扁在路上被魏军巡逻队生擒了，情报落入魏军手里。

诸葛瑾一听相当紧张，赶紧去找陆逊商量对策，见陆逊倒挺轻松，还像平时一样跟属下下棋、射戏，又催促大家继续在占领区种蔓菁、豆子（催人种葑豆，与诸将弈棋射戏如常）。

诸葛瑾不敢随便乱说话，等其他人退去，陆逊对他说："现在敌人肯定已知道主公那边退兵了，因而没有什么顾虑，必然会全力向我们进攻（贼知大驾以旋，无所复戚，得专力于吾）。现在的情况已经很严峻，各要害之处恐怕已被敌人占据，只有巧施计谋才能安全撤退，如果直接撤退的话，敌人知道我们露怯，必会全力相攻，到那时就是必败之势。"

陆逊和诸葛瑾密谋，由诸葛瑾率领船队做好撤退准备，陆逊亲自率一部人马在陆上集结，仍然向襄阳发起攻击。魏军听说陆逊亲自前来，紧张地收缩进城，等待对方来攻城。

利用这个间隙，陆逊和诸葛瑾指挥吴军迅速撤退了。

孙权回到建业后，听到诸葛亮去世的消息，感到很紧张。

孙权不担心魏军趁机向孙吴发起进攻，他担心的是曹魏会不会借此机会把蜀汉给灭了（虑魏或承衰取蜀），孙权立即命陆逊、诸葛瑾向蜀吴边界地区的巴丘增兵，以防不测。与此同时，孙权也接到报告，蜀汉方面也在向他们控制下的白帝城等地增兵。

孙权做了两手准备，如果蜀汉能顶住曹魏的进攻，他就去救援；如果蜀汉顶不住，他就命吴军攻入蜀地，跟曹魏瓜分蜀汉（一欲以为救援，二欲以事分割也）。过了一阵，发现曹魏那边没有大举进攻蜀汉的打算，司马懿也退回到长安，孙权这才松了口气。

诸葛亮是孙刘联盟的缔造者和坚定维护者，他的去世对孙刘联盟无疑是个重大打击，诸葛亮的继任者蒋琬对孙刘联盟的态度如何？值不值得信任？孙权对此还没有太大把握。

在蜀汉方面，建兴十三年（235）4月后主下诏，正式擢升蒋琬为大将军，同时录尚书事，朝廷尚书令一职由费祎接任。处理好内部的事，蒋琬大概也考虑到孙吴方面的担忧，于是主动派右中郎将宗预去建业拜见孙权。

宗预也算是老资格了，他做过诸葛亮的丞相主簿，到了建业，孙权开门见山地问他：

"东国和西国就像一家人（**东之与西，譬犹一家**），但听说西国增加白帝城的守军，不知是什么原因。"

这个问题不好回答，宗预是这么答的："我认为东国增加巴丘守军，西国增加白帝城的守军，都是当前事态下的自然之举，都没有什么可问的。"

孙权闻听大笑，认为他回答得很诚恳，这次出使进一步巩固了双方的联盟关系，消除了彼此的疑虑和误解，宗预在建业期间受到孙吴方面的盛情款待。

不久，孙权派侍中是仪回访，是仪长期在孙权身边掌管机要，所担任的侍中一职位同九卿，地位很高，按说派个级别低一些的官员去更合适，但他是蒋琬的姨兄，所以又是最合适的人选。

经过一段时间的往来，吴蜀之间的关系继续得到了巩固。

五十七、孙权的海上冒险

就在诸葛亮去世前后，孙权还摊上了另一件闹心事。

孙权应诸葛亮之约亲征合肥的前一年，即嘉禾二年（233）的年初，辽东的公孙渊突然派人坐着船从海上来到江东，表示要向孙权称臣。这是一件挺稀罕的事，自汉末以来公孙氏三代统治辽东，他们都听命于曹氏，曹丕称帝后直接接受曹魏的任命，与孙吴并无来往。

魏明帝继位后拜公孙渊为扬烈将军，仍兼辽东郡太守。公孙渊这个人生性不安分，早晚会闹出事来，必成曹魏的心腹大患，侍中刘晔曾一针见血地指出："公孙氏在汉朝时依附，其后世代相承，他们凭恃山海阻隔，如胡夷一样难以制约，随时会发动叛乱，如不早些诛伐，以后必成大患，到那时，如果他们已心怀二心再出兵，麻烦会更大。不如趁公孙渊新立，其内部既有反对势力也有仇人（**因其新立，有党有仇**），干脆先动手，大兵压境，不必动刀动枪，只需悬出重赏、分化瓦解即可成功。"

但魏明帝没有接受刘晔的建议，仍延续之前对辽东的政策。公孙渊可能意识到自己处境不妙，所以在努力扩充势力的同时，他也积极拉拢曹魏的敌人，试图建立一个反曹魏的联盟。

曹魏的敌人其实不用费心去找，都在那里摆着，一个是蜀汉，一个是孙吴，蜀汉距离辽东太远，中间全是陆路，想去也去不了，与孙吴虽然陆路不通，但从海路可直达，公孙渊决定先联络孙吴。

公孙渊派来的使者是校尉宿舒和郎中令孙综，他们带着厚礼，还有写给孙权的奏章，表示愿意臣服。孙权很高兴，欣然接受，为表示庆贺，孙权特意下诏大赦。孙权准备封公孙渊为燕王，加九锡，派太常卿张弥、执金吾许晏和将军贺达率领一支上万人的船队去辽东，宣布对公孙渊的任命。

孙权这边热血沸腾，但孙吴的大臣们却反应冷淡，自丞相顾雍以下，群臣几乎一致反对这么做，他们都认为公孙渊此人反复无常，信誉很差，对他不能太轻信，更不能过于厚待。群臣建议，即使接受公孙渊称臣，顶多派个低级官员和少数人马就可以了，没有必要这么隆重，但孙权仍坚持己见。

这件事成了孙吴上下争论的热点，不仅在建业，孙吴在各地的许多重要官员也都参与了讨论，他们纷纷建议孙权慎重处理辽东问题。远在交州的虞翻也听到了，虞翻之前因得罪孙权被流放到了交州，他也认为这件事不靠谱，想上书劝谏又有点儿害怕（**欲谏不敢**），不说又不甘心，于是写了封信，请负责交州事务的吕岱替他转呈。

赋闲在家的辅吴将军张昭也跑来劝谏，张昭认为公孙渊称臣只是权宜之计，这种事最不可靠，按照公孙渊的性格，说不定哪一天又会轻易倒向曹魏一边，到那时派去的使者都回不来，将被天下耻笑（**两使不反，不亦取笑于天下乎**）。孙权还是不听，反而想尽办法去说服张昭，张昭也更加坚持自己的观点（**权与相反覆，昭意弥切**）。

谁都说服不了谁，孙权急了，手握刀柄，生气地说："吴国士人入宫拜我，出宫就拜

213

先生，我敬先生，已经到了极限，但你多次在公开场合顶撞我（*而数于众中折孤*），我真怕做出不愿意做的事！"

张昭愣住了，望了望孙权（*昭熟视权*），最后说："臣虽然知道有些话陛下不会采纳，但我仍然竭尽忠心，不敢不说，这是因为太后临终前呼老臣于床前，吩咐我辅佐陛下的那些话犹在耳边啊！"

张昭一边说一边涕泗横流，这让孙权也大受感动，把刀扔在地上，与张昭对泣，但哭归哭，孙权仍然一意孤行。

就这样，孙权派张弥、许晏等人出发了，这两位特使率领一支船队由海路前往辽东，随行携带着大量赏赐给公孙渊的金银财宝和江东特产，还有册封公孙渊的诏书以及各项九锡用具，之前介绍过九锡的具体内容，又是车马、仪仗，又是衣服用具，仅这一套东西估摸着就得装好几船。

但到了辽东，果然与张昭预言的一样，公孙渊反悔了。

联络孙权的想法大概是公孙渊一时冲动下做出的，看到孙吴把场面做得这么大，又要封他为燕王，公孙渊有些害怕了，冷静下来想了想，公孙渊觉得孙吴路途遥远，无法作为依托（*恐权远不可恃*），还是跟着曹魏更安全。

结果，公孙渊把张弥、许晏等人杀了，把首级送往洛阳，上表魏明帝报告此事，当然得隐去派人联络孙权的这一段，把自己包装成拒绝孙权拉拢、坚定站在曹魏一边的形象。魏明帝接到报告后很高兴，派傅容、聂夔为使者，拜公孙渊为大司马，晋封为乐浪公，持节，仍兼任辽东郡太守。

公孙渊的这一手玩得真不错，孙权的礼物全部收下，魏明帝这边加官晋爵，如果事情就此了结，这笔买卖就赚大了。然而事情无法了结，因为孙权肯定不干。

消息传回建业，孙权如五雷轰顶，咆哮道："我活了60岁，人间的艰难困苦全都尝过（*朕年六十，世事难易，靡所不尝*），现在居然被鼠辈玩弄，要把人气死！不把这个鼠辈的头砍下来扔到海里，就没脸君临万国。即使把国家搞亡了，我也要干（*就令颠沛，不以为恨*）！"

盛怒之下，孙权决定亲自率兵讨伐公孙渊，主意打定，谁都劝不住，群臣吓傻了，不知道该怎么办，只得不停地上疏劝谏。

朝廷尚书仆射薛综在上疏里写道："水火无情，十分危险，帝王不宜接受。辽东是一个蛮荒小国，如果陛下决心攻打，一定能把它征服，但辽东地方贫苦寒冷，那里的人都擅长骑马，听说大军来到，将一哄而散，到时候占了一块空地，毫无意义（*虽获空地，守之无益*）。"

远在武昌的上大将军陆逊听到消息也大吃一惊，立即上表劝道："陛下有神武之姿，承天受命，开创基业，破曹操于乌林，败刘备于夷陵，擒关羽于荆州。这几个人都是当世雄杰，陛下皆摧其锋。眼下正要扫荡中原，统一天下，却不能忍耐小小的气愤而发雷霆之怒。陛下乘船跨海远征，敌人定会抓住这个机会。臣听说立志行万里路的人不会中途停步，胸怀四海的人不会因细小的事危害大局（*行万里者不中道而辍足，图四海者不怀细以害*

大）。如果大事告捷，公孙渊不讨自服，何必为了辽东的人口马匹而对江东万世基业毫不珍惜呢？"

陆逊的弟弟陆瑁时任尚书台选曹尚书，上疏道："曹魏是与我们土地相接的强敌，稍有疏忽，他们就会抓住机会，所以现在不应该越海求马，征讨公孙渊，应该把重点放在眼前，除腹心之疾。公孙渊老奸巨猾，跟曹魏没有完全决裂，他们可以唇齿相依，而我们孤立无助，短时间无法把他消灭，到那时山越趁机起事，恐怕不是万安之策呀！"

孙权怒气难消，不听不听，全不听！

大家只好接着劝，陆瑁又上疏劝道："现在元凶未灭，边境上不断传来敌情（**今凶桀未殄，疆场犹警**），不应当把公孙渊作为优先考虑对象。愿陛下息怒，暂时停止出兵，然后秘密策划，等条件成熟再做打算。"

最后，在众人的不懈努力下孙权终于冷静下来，取消了亲征辽东的计划。孙权是性情中人，但却不是"愣头青"，待怒气消散一些他也能想到，此时发兵辽东并没有多少胜算，反而会引来大祸。

孙权随使臣还派出了上万人的队伍，这些人马也被公孙渊私吞了，公孙渊把他们拆散分置于各地，其中有60多人被安置在了地广人稀的玄菟郡，郡治所在地只有太守王赞统辖的200户人家，孙吴的这些人思家心切，就推举秦旦等为首领，准备逃亡。

秦旦召集大伙秘密商议，对大家说："我们远在异邦，无法完成使命，被抛弃于此地，跟死没有区别。看这里的形势，敌人的自卫能力很弱，如果我们同心协力，放火焚烧城郭，击斩太守，报仇雪耻，然后一死，再无遗恨，总比苟且偷生好得多。"

大家一致同意，秘密商定于当年8月19日的夜间发起暴动。但事情做得不机密，当天中午郡民张松告密，太守王赞集结部队关闭城门，要捉拿叛乱分子，秦旦带领一部分人翻越城墙逃走。

山路崎岖，他们跑了几百里，有个叫张群的腿上有伤，实在跑不动了，躺在草地上，大家围着他痛哭，张群说：

"我不幸身负重创，马上就会死，你们快逃，希望活着回去。空守在这里，一起死于穷山恶水中，有什么益处？"

大家不离不弃，对张群说："我们离家万里，要活一起活，要死一起死，怎能忍心抛弃你？"

最后商定，留一个叫杜德的人守护张群，秦旦等人先走，杜德每天采野果给张群吃。秦旦等人走了好几天，最后到了高句丽国的首府丸都，即今吉林省集安市。

秦旦假称奉东吴皇帝孙权诏书，特来赏赐高句丽国王高位宫和大臣，只是所有赏赐的金银财宝都被辽东劫夺。高位宫很高兴，派使节随秦旦一起去接张群，又派25名奴仆送秦旦等从海上回江东，上书孙权愿意臣服（**奉表称臣**），进贡貂皮1000件，鹖鸡皮10件。

孙权见到秦旦等人悲喜交集，不能自制，孙权被他们的智勇感动。上万人去的，只回来了几个人，留下名字的有秦旦、张群、杜德、黄强等，孙权全部擢升他们为校尉。

这件事对孙权打击很大，事后他进行了反思，又认真看了看群臣之前的劝谏奏章，当看到虞翻的奏章时，孙权感慨地说："古时赵简子在君王面前唯唯诺诺，不如周舍直言诤谏更有利于国家（昔赵简子称诸君之唯唯，不如周舍之谔谔）。虞翻胸怀坦荡、耿直，喜欢直言，是我们吴国的周舍。如果虞翻还在，就不会出现这样的问题。"

孙权下令到交州，如果虞翻还在就派船把他接回，如果虞翻已经去世就为他发丧，让他的儿子承袭官职。命令到达交州时虞翻刚刚去世，享年 70 岁。

五十八、无奈的选择

公孙渊真会玩，但玩过了头就要招祸。

孙权收拾不了他，不意味着就能高枕无忧了。傅容和聂夔奉命出使，又送官又送爵，本应好吃好喝好招待，但这二位也跟孙吴使者一样差点回不去。到了辽东，他们被安排在学馆里，一连几天没见公孙渊来受拜，情况十分异常。

原来，辽东郡的计吏刚好这时从洛阳回来，他了解洛阳的情况，向公孙渊报告说这些使者都勇力超群，不是一般人（使皆择勇力者，非凡人也），其中有个叫左骏伯的更十分了得，言下之意是，魏明帝派这些人来明为加官授爵，其实是来执行"斩首行动"的，公孙渊向来就多疑，听完大怒。

公孙渊派了步兵和骑兵把学馆重重包围，之后才进去受拜，完事之后又对二位使臣恶言恶语一番（数对国中宾客出恶言）。傅容、聂夔受此大辱，回去后就向魏明帝告了状。

魏明帝也生气了，本来他是向着公孙渊的，多少人劝他解决公孙渊，他都没听，公孙渊却不领情。魏明帝与公孙渊不是盟友而是君臣，他派去的人哪怕职务再低也都是上差，如同他本人亲临，公孙渊羞辱使臣就是打他的脸。

魏明帝下定决心后，就命幽州刺史毌丘俭积极筹备，条件成熟后即动手解决辽东问题。毌丘俭字仲恭，祖籍司隶校尉部河东郡，曹魏原将作大匠毌丘兴的儿子，早年在曹植的平原侯府供过职，魏明帝继位后担任尚书郎，后升任为羽林监、洛阳典农校尉，很得魏明帝的赏识，是曹魏的政治新星。

毌丘俭后被提拔为荆州刺史，孙权三路大军攻魏，毌丘俭率兵直接抵抗陆逊、诸葛瑾，结果吴军败退，算是打了个大胜仗，魏明帝发现毌丘俭是个军事人才，更加委以重任，决定讨伐辽东后魏明帝把毌丘俭调往幽州，仍任刺史，但加了度辽将军的头衔，同时兼任护乌桓校尉，相当于北部边疆防卫司令，把北方的军政大权都并交给了他，临事可决断（持节）。

毌丘俭立即整顿幽州一带的魏军，于曹魏青龙四年（236）率大军直扑辽东，前锋进至襄平，幽州以北各少数民族部落首领，包括右北平乌桓单于寇娄敦、辽西乌桓都督率众王护留以及当年追随袁尚逃到辽东的残部合计5000余人都纷纷来降，毌丘俭请求魏明帝封其中的各级渠帅共20多人为侯，并赏赐舆马缯彩等物。

对毌丘俭来说开局相当不错，如果此战彻底解决了辽东问题，毌丘俭无疑将在魏军中一跃而起，在宿将纷纷凋零的情况下，他将成为无可辩驳的新一代接班人。

但是，平辽东这样的大事绝非轻易可以做到，一个只有不到2年"军龄"的人，既不熟悉军务，又缺乏足够威望，控制军队的能力本就大打折扣，加上立功心切，轻军冒进，失败也就难免了。

公孙渊发兵与魏军战于辽隧，魏军作战不利，这时天又下起了大雨，一连下了十几天，辽水大涨，魏军长途奔袭，轻装而来，面对洪水一筹莫展，只好撤回右北平。

既已撕破了脸，公孙渊索性自称燕王，还给自己取了个"绍汉"的年号，"绍"有恢复、继承的意思，公孙渊的用意跟刘备当年称帝差不多，打的都是延续刘汉王朝的旗帜。

公孙渊在控制区内任命百官，一切均照曹魏朝廷去设置，又遣使持节，封拜北方的各族首领，煽动他们出兵袭扰曹魏。

魏明帝深感忧虑，恰在这时司徒董昭、司空陈群先后去世，三公一下子走了两个，他们都是始终追随曹魏的肝胆忠臣，魏明帝越发感伤起来。

魏明帝下诏，将次年改元为景初，希望能给曹魏带来新气象，之后擢升尚书令陈矫为司徒，尚书台左仆射卫臻为司空，又让司马懿由大将军改任太尉。

景初元年（237），北方连遭水灾，冀州、兖州、徐州和豫州灾情最重，造成重大的人员和财产损失（没溺杀人，漂失财产），魏明帝只好把主要精力用在救灾上，他不断派出侍御史巡察各处灾区，统计损失情况，开官仓赈救，辽东的事只得搁一下了。

当时社会上到处传播着流言，说魏明帝继位以后大兴宫室，为了个人的享受而不惜损害经济和军事（妨害农战，触情恣欲），招致上天的震怒，这才以水灾警示，有些话传到魏明帝的耳朵里，让他很郁闷。

说起魏明帝大修宫室，的确是实情，他虽然也是个励精图治的人，但在大兴土木方面有偏好，以至达到自我陶醉的程度，是个严重的"宫室控"，这一点也许与他少年时代的经历有关，受母亲的影响，他少年时代长期生活在局促的屋院内，形成了压抑的个性，一旦君临天下，自然要弥补回来。

虽然遭到过众多朝臣的反对，但魏明帝仍我行我素，不惜财力物力修建了大量宫殿，包括太极殿、式乾殿、昭阳殿、总章观、黄龙殿、寿安殿、竹殿、阊阖门，等等，无不高大壮观，外表雄武，内里装修豪奢（皆以金玉妆饰，雕梁画栋，碧瓦金砖，重重锦绣）。

魏明帝还命人引谷水入宫，直达皇家园林芳林园，形成一个很大的人工湖，名天渊池，用挖掘天渊池的泥土堆成景阳山，从太行山、谷城山等地运来白石英、紫石英、五彩文石等进行装饰，园中遍布松竹花草、奇禽异兽。

为修建宫室苑囿，魏明帝还派公卿百官和太学的学生们参加义务劳动，他自己也去干活，亲自挖土给大家作榜样（躬自掘土以率之）。宫室建成后魏明帝经常在里面游宴泛舟，或歌或舞，或登山或畅饮，美得很。

除了洛阳城里的宫室，在郊外也修建了大量皇家园林和射猎场，高柔上过一份谏章，据他的统计，其中有一个射猎场里养着大小老虎600只，狼500只，狐狸1万只。1只老虎每3日就要吃1只鹿，一年就是120只，喂食600只老虎得另养72000只鹿才行。

这些行动自然引起了群臣的不断进谏，但魏明帝似乎铁了心，根本不听，不过他的脾气还好，至少比他父亲好，言辞再激烈的奏章，他也顶多叹口气放到一边，很少因此对大家免官降职。

到了景初二年（238）的正月，水灾过去了，魏明帝决心再度讨伐辽东。

考虑到毌丘俭的资历和能力确实弱了些，魏明帝决定另派一位得力的重臣去指挥此次战役，看来看去，只有司马懿最合适。

司马懿由长安奉命回到洛阳，魏明帝问他如果讨伐辽东需要多少人马，司马懿说至少4万，理由是公孙渊已经公开造反，知道迟早会遭到打击，所以日夜都在做着准备，从兵

218

法而言已无当年太祖皇帝率一支轻军直捣乌桓大本营那样出奇制胜的可能，只能靠实力，人马少了不行，但多了也不行，因为中途遥远，人马太多后勤保障困难。

魏明帝又问，如果公孙渊知道大军来伐，他会如何应对，司马懿为公孙渊制定了上、中、下三策："我要是公孙渊就弃城逃走，这是上计；盘踞在辽东以拒大军，这是中计；坐守襄平而困守，是下计，必然被擒。公孙渊如果能审时度势，考虑彼我实际，从而有所舍弃，这是高明的做法，但公孙渊做不到，他会想我们长途而来，地势孤远，后勤补给困难，加上此前新胜，所以会有侥幸的心理，臣料想他会先拒辽水，再守襄平，也就是自寻下策。"

经司马懿这么一分析，魏明帝信心大增，最后又问司马懿此次平定辽东需要多长时间，司马懿回答："大军此去路上需要100天，双方交战需要100天，之后回师也需要100天，再加上60天时间去休整，算下来360天，也就是1年吧（往百日，还百日，攻百日，以六十日为休息，一年足矣）。"

计算得很精确，这不是专业，是自信。

魏明帝于是命司马懿率领4万人马征讨辽东，出发前散骑常侍何曾提议，此次出征辽东有4000多里，为确保万无一失，不如派一位有能力有威望又忠诚可靠的重臣做司马太尉的副手（选大臣名将威重宿著者为太尉之副佐），万一有不测的事发生，不致群龙无首。

何曾也是曹魏的"官二代"，他的父亲是前太傅何夔，这番意思可作两种解读：一是这种超远距离的作战的确得有所准备，万一主帅身亡，大军远在数千里之外，很容易陷入群龙无首的境地；二是司马懿以太尉的身份手握重兵，犯了所谓"五大不在边"之忌，为了制衡，也应该派人在他身边看着，以防作乱。

魏明帝何尝没这么想过，但他知道这样一来容易招致司马懿的不满和抵触，毕竟现在征讨公孙渊才是头等大事，所以不仅没接受何曾的建议，还把他从身边调离，出任河内郡太守，算是惩戒，当然也是为了做给司马懿看的。

五十九、司马懿平定辽东

曹魏景初二年（238）正月还没有过完，征辽大军就出发了。

魏明帝亲自送行，车驾一直送到了洛阳西明门。考虑到大军此去刚好路过司马懿的老家河内郡温县，魏明帝特意让朝廷尚书台右仆射司马孚和皇帝高级顾问（散骑常侍）司马师代表自己把司马懿再送到温县。

司马孚是司马懿的弟弟，"司马八达"中的老三，司马师是司马懿的长子，已经30岁了，刚刚被任命为散骑常侍。对于这项细致的安排司马懿还是挺感动的，自从年轻时离开家乡到曹丞相身边任职，屈指算来也30年了。

司马懿到了温县老家，河内郡太守、本郡典农校尉率地方各级官员集体前来拜见，他们是接到天子的诏书专程前来的，带来了天子所赐谷帛牛酒。司马懿于是在附近一个叫虢公台的地方设宴招待乡邻和故旧，宴会整整持续了一天（见父老故旧，宴饮累日）。

司马懿是个内敛的人，喜怒较少外露，不是性情中人，但是重返故乡，见到了这么多昔日的亲朋故友，也让他心潮起伏，在宴会上不禁诗兴大发，平时很少作诗的他临场吟出一首诗来：

> 天地开辟，日月重光。
>
> 遭逢际会，奉辞遐方。
>
> 将扫逋秽，还过故乡。
>
> 肃清万里，总齐八荒。
>
> 告成归老，待罪舞阳。

这首诗被后世冠名为《宴饮诗》，诗中说我大魏自宏业开创以来，太阳和月亮仿佛重新焕发出灿烂的光芒，天子命我率正义之师讨伐远方的敌人，在率领大军扫除恶人的途中我回到了故乡。我要铲除万里疆域中的敌人，统一四面八方。大功告成之后，我将待罪于舞阳。

今河南省中南部有舞阳县，属漯河市，魏明帝继位后司马懿被封为舞阳侯，按照这个意思去理解，就是待我平定辽东后就退休回到封地去养老，言下之意，即使再建平辽的功勋，也不要天子再加官晋爵了，守着一个舞阳侯就心满意足了。

但还有一种解释，有人认为此处的舞阳不是舞阳县而是舞阳村，该村属温县孝敬里，司马懿是这个村里的人，如果按照这个意思去理解，那就是连封地爵位都不要了，直接回故乡养老。不过，关于司马懿的祖籍史书只提到孝敬里，没有提到舞阳村。

无论哪一种理解，也都是功成名就、挂印回乡的意思，"待罪"虽是自谦，但退休却是真的，司马懿通过这首诗向魏明帝做了一次表白，这次征伐辽东将是他的最后一战，事成之后他将主动淡出军界和政界。司马懿知道肯定会有人把这首诗一字不落地传递给魏明帝，他也知道魏明帝看过之后一定会露出欣慰的笑容。

作为一名演技派大师，干这事都不用打草稿。

魏军主力继续北进，进入幽州刺史部境内后加快了行进的速度，经孤竹、碣石，最后抵达辽水之畔，时间是当年的 6 月，比预计 100 天的行军时间稍晚了一些。

大兵压境，尽管公孙渊没有马上逃跑，但心里还是挺紧张的，这一次来的是司马懿，公孙渊知道此人是个够狠的角色，当年以霹雳手段收拾孟达的就是他。情急之下公孙渊想到还得跟孙吴结盟，于是主动取消了伪朝廷，再次派使者去江东向孙吴称臣，乞求孙权举兵北伐以救辽东。

公孙渊派的使者叫什么名字史书没有记载，但这个使者显然胆子够大，因为只要有正常的思维都清楚，他根本见不到孙权就得被拉出去杀了，然而有个叫羊衟的人建议孙权不妨见见："杀了他们是匹夫之怒，而非霸王之计也。不如因势利导答应公孙渊，遣奇兵秘密前往助阵，如果司马懿伐公孙渊不克，而我军远赴助战就是恩结遐夷、义盖万里；如果公孙渊与司马懿打得难解难分、首尾不得相顾，那我们就趁机夺其领土，以报昔日之仇。"

孙权是干大事的人，想了想觉得有理，于是接见了公孙渊的使者，答应出兵相助，并让他给公孙渊捎话："我一定与弟同休戚、共存亡，即使因此死在中原我也甘心情愿！只是司马懿所向无前，也深为老弟忧虑呀！"

辽东方面，大战已经开打，公孙渊派卑衍、杨祚率步骑数万屯兵在辽隧，在那里修筑了两座围堑，一南一北，相距 60 多里，形成呼应，摆出决战辽水的架势。

司马懿分出一部人马作疑兵，故意制造声势，让敌人以为将重点攻击其南部围堑，结果辽东的人马上当，把主力几乎都调到了南面（贼尽锐赴之），而魏军则在北面悄悄渡过辽水，直趋北围堑之下，司马懿命令把舟船毁了，作破釜沉舟之势。

辽水天堑已不在，众将认为此时正可以攻击，司马懿不同意，他向众将解释了原因："敌人营坚垒高，想在这里拖死我们，如果强行进攻，正中其下怀，这就是王邑当年不攻昆阳的原因。古人说'敌虽高垒，不得不与我战者，攻其所必救也'，现在敌人的主力在此，那么他们的老巢必然空虚，我们现在直指襄平，则敌人必然恐惧，主动来找我们决战，必然大败之！"

魏军不管当面之敌，直奔战略要地襄平而来，此地即今辽宁省辽阳市，为辽东必保之地，公孙渊就在城里，卑衍等人果然率主力跟了过来，双方大战于首山，魏军大破卑衍，之后三战三捷，卑衍率残部退保襄平，魏军将襄平包围了起来。

这时已是农历的七月，也是辽东的雨季，大雨又开始没完没了地下了起来，毌丘俭当初也打到了这里，就是因为大雨而前功尽弃。雨越下越大，在襄平城外扎营的魏军吃尽了苦，有人建议移营，到地势稍好的地方躲躲雨，司马懿不许，明令敢言移营者斩，都督令史张静以为太尉只是说说，没当回事，又进去劝司马懿移营，被当即斩首，全军惊愕。

既然不移营，那就加紧攻城吧，司马懿也不同意，有一个叫陈圭的司马，当年随司马懿参加过讨伐孟达的战斗，他对此十分疑惑，问司马懿："昔日咱们攻上庸，八部并进、昼夜不息，所以能在半个月时间里拔坚城、斩孟达。如今道路更远，但来了以后攻势却更安缓，属下实在困惑不解。"

司马懿向陈圭以及众将解释说："孟达手下人马不多，但备下的粮食够吃 1 年，当时

221

我们将士4倍于孟达，而存粮不足1个月，以一月图一年怎能不速战速决？而且当时是以四击一，胜算在手，所以不计死伤也要攻城，实际上是在与存粮赛跑（是以不计死伤，与粮竞也）。如今贼众我寡，贼饥我饱，情况完全相反，不过遇到点雨水罢了，暂缓几天，攻守之势不会改变。"

说完这些，司马懿又进一步解释了他的策略："自京师出发以来，我不担心敌人来攻，只担心他们弃城而逃。在敌人粮草殆尽之时，掠其牛马、抄其樵牧，这是故意要驱赶他们让他们逃。兵者诡道，应因事而变。趁着敌人以雨水而自恃、虽饥困却未至绝境之时，应减少攻势以安抚，为了一些小利而把敌人惊醒，并不划算（取小利以惊之，非计也）。"

与此同时，辽东大雨的消息也传到了洛阳，不少人跑到魏明帝那里，认为雨水暂时无法退去，此役已无全胜的可能，建议下诏让大军还师，魏明帝不许，他认为司马懿会临危制变，一定可擒公孙渊。

幸运的是雨停了，司马懿于是指挥攻城。

魏军各种攻城方法一起使用，挖地道、起楯橹、用钩橦，襄平城下矢石如雨，魏军将士人人争先、个个效命，攻势猛烈，昼夜不停。

说起来，攻城这种事谁都没有把握，它不以人多人少为胜负的先决条件，有时很邪门，城在眼前，可纵然十倍于敌也进不了那一尺，三国时代这样的例子比比皆是。

决定城池能否守住的最关键因素是守城者的意志和决心，对于襄平城来说尤其如此。就在这个关键时刻，老天继续眷顾司马懿，在攻城战打得最激烈的当口儿，一颗白色流星拖着长长的耀眼的尾巴，从襄平城西南向东北方向划去，最后坠落在梁水方向（时有长星，色白，有芒鬣，自襄平城西南流于东北，坠于梁水）。

这本是一次正常的天文现象，但在当时的人们看来这是上天发出的某种警示，襄平城里的军民都认为这是大凶之兆，因而深为震慑，士气大伤。公孙渊也害怕了，派自己的"相国"王建以及"御史大夫"柳甫出城乞……

司马懿的回答只有两个字："不许！"

司马懿命人把王建、柳甫斩首，公孙渊不死心，又派"侍中"卫演等人前来乞降，司马懿对卫演说："现在有5种可能：能战就战，不能战就守，不能守就走，以上是3种，其他2种是降与死，公孙渊不肯把自己绑了亲自来求降，到底想选哪一种呢？"

公孙渊知道遇上硬茬了，他原来还幻想来一场假投降，只要能躲过眼前这一劫怎么样都行，待魏军一撤，他又能在辽东东山再起，现在看来司马懿已识破了他的心思，丝毫不给自己留后路。

公孙渊无奈，只得冒死突围，这正是司马懿希望的，他下令纵兵追击，追至梁水把公孙渊击杀，有的史书附会说，杀公孙渊的具体地点就是那颗白色流星坠落的地方。

六十、魏宫里的第二次托孤

魏军攻入襄平城，立即展开了一场大屠杀。

司马懿下令，把公孙渊伪朝廷里任职的所有公卿百官全部诛杀，各级官员以及军队里的将领被杀的有2000多人，还有一部史书甚至记载，城中15岁以上的男子都被杀掉了，前后多达7000余人（男子年十五已上七千余人皆杀之），杀的人实在太多，首级集中在一起堆成了一座小山，称为"京观"。

公孙渊的叔叔公孙恭仍在世，当初公孙渊把他囚禁起来，夺走了他的权位，司马懿命人把公孙恭释放。公孙渊还有个哥哥叫公孙晃，以人质的身份待在洛阳，公孙晃多次上书魏明帝说公孙渊会造反，请朝廷出兵讨伐，公孙渊败亡后魏明帝不忍将公孙晃斩于市中，下令在狱中把他杀了。廷尉高柔负责审理此案，上疏为公孙晃求情。魏明帝不允，遣使者带上金屑到狱中，命公孙晃及其妻子、儿子饮下自杀，之后赐他们棺衣殓葬。

魏明帝大概也明白公孙晃跟公孙渊不是一路人，因无罪自然不当死，但为了彻底消除公孙氏在辽东的影响，不得不斩草除根。至于公孙恭，他身体有残疾，又缺乏治国的能力（阴消为阉人，劣弱不能治国），因而保住了一条命。

铲除完公孙氏的势力，辽东郡以及公孙渊原控制的附近其他各郡国重新纳入曹魏版图，仍归幽州刺史部管辖。幽州刺史毌丘俭也参加了此次战役，事后因功被晋封为安邑侯，食邑高达3900户，毌丘俭之后继续坐镇幽州。

春天出发，夏天赶到，秋天把仗打完，司马懿基本履行了对魏明帝所做的承诺。经过一段时间休整，已经到了冬天，东北地区的冬天异常寒冷，士兵们带来的衣服难以御寒，有人建议再给每人多发一件棉衣（时有兵士寒冻，乞襦），在公孙渊的府库这样的东西多的是，但司马懿不同意："这些是国家的财物，我无权处置（襦者官物，人臣无私施也）。"

回师前，司马懿向魏明帝上表，请求让60岁以上的军人复员回家，涉及1000多人，同时为征战中死去的士兵发丧。大军回师到了蓟县，也就是今北京附近，遇到魏明帝派来的劳军使者，魏明帝下诏增加昆阳县为司马懿的封地，加上之前的舞阳县，司马懿的封地已经有2个县，当个县侯已算位极人臣，现在是2个县的县侯，那更是极为荣耀了。魏明帝让司马懿仍回长安镇守，可以直接回去，不必再绕道洛阳了（便道镇关中）。

司马懿继续率军回返，在半路上连续几天都做了一个奇怪的梦，在梦里魏明帝枕在他的膝上，让司马懿看魏明帝的脸（视吾面），之后就醒了。司马懿不知道这是何寓意，但内心里肯定感到了不安。

行进到一个叫白屋的地方，此地距洛阳大约400里，司马懿突然又接到了魏明帝的诏书，3天之中有5次之多（三日之间，诏书五至），诏书都是魏明帝亲笔所书，这也相当罕见，内容是让他以最快的速度回洛阳，越快越好！

结合最近总在做的那个梦，司马懿预感到将有大事发生。当时最快的战马一日可行300里，司马懿仍嫌慢，他调来一种更快的交通工具——追锋车，这是一种很精巧的车子，由多匹战马拉着在驿道上奔驰，司马懿改乘它一夜之间竟然跑了400里，回到了洛阳。

司马懿被迎候的人直接带入宫里的嘉福殿，在这里见到了魏明帝，让司马吃惊的是，在他走之前还一切正常的魏明帝，此时竟然躺在一张病床上奄奄一息了！

魏明帝曹叡这一年只有 36 岁，正值人生壮年，但自从夏天开始他便病倒了，而且病得越来越重，宫中御医均束手无策。

寿春有个农妇，自称天神下凡，魏明帝也视其为神人，称其为"登女"，让她护佑帝室安康，有人得了病，这个女人就喂他们一种"神水"，或者用这种水为他们洗疮，不少人真的好了，魏明帝在宫里为她营建了堂馆，对她优礼以待，等到魏明帝一病不起，大家让这个女人用"神水"为魏明帝治病，却不见效果，这个女人结果就被杀了（及帝疾，饮水无验，于是杀焉）。

魏明帝得的是什么病史书没有记载，不管是哪种疾病，恐怕都与心理因素有关，长期的压抑与内敛让魏明帝的心理健康很成问题，他又是一个极为克制的人，但越是克制越对健康不利。

魏明帝大概是在拼尽最后的力量等待司马懿的到来，君臣之间已经来不及再叙其他的话了，魏明帝颤抖着拉起司马懿的手，看着他，一字一句地对他说："我留了一口气，就在等太尉到来。我有后事相托，现在还能相见，我死也没有遗憾了（吾忍死待君，得相见，无所复恨矣）！"

说完，魏明帝叫来两个孩子，分别是齐王曹芳和秦王曹询，魏明帝指着 8 岁的齐王曹芳对司马懿说："我死后，此子继大位，您要看仔细，别弄错了（此是也，君谛视之，勿误也）！"

说完，魏明帝又让曹芳上前，曹芳搂着司马懿的脖子，司马懿已泣不成声，颤抖着对魏明帝说："陛下还记得是先帝将陛下嘱托给老臣的吗（陛下不见先帝属臣以陛下乎）？"

当天魏明帝曹叡就驾崩了，这一天是曹魏景初三年（239）的正月初一。

这是司马懿第二次受命托孤，按照魏明帝临终的安排，除了他，同时受命托孤的还有武卫将军曹爽。

曹爽是曹真的长子，作为曹氏的第三代，从小就生活在优越的环境中，少年时代便凭宗室的身份可随意出入宫廷，魏明帝继位后让他担任皇帝散骑侍郎，后又出任洛阳城门校尉、武卫将军等，受到重用。

这是一个典型的"官二代"，除了侍卫在天子近前并无在州郡任职的经历，也没有任何野战之功，论年纪、论资历、论功绩都与"托孤大臣"这个身份相差悬殊，难道曹氏宗亲里再也选不出人来了吗？

司马懿也许就有这样的疑问，他长期不在洛阳，近一年来又远在辽东作战，对朝廷里的情况并不知情。他不知道的是，围绕托孤的安排，前一阵朝廷内部曾发生了一场激烈的斗争，他原本并不在托孤大臣之列，后来被戏剧性地加了进来。

魏明帝最初确定的托孤大臣是燕王曹宇，他是曹操的儿子、魏明帝的叔父，他的母亲是环夫人，神童曹冲是他同父同母的兄弟。魏明帝少年时代接触的人不多，曹宇是其中之一，二人因此感情很好，魏明帝继位后加封曹宇为燕王。

魏明帝自感时日无多，想任命曹宇为大将军，让他带着领军将军夏侯献、武卫将军曹爽、屯骑校尉曹肇、骁骑将军秦朗等共同辅政，夏侯献是夏侯氏族人，曹肇是曹休之子，秦朗是曹操的继子，这个托孤阵营是清一色的"诸夏侯曹"。

但这个托孤方案最终又被放弃了，一方面是曹宇不愿意干，他性格软弱，在政治上没有野心，只想荣华富贵地过上一辈子，不愿意操心担风险；另一方面，也是最关键的，是有人从中搞了破坏。

搞破坏的人是刘放和孙资，他们分别担任中书监和中书令，是中书台的一、二把手，朝廷的秘书局一向是尚书台，魏明帝想进一步抓权，就逐渐以中书台相取代，刘放、孙资这么多年来一直是魏明帝的左右手，参与军机，深得信赖，同时也招致曹肇、夏侯献这些人的嫉恨。

有一天，夏侯献看到有只鸡栖身在树上，故意对曹肇说："你看那只鸡，它们还能蹦跶到哪一天（此亦久矣，其能复几）？"

这几句话恰巧被刘放、孙资听到了，也许是凑巧听到的，也许是夏侯献故意说给他们二人听的，总之刘放、孙资十分紧张。恰在这时，魏明帝与他们商量燕王不愿意担任大将军一事，魏明帝问他们，燕王是谦虚呢还是真的自感没有这个能力？二人当然抓住这最后的机会，"一致认为"燕王不是谦虚，确实难当此任。

魏明帝又问他们谁更合适，二人趁机推荐了曹爽，你一言我一语，把曹爽一通猛夸，魏明帝于是诏见了曹爽，当场就把辅政的事定了下来，并且又明确司马懿共同辅政，这当然也是刘放、孙资力荐的结果。

刘放、孙资可能考虑到，曹爽即使辅政，但他的能力相当有限，很容易又跟夏侯献、曹肇他们搞在一起，到时候结果仍然一样，为防止曹氏和夏侯氏独揽大权，必须引入异姓重臣作牵制，而司马懿无疑是最佳人选。多年来魏明帝对刘放、孙资二人一向言听计从，几乎所有重大决策都听取他们的意见，对于司马懿共同辅政的事，经刘放和孙资左右一"分析"，他估计也深以为是。

曹肇的弟弟曹纂时任大将军司马，听到一些风声，立即向曹宇、曹肇等人通报，几个人觉得不妙，赶紧进宫，但天已经黑了，宫门关闭，刘放、孙资利用掌握的权力吩咐任何人不得入宫，曹肇不甘心，天亮了又去，还是不让进，曹肇越想越害怕，竟然主动跑到廷尉那里请罪。其实也没干啥，既没犯罪又没造反，请的什么罪？说到底是恐惧，觉得在政治斗争中失败了，只想保住命、保住富贵，曹家这些子弟，其实只有这点儿出息。

夏侯献后来费了好大的劲见到了魏明帝，再提辅政人选的事，魏明帝说已经定了，你出去吧，夏侯献流泪而出。

但后面还有波澜，魏明帝对曹爽是放心的，但对司马懿实在放心不下，病榻上传出诏令，停止先前所议，刘放、孙资听到消息后第一时间赶来见驾，力主维持原议，经过他们又一番"洗脑"，魏明帝同意了。

刘放、孙资担心再变卦，请魏明帝马上发布诏书，魏明帝当时病情已经比较重了，对他们说："我现在疲乏已极，回头再写吧！"

长期担任秘书的人，性格往往沉稳有余而勇毅不足，尤其在重大时刻到来时容易犹豫，但刘放和孙资不是一般的秘书，他们是秘书中的极品，刘放上前抓住魏明帝的手，手把手地帮着魏明帝勉强写下了诏书，二人立即出宫宣布。

　　除宣布了正式诏书，二人还夹带了"私货"，假传魏明帝的话（大言）让燕王曹宇等人今后不得再入宫中。

下篇

分久必合

六十一、大将军曹爽

曹魏景初三年（239）正月太子曹芳继位，由于曹芳死时没有庙号，所以史书称其为少帝或齐王。少帝登基后宣布大赦天下，尊郭皇后为皇太后，称永宁宫，追封郭太后的父亲郭满为西都定侯，封郭太后的母亲杜氏为郃阳君。

魏明帝有两任皇后，分别是毛皇后和郭皇后，毛皇后一度受宠，后又失宠。郭皇后出身于河西大族，后期深得魏明帝的宠爱，有一次魏明帝去园中游玩，把妃嫔都召去饮宴，唯独不叫当时还是皇后的毛氏，郭皇后那时只是夫人，她对魏明帝说应该把皇后请来，魏明帝不仅不准，而且专门交代左右不得对毛皇后提起此事（**乃禁左右，使不得宣**）。

但毛皇后不知从什么渠道得知了这件事，很生气，第二天见到魏明帝时故意问昨天后园游玩好不好玩，魏明帝当即恼怒，追查是谁泄的密，最后杀了十几个人。魏明帝仍气不过，竟因为这件事将毛皇后赐死。

魏明帝临终托孤时，除指定曹爽、司马懿辅政外，还册立郭氏为新皇后。然而，毛皇后和郭皇后都不是少帝曹芳的母亲，魏明帝有过3个儿子，分别是清河王曹冏、繁阳王曹穆和幼子曹殷，但他们都早早地死了，后来过继了一个曹询为养子，其生母、生父均不详，后来又过继了曹芳。

曹芳的生母、生父也不详，大概刻意要保密，一种说法是，他可能是任城王曹楷的儿子，是曹彰的孙子、曹操的曾孙。通常来说，幼子继位，皇太后是影响朝政的重要力量，但郭太后不是少帝的生母，曹爽也不希望她在政治上有太大的影响力，所以把她迁往永宁宫。

少帝下诏给曹爽、司马懿都加侍中衔，假节钺，都以都督中外诸军、录尚书事的身份辅政。侍中的品秩只有2000石，但它通常是加官，即兼职，拥有这个身份才能出入禁中。假节钺比假节更进一步，意味着得到的授权层级更高。

曹爽担任大将军，司马懿担任太尉，二人的本职都与军事有关，说起来大将军在三公之上，曹爽的地位应高于司马懿，但司马懿担任太尉之前就是大将军了，无论从哪个方面讲都是曹爽的前辈，两位辅政大臣的地位谁更高，还真不好判断。

而且少帝又下了一道诏书，让大家都无从分辨谁高谁低，根据这道诏书，曹爽和司马懿各自统兵3000人，轮流负责宫廷的禁卫工作（**各统兵三千，更直殿中**），这大约也是魏明帝临终前的安排，因为无论是曹爽还是司马懿都无法单独做出这样的决定。

说起来曹爽跟司马懿还有亲戚关系，他应该称司马懿为表叔。曹爽是曹真的儿子，曹真有个妹妹嫁给了夏侯渊的侄子夏侯尚，也就是德阳乡主，夏侯尚的女儿夏侯徽是司马师的妻子，虽然此时夏侯徽已经死了，但亲戚关系还在，按这个关系论下来夏侯徽就是曹爽的表妹，司马师就是曹爽的表妹夫，而司马懿是曹爽的表叔。

既然有亲戚关系，开始大家还是比较客气的，尤其是曹爽，在司马懿面前处处以晚辈自居，遇到什么事都不敢独自做主（**父事之，不敢专行**）。除辈分关系，曹爽更知道司马懿的厉害，也知道自己有几斤几两，所以他的这种低调和谦恭不是装出来的。

但时间长了这种格局逐渐无法维持，说到底还是权力在作怪。俗话说"一山不容二虎"，老虎的天性是好斗，温和谦让的是熊猫，在政治斗争中，客客气气、你谦我让只能在演戏的时候用，即使曹爽愿意一直低调下去，他周围的人也不干。

曹爽掌权后周围聚集起一帮人，主要成员有何晏、夏侯玄、邓飏、丁谧、李胜、毕轨等，他们都出身于权贵之家，是曹魏的"官二代"或"官三代"，也都有一些浮名，并且都热衷于权力（有才名而急于富贵）。

何晏字平叔，之前已多次提到，他是曹操的养子，著名玄学家。

夏侯玄字太初，他是夏侯尚的儿子，夏侯氏的"官三代"，也是著名的学者，更是政治上的活跃分子。

邓飏字玄茂，东汉开国功臣邓禹的后人，少年时即得名于京师，先后担任过尚书郎、洛阳令、中郎等职，后任职于中书监，曾是刘放、孙资的部下。

丁谧字彦靖，出身于曹氏故乡沛国谯县著名的丁氏家族，他的父亲丁斐与曹操关系亲近，他也在尚书台供过职，曾任度支曹郎中。

李胜字公昭，他的父亲李丰也是曹魏的高官，李胜少游京师，雅有才智，与曹爽的关系最要好。

毕轨字昭先，其父毕子礼曾任典军校尉，毕轨年轻时就以才气出名，曹叡为太子时毕轨任太子属下的文学掾，算是魏明帝的旧部。魏明帝对他很喜欢，继位后不仅加官毕轨为黄门郎，还把自己的女儿嫁给了毕轨之子。

这群人打着学术、清谈的旗号，其实骨子里对功名利禄无不趋之若鹜，他们平时互相标榜，整出了"四聪""八达""三豫"等名号，在社会上影响很大，其实也就是你吹我捧、互抬身价，魏明帝对他们很反感，把他们视为"浮华党"，曾经给予打压。曹爽掌权后这些人重新活跃起来，聚在曹爽的周围，在政治上不断得势。

何晏提醒曹爽，重要的权力必须牢牢抓在自己手里，不能与人分享（重权不可委于人），丁谧等人也劝曹爽说司马懿野心很大，心机深不可测，同时又极得人心（司马公有大志而得众心），不得不提早预防。

经他们反复陈说，曹爽的心也乱了，在何晏、丁谧等人的策划下，曹爽通过明升暗降的办法，奏请少帝将司马懿由太尉改任太傅，提拔对曹魏一向忠诚的满宠为太尉，用以牵制司马懿。

太傅虽然位次高于三公，但属于荣誉性职务，司马懿任太傅后，虽然保留了与曹爽一起统率军队的名义（持节统兵都督诸军事如故），但是重要的主持朝廷日常事务（录尚书事）一项没有了。

同样用明升暗降的办法，曹爽等人把护军将军蒋济升为领军将军，而派曹爽的弟弟曹羲出任中领军，夏侯玄出任中护军，把老臣蒋济架空了，从而控制了禁军，曹爽的另一个弟弟曹训出任武卫将军，负责管理北军五营。

还是用明升暗降的办法，曹爽等人以天子的名义加刘放为右光禄大夫，孙资为左光禄大夫，这都是荣誉性的职务，又授予他们享受三公的待遇（仪同三司），二人在中书台的职务虽然没有免除，但曹爽悄悄把权力重新移往尚书台，中书台逐渐被弱化。

之后，曹爽派何晏出任尚书台负责人事工作的尚书，原来负责此项工作的卢毓也被明升暗降，担任尚书台的副长官尚书仆射，曹爽又把邓飏、丁谧都安排进尚书台担任尚书。

毕轨原任并州刺史，曹爽改任他为司隶校尉，同时让李胜担任洛阳令，以后又提拔他为河南尹，这样一来，从宫里的禁军到城外的北军，从尚书台到首都各级行政机构全换成了曹爽一伙的人。

尤其是尚书台，作为朝廷权力运行的中枢，是最要害的部门，曹爽独自分管尚书台（录尚书事）后，尚书令裴潜的父亲恰巧去世，按礼制当回家守丧3年，裴潜是曹魏老臣，忠心耿直，曹爽一伙原来觉得他有些碍事，这下子就不用担心了，裴潜走后，曹爽不着急另选尚书令，等于直接把尚书台管了起来。

在尚书台，上面有曹爽，下面有何晏、丁谧、邓飏等人，完全成了这个小团伙的天下。何晏担任吏部曹尚书，主要职责是选举，也就是选任官员，结果他所提拔的人都是跟他关系好的（其宿与之有旧者，多被拔擢）。丁谧为人外似疏略而内多忌，在尚书台供职期间经常假公济私、打击报复，不断有人弹驳他，弄得人见人烦（台中患之），但仗着上面有人撑腰，没人动得了他。邓飏特别贪财（好货），喜欢受贿索贿，有个叫许臧艾的人为了巴结他甚至把自己老爸的一个小妾都送给他，邓飏字玄茂，京中民谣说"以官易妇邓玄茂"。

曹爽弄了这几个人上来，纯粹是成事不足败事有余，他们或图虚名或贪实利，手握重权却不干正事，时间长了自然怨声载道，当时京城中还流传着一段顺口溜：

> 台中有三狗，
> 二狗崖柴不可当，
> 一狗凭默作疽囊。

尚书台里卧着3条狗，两条狗张着大口要咬人，指的是何晏和邓飏，意思是说他们无顾忌、没底线、为人张狂；另外一条狗更坏，是毒疮中的毒疮，这指的是丁谧。曹爽的小名叫"默"，这些狗凭借"默"的支持，没有任何功劳和本事却受到了重用，把坏事干尽干绝。

权力是毒药，不仅容易上瘾，更会把自己送上绝路，曹爽一伙试图用夺权的办法打压司马懿，不用司马懿反击，他们自己就已经把路走得越来越窄了。

可惜，曹爽一伙还没有觉察到。

六十二、从放牛娃到一代名将

随着权力的不断膨胀，曹爽这伙人越来越无法无天。

曹爽吃的、用的、穿的都跟皇帝一样（饮食车服，拟于乘舆），平时他尤其喜欢收藏珍贵玩物，搜刮了很多宝贝。曹爽拥有很多妻妾，甚至还私自从宫里带走了魏明帝的七八个才人做自己的妻妾，在曹爽家里有一支由将吏、师工、鼓吹、良家子女共33人组成的伎乐队，专供其享乐。曹爽听说武皇帝曹操生前的宫人们在歌舞方面水平最高，至今无人能超越，为提高自己家伎乐队的演奏水平，他还伪造诏书，先后派出了57个人去邺县"进一步深造"。

有个宦官头目（黄门）叫张当，千方百计巴结曹爽，后宫里的才人石英能歌善舞，被曹爽看上了，张当便偷偷把石英以及其他另外10名才人送出宫，献给了曹爽，此事尽管做得很隐蔽，但最后还是泄露了消息，知道的人无不瞠目结舌。

"独乐乐，不如众乐乐"，曹爽不仅自己享乐，还把何晏等人叫上，为此他们专门营建了一处秘密窟室，擅取太乐乐器和武库御制兵器进行布置，内部装修极其豪奢，曹爽多次与何晏一伙人在其中饮酒作乐。

在曹爽的纵容下，何晏把洛阳、野王原来属于典农校尉管理的数百顷桑田划为己有，有什么官家东西只要被何晏看上都直接往家里搬，何晏还公开向各州郡索贿，由于他手里掌握着官员升迁大权，没有人敢说半个不字。

看到这种情景，曹爽的弟弟曹羲十分忧虑，多次劝谏，但曹爽不听，曹羲还写了3篇文章陈述因过度骄淫奢侈将导致祸患的道理，言语极为恳切，曹爽看了很不高兴。

这段时间，魏、蜀、吴三国的局势曾一度平静，诸葛亮去世后蜀汉方面相对沉寂，司马懿远征辽东期间，主持蜀汉朝政的蒋琬看到了机会，他亲自前往汉中，酝酿新的北伐。

蒋琬认为诸葛亮生前多次出兵陇右和秦川，但在这个方向上道路艰险，来往不便，因而没有成功。为此，蒋琬提出了一个新的方略，那就是从汉中沿汉水东下，取曹魏的魏兴、上庸二郡，之后再取曹魏控制下的荆州。

这个方案十分大胆，却与孙吴方面的想法不谋而合。曹魏正始二年（241），孙吴方面也制订了一个新的作战计划，准备兵分四路出击曹魏：以扬武将军全琮所部进攻淮南，以威北将军诸葛恪所部进攻六安，以车骑将军朱然所部进攻樊城，以大将军诸葛瑾所部进攻柤中。以往孙吴进攻曹魏，主攻方向基本在东线战场，即合肥一线，中线战场的荆州一线多是策应，新的作战计划提出两线同时出击，而荆州方向也是进攻的重点。

全琮所部首先从淮南发起了进攻，一直打到曹魏经营多年的粮食主产区芍陂，让曹魏损失惨重，在新任扬州刺史孙礼的拼死抵抗下才勉强维持住局面，紧接着孙吴的其他各路大军同时行动，魏军在各个方向上应接不暇。

幸好这个时候蒋琬病倒了，否则蜀军再由汉水东下发起进攻，那就更难应付了。蒋琬提出新的作战方略后，在蜀汉内部却未达成一致看法，许多蜀汉官员认为水路出兵虽然容易，但万一失败了却不容易回撤（如不克捷，还路甚难），不同意沿汉水出击的方案。

这种考虑是现实的，对蜀汉而言尤其如此，当年先主刘备沿长江东下伐吴，结果兵败夷陵，仓促之间大军无法回撤，数万人战死，教训十分深刻。后主大概也是这个看法，所以派尚书令费祎、中监军姜维专程去汉中劝阻蒋琬。

费祎和姜维到汉中后说服了蒋琬，3人重新谋划，决定继续出兵凉州，请后主任命姜维为凉州刺史，从陇右出兵（**出军西北**），蒋琬率军后继，驻军在涪县，后主批准。

蒋琬于是从汉中进驻到涪县，结果病情不断加重，按照诸葛亮生前的遗愿，蒋琬主动把益州刺史一职让给了费祎，逐渐向费祎交权。蒋琬于3年后病逝，但因为身体的原因，加上蜀汉内部意见不统一，出击荆州的方案就此搁置。

蜀汉虽然没动，孙吴方面却来势凶猛。

曹爽等人玩权术在行，打仗实在都是外行，危险时刻只得再请司马懿出山，司马懿分析了敌情，认为孙吴四路大军中，柤中这一路最不好对付。柤中位于今湖北省南漳县一带，当时属汉人与蛮人聚居区，近旁就是战略要地樊城，一旦有失荆州方向将全面陷入被动。司马懿建议由他亲往樊城前线阻击樊城、柤中两路之敌，东线战场则由新任征东将军王凌和扬州刺史孙礼负责。

当时有人认为敌人远道来围樊城，无法立即攻下，目前受挫于坚城之下，不去理敌人也可自退，合肥才是关键。司马懿曾久居荆州，很了解那里的情况，尽管吴军历次进兵都以合肥为首攻目标，但这一次情况有些不同，所以坚持去樊城。

这一年6月，司马懿督师南征，少帝将其一直送出津阳门。

司马懿率部到达荆州后，派出轻骑前去挑战，吴军遁走，魏军追至三州口，斩获万人，少帝派中常侍前来劳军，增加食郾、临颍2个县为司马懿的封地，加上之前的封地已达4个县，有1万户，司马氏另有子弟11人被封为列侯。

在此期间孙吴大将军诸葛瑾病逝，他在军中的地位仅次于上大将军陆逊，相当于吴军的副总司令。这样，荆州方向的危机基本解除了，司马懿把重点又放在了扬州方向，指挥王凌、孙礼等人趁机收复了一些近年来被孙吴占领的地方。

曹魏正始四年（243）9月，司马懿亲自来到扬州，指挥魏军收复舒城，吴军负责守城的将领是诸葛瑾的儿子诸葛恪，听说司马懿亲自来了，人马又数倍于己，于是下令焚烧积聚，主动撤走。

司马懿向朝廷建议，为防范孙吴今后大举进攻，应在扬州的广大地区兴修水利、进行屯田，这一政策曾在关中地区推行，效果非常好，既减轻了朝廷的负担又充实了地方，朝廷批准。

司马懿于是在扬州一带主持屯田，他在这方面有一定经验。除了屯田、搞建设，司马懿还注意发现人才，三国后期的一代名将邓艾就是他发现的。

邓艾字士载，出身南阳郡邓氏家族，这个家族曾经十分显赫，但到他这一辈时已经很没落了，他从小死了父亲，母亲领着他为避战乱迁居到汝南郡，在这里他们有了一个新身份——屯田户。

曹操推行屯田制，把无人耕种的土地收归国有，再把四处流落的难民组织起来，分给他们土地和耕牛，组织他们发展生产，这就是屯田制。不过，屯田户的生活并不那么美好，他们要把一半的收成交租税，在生产力较为低下的汉代，屯田户的收入就十分微薄了。

邓艾年龄太小，又有些口吃，就负责放牛。但这个放牛娃很有志向，一边放牛一边努力读书学习，表现出对知识的强烈渴求。12 岁时，他跟随母亲来到与汝南郡相邻的颍川郡，路过名士陈寔的墓地时，看到墓碑上有"文为世范，行为士则"的句子，他特别钦慕，干脆给自己改名字叫邓范，字士则。不过，本族中已有人叫邓范，他后来改名字为邓艾，表字不变。

屯田户的孩子绝大多数都没有受过教育，能认几个字就算文化人了。邓艾靠自学成才，在屯田户的年轻人中显得很突出，被推荐担任屯田官手下的文吏。但他并没有很快脱颖而出，而是在最基层一干就是 20 年。后来总算熬到了典农功曹这个职务，大约相当于一名科长吧！虽然有所升迁，但是官职仍然不高。

邓艾是个有心人，又熟悉基层的情况，他写了一篇《济河论》，在对江淮一带农业水利气候进行大量研究又深入基层做了大量调查的基础上，提出发展农业的一系列具体对策，司马懿对这篇文章十分欣赏。

邓艾的许多具体主张都在司马懿屯田扬州时得到了实施，在此期间，魏国在淮南、淮北广开河道，北边以淮水为界，南到钟离，西至横石，在这片广阔的地区里每 5 里设一个军屯营，每营 60 人，一边屯田一边戍卫。为发展农业，还将淮阳河、百尺河进行了拓宽，把黄河里的水引入淮水和颍水，有 2 万多顷农田得到了灌溉。几年下来，从洛阳到寿春，一路兵屯相望、鸡犬之声相闻，出现了一派繁荣富庶的景象。

邓艾从一名放牛娃成为屯田官，在司马懿的关照下后来又被提拔为郡太守，受到进一步锻炼，并最终成为一代名将。

六十三、兵败傥骆道

司马懿在扬州搞屯田，朝廷里的大事就由曹爽和他身边的那几个人继续把持着，这些人最关心的无疑是如何巩固权力，思来想去，他们觉得如果没有军功，仍不足以威慑群下。

军功确实是这批富家子弟的软肋，看看司马懿，跟随太祖武皇帝南征北战就不说了，其后击斩孟达、拖死诸葛亮、平定辽东、南退孙权，任何一件拿出来都让人无话可说，司马懿在魏军中威望很高，那不是吹出来的，是一仗又一仗打出来的。

要打倒司马懿就要建立比他还大的军功，众人一合计，那就只有灭蜀或者灭吴了，如果能完成其中任何一项，绝对会超越司马懿，让他也无话可说。

孙吴和蜀汉相比，蜀汉相对弱一些，所以应先伐蜀汉，对这件事最上心的是邓飏，他联合李胜等人不断劝说曹爽，让他通过伐蜀建立个人威望（**飏等欲令爽立威名于天下，劝使伐蜀**），曹爽同意了。

夏侯玄也很积极，他主动请缨参战，曹爽就以天子的名义任命夏侯玄为征西将军，负责整个西线战场（**都督雍、凉诸军事**）。夏侯玄毕竟是文官出身，没打过仗，对军事一窍不通，于是又拉来了叔父夏侯霸。

夏侯霸字仲叔，是夏侯渊的次子，与其他"诸夏侯曹"的子弟不同，他一直在军中任职，担任过偏将军，他的父亲被蜀将蜀军所杀，夏侯霸经常咬牙切齿，一心要报仇（**以其父渊死于蜀，常切齿有报仇之志**）。他以先锋的身份参加了曹真策划的汉中之战，率前锋部队一直攻至兴势山，被蜀军围攻后夏侯霸亲自上阵厮杀，后被援军解救。

夏侯玄让曹爽任命夏侯霸为右将军、讨蜀护军，随大军行动，同时还建议把司马懿的小儿子司马昭也拉进来，担任征蜀将军。夏侯玄的姐姐夏侯徽是司马师已故的妻子，两家是亲家，曹爽、夏侯玄等人虽然竭力孤立司马懿，但与司马师、司马昭兄弟之间来往比较多，司马昭曾任洛阳典农中郎将，目前是散骑常侍，平时比较清闲，夏侯玄让他也到前线去建个功。

当然，更重要的还是堵住司马懿及其支持者的嘴，伐蜀这么大的事自然有人支持也有人反对，司马昭如果参加进来，反对的人就会少很多。

司马昭倒是挺愿意参战，曹爽、夏侯玄很高兴，司马师此时也是散骑常侍，曹爽高兴之下就给了他一个中护军的职务，让他去做些具体的事。

伐蜀大计确定后夏侯玄先到了长安进行准备，待各项准备完成后，曹魏正始五年（244）正月曹爽也到了长安，他以大将军的身份亲自挂帅攻打汉中。远在寿春的司马懿听到消息立即上表劝阻，但未能奏效，曹爽执意伐蜀（**止之，不可**）。

不久，各路人马集结完毕，除夏侯玄、夏侯霸和司马昭统率的各支部队外，还有前将军兼雍州刺史郭淮、后将军牛金以及将军胡遵率领的各部，其中牛金是从荆州时期就跟随司马懿的老部下，被司马懿带到西线战场，参加过五丈原会战和征辽东之战，是司马懿的嫡系。

魏军各部加在一起约8万人，对外称10万，曹爽身边小团伙里时任洛阳令的李胜被夏侯玄任命为自己的征西将军长史，负责出谋划策，实际上相当于魏军的参谋长。负责筹划的还有邓飏，他是尚书，但他曾任曹爽的大军将长史，向来是曹爽的智囊，曹爽把他也带来了。

这场大战，实际上是曹爽挂名、夏侯玄指挥、李胜和邓飏总策划，说好听点儿他们是一帮书生，说难听点儿他们就是一群不学无术的纨绔子弟，数万魏军将士把生命交在他们手中，实在是一种悲哀。

之前多次提到，关中与汉中之间是秦岭山脉，其间有3条主要栈道相通，自东向西分别是子午道、傥骆道、褒斜道，褒斜道虽然线路最长，但也相对最好走，所以以往用兵多从此道，最近的一次就是诸葛亮的第五次北伐，来回都走此道。

也有人主张走子午道，因为这条路线的南出口离汉中的中心南郑最近，北出口离关中的中心长安最近，出了北边的子午口长安就近在咫尺，所以当年魏延曾建议诸葛亮由此道攻击关中，但这条路线崎岖难行，也最容易受到伏兵的攻击，风险很大。

中间的傥骆道很少有人提及，它开通的时间较晚，正式通行也就在东汉的末年，这条道北端是骆谷，南端是越傥水，中间有骆谷关、老君岭、八斗河、大蟒河、都督门、兴隆山、贯岭梁、白草驿等要隘，至少要穿过六七座分水岭，距秦岭的主峰太白山也最近，许多路段又窄又险，而且没有水源的路段也最长，适合"驴友"探险却不适合大军行进。

走哪条道攻蜀？从未带过兵也根本不熟悉秦岭情况的李胜提出走傥骆道，没有什么理由，就是为了与众不同。

结果，8万魏军一头扎进了骆谷。

蜀汉方面，以车骑将军坐镇汉中的吴壹已经去世，目前担负汉中守卫重任的是镇北将军王平，蜀军在汉中的总兵力只有2万多人，听说数倍于己的魏军正在开来，众人都大吃一惊（**汉中守兵不满三万，诸将大惊**）。

王平曾是一名魏将，担任过徐晃的副手，曹操最后一次征汉中时兵败被赵云所俘，自此转投蜀汉。他虽然是一个文盲，认识的字不超过10个，但重要文书经他口授即可成文，既合章法又有条理。

王平召集众将商议对策，有人提出建议："敌兵有近10万之众，汉中人马不足3万，众寡悬殊，不可力战，应固守汉、乐二城，把敌人放进来打（**遇贼令入**），只要能守住，后方涪城的援军就会开到，魏军可退。"

汉、乐二城即诸葛亮在汉中修建的汉城、乐城两座军事重镇，城防较为完备，如果放手让敌人来攻，守上一阵倒也没有问题，但王平认为这种办法不好：

"汉中离涪城有上千里，万一守不住那麻烦就大了，现在应该分兵去守兴势，如果敌人也分兵进攻黄金城，我亲自率兵前往救援，到时候涪城的救兵刚好来到，这才是上策。"

但大家都不同意王平的意见，主要原因还是兵力太悬殊。关键时刻，众将中地位仅次于王平的左护军、扬威将军刘敏表态支持王平的看法，他认为汉、乐二城虽然坚固，但敌军众多，一旦有失，敌人就会像开闸的洪水一样瞬间涌入汉中，援军即使到了也无力回天。

在王平、刘敏的主持下蜀军确定了作战方案，将决战地点选在了兴势，此地是兴势山中的隘口，距阳平关不远，位于今陕西省洋县以北，魏军由傥骆道杀出取汉中，此地为必过之处。

刘敏率所部抢占兴势要隘，为迷惑敌人，刘敏让人准备了很多旗帜，在兴势山上插得漫山遍野都是，左右绵延 100 多里（多张旗帜，弥亘百余里），给敌人摆出了迷魂阵。

这一年的 4 月，魏军主力出了傥骆道，首站来到兴势山，发起攻击，未果。魏军拼命猛攻，仍不能得手。

这也好理解，魏军将士在深山老林里钻了几十天，吃不好、睡不香，有时还没水喝，体力已严重透支，好不容易走出大山，以为光明在前，结果发现眼前并不是一马平川，而是难以攻取的要隘，再看对面，山林树丛间有没有人山人海虽不知道，但旌旗招展看得却很明白，大家心情一定相当沮丧，士气大受影响。

从曹爽到夏侯玄再到李胜、邓飏，耍嘴皮子还可以，打仗的活从来没干过，更不要说打硬仗了，面对此情此景也束手无策，只有严令各路人马猛攻。

这一下坏了，人马比对手多的优势转化成了劣势，因为后勤保障眼看就要出问题。

到人家地盘上去打仗，当然得自带干粮，从秦岭山中运粮，艰辛程度可想而知，数万大军每天都有巨大消耗，这让魏军渐感吃力。为加强运输，曹爽命人征调了大批关中百姓，让他们在山中运转粮草，人数不足，还征调了很多氐人、羌人，山中顿时热闹起来，但条件实在太艰苦，负责运输的百姓怨声载道（牛马骡驴多死，民夷号泣道路）。

而在蜀汉方面，大将军费祎已亲自率领增援大军赶来，在涪城集结的人马已有数万之多，不久就将到达汉中，受这个消息的鼓舞，蜀军将士更加士气高涨。

这一天魏军正在攻城，天突然暗了下来，瞬时如同黑夜。这其实就是一次日食，但在当时大家都认为这是上天发出的不祥征兆，如果不迅速撤兵大难就会临头，于是纷纷劝曹爽撤退。

曹爽知道撤退就意味着失败，不仅出征的目的达不到，而且会极大地损伤自己的形象，甚至动摇自己的地位，所以说什么都不同意撤，他告诉众人，已从关中和洛阳搬兵，要大家加紧进攻。

有个参军名叫杨伟，还在曹爽面前据理力争，结果跟邓飏、李胜吵了起来，杨伟急了，大骂道："邓飏、李胜败国败家，应斩！"

这个时候，曹爽接到了散骑常侍钟毓写来的一封信，也是劝他撤兵的，信中说："高明的取胜之道是不动刀兵，天下无敌之师虽兴征讨，但并非一定通过战斗才能取胜。如果可以手持干戚就能使有苗氏臣服，或通过退避三舍的办法就可以暂避锋芒，那就用不着辛苦吴汉在江关征战，或者让韩信在井陉来往驰骋了。应该在找到时机时进军，遇到困难时能够退避，这才是自古以来征战的道理，希望您能够深思熟虑！"

夏侯玄这边也接到司马懿写来的信，夏侯玄在司马懿面前一向以晚辈自居，表面上对司马懿一直十分尊重，还曾向司马懿请教过治国之道，司马懿得知前线情况后也挺着急，写信给夏侯玄，是想让他带话给曹爽，信中写道："当年武皇帝再入汉中，几乎大败，这是你所知道的。兴势山地形险要，蜀人已经抢先攻占，如果不能迅速取胜就应该马上撤退，不然就有全军覆灭的危险（若进不获战，退见徼绝，覆军必矣）！"

夏侯玄看了很害怕，他内心里一向佩服司马懿，对这封信他不敢隐瞒，于是也去劝曹爽。

曹爽想了半天，终于下令撤退。

但曹爽等人不知道的是，费祎已率数万蜀军到了汉中，人家也是劳师远征，你想悄悄溜走，人家还觉得亏呢。

费祎亲率一支人马绕过兴势山，秘密进入山谷，在一个叫三岭的地方设伏，要在魏军撤退的路上打一场伏击。三岭其地不详，大约是傥骆道中某三处山岭的交会处，地势肯定很险要。

兴势山方面，王平、刘敏等人发起反攻，他们夜袭魏军大营，让魏军的士气更加低落，不战而乱。夜战中，征蜀将军司马昭正在军帐中睡觉，突然被外面的喊声惊醒，发现敌人已攻至营帐外，司马昭干脆躺在床上一动不动（坚卧不动），反而没惊动敌人，直到敌兵退去。

魏军实在撑不住了，败入了傥骆道，想从原路返回，行至三岭时遭遇埋伏，魏军将士经过一番苦战，最后只有少数人马突围成功（争险苦战，仅乃得过），担任后勤运输的队伍以及驮运物资的牛马或死或失，损失殆尽。曹爽、夏侯玄、夏侯霸、李胜、邓飏以及司马昭等人倒是跑得快，勉强回到了长安。

此战魏军元气大伤，曹爽等人更是丢尽了面子和里子，但他们的脸皮比较厚，回到洛阳后跟没事人一样，该干吗继续干吗，曹爽还当他的大将军，主持朝廷的日常事务，何晏、毕轨一帮人依然围着他转，夏侯玄、李胜、邓飏这几位败军之将依然过得很滋润。

兵败被讥，夏侯玄在军中名声扫地，但此人心理素质不错，之后就以征西将军的身份待在长安不走了，成了西线战场的总指挥，既无能力又无功绩，郭淮、牛金、胡遵等久经沙场的老将们如何心服？

曹爽等人不好好反思自己，反而千方百计为自己开脱，曹爽回来后又看了看钟毓写给他的信，觉得这封信写得很晦气，一生气把钟毓的散骑常侍免了，外派他去魏郡当太守。

钟毓有个弟弟叫钟会，此时约20岁，看到曹爽一伙人实在太跋扈，于是跟司马师、司马昭兄弟不断走近。

237

六十四、真正的演技派

蒋济长期掌管禁军，也掌管高级武官的选拔，但他上疏时已经不是领军将军了，曹爽等人对他一直不放心，后来又来个了明升暗降，让他担任太尉，彻底剥夺了兵权。

这一时期担任过三公的还有高柔、卫臻和赵俨等人，他们都是曹魏的三代老臣，也都对曹爽等人弄权不满，还有一批朝臣，也看不惯曹爽一伙结党营私、胡作非为，他们平时虽不敢明言，但心里多有怨愤。很多人对曹魏都是有感情的，尤其是对武皇帝和文皇帝感情很深，但近年来的政局让不少人彻底寒了心，不说民心如何，只在官员们的内心里就已逐渐在与曹魏分离了。

蒋济上疏劝谏的这一年，4月里司马懿的夫人张春华病逝了，5月，司马懿便以生病为由不再参与政事（帝称疾不与政事），但一些对曹爽等人不满的官员仍经常来到太傅府，向司马懿吐露自己的心声，孙礼就是其中的一位。

孙礼当过曹爽的大将军长史，但他为人耿直、刚正不阿，曹爽不喜欢他，让他出任荆州刺史，在司马懿统一指挥下参加了不久前的荆州保卫战，因战功晋升为冀州牧。

冀州刺史部的清河郡、平原郡因为地界划分相争不下，前后争了8年，两任刺史都没能解决问题，孙礼到任后，在府库中翻出了当年刘汉朝廷分封平原王的原始地图，根据图上所载将争议地区划归平原郡，但曹爽私下里接受了请托，已答应照顾清河郡，所以用公文的形式通知冀州，地图不算数，还要再进行实地勘查，孙礼不满，上疏力争，曹爽大怒，马上指使人弹劾孙礼，捏了个罪名，把孙礼判处5年有期徒刑（结刑五岁）。

这明显不公，不少人同情孙礼，纷纷替他说话，曹爽无奈，只得从轻发落，让孙礼在家居住，不用服刑。后来匈奴王刘靖不断崛起，鲜卑族又屡屡侵扰边境，并州一带形势吃紧，急需要选派一名能干的官员担任并州刺史，选来选去，发现孙礼最合适，于是孙礼重新被起用。

行前，孙礼专程去拜见司马懿，见面后孙礼一直不说话，脸上始终有怒气（忿色无言），司马懿劝慰他说："这次能去并州已经很不错了，为什么还有怨言？是不是还在为之前冀州受到的不公？如今远别，重任在肩，国事为重，要振作精神啊！"

孙礼长久以来憋在心里的怨言一下子爆发出来：

"太傅您为什么这样说？我再没有什么德行，也不会把官位和往事放在心上。我忧心的是，如今国家已处于危难之中，天下动荡不安，这是我心情沉重的原因啊！"

说到动情处，孙礼竟然痛哭不止（因涕泣横流），司马懿明白孙礼的心迹，但也不好说什么，对孙礼说："别哭了，不能忍也要忍（且止，忍不可忍）！"

有一天，何晏做了个梦，梦见数十只青蝇集在鼻子上，驱之不去，何晏不知何意，于是请著名术士管辂来解梦，管辂问清梦里的情形，对何晏说："鼻子是天中之山，高而不危，所以象征富贵。青蝇以臭恶集之，意味着位高者将被颠覆，轻豪者将要败亡，做了这样的梦不可不想想盈亏之数、盛衰之道。山在地中叫作谦，雷在天上叫作壮，愿君侯上追文王六爻之旨，下思仲尼象象之义，然后青蝇可驱呀！"

这番话说得很直接，等于当面打脸，弄得何晏极不高兴。管辂回到馆舍，他有个舅舅正好在洛阳，就把见何晏的事说了一遍，舅舅认为他说错话了，谁知这位预言大师竟说出一句惊人的话："我是在跟一个死人说话，有什么怕的（与死人语，何所畏邪）？"

何晏不仅不知道反省，野心反而越来越大，甚至有了废帝的想法。少帝曹芳一天天长大，到弱冠之年还不还政的话就会受到诟病，这成了曹爽、何晏等人最头疼的事。根据以往的"经验"，废帝另立是个好办法，在皇帝未成年前废掉他，另立一个小皇帝，就可以继续辅政，待小皇帝快要成年时再把他也废掉，又立一个小皇帝……如此周而复始，不就能长期把控政权了？

曹爽、何晏等人秘密策划，想在条件成熟时就对外宣称天子得了重病，之后将其秘密杀掉（爽、晏谓帝疾笃，遂有无君之心）。宫里有不少他们的人，张当就挺适合办这种事，曹爽、何晏与张当密谋，想很快就动手（期有日矣）。

然而，杀掉天子容易，收拾之后的局面却比较困难，曹爽等人并没有足够把握，所以一直没敢实施，他们担心的是朝中一些人聚结在一起反对他们，如果对手形成合力就不好办了。在曹爽等人看来，称病在家的司马懿无疑是这股力量的核心，他目前的真实情况很重要，曹爽等人决定找机会去探探虚实。

河南尹李胜改任荆州刺史，按照规矩应该向太傅及三公辞行，曹爽等人就让李胜以此为由去司马懿府上作近距离观察。李胜到了太傅府，被让进客厅，过了好半天司马懿才在两名婢女的搀扶下进来，人瘦了，背也弯了，目光呆滞，不说话都气喘吁吁，司马懿披着件衣服，他想伸出手扶一下，结果反而把衣服弄到了地上。

司马懿似乎连话都说不出来了，口渴了只能用手指指嘴，婢女会意，就拿粥来让他喝，司马懿端不动碗，全靠婢女喂，结果粥洒得胸前都是（粥皆流出沾胸）。见到此状，李胜说："听说太傅只是旧风发作，不想尊体竟然如此呀！"

"我老了，疾病缠身，死在旦夕，你屈尊去并州上任，并州与胡人很近，平时当妥善准备。今天一别，恐怕今后难以见面了，今以犬子司马师、司马昭两兄弟相托，请为照顾！"

"我要去荆州，不是并州。"

"君才到并州？"

"此去荆州！"

"我年老意荒，不解君言，这次你回归本州，愿早建功勋！"

李胜回来，向曹爽等人报告说司马懿虽然还活着，但已经离死不远了，人已毫无精神，完全不用顾忌（已尸居余气，形神已离，不足为虑），曹爽听完，一块石头像是落了地。

但这都是假象，是司马懿演的戏。司马懿是著名的装病高手，年轻时尚能一装几年，老了演技更是炉火纯青、出神入化。

自从20多岁来到曹操手下做事，迄今的40年里司马懿不仅与敌人作战，还与曹氏几代人斗争，曹家的人既用他又防他，他不得不处处小心，把自己隐藏起来。数十年明争暗斗的生活培养了司马懿强大的忍耐力，他一忍再忍，低调做人，不与强手争高下，只与对手拼耐力。

忍耐是司马懿的法宝，别人看不开的，他能看得开；别人做不到的，他能做到。通过隐忍，司马懿还巧妙地引导了人心向背，他虽然称病在家，却一样能借助民意来悄悄拉拢反曹力量，树立自己被打压、受排挤的形象，从而争取到了更多的支持。

历史上司马懿的形象或许不太好，很大程度上是因为他曾是诸葛亮最主要的对手，这有些不公平。如果说诸葛亮是做事的高手，司马懿就是做局的高手，在别人的地盘上能开拓出自己的一片天地，慢慢地发展、悄悄地壮大，这个过程竟然历时数十年，这样的经历和成就在历史上恐怕也找不出第二个人来。

六十五、迎来决战时刻

转眼到了曹爽辅政的第 10 个年头，即曹魏正始十年（249）。

折腾了这么长时间，家业该败的也败了，人心该散的也散了，到了算总账的时候。就在这个冬天，人们发现西北风刮得特别猛烈，吹倒了大树，掀翻了房屋，昏尘蔽天，管辂悄悄对朋友说，这寓意着有大人物要倒霉（*此为时刑大臣*）。

新年一过，按惯例天子要去洛阳以东的高平陵拜谒。高平陵是魏明帝曹叡的陵寝，位于洛水南岸的大石山，距洛阳 90 里，合今 37 公里，位于现在河南省汝阳县境内。

按照往年的做法，除少帝曹芳外，大将军曹爽以及众多的宦官、宫人、散骑常侍、宫廷秘书、羽林、虎贲、武卫营都要去，整个队伍至少数百人，包括曹爽的几个弟弟中领军曹羲、武卫将军曹训、散骑常侍曹彦等也都在随行人员之列。

有个人觉得似乎不太稳妥，劝曹爽还是留一手。

这个人名叫桓范，字元则，时任大司农，他是世族出身，大概在建安末年进入曹操的丞相府，很有学问，也很有智谋，善于分析事情、能出主意（*号为晓事*），由于他的祖籍也在沛国，与"诸夏侯曹"是同乡，又由于他与蒋济素来不合，而蒋济为曹爽等人所厌，所以一来二去桓范就与曹爽等人走到了一起，是曹爽的头号智囊，曹爽经常向他咨询一些事情。

桓范大概意识到某种危机正慢慢袭来，所以劝曹爽："你们兄弟几个总万机、典禁兵，不适合一块出城，如果有人趁你们不在关闭城门，你们怎么还能回得来（*若有闭城门，谁复内入者*）？"

但曹爽认为这完全是多虑，反问道："谁敢？"

桓范的担心并不多余，真有人敢，这就是司马懿。

在家养病的司马懿一直都没有闲着，他知道曹爽是个对权力贪婪无度的人，一味忍让与退缩不是办法，迟早有一天曹爽一伙人会对他发起总清算，所以必须抓住机会抢先发起反击。

曹爽和他几个兄弟都离开洛阳，这是个绝好的机会，司马懿把大儿子司马师叫来，跟他秘密商量，大概是觉得小儿子司马昭还不够沉稳，暂时没叫他。

应该说，曹爽一伙虽然很无能，但也不是什么事都没做，经过 10 年的经营，朝廷上下、洛阳内外遍布了他们的心腹和死党，通通解决他们并不是容易的事，司马懿现在能依靠的主要是司马师手里掌握的一支力量。司马师秘密地养了一帮死士，人数多达 3000 人，他们散落在民间（*阴养死士三千，散在人间*），现在正是派上用场的时候了。

死士，指敢死的勇士，有的是江湖侠客，有的是民间奇人，他们一般都重义轻利，为了报恩而向主人卖命。在耳目众多的京城，司马师能做到这一点相当不简单，这得益于他担任的中护军这个职务。

中护军不仅是禁军的统领，也负责典选武官，主要是中下级的武官，司马师上任后完善了规章制度，规范选人用人的标准，很受称道（作选用之法，举不越功，吏无私焉）。当然，这是明面上的，有没有私心其实得看指什么，提拔个军官，马上就收钱受贿，这当然是私心，不收钱而收买人心其实也是私心，只是更高明，司马师利用中护军这个职务干了不少收买死党的事。

只有这些还不够，司马懿又利用自己的影响，秘密得到了担任三公的蒋济和高柔的支持，蒋济多年掌管禁军，威望很高，对曹爽一伙早就恨之入骨；高柔为人耿直，一向敢说敢干，被曹爽一伙视为眼中钉；还有担任太仆卿的王观，他跟司马懿有旧交，一向支持司马懿；担任朝廷尚书仆射的三弟司马孚更不用说了，有了上面这些人的支持，司马懿觉得应该有把握。

谒陵的队伍将于正月初三离开洛阳，前一天晚上司马懿才把计划告诉小儿子司马昭，说明天行动，司马昭感到既兴奋又紧张，一个晚上都没睡好（不能安席）。

谒陵的队伍将于早上出城，司马懿决定中午就动手，具体计划是：

集中 500 人交给司马昭，任务是监视南宫和北宫，但不要攻打两宫，只保证不出不进就行；

司马懿自己率一部分人去占领武库，那里集中存放着兵器，平时为防有人突然作乱，对兵器有严格的管理制度，巡逻、侍卫时可带兵器，其他情况下要把兵器交武库保管，曹爽在城里的嫡系人马再多，把武库占了，他们中的大多数人也就没了战斗力；

司马孚和司马师率一部分人攻占司马门，这里是皇城的外门，也是皇城与百官居住区联系的中枢，控制住这里，至少文武官员不会发生异动；

高柔带人去曹爽的大将军营，出示皇太后的诏书，之后以代理大将军的身份临时接管军权；

王观带人去武卫将军营，同样出示皇太后的诏书，之后以代理中领军的身份坐镇那里，防止禁军和北军五营反攻；

如果上述安排顺利完成，意味着洛阳城已经被有效控制，司马懿与蒋济一起率兵出城，占领洛水之上的浮桥，迎击曹爽一伙人的反扑。

整个计划做得相当周密，每一步都抓住了要害。

但也有难点，比如太后的诏书。郭太后迁居永宁宫后，实际上被软禁在了那里，她愿意不愿意写这份诏书？如果愿意写，又能不能秘密地带出来？这些都是问题。

司马懿在这个问题上早有布局，他很早就注意与郭太后一家拉近关系，郭太后的叔父郭立任宣德将军，他有个儿子叫郭德，司马懿让司马师把一个女儿嫁给郭德为妻，此女短命早死，司马懿又让司马昭把一个女儿嫁给郭德为继室。冷庙反而要多烧香，没有预料到今天这一步的话，就不会做出如此精心的安排。

所以，郭太后早已暗中站在了司马懿一边，加上曹爽一伙对她的排挤和迫害，她也愿意把这伙人除掉，为此冒些风险也都情愿，有了她的全力配合，诏书自然会想办法送到司马懿手中。郭太后的支持对司马懿来说非常关键，这增加了此次行动的合法性，不至于让人诟病为谋篡。

第二天早上，谒陵的队伍出发了，很隆重、很威风。

午后，各路人马同时行动，尽管计划做得很周密，但仍然漏掉了一个重要的地方，这就是曹爽的府邸，当司马懿带人去攻占武库时，恰好要路过曹府，结果引起了一阵恐慌，曹府还有不少家兵，有人想出来进攻，又发现太傅本人也在其中，有些犹豫。

曹爽的妻子刘氏有一定见识，意识到问题不简单，把守卫曹府的守督叫来，对他说："大将军不在，请你发兵，阻止太傅等人的叛乱！"

这位守督答应一声即登上门楼，正好看到司马懿，马上拿来弓弩，注满箭，照着司马懿就准备射。关键时刻，有个手下扯了扯守督的衣服，小声说："今后的事情如何发展，不好说啊（天下事未可知也）！"

一句话提醒了守督，让他犹豫起来，箭没有射出，但想了想，他还是准备射，这位手下又提醒了一次，守督3次要射，3次被提醒（如此者三），最后终于还是没射，司马懿顺利通过。

史书没有留下这位守督的名字，但他的那个手下名字却留下了，他叫孙谦，也许他是司马师安排在曹府的卧底，但更大的可能只是曹府的普通一兵，不过他很关心时局，知道大势所趋和人心向背，所以在关键时刻才冒死进言，他的几句提醒也许至关重要，如果司马懿此时真被射死或者被射成重伤，后面的局势会如何发展还真不好说。

之后，各路进展都很顺利。

城里乱了起来，官员们听到异动，都预感到发生了大事，也能猜出个大概，大部分人对曹爽一伙很失望，也知道他们成不了大事，所以干脆闭门不出，静观其变。

高柔、王观分别接管了曹爽兄弟的军营，也没有遇到太大麻烦。看到局势已基本控制，司马懿拿出了早已准备好的奏疏，上奏少帝：

"大将军曹爽背弃顾命，败乱国典，对内僭越，对外专权；破坏祖制，尽领禁兵，群官要职皆授予身边所亲之人；殿中宿卫的旧人尽被斥出，全部用他自己的新人。同时，又与黄门张当等狼狈为奸，离间二宫，伤害骨肉。天下汹汹，人怀危惧，陛下已形同摆设，岂得久安！这并非先帝诏陛下以及臣升御床时相托之本意呀。

"臣虽朽迈，怎敢枉言？昔赵高专权，秦氏灭绝；吕后、霍光专断，汉祚不永。这些都应成为陛下之大鉴。太尉蒋济、尚书令司马孚等人，都认为曹爽有无君之心，他们兄弟不益于执掌禁卫，臣与他们把上述想法上奏永宁宫，皇太后敕臣如奏施行。臣已经令有关部门以及黄门令罢曹爽、曹羲、曹训的兵权，以侯爵的身份待在家中，不得在外随意逗留，如有稽留便以军法从事。臣已将兵屯洛水浮桥，以应非常之需。"

司马懿提出只解除曹爽兄弟的兵权，但不剥夺其爵位，对其他人也没有提及，这无疑是明智的。随后，司马懿和蒋济一起率兵出城，屯驻在洛水之畔，防备曹爽等人的反击。

桓范没跟曹爽一起走，看到司马氏父子发动了兵变，他想逃出去给曹爽等人报信，他的儿子以及大司农府里的官员们都劝他不要去（司农丞吏皆止范），但他不听，跑到了洛阳的平昌门，这时城门已关闭，守城门的是他曾举荐过的一名故吏，桓范假称奉诏书出城，这名故吏就把他放走了。

有人报告了司马懿和蒋济，蒋济叹息道："智囊走了！"

司马懿不以为然，对蒋济说："桓范虽然是个智囊，但曹爽是平庸之人，就像劣马的眼睛只能盯着马厩里的那一点儿豆料一样（然驽马恋栈豆），所以桓范的建议曹爽是不会听的。"

六十六、一场无情清算

曹爽等人还陪着少帝在高平陵，听到消息一下子傻了。

堂堂的大将军，此时脑子里一片空白，不知该何去何从（迫窘不知所为），这时候桓范来了，他建议曹爽护送少帝的车驾去许昌，之后召集各路人马以平叛的名义讨伐司马懿，但曹爽不敢下决心。

桓范急了，赶紧去找曹羲，对他说："现在的形势很明朗，你还看不明白吗，那么多书都白读了（卿用读书何为邪）？像你们这样的家族，再想求贫贱都不可能了！匹夫尚且有求生的欲望，你与天子相随，如今号令于天下，谁敢不应？你麾下有一别营离此很近，洛阳典农校尉所部都在城外，他们都能听你的召唤。现在去许昌，用不了太多时间，许昌有军需仓库，还有粮库里的谷食，大司农的印章就在我身上带着，要取就取，要拿随意。"

在主见方面曹羲比曹爽强点儿，但这么大的事也拿不定主意，随行的侍中许允、尚书陈泰等人则劝曹爽早日归罪，至少能保住性命，曹爽动心了，派许允、陈泰回洛阳去见司马懿。

司马懿让许允、陈泰给曹爽捎话，保证不会伤害他的性命，荣华富贵也可以继续享受，为让曹爽放心，司马懿还派一个曹爽比较信赖的叫高阳的侍中一同前往，并让蒋济给曹爽写了封信，保证曹爽等人的安全，曹爽看到人和信，大喜。

桓范还在那边做着进军的准备，命人伐木做鹿角，又征调了附近数千屯田兵前来护驾，曹爽让他把兵遣散，桓范大惊，曹爽说："我干脆去当个富家翁吧（不失作富家翁）！"

桓范当场哭了，骂道："曹子丹英雄一生，竟然生了你们这帮兄弟，简直猪都不如（曹子丹佳人，生汝兄弟，犊耳）！你们就等着被灭族吧！"

曹爽和兄弟曹羲、曹训、曹彦等人回到了洛阳，之后被集中起来居住，地点就是曹爽的府邸，平时在家里可以自由活动，但不得出府门。

这是被软禁的节奏哇，说好的富家翁呢？曹爽等人紧张起来。

过了几天，家人报告说府邸四周突然来了不少人，看起来都是乡下人打扮，足足有好几百，把府邸围住，不知何意。曹爽也很困惑，要抓人应该派当兵的来，派一群"农民工"干什么？

很快就有了答案，这群"农民工"是来干活的，他们在曹爽府邸的4个角上各修建了一座高瞭望台（围爽第四角，角作高楼），站在这些瞭望台上，曹府内的一举一动都被看得清清楚楚。

曹爽等人在府里困着，不让出门，时间一久，曹爽觉得越来越烦闷，就试着出来遛遛，他平时喜欢用弹弓打鸟，于是拿着弹弓来到后园（持弹到后园中），还没打，瞭望台上的人就大声喊了起来："故大将军往东南方来了（故大将军东南行）！"

曹爽受到惊吓，不敢轻易出门，兄弟们在一起商量对策，曹羲出了个主意，让曹爽给司马懿写封信，说被困日久，家里断粮了，请求给一些粮食。如果司马懿给了，说明他不打算杀人；如果司马懿不给或者置之不理，那就凶多吉少。

曹爽认为这个主意不错，就给司马懿写了封信，信中说："贱民曹爽我现在哀惶恐怖，自感罪孽深重，甘愿受屠灭之刑。前几天派家人出去弄粮食，至今未返，现在家里已经快没有吃的了，恳请给些粮食，以继旦夕。"

不久司马懿的回信就来了，还是亲笔所写，其中写道："真不知道府里已经缺粮，实在不好意思（不知乏粮，甚怀踧踖），已经命令下去，将拨给米100斛，还有肉脯、盐豉、大豆等，随后就送来。"

东西很快送来了，曹爽大喜，以为司马懿不打算要他的命。

对于曹爽的同党，包括何晏、邓飏、丁谧、毕轨等人，也都要求他们住在家里，不许随便出入，他们跟曹爽一样都很恐惧，但也怀着一丝侥幸，希望能从轻发落。

但司马懿并不打算放过他们，他只是还在做准备。不久，一桩案子被揭发，清算行动开始了。

这桩案子说的是宦官头目张当私自选了11名才人给曹爽，事情已彻底查清，人证物证俱在，廷尉将张当收监，进一步追查。张当在狱中招供，除了这件事，曹爽还有谋反的计划："曹爽与尚书何晏、邓飏、丁谧，还有司隶校尉毕轨、荆州刺史李胜等人阴谋反逆，计划都已制订好了，时间就在今年的三月。"

曹爽、何晏等人确实在秘密策划废掉少帝而另立，所以张当的供词也许不是他在严刑之下瞎编的。这下问题就严重了，已不是作风问题和道德问题了，牵涉到谋反，还是团伙，少帝下诏实施抓捕。

曹爽、曹羲、曹训、曹彦、邓飏、丁谧、毕轨、李胜等人被抓了起来，里面竟然没有何晏，不仅没抓他，司马懿还给他派了个重要任务——专案组组长。

眼见大势已去，何晏为保命，所以查得很仔细也很彻底，很多事他其实都亲自参与了，所以查起来并不困难。案子很快办完，何晏呈上结案报告，建议将上述7个人全部诛杀。

司马懿看完，摇了摇头："不够，还得再查。"

何晏傻了，哆哆嗦嗦地问："莫非还有我（岂谓晏乎）？"

司马懿微微一笑："恭喜你，答对了（是也）！"

何晏于是一同被杀，加上他，这个集团的8名主要骨干都被夷灭三族，一同被杀的还有勇于揭发的张当，以及他们的智囊桓范。

夏侯玄此时还在长安，司马懿以朝廷的名义诏他回京，改任大鸿胪卿，西线战场总指挥由郭淮接替（召玄诣京师，以雍州刺史郭淮代之）。夏侯霸一向跟郭淮不和，认为夏侯玄走后自己必定凶多吉少，就劝夏侯玄跟他一起逃跑，夏侯玄不敢。

夏侯玄回到洛阳，从此被解除了兵权，在朝廷担任了个虚职，但由于政变前他不在洛阳，好歹暂时保住了一条命。

夏侯霸逃往了蜀汉，走的是阴平道，一路很狼狈，因为不熟悉地理环境，在山中迷了路，粮食吃尽，只得杀马步行，脚也扭伤了，实在走不动，最后躺在岩石下休息，绝望之际遇到了蜀汉那边的人，把他接到了成都。

之前曾提及，张飞的夫人夏侯氏是夏侯渊的侄女，论起来就是夏侯霸的从妹，夏侯氏为张飞生了个女儿，就是后主刘禅的皇后，夏侯霸见到后主刘禅还得被喊一声表叔。

刘禅还真认这门亲，不仅厚待夏侯霸，还反复向他解释：

"你爹，也就是我表爷爷他老人家死在乱军之中，可不是我老爸亲手杀的呀（卿父自遇害于行间耳，非我先人之手刃也）！"

刘禅还把儿子叫来与表舅爷相见，指着儿子对夏侯霸说："这是夏侯氏的外甥！"

夏侯霸的家眷还在洛阳，念及他们是夏侯渊的后人，司马懿没杀他们，而是流放到乐浪郡。

夏侯霸有个女婿很不简单，名叫羊祜，是三国后期有名的军事家之一，此时 30 岁左右，本应受株连，但因为他的姐姐羊徽瑜嫁给了司马师，两家关系密切，司马氏父子都有心栽培他，所以没受太大影响。

六十七、姜维与费祎

夏侯霸到蜀汉后被任命为车骑将军，此时大将军是费祎，姜维担任的卫将军在名义上还在夏侯霸之后。

当然这也只是名义上的，夏侯霸在蜀汉的处境还比不上当年的马超，对降将大家一向是看不起的。一次，夏侯霸想与荡寇将军张嶷交个朋友，对张嶷说："我虽然与足下素昧平生，但心里却像老朋友一样知心（虽与足下疏阔，然托心如旧），希望您明白我的心迹。"

说起来夏侯霸算是张嶷的领导，但张嶷一点面子都不给：

"我不了解你，你也不了解我，大道理在你那里，哪里谈得上知心？现在咱们也才刚刚认识，这些话3年以后再说吧（愿三年之后徐陈斯言）！"

夏侯霸被弄得很没面子，但姜维对夏侯霸挺重视，专门跑来向他请教曹魏方面的事，姜维问夏侯霸："司马懿现已夺取了权力，他有没有对外征伐的意思？"

夏侯霸回答说："司马懿现在最重要的是巩固权力，目前尚没有余力对外攻伐。不过那边有个叫钟会的人，虽然现在还年轻，但有朝一日得到重用的话，将成为蜀、吴两国的大患。"

钟会就是钟毓的弟弟、前太傅钟繇的小儿子，曹爽当政时他还只是尚书台的一名尚书郎，尚书台是曹爽的大本营，司马懿夺权后重新恢复了中书台的作用，朝廷的秘书局由尚书台和中书台共同承担，过去长期在中书台供职的刘放年老病重，不久去世了，被曹爽一伙架空的孙资被任命为中书台的长官（中书令），20多岁的钟会则被直接提拔为中书台的副长官（中书侍郎），但钟会的长处在军事方面，日后果然大有作为。

姜维向夏侯霸打听曹魏的情况，是因为他正在准备北伐。蒋琬主政期间北伐处于停顿状态，蒋琬死后，姜维与费祎共同辅政，从职务上说以费祎为主，但费祎偏于内政，军事方面的事姜维考虑得更多。

就在司马懿发动政变的这一年秋天，在姜维指挥下蜀汉发起了一次北伐，路线还是祁山方向，主攻曹魏治下的雍州刺史部，姜维让夏侯霸一同随征。

蜀军很快越过了祁山，继续向西，攻占了麹山附近的麹城，麹山即今岷山，麹城位于今甘肃省岷县以东。姜维做出稳扎稳打的态势，下令在麹城附近修筑了两处要塞，让句安、李歆等人把守，以此为中心不断向曹魏的陇右地区扩张。

姜维就是这一带的人，对这里的情况十分了解，蜀军动作很快，扩张势头很猛，曹魏征西将军郭淮与雍州刺史陈泰商量对策，郭淮继夏侯玄之后成为曹魏西线战场的总指挥，陈泰是已故重臣陈群的儿子，几个月前还是朝廷的一名尚书，因为父亲的关系，司马懿本就对陈泰有好感，又因为陈泰劝曹爽投降而进一步对陈泰更加亲近，掌权后立即任命陈泰为雍州刺史。

但这不是为了投桃报李，因为陈泰确实有能力，尤其是在处理边疆事务方面很有经验。陈泰曾任并州刺史，同时兼任护匈奴中郎将，所辖地区及周围一带民族众多，陈泰很注意对当地各少数民族采取怀柔政策，在少数民族中威信很高。当时京城里的权贵们经常托他在边地购买奴婢，为此送来很多礼物，陈泰把礼物都挂在墙上，从不打开（皆挂之于壁，不发其封），他当了9年的刺史，调回京城时把所收到的礼物全部退还。

所以陈泰不是一般的"官二代"，他是个干才，面对蜀军的进攻，陈泰向郭淮建议："麹城虽然坚固，但离蜀国的控制区太远，所有粮草供应都要长途运输，姜维只能大量征调羌人、夷人去运，他们苦于劳役，未必肯屈从。现在只要把敌人围起来，不用进攻就可兵不血刃地将其攻破。蜀军即便举兵来救，但这里山道险阻，他们想取胜并不容易。"

围而不攻、拖而不打是司马懿对付诸葛亮的制胜法宝，看来陈泰也领悟到了其中的真谛。的确，蜀军每次北伐都会为粮草接济不上而困惑，魏军以逸待劳，以己所长击敌所短，这才是用兵的正道，郭淮长期征战在西线战场，对这个道理自然也懂，于是同意了陈泰的建议。

郭淮命陈泰去指挥围攻麹城的蜀军，所部包括讨蜀护军徐质和南安郡太守邓艾等，邓艾也是司马懿重点栽培的对象，他先在司马懿的太尉府当过一段时间的太尉掾属，之后到尚书台当尚书郎，再到夏侯玄的西部战区当参谋（参征西军事），经过这些锻炼后被派到下面当郡太守。

陈泰等人指挥魏军把麹城围了起来，此时姜维不在麹城，魏军把城里的运输通道和水源阻断，只围不攻，蜀将句安挑战，魏军不应，时间一长蜀军受不了，只得把有限的粮食分给兵士，每天算着日子节省着吃，没有水就化雪水去喝（分粮聚雪以稽日月），姜维果然率兵来救，蜀军兵出牛头山。

陈泰率魏军与蜀汉援军相对，陈泰对众将说："兵法贵在不战而屈人之兵，现在可以断绝牛头山的归路，让姜维无法返回，可将其生擒！"

陈泰让众将坚垒不战，然后派人去见郭淮，提出由他率部南渡白水河，沿河向东，而请郭淮率军进逼洮水，两路大军齐进，目的是切断姜维的后路，郭淮认为这个作战方案可行，于是向洮水移动。

姜维察觉情况有异，只得撤退，麹城的蜀军于是投降。

这是姜维第一次主持北伐，以后他主持的北伐还有10次之多，他的主要对手就是郭淮、陈泰、邓艾这些人。

这次北伐，蜀军暴露出兵力不足的问题，以往诸葛亮每次兴兵几乎都倾尽蜀国的全部兵力而出，通常在10万人上下，这是因为要长途作战，对手是曹魏这样强大的敌人，总兵力至少要与对方不差上下才有取胜的可能，而姜维此次进取麹城，兵力居然只有1万人左右，失败也就不可避免了。

姜维与费祎共同辅政，姜维认为自己熟悉陇右的情况，又能策动西北的羌人、胡人各部族为羽翼，所以在曹魏的侧翼发起进攻将其一举夺下相当有把握（自陇以西可断而有之），但费祎对此并不支持，当然他也不能公开反对北伐，因为这是诸葛丞相生前制定的国策，于是就在暗地里做手脚，利用职权阻挠姜维调兵，姜维能调动的人马十分有限（常裁制不从，与其兵不过万人），费祎还对姜维说："咱们这些人比丞相差远了，丞相尚且不能北定中原，何况我等？咱们不如保国治民、敬守社稷，至于统一天下的功业，干脆等待日后出现有能力的人再去做吧，不要期望着侥幸决战而一举成功，如果不然，悔之不及呀！"

面对不思进取的费祎，姜维也很无奈。

蜀汉延熙十六年（253），费祎在汉寿举办岁首大会，驻汉寿的文武官员都参加了，费祎在宴会上喝得很高兴，酩酊大醉（欢饮沉醉），结果竟然被一名刺客瞅准机会给杀了。

这不是一名普通的刺客，他叫郭修，是蜀汉的左将军，在军中的地位几乎与姜维相当。他是陇右人，原来是曹魏的一名中郎将，后被姜维俘虏，投降了蜀汉，大概他在陇右一带也有很大的影响力，所以被提拔为左将军。

看来蜀汉一向重视降将，马超来投，一开始被任命为平西将军，地位在关羽、张飞等人之上，后又担任车骑将军；姜维来投，年纪轻轻就被任命为奉义将军，后成为征西将军、卫将军；夏侯霸来投，被直接任命为车骑将军。如此厚待降将，而像张嶷这样一直忠心耿耿、屡立战功的将领，奋斗了几十年也不过是个荡寇将军，所以夏侯霸主动要跟张嶷交朋友，张嶷才那么冷淡。

郭修虽然投降了蜀汉，但内心里却不愿意当蜀臣，他想找机会刺杀后主刘禅，利用向刘禅道贺的时机，一边拜贺一边趋前，希望接近刘禅，但总被旁边的人阻隔无法行动（欲刺禅而不得亲近，每因庆贺，且拜且前，为禅左右所遏）。

郭修于是另找行刺目标，费祎举办岁首大会，郭修也在座，费祎是蜀汉的二号人物，干脆就朝他下手，郭修亲手刺杀了费祎，自己也被蜀人所杀。

曹魏这边得到消息，认为郭修是烈士，少帝曹芳下诏褒奖郭修，说他的行为是杀身成仁、释生取义，论勇猛赛过战国时的著名刺客聂政、论功劳超过西汉初年的刺客傅介子（勇过聂政，功逾介子），追封其为长乐乡侯，食邑1000户，爵位由郭修留在曹魏的儿子继承。

费祎死后，姜维负责全国的军事（都督中外诸军事），不久又正式继任大将军，他可以全力准备北伐了。而朝政方面，从诸葛亮到蒋琬、费祎，实际上是一种摄政的状态，后主并无多少实权，随着费祎的死这种局面得到了改变。

姜维是费祎之死的最大受益者，考虑到郭修和姜维都是陇右人，郭修又是姜维收降的，于是有人大胆推测，认为郭修之所以刺杀费祎并非出于对曹魏的忠诚，而是姜维暗中的指使，但这种看法没有任何依据，只能算一种推测。

费祎之死改变了蜀汉的政治格局，由于历史原因，蜀汉内部一向存在派系之争，刘备、诸葛亮可以充分平衡各派的力量，蒋琬、费祎也基本能做到表面无事，而姜维缺乏相应的资历和基础，后主也无法完全掌控一切，自此之后蜀汉内部的斗争变得复杂化。

六十八、司马懿死了

再回到曹魏，看看政变之后的时局。

曹魏正始十年（249）4月8日，距政变即将满百日，少帝下诏改元为嘉平。本月，太尉蒋济去世，享年61岁。

在此次政变中蒋济发挥了重要作用，事后司马懿以少帝的名义晋封蒋济为都乡侯，食邑增加到700户，蒋济立即上疏谢绝。蒋济的心情有些复杂，他支持司马懿推倒曹爽一伙，但他也向曹爽等人做过保证，保他们性命无忧，但结果与此相反，蒋济深感自责，他的死与此有很大关系。

在司马懿主持下，太尉一职由孙礼接任，他是坚定的"反曹派"，对曹爽一伙恨之入骨，此前孙礼已改任司隶校尉，他担任太尉后，司隶校尉一职由司马懿的另一名铁杆拥护者何曾担任。司马师担任了卫将军，同时兼任中护军，军职虽然还不是最高的，但等于主持全国的军务，待时机成熟时再就任大将军一职。

少帝曹芳这一年18岁了，曹爽辅政时原本还指望过有亲政的那一天，现在看来已经没戏了，出于对司马懿的敬畏，他主动提出拜司马懿为丞相，享受赞拜不名、入朝不趋、剑履上殿的特权，同时加九锡，这些东西指的是哪些内容之前已经说过，曹芳完全是按照曹操当丞相时的套路来的，但司马懿坚辞不受。

一方面，司马懿觉得这些都是虚的，没有实质性的作用反而容易落下口实，招来更多的攻击；另一方面，现在也只是大局初定，曹氏几代人不断经营，仍有不少人对他们怀有感情，暗中反对自己的人也不在少数，还不是通过加官和特权来树立个人威望的时候。

曹爽等人被杀后空出许多重要职位，司马懿借机安插那些自己认为可靠的人，除了之前提到过的邓艾、孙礼、何曾、钟会，还有王基、石苞、卢毓、傅嘏、傅玄、胡奋等人，这些人对曹魏感情较淡，或者受到过排挤和打压，都坚定地支持司马懿。

朝廷最核心的机构是中书台和尚书台，中书台有孙资和钟会在那里，可以让人放心，尚书台方面，司马懿让三弟司马孚去担任长官（尚书令），又把卢毓等人调过去担任尚书，协助司马孚。

在地方上司马懿也加快了布局，西线战场由郭淮坐镇，郭淮属于职业军人，不热衷政治，这一点让司马懿放心，司马懿也负责过西线战场，郭淮也算是他的部下了，经过磨合，郭淮已经越来越让司马懿感到满意，更何况在西线战场还有陈泰、邓艾两个"自己人"，那里应该不会出问题。

南线战场方面，司马懿曾在荆州主持军务多年，有一定基础，荆州刺史原来是李胜，就是到司马懿府上探病的那位，李胜被杀后荆州刺史空缺，司马懿安排王基去继任，司马懿担任大将军期间，王基曾在大将军府任过职，是老部下。

王基任荆州刺史前只是朝廷的一名尚书，资历还不足以负责整个南线战场，司马懿就把王昶派过去，这是个大有来头的人，也是三国后期的一个重要人物。

王昶字文舒，出身于著名的太原王氏家族，与汉末名臣王允为同宗，曹丕当太子时王昶曾任太子府总管（中庶子），作为"太子四友"之一的司马懿那时便与王昶有很多交往。

王昶后来担任过散骑侍郎、洛阳典农都尉等。魏明帝时期下诏让朝廷大臣推荐人才，每人只能推荐一名，时任太尉的司马懿推荐的就是王昶。在司马懿的关照下，王昶担任了兖州刺史、扬烈将军。

司马懿以少帝的名义晋升王昶为征南将军，假节，负责整个南线战场（督荆、豫诸军事），王昶不负重托，在荆州刺史王基等人的支持下大力发展经济，加强军队训练，又在新野建立基地训练水军，曹魏在南线战场的实力大增。

三大战场中，只有东线战场让司马懿心里没底。

负责东线战场的是王凌，目前已经78岁了，他有一个更显赫的头衔——车骑将军。论起来在军中的地位数他最高，司马师的卫将军也不及他，骠骑将军曹洪早已故去，大将军曹爽被杀，在名义上王凌如今是魏军的第一号人物。

跟王昶一样，王凌也出身于太原王氏家族，他与王允的关系更近，是王允的侄子，早年便到曹操身边任职，历经曹氏4代人，对曹氏忠心耿耿，职务不断上升，之前说过，满宠曾是王凌的上级，王凌根本不把他放在眼里，满宠离职后，曹爽对王凌进一步拉拢，让他负责整个东线战场（都督扬州诸军事）。

论年龄、论资格王凌都与司马懿不差上下，他在东线战场经营多年，势力很大，他不会轻易顺从司马懿，也不能用强力迫其就范，为此司马懿很费了一些脑筋。

司马懿以少帝的名义征王凌回朝廷任职，担任三公之一的司空，对这项任命王凌显然不感兴趣，找了很多借口一直不来就任。但王凌也知道这么拖着不是办法，必须主动出击，为此他找到兖州刺史令狐愚商量对策。

令狐愚是王凌的外甥，作为"拥曹派"，他们目前的处境差不多，王凌派心腹秘密前往兖州，令狐愚提出以扬州和兖州为基地另立朝廷与洛阳分庭抗礼，令狐愚连新皇帝都想好了，这就是曹操的儿子、楚王曹彪。

曹彪不仅辈分很高，而且跟曹植等人一样，长期以来过着被监视、限制的生活，而他生性不愿意逆来顺受，总想改变，他的封地目前就在兖州刺史部，是令狐愚控制的地盘。

令狐愚还听到一个传说，兖州刺史部东郡的白马河里出了妖马，夜里过官家牧场时发出鸣叫，众马皆应，天亮时有人看见这匹马的蹄印大如斛斗，一连数里，最后没入河中，不知什么时候在当地就有了一则民谣悄悄传唱起来，其中有"白马素羁西南驰，其谁乘者朱虎骑"的话。曹彪字朱虎，又是白马王，结合以上传说和民谣，令狐愚坚信拥立曹彪一定能成事。

令狐愚的计划让王凌动了心，但他的儿子王广还在洛阳，起事前必须把他接出来。王凌派人秘密到了洛阳，把计划告诉儿子，让他设法脱身，但王广反对父亲这么做，给父亲写了封信，信中说："司马懿内心虽然难以捉摸，但也没有做过大逆之事，现在他能擢贤用能，广树政绩，修先朝之政令以应众心所求，对于曹爽犯下的过错，全部予以改正（爽之所以为恶者，彼莫不必改），政令莫不以体恤百姓为先。况且，司马懿父子兄弟并握兵要，不是那么容易打倒的。"

王广说得并不错，司马懿虽然是夺权上位的，好像不够光彩，但曹爽等人之前实在太差劲，早已失去了人心，司马懿掌权后的确面貌焕然一新，已深得朝野上下的拥护，此时举兵反对他并没有成功的基础。

但王凌仍然决心一搏，因为他已经没有别的出路了。

然而，就在这个关键时刻却出了意外。

王凌突然得到一个不幸的消息，令狐愚死了。整个计划都是令狐愚在策划，包括楚王曹彪那边的联络工作也都是令狐愚在负责，他突然不在了，王凌顿时傻了眼。

更不幸的事还在后面，令狐愚谋反有两个主要助手：一个叫杨康，一个叫单固，令狐愚死时杨康正好在洛阳出差，他是应司徒之命来谈公事的（应司徒召诣洛阳），听到消息不亚于一声晴天霹雳，起事成功的可能性本来就不高，主事的人不在了，结果可想而知，为了给自己和家人留条退路，杨康就在司徒府揭发了谋反的事。

此时的司徒是高柔，司马懿的坚定支持者，听到杨康的报告，高柔不敢怠慢，马上带他去见司马懿。司马懿仔细分析了兖州和扬州方面的形势，决定先隐而不发，告诉杨康这件事不要再提，让杨康仍回兖州，以免引起怀疑。

之后，朝廷派了个叫黄华的人前去继任兖州刺史，这时王凌还在为要不要起事而犹豫不决，他不知道司马懿对他们的事已了如指掌，王凌甚至还派了个叫杨弘的将军去秘密联络黄华，约他共同起事（遣将军杨弘以废立事告兖州刺史黄华）。

黄华的来历史书没有太多记载，但可以肯定的是，在如此重要的关口司马懿派他去兖州，说明他是司马懿绝对信任的人，王凌要跟这样的人合伙造反，连这点儿常识都没有吗？这件事不可思议，要么王凌之前与黄华就有一些来往，被黄华骗了，要么杨康回到兖州后给王凌玩起了"无间道"，诱导王凌犯低级错误。

王凌一直拖着不去朝廷就职，还待在淮南的寿春，司马懿这边也不着急动手，就这样过了1年多。到了曹魏嘉平三年（251）4月，中原地区突然发生了一场地震，王凌觉得机会来了。

王凌上奏朝廷，说得到情报，孙吴将利用涂水上涨的机会由水路向扬州发起进攻，他向朝廷申请调兵的虎符，以便就近调动各路魏军，报告很快被朝廷驳回。

这让王凌有些意外，以往遇到这种情况朝廷是不会不准的，他这才意识到事情可能已经败露了，马上再派杨弘到兖州，找黄华商议起兵的事。结果杨弘非但没有完成任务，还被黄华给策反了，黄华、杨弘联名给司马懿写信报告情况，把王凌的最新计划和盘托出。

司马懿知道时机成熟了，于是亲率大军前往淮南讨伐。

司马懿以少帝的名义下诏对王凌谋叛行为进行揭露，有杨弘的密报，王凌所有计划包括行动细节都不再是秘密，王凌想抵赖都不能。但是诏书里同时回顾了王凌的功绩，说他也是一时糊涂犯了错误，只要迷途知返仍然可以原谅，如果主动投降，可以既往不咎。为了让王凌相信，司马懿还给他写了封信，信中言辞恳切，对王凌进行安慰，保证不会伤害王凌及家人的性命。

此时王凌的心里已经大乱，他几次派人下书，希望能与司马懿直接对话，开始未获回应，后来接到司马懿的回信，约他在一个叫丘头的地方相见。

王凌乘一叶小舟单独前往，随身特意带上印信、符节，他这时只想保命，他对司马懿

253

说自己统重兵在外，执掌一方，却心怀不义，有负朝廷，今后别无所求，只希望与妻子儿女同在一处，子息后代平平安安地生活就行了，年近80岁的王凌在司马懿面前完全是一副乞怜的神态，哀求司马懿说："生我者父母，能让我活下去的是您啊（活我者子也）！"

司马懿没有当场杀了王凌，但也没有履行诏书和信中的诺言，而命600名步骑押解王凌由陆路返回洛阳。与曹爽当年一样，王凌很想知道司马懿是让他活还是让他死，于是向押解自己的军士要了几个钉子，说是用来钉棺材用，王凌请他们务必向司马懿报告一下。

如果不给，说明还有活的可能，但经请示司马懿后，王凌得到了钉子。王凌感到绝望，走到项县时，看到谷水岸边有一座祠堂，是贾逵的祠堂，过去同为魏臣，王凌更感悲伤。

王凌在贾逵碑像前大声呼喊："王凌我一生尽忠魏室，贾逵，你在天的神明知道吗？"

之后，王凌服毒自杀。司马懿率兵继续进驻寿春，对王凌的家人、心腹和嫡系进行了一场大清洗，凡参与过谋反、事先知情而不报告的一律夷灭三族，王凌的儿子王广虽然反对父亲谋反，也在洛阳被杀。令狐愚被开棺剖尸，与王凌的尸体一起在野外暴晒3天示众，之后就地掩埋，不用棺殓。

郭淮的妻子是王凌的妹妹，为拉拢郭淮司马懿刚刚把王凌的车骑将军一职授给他。郭淮的妻子本应从坐，御史前往长安收捕，郭淮的手下以及羌、胡渠帅等数千人叩头请郭淮上表留下妻子，5个儿子也都叩头流血，请父亲救母亲一命，郭淮不从。

但到最后，郭淮还是给司马懿写了封信，请求宽恕妻子。司马懿接到郭淮的信，看了很久，最后同意特赦，但郭淮在司马懿心中的分量大减，两年后郭淮病故。

在审查中，令狐愚的另一个心腹单固宁死不屈，被杀。杨康虽然揭发有功，但负责审理此案的廷尉对这个人比较反感，在结案报告中说他与单固的对质中言辞错乱，很多事情不说清，建议一并问斩，司马懿同意。

楚王曹彪也未逃过一劫，司马懿以少帝的名义下玺书予以谴责，曹彪为保妃嫔及儿子们一命，只得自杀，妃嫔和儿子们降为庶人，流放平原郡，朝廷派来监视曹彪的官员都因犯了知情却不及时劝阻或报告的罪过处死。

为防止有人再用分封在各地的曹氏王公做文章，司马懿让少帝下诏，把各位王公集中在邺县居住，命有关部门严加监管，不得与外人随便联系（尽录诸王公置邺，使有司察之，不得与人交关）。

司马懿的手段的确很残酷，说得好听一些，这叫作"敢爱敢恨"，对于他欣赏的人、看中的人，同时又认同他、支持他的，一律给予爱护、提拔和重用；对于反对他的人，则向来毫不手软。

嘉平三年（251）6月，司马懿率大军返回洛阳。

走到一个叫五池的地方，遇到侍中韦诞一行，他们是奉少帝之命前来劳军的。又往前走，走到一个叫甘城的地方，又遇到太仆卿庾嶷一行，除了劳军，还带来了少帝的诏书，拜司马懿为相国，晋爵安平郡公，食邑增加到5万户，全族19名子弟都封为侯爵。

司马懿仍不同意，上奏回绝。

平了这场叛乱，司马懿也病倒了，而且病得不轻。有史书说，司马懿病重期间梦见王凌、贾逵等人扮作厉鬼来索命，让他的心情很烦乱（梦凌、逵为疬），加重了病情。

7月，司马懿回到洛阳，病情进一步加重，司马懿知道这一次是大限将至了，于是向儿子们立下遗嘱，交代说自己死后葬于洛阳东北方向的首阳山，不坟不树，陪葬就用一些平时穿的衣服就行，不设明器，日后也不与其他人合葬，子孙不得祭陵。

嘉平三年（251）8月5日，司马懿在洛阳病逝，享年73岁。少帝下诏授其谥号文贞，追封相国、郡公，他的孙子司马炎后来当了晋朝的皇帝，加他的尊号为宣皇帝，称其陵墓为高原，庙号晋高祖。

司马懿的一生可谓波澜起伏，20多岁来到曹操手下做事，43岁时被封侯爵，担任尚书仆射。他最辉煌的时期是在47岁到60岁，他两次被托孤，平孟达、抗诸葛亮、伐公孙渊、拒孙权，建立了不世功勋，获得了巨大的个人威望。

司马懿由魏臣而走向"篡魏"，更多的原因也许是为自保，其中的是非曲直只能继续留给历史去评价了，但他开创了一个新时代，即使离开了人世，这也是一个无法改变的事实了。

司马懿死后少帝下诏擢升司马师为抚军大将军，主持朝廷日常事务（录尚书事），并擢升司马懿的三弟、朝廷尚书令司马孚为太尉，同时继续兼任尚书令一职，司马昭此时的职务是安东将军，主持淮北一带的军务（都督淮北诸军事），

司马氏的权力基础巩固，没有因为司马懿的死而削弱。

六十九、孙权的烦恼

来说说孙权吧，他也步入了晚年。

晚年的孙权对外的进取心大减，他的精力都被内部的纷争占据了，尤其是在太子的废立上，孙权更感到了烦恼。

孙权的第一位夫人是谢氏，死得比较早，后来陆续娶了徐夫人、袁夫人、王夫人、步夫人、潘夫人等，在这些人里孙权最宠爱的是步夫人，一是因为她长得很美；二是因她的性格好，不妒忌；三是因她为孙权生了两个可爱的女儿，即孙鲁班和孙鲁育。

孙权很早的时候有立步夫人为后的想法，但遭到群臣的反对，大家认为应该立太子孙登的养母徐夫人，但孙权又不愿意，结果谁都没立，后来干脆不再提这个话题了。

步夫人死时仍没有得到皇后的名号，孙权不甘心，授意臣下上书，请求为步夫人追赠皇后名号（臣下缘权指，请追正名号），孙权批准，追封步夫人为皇后，追赐印玺和绶带，并下策书。被身为丈夫的皇帝追封为皇后，步夫人还是历史上的第一例。

从这件事也可以看出，孙权与太子孙登之间的关系似乎有些微妙，不过到了吴大帝赤乌四年（241），年仅33岁的孙登突然患病死了，他临终前向父皇上疏，希望立弟弟孙和为太子。

孙和这时19岁，生母是王夫人，他从小就很聪明，孙权特别喜欢他，常把他带在身边，孙和得到的珍宝珠玩衣物等赏赐在各皇子里经常是最多的。孙和爱好文学，善骑射，不仅聪明还善于思考，尊敬老师、爱护人才，孙权于是立孙和为太子，为示庆贺，孙权还下令把吴郡的禾兴县改名为嘉兴县，即今浙江省嘉兴市。

孙和虽然年轻却很有见识，被立为太子后曾向孙权上疏，认为当时各官府只是依照官样文书去办事，奸猾的人会按照自己的想法篡改公文（奸妄之人，将因事错意），所以要求杜绝此类现象。还有两位官员不合，互相揭发，孙和对他们说："能居文武官位的人有多少呢，你们互相仇恨，图谋陷害，怎能得福（因隙构薄，图相危害，岂有福哉）？"

这两位官员从此和好，互相友善。

吴大帝赤乌六年（243），孙吴第二任丞相顾雍去世，这时张昭、诸葛瑾、潘浚等重臣也已先后离开人世，孙权下诏拜陆逊为丞相，不再担任上大将军，但仍兼任荆州牧、右都护，统领荆州方面的一切事务（领武昌事）。

这时孙权已经60多岁了，身体大不如前，开始生病（尝寝疾）。人一旦意识到自己来日无多就容易乱想，孙权焦虑起来，他最顾虑的是自己死后能给儿孙们留下怎样的政治遗产。在孙权看来，丞相陆逊能力强、威望高，年龄虽然只比自己小一岁，但身体却很好，太子孙和虽然善良、好学、待人诚恳，但缺少帝王的霸气，孙权担心他根本驾驭不了陆逊这样的大臣。

也许正是出于这样的考虑，孙权突然做出了一个令人惊讶的决定，在孙和被立为太子后不久，他又突然下诏封孙和的弟弟孙霸为鲁王，并对他特别地宠爱（宠爱崇特），很多人意识到这是太子地位不稳的暗示。

孙霸生年不详，但此时也只有十几岁，孙权宠爱他，也许是因为他的性格更为刚毅果敢，但这样一来问题就复杂了，孙吴内部很快就围绕着孙和和孙霸形成了两个政治集团。

孙权的大女儿孙鲁班跟太子孙和的母亲王夫人关系不好，孙鲁班十分讨厌王夫人（素憎夫人），因此反对孙和而支持孙霸。孙鲁班先是嫁给了周瑜的儿子周循，周循死后又改嫁全琮，全氏也是江东大族，全琮是孙权深为依赖的将领之一，时任大司马，地位仅次于陆逊，在孙鲁班的影响下全琮也义无反顾地站了孙霸的一边。还有骠骑将军步骘，他是孙鲁班生母的同族，所以也支持孙霸，镇南将军吕岱、吕岱之子荡魏将军吕据、朝廷中书令孙弘等人也属这一派，他们结成了一个势力很大的集团。

但孙霸毕竟是弟弟，孙和毕竟是太子，在一些坚守正统观念的朝臣看来，未来的皇帝还应该是孙和的，持这种观点的有丞相陆逊、太常卿顾谭、太子太傅吾粲、左将军朱据、会稽郡太守滕胤、平魏将军施绩、尚书丁密等人。顾谭是顾雍的孙子，诸葛恪是诸葛瑾的儿子，施绩是名将朱然之子，朱然本姓施，过继给朱治后改姓，朱然死后施绩重新改姓为施。

太子居南宫，孙霸是鲁王，上面两大集团围绕未来继承人的这场纷争又被称为"南鲁之争"。

孙鲁班亲自指导孙霸，让他主动结交知名人士。鲁王一派的全琮还给陆逊写信，对陆逊进行试探和拉拢，结果受到陆逊的警告。太子一派的顾谭则多次上书孙权，建议对孙和的太子之位再次予以明确，以绝他人之念，吾粲也上书，不仅建议申明孙和的太子之位，更建议让孙霸出驻夏口，把孙霸的心腹杨竺等人调离建业。

陆逊上书孙权，言辞更为恳切：

"太子是正统，地位应如磐石之固，鲁王是藩臣，宠秩应当有差别，这样上下才得安定，我在此叩着头流着血向您禀报（谨叩头流血以闻）！"

陆逊前后多次上书，却没有得到孙权的回应，陆逊请求由武昌回建业，当面与孙权讨论嫡庶之分，孙权下诏，不许陆逊来。种种迹象表明，孙权其实是站在鲁王一边的。

一次，孙权与鲁王一派的重要成员杨竺单独谈话，涉及二宫优劣，杨竺抓住机会竭力夸赞鲁王的才能，适合当太子，孙权当场表示赞同。但这场谈话并非没有第三者在场，有个到孙权这里送东西的小吏躲在了床下，把他们说的话全听到了（有给使伏于床下，具闻之），此人赶紧报告了孙和，孙和十分紧张，想向陆逊求援。

恰好陆逊本族有个叫陆胤的人在尚书台担任选曹郎，正有公务要去武昌，孙和换了便服偷偷去见他，二人在一辆车上密议，决定由陆胤把有关情况告诉陆逊，让陆逊再次上表劝谏。

陆逊上表，谈到孙权与杨竺的对话，孙权大怒，认为是杨竺泄露的，但杨竺矢口否认。孙权知道杨竺是鲁王的死忠分子，也不可能把消息告诉陆逊，其中一定有隐情，就让杨竺调查。杨竺怀疑到了陆胤，他告诉孙权，陆胤刚好去过武昌，陆逊的上表紧接着就来了，消息一定是陆胤泄露的，孙权下令把陆胤抓起来拷问，陆胤为掩护太子，就说是杨竺告诉他的，孙权下令把杨竺也抓了起来。

杨竺禁不起拷打，只得违心承认是自己说出去的，孙权把杨竺杀了，陆胤反而保住了一命。

从上面这件事上看，两派的斗争相当激烈。

为打击对手，全琮父子突然揭发了一件事，吴大帝赤乌四年（241）发生了一场芍陂之战，顾谭的弟弟顾承、张昭的儿子张休等随全琮父子参战，吴军获胜，本来这件事已经过去了，论功行赏也已结束，但全琮父子突然旧事重提，向孙权揭发说行赏不公，背后有问题。

他们的理由是，此战他们父子功劳最大，但张休、顾承等人得到的赏赐反而更多，原因是张休、顾承与典军陈恂有私下往来，因此得到了更多的奖赏，孙权接到举报后命令有关部门予以调查，查来查去，顾承、顾谭都获了罪，被流放到交州。

这件事显然是冲着陆逊来的，因为顾谭、顾承不仅是顾雍的孙子，还是陆逊的外甥，孙权对陆逊已到了忍无可忍的程度，借此事向陆逊表达不满。

不久，太子太傅吾粲也受人陷害，竟被孙权处死，在审查吾粲期间，发现吾粲曾多次写信给陆逊，通报建业的情况。孙权又抓住这个把柄，派人到武昌责让陆逊，陆逊又急又气，竟然忧愤而死。

孙权趁机擢升步骘当丞相，全琮升任右大司马，鲁王一派大获全胜。在这次人事调整中，诸葛瑾的儿子诸葛恪也异军突起，被任命为大将军，这是他父亲诸葛瑾生前担任过的职务。

孙鲁班则加紧了对太子的陷害，孙权生病，孙和到孙策庙里祈祷，希望父亲的病早点儿好。孙和的妃子张氏是张休的侄女，张休的府邸刚好在孙策庙附近，孙和祈祷完，张休邀请他到府中坐坐。孙鲁班一直派人跟踪太子，知道了这件事，觉得可以做文章。

孙鲁班跑到孙权那里告状，说太子根本没去庙里，而是跑到张休那里商量大事去了（专就妃家计议）。孙鲁班还说，太子的生母王夫人听说皇上有病，不忧反喜。

孙权听后大发雷霆，消息传到王夫人那里，她竟恐惧忧愁而死，孙权对孙和则更加失望。在芍陂论功事件中也牵扯到张休，朝廷中书令孙弘等人翻出旧账，孙权下令对张休进行审查，张昭的儿子、太子的岳父张休居然被赐死了。

眼看孙和就要被废，孙霸坐上太子之位指日可待，但孙权却停下了手。在一次与族人孙峻的谈话里，孙权道出了他的忧虑：

"子弟不和，臣下分成两派，将导致袁氏之败，被天下人耻笑。太子只能立一个人，怎能不引起争斗（一人立者，安得不乱）？"

犹豫了一年，孙权也只是下令将孙和软禁在宫中，仍没有废掉他。在这场"南鲁之争"中孙权的小女儿孙鲁育没有公开表态，但她的丈夫朱据支持太子，他上书为太子鸣冤："太子是国之根本，他为人雅性仁教，天下归心，现在猝然责罚他，将引发满朝疑虑。当年晋献公偏信骊姬而害申生，汉武帝听信江充而让戾太子冤死，臣担心太子不堪其忧而身亡，到时候再想建思子宫也无法使太子复生了！"

朱据还联络了朝廷尚书仆射屈晃等一批朝臣跑到宫门外为太子请愿，他们把自己绑起来，叩头触地（泥头自缚）。孙权登上宫里的白爵观看到这番场景，非但没有引起触动，反而感到厌恶，他下诏斥责朱据、屈晃等人没事找事（无事匆匆），但这件事毕竟涉及朝臣较多，又在外界产生了广泛影响，孙权没开杀戒，而是把朱据降为新都郡丞，把屈晃斥归乡里。

朱据曾得罪过孙弘，他还没到达新的任所，孙弘便私自冒用孙权的名义下发诏书，把这位堂堂的骠骑将军、孙权的女婿杀了，而事后孙弘竟未被追究。

斗来斗去，孙权实在厌烦了。

孙权又做出一个更令人惊讶的决定：他要废掉太子，但不立孙霸，而是在其他儿子中另立新人。孙霸的下面还有 3 个弟弟，分别是孙奋、孙休和孙亮，其中孙亮年龄最小，却受孙权格外疼爱，孙亮的母亲潘夫人近年来也最受孙权宠爱，孙权有立孙亮为太子的打算。

孙鲁班察觉到孙权对鲁王已不感兴趣，马上全力去支持孙亮，她不断在孙权面前称颂孙亮，并把丈夫全琮的一个侄孙女嫁给了孙亮。

吴大帝赤乌十三年（250），孙权下诏正式罢黜孙和，贬为平民，放逐到故鄣，即今浙江省长兴县。同时立皇子孙亮为太子，此时孙亮只有 7 岁。

孙霸的结局竟然还不如哥哥孙和，孙权下诏将其赐死，全寄、吴安、孙奇等孙霸身边的人全被诛杀，"南鲁之争"以双方的惨败而结束，此事牵涉范围之广、官员之多，在汉末三国的历次政治斗争中都首屈一指。

孙权最后选定的接班人只是个 7 岁孩子，此时孙权已经 68 岁了，已来日无多。经过一场政治洗礼，朝廷上下一片黯淡，大家互相设防，不敢轻信任何人，一旦孙权不在，年幼的孙亮如何接好这个班，又让孙权头疼起来。

七十、孙权也死了

就在册立孙亮为太子的这一年，孙权还宣布接到神人所授的书册，将次年改元为太元元年，同时册立太子孙亮的母亲潘夫人为皇后。

这位潘皇后是孙权第一位也是唯一一位在任的皇后，她是会稽郡人，父亲是一名县吏，犯罪被判处死刑，按法律潘皇后和她的姐姐都被罚为官家奴婢，在宫里的织室做苦工，一次偶然的机会孙权看到她，把她召进后宫，后来生下了孙亮，从而改变了命运。

史书对这位潘皇后评价不高，认为她为人阴险、妒忌，又特别会讨孙权欢心（**性险妒容媚**）。步夫人死后，孙权最喜欢的人其实不是她，而是袁术的女儿袁夫人，袁夫人有节行，但没有生下儿子，孙权想立她为皇后，袁夫人因为自己没有儿子而固辞。潘夫人被立为皇后，对袁夫人加以谮害，有些事已经在宫中传开了。

还是这一年，孙权听说临海郡的罗阳县出了位神人，名叫王表，这个人在民间被传得神乎其神，说他言谈饮食虽然与常人没有区别，但有本事让人看不到他的身体（**语言饮食，与人无异，然不见其形**），是一位隐形人。

孙权于是派中书郎李崇去把这个人迎进宫中，带去的有辅国将军、罗阳王的印绶，准备把这两项官职授予王表。张昭为孙氏三代人辛苦了一辈子，临死才是辅吴将军，一个江湖骗子轻松就能登此高位，张昭地下有知，情何以堪？

王表随李崇出来，还带着一个叫纺绩的婢女，一路之上与各地郡县长官交谈，没有能难倒王表的，每过高山大河，王表都让婢女鼓捣一些神秘仪式，说是与山神河神互通消息（**所历山川，辄遣婢与其神相闻**）。

王表到建业后，孙权在皇宫东门苍龙门外为他建起府邸，经常派大臣前去请王表预测水旱灾害，往往都能应验，孙权对王表深信不疑。

吴大帝太元元年（251）8月，江东有多地突遭大风袭击，江海涌溢，有的地方平地水深8尺以上，从曲阿传来消息，孙权父亲孙坚的高陵所有松柏都被大风吹倒了，吴郡郡治所在地南城门居然被大风吹起，又落到地上。

太子、丞相不得善终，大臣广受株连，孙吴的国运就像孙权的身体状况一样一天不如一天了。孙权下诏大赦天下，此前他以中原尚未一统为由不同意郊祭，现在下诏在南郊进行祭祀。

这时已经到了冬天，从南郊祭祀回来后孙权受了风寒，病倒了。孙权不得不认真考虑身后的事，新太子年幼，看来也得效仿魏、蜀来一次托孤了。孙权跟大家商议可向谁托付后事，朝中文武一致认为非诸葛恪莫属（**朝臣咸皆注意于恪**）。

诸葛恪是孙吴政坛新生代的领军人物，目前担任大将军，陆逊死后代替他统领荆州事务。孙权虽然从小就喜欢这个年轻人，这些年对他也刻意栽培，而且诸葛恪在平息山越、与曹魏交战中立下不少战功，显示出一定才干，但孙权认为诸葛恪有刚愎自用的毛病，心中犹豫。

孙峻上书孙权，认为诸葛恪足以辅国，朝中官员没有人能比得上他的才干，力保诸葛

260

恪（峻以当今朝臣皆莫及，遂固保之）。孙峻是孙权晚年最信任的本家子弟，他的话还是有相当分量的，孙权于是下了决心，征诸葛恪回建业。

在病床前，孙权向诸葛恪托孤，在场的还有中书令孙弘、太常卿滕胤、将军吕据、侍中孙峻等人，滕胤是孙权堂弟孙奂的女婿，原任会稽郡太守，不久前被孙权召回担任太常卿，吕据是吕范之子，目前担任荡寇将军。

孙权对诸葛恪等人说："我病得不轻，恐怕不能跟你们再相见了，国事就托付给你们了（吾疾困矣，恐不复相见，诸事一以相委）。"

诸葛恪流着泪，对孙权说："我和众大臣身受陛下大恩，当不惜献出生命以执行您的诏令（臣等皆受厚恩，当以死奉诏），希望陛下安定心情，减少忧虑，不要把身外之事挂在心上。"

孙权于是升诸葛恪为太子太傅，朝廷的日常工作由诸葛恪主持，只有杀人的大事需要事先禀报（诏有司诸事一统于恪，惟杀生大事然后以闻）。孙权还升孙弘为太子少傅，仍兼任中书令；升孙峻为武卫将军，掌管禁军；升吕据为太子右都督，负责军事。

这样就形成了以诸葛恪为首，以孙弘、滕胤、吕据、孙峻为辅的辅政班子，这种结构想必是孙权精心设计的，刘备托孤于诸葛亮，曹丕托孤于曹真、曹休、司马懿、陈群，曹叡托孤于曹爽、司马懿，在孙权看来都不成功，托孤给一个人，容易形成权臣，帝王反成傀儡；托孤给多人，不容易形成核心，大家互相设防，效率低下；托孤给两个人，就更不可取，不内斗都不由人。

孙权以诸葛恪为首辅，让他发挥才干，放手辅佐幼帝振兴孙吴，但又给他安排了一个助手团队，里面有宗室、有亲属、有近臣，也有老将后代，他们分别掌管军政事务和禁军，是助手也是监督者，诸葛恪如果有异心，无法一手遮天。

诸葛恪上任后尽心尽力，对于国家法令中有不合时宜的都逐条列举向孙权禀报，孙权对他的意见均表示同意。

吴大帝太元二年（252）元旦，病榻上的孙权下诏，册立太子以外的其他几个儿子为王。孙权共7个儿子，长子孙登、次子孙虑、四子孙霸已死，在世的除太子孙亮外还有3个，包括被废为庶人的孙和，他们都被封为王。

孙和被废后一直过着提心吊胆的日子，突然接到诏令被封为南阳王，驻守在长沙；孙权的五子孙奋被封为齐王，驻守武昌；孙权的六子孙休被封为琅邪王，驻守虎林。

孙权之所以这样安排，同样也是为巩固太子继位后的政权所考虑，孙权希望孙亮执政后有3个哥哥在外为依托，皇位坐得更稳当。

然而有人对孙权确定的辅政方案有不同想法，这个人是潘皇后。她刚当上皇后没几天，野心却异常膨胀，潘皇后派人找到朝廷中书令孙弘，向他询问吕皇称制的情况。汉高祖刘邦死后皇后吕雉之子刘盈继位，政权实际上由吕后掌管，刘盈后来死了，吕后干脆临朝称制，成为事实上的皇帝，分封吕氏子弟为王侯，掌管军权，又任命亲信审食其为丞相，掌握朝政。

按照潘皇后的想法她的儿子一旦登上天子之位，就不劳诸葛恪等人辅政了，她可以包办。可是潘皇后没成为第二个吕后，在伺奉孙权期间由于过度劳累，她病倒了（侍疾疲劳，因以羸疾），宫人们趁其昏睡，一起动手把她缢杀，之后假称是被恶鬼所害。

看来潘皇后的人缘差到了极点，就连身边的人都这么厌恶她，只是纸里包不住火，这件事的秘密还是泄露了，有六七个人被杀。

到了这一年的2月，孙权再次下诏改年号为神凤。

孙权病情加重，众人多次请王表为孙权请福，王大师承受不住巨大的压力，找个机会溜了。

4月26日孙权驾崩，享年71岁。

在不到两年时间里，司马懿、孙权先后去世。陈寿评价孙权是勾践那样的奇才，是一代英豪（有句践之奇英，人之杰矣），他继承父兄的事业，独据江南，与魏、蜀形成三足鼎立之势，成就了一番大业。但也指出孙权性格好犯忌，喜杀戮，到了晚年，这些缺点更加明显（暨臻末年，弥以滋甚）。裴松之则认为孙权废弃毫无过失的太子，为国家大乱埋下了祸根。

孙权死后太子孙亮继位，由于他中途被废，死后没有皇帝的庙号，也是一位"少帝"，史书用他被废后的爵位称其为会稽王。

孙亮继位后改年号为建兴，谥父亲孙权为大皇帝，史书称吴大帝。建业附近有座钟山，因孙权祖父名孙钟，为避讳改其名为蒋山，孙权的陵寝就在蒋山之下，称蒋陵，今天的具体位置在南京市东郊的钟山南麓，随葬的还有步夫人和潘皇后。

七十一、长夜里的反抗

孙权驾崩的消息传到北方，曹魏方面有不少人觉得机会来了。

司马师此时已正式升任大将军，加侍中、持节，都督中外诸军事、录尚书事，全面掌握了军政大权，朝廷名义上还是曹魏的，其实已不姓曹了。

紧接着从孙吴方面又传来消息，说几位辅政大臣间发生了内讧。原来，少傅兼朝廷中书令孙弘与诸葛恪一向矛盾很深，孙弘担心诸葛恪全面掌权后对自己不利，就想先下手为强，他打算假传圣旨将诸葛恪诛杀（欲矫诏诛恪）。

这位孙弘看来是三国时期最疯狂的人之一，他刚刚用假传圣旨的办法杀了皇帝的女婿，又把张昭的儿子张休陷害致死，现在要用同样的办法解决首席托孤大臣。"战绩"如此辉煌，可惜史书对他着墨却不多，他姓孙，也不知是不是孙权的族人，作为孙权晚年接触最多、也最信任的人之一，是孙氏族人的可能性很大。

但孙弘跟孙权的另一位族人孙峻似乎关系也不好，孙峻提前知道了孙弘的密谋，暗中通知了诸葛恪，诸葛恪邀请孙弘过来议事，孙弘不知有危险，就去了，结果被当场斩杀。

这些消息陆续传到曹魏这边，不少人认为这正是灭吴的绝好机会，征南大将军王昶、征东将军胡遵、镇南将军毌丘俭等人纷纷上表请求征吴，他们分别负责曹魏的中线战场和东线战场，"四征将军"高于"四镇将军"，所以从名号上区分的话，王昶相当于中线战场总指挥，毌丘俭相当于中线战场副总指挥，而胡遵相当于东线战场总指挥，他们都提出了具体的作战计划，但内容各不相同（三征计异）。

至于如何不同史书没有详细说明，司马师把这3份作战计划交给了朝廷尚书傅嘏看，让他发表意见，傅嘏看完后写了一份很长的奏疏谈自己的看法。

傅嘏的奏疏首先简要总结了这3份作战计划的不同：一个主张采取水路强攻的办法征吴（泛舟径渡，横行江表），之后不断扩大占领区，利用占领区征集粮食，作长期战争的准备；一个主张多路出击，齐头并进，从4个方向对敌人发起进攻（四道并进，临之以武），之后发起间谍战、诱降战，等待其内部瓦解；一个主张在自己这边先搞大规模屯田（进军大佃，逼其项领），抓住机会从各个方面向前逐步推进，最后一举突破。

傅嘏认为，这3份作战计划都是讨贼的常用办法，相对来说最后一种最好，更加稳妥。但他的意见没被采纳，司马师最终采纳的是在"四路进军"基础上的修改方案，具体如下：由王昶率部攻打南郡，由毌丘俭率部攻打武昌，由胡遵和东线战场镇东将军诸葛诞率部攻打东兴，三路大军中以东兴这一路为主攻。

作战计划下达，各部分头行动，司马师让司马昭以安东将军的身份担任征吴各军的总监军。

孙吴方面在诸葛恪的指挥下分头予以应对，诸葛恪判断出魏军的主攻方向，亲自率4万大军驰援东兴。东兴距长江上要塞濡须口不远，更靠近建业，位于今安徽省含山县境内，在曹操时代，由合肥南征江东，主战场通常在濡须口，孙吴加强东兴要塞的防备后，双方交战的地点前移至东兴。

东兴在长江的北岸，位于一处高峻险要的地方，胡遵、诸葛诞以及监军司马昭率7万人马来攻，诸葛恪派老将丁奉率吕据、留赞、唐咨等部为先头部队前去救援。时间紧迫，丁奉亲率一支 3000 人的快速机动部队突进，时值寒冬，刮着北风，漫天飘雪，经过急行军后丁奉率部到达东兴，占据了要地徐塘。

魏军在胡遵等人的率领下也到达了这里，由于天气恶劣，没有马上发起进攻，在侦察敌情时丁奉发现魏军前锋部队人马并不多，为了取暖有些魏军将领还聚在一起喝酒，经验丰富的丁奉意识到机会来了，他对手下说："想要封侯的，就在今天了！"

丁奉命士兵脱下铠甲，扔掉长矛大戟，只戴着头盔，拿着刀和盾牌轻装爬上堤堰，之后击鼓呐喊，趁魏军没有防备发起了全面进击。激战中，吕据等后续部队也先后赶到，魏军惊恐万状，四散逃命，归途中要过一处浮桥，因为争抢通过，结果浮桥断裂，很多魏军将士掉入水中，魏军前部督韩综、乐安郡太守桓嘉等高级官员也落了水，死者数万人。

这位韩综不是一般人，他是孙吴老将韩当的儿子，也曾是一名吴将，后来叛逃，经常危害孙吴，孙权生前曾咬牙切齿发誓要捉拿他，吴军找到了韩综的尸体，诸葛恪命人割下他的首级送往建业的太庙，祭祀吴大帝。吴军缴获的车辆、牛马、骡驴等难以计数，各种战利品堆积如山。

另外两路魏军本来只是配合作战，目的是牵制中线战场的敌人，听说主战场已经失利，王昶、毌丘俭下令烧毁各自营地撤退，此次三路大军出击孙吴的作战计划因东兴溃退而全面失败。

司马师刚刚全面执掌军权就遇到这次大败，不好追究众将领的责任，只是处罚了弟弟司马昭，将其爵位削除。而此战为诸葛恪大大地长了脸，孙亮下诏晋封他为阳都侯，负责全国的军事（督中外诸军事），还兼任荆、扬两州的州牧。

司马氏兄弟全面掌权似乎开局不利，有人认为司马师、司马昭的水平看来不过如此，所以有了想法。

有这种想法的首先是李丰，他是李胜的父亲，李胜是曹爽集团的骨干成员，已被杀了，史书上说曹爽集团的骨干分子都被夷灭三族，按理说李丰也在劫难逃，但不知是什么原因他却没受株连，反而担任了中书台的长官（中书令）。

看来这个李丰不简单，他也是曹魏的"高官子弟"，他的父亲李义曾任曹魏的卫尉，史书上说李丰善于识人、善于品评人物，社会活动能力很强，备受瞩目（识别人物，海内注意），魏明帝时有孙吴降人来投，魏明帝亲自召来问话，询问一些江东的事，魏明帝问在江东那边曹魏什么人知名度最高，降人回答说是"安国"，安国正是李丰的表字。

所以，李丰很有名并非因为他是李胜的父亲，李胜得势才是因为李丰的关系。曹爽执政时期李丰任皇太后永宁宫总管（永宁太仆），曹爽软禁了郭太后，李丰是具体操办者，但李丰、李胜父子以及李丰的弟弟李翼很会来事，能八面玲珑，游走于各方势力之间，李丰的儿子李韬还娶了魏明帝的女儿齐长公主，当时京中有几句顺口溜说他们：

> 曹爽之势热如汤，
> 太傅父子冷如浆，
> 李丰兄弟如游光。

曹爽集团失败，李胜被杀，李丰到尚书台任职，担任尚书仆射，司马孚是他的顶头上司，日子不太好过。李丰经常请病假，而且一请就是好长时间，当时制度规定，官员连续请病假满百日将解职，李丰总是在快满百日时回到尚书台上几天班，然后再请病假。

李丰利用他长袖善舞的特长跟司马师尽量拉近关系，司马师后来要选一个中书台的长官（中书令），有人推荐了李丰，司马师同意。

或许因为对未来心里没底，或许因为跟曹氏是姻亲且怀有感情，所以李丰暗下决心要推翻司马氏，主意打定，李丰就开始秘密联络志同道合者，他首先想到的是夏侯玄。

夏侯玄的情况还不如李丰，他虽然侥幸逃过一劫，但从此不仅郁郁不得志，而且整天过着提心吊胆的日子。司马懿死的时候，许允对夏侯玄说："看来你今后不用再这么忧虑了。"

许允字士宗，高平陵政变时与陈泰一起在曹爽和司马懿之间传过话，因此后来受到重用，担任了中领军，掌管着禁军，听了他的话，夏侯玄叹道："士宗，你难道看不到吗，此人尚能以通家年少看待我，而子元、子上不容我呀！"

夏侯玄所谓"此人"是指司马懿，子元、子上是司马师和司马昭的字。后来，李丰告诉夏侯玄，如果行动成功就推举他来执政，夏侯玄动心了。

李丰联络的人还有光禄大夫张缉、黄门监苏铄、永宁署令乐敦、冗从仆射刘宝贤等人，其中张缉是曹魏旧臣、凉州刺史张既的儿子，他还是少帝曹芳的岳父，现在的张皇后就是他的女儿。李丰的弟弟李翼此时任兖州刺史，李丰等人打算让李翼找个借口带兵来洛阳，双方内外相合，一举将司马师、司马昭兄弟诛杀，之后推举夏侯玄为大将军、张缉为骠骑将军，共同辅政。

李翼于是向朝廷提出了相关请求，找的理由不知为何，但这样的事朝廷通常也不会随便乱批，李翼被拒绝。李丰不死心，又想利用百官入朝参拜贵人的机会在某处密藏心腹，等司马师经过时将其诛杀。

这种套路似乎眼熟，吕布诛杀董卓就是这么干的，论势力董卓比司马师可大多了，不一样灰飞烟灭？所以李丰有理由相信他会一举成功，但他的运气不如吕布，还没等动手秘密就被泄露了出去，司马师在震惊之余更十分愤慨，他对李丰相当不错，把他当成了朋友，司马师自认为没有亏待朋友。

司马师立即下令发兵去捉拿李丰，舍人王羕建议：

"李丰如果不知道事情已败露，他就会来，只有知道事情已败露了他才会挟众自卫，派这么多人去还不如让我先去会会他。"

司马师命王羕带上车辆去请李丰，李丰见状就明白了一切，惊惧之下，只得随王羕去见司马师。司马师见到李丰后就大声指责他，越骂越气愤，李丰知道必有一死，反而硬气起来。

看李丰到这时候了还没有求饶的架势，司马师怒不可遏，抄起旁边武士身上的刀对着李丰就拦腰砍去，李丰被诛杀。

这起发生在曹魏嘉平六年（254）2月的未遂政变，就以李丰的被杀而提前结束了。司马师命人把李丰的尸体连夜送到廷尉处，廷尉钟毓表示不能接收，原因是李丰没有经过审判，还不是犯人，司马师无奈，去请来了诏书，钟毓才勉强收下。

少帝曹芳此时已经22岁了，听说李丰死了，他急了，追问李丰是怎么死的，在宫里大吵大闹，司马师听后头痛不已，他后悔没有好好去审审李丰，本来曹芳与此事脱不了干系，现在反而让他抓住了把柄。

司马师只好请永宁宫帮助，由郭太后出面才平息了曹芳的愤怒。郭太后虽不是曹芳的母亲，但她是魏明帝的皇后，曹芳是魏明帝的养子，郭太后在名义上是曹芳的长辈。

随后夏侯玄、张缉、李翼、苏铄、乐敦、刘宝贤等参与政变的人全部被抓了起来，夷灭三族。

七十二、选叔父还是侄子

事情虽然过去了，但司马师仍耿耿于怀。

如果要追查此次事变的后台，少帝曹芳显然跑不了，但现在却没办法直接去责问他了。不久，有人报告说许允在此次政变中的表现很可疑，同时许允跟少帝之间似乎也很亲近。

有人反映，李丰等人被抓后许允曾想马上来见司马师，但不知为何，出门之后又有些犹豫（已出门，回遑不定），于是又回家去取衣服，一来二去最后没有来，不过估计他是想来为李丰等人求情的。还有人反映，许允跟少帝来往很多，二人经常在一起谈话，由于没有其他人在场，所以不知道他们都谈了些什么。

司马师警觉起来，看来禁军再交给许允去指挥已经不合适了，恰在这时镇北将军刘静去世，司马师让许允转任该职，论品秩是升了，但论重要性显然大为降低，为打消许允的顾虑，司马师还专门找他谈了一次话："镇北将军平时虽然事情不多，但也镇守一方，足下去上任，可谓震华鼓、建朱节，又能在家乡做官，岂不是锦衣昼行的美事！"

许允出生于河间国高阳县属北部战区的辖区，衣锦还乡倒也值得庆贺，许允的心情好了很多，还把司马师的话告知了一些同僚。许允将要赴任，少帝曹芳提出要专门为他举行一次聚会来送行，席间少帝跟许允非常亲近，分别时还流下了泪。

这一切让司马师更加狐疑起来，就在这时西部战场传来军情，蜀汉的姜维又一次出兵攻打陇右，为增加长安的兵力，司马师决定调安东将军司马昭率军驰援，司马昭当时驻守在许昌，路过洛阳时将在平乐观举行一次阅兵行动，少帝亲自主持，朝中重要官员都参加。

许允这时还没走，他突然发现这是个好机会，于是又秘密见到少帝，建议在司马昭前来辞行时把他杀了，之后将其部众收归少帝指挥，据此击退司马师（勒其众以退大将军）。这个计划看来更不靠谱，不过许允担任禁军统领，想必手下也有一些心腹，把各方面力量联合起来的话倒也有发起突然一击的可能性，所以少帝同意了。

少帝命人立即书写诏书，正写着有人通报说司马昭来了，少帝没有任何准备，赶紧命人叫来优人进行表演，他自己一边吃着栗子一边看演出，因为司马昭的提前出现，少帝恐慌，诏书最后没能送达许允的手中。

许允还想再等等，有人催他赶快去上任，他只得动身。他刚一离开洛阳，有关部门就举报他有经济犯罪行为，于是许允被追回加以逮捕，经过廷尉的审讯许允先被判处死刑，后减刑为流放边地乐浪郡，妻子和儿女不得同行，但是许允没有到达乐浪郡，在半路上他莫名其妙地死了。

许允有两个儿子，分别叫许奇和许猛，许允在流放的路上被杀的消息传来，门生想把这两个孩子藏起来，许允的妻子阮氏不让，她镇定地说，这不关孩子们的事（无预诸儿事）。

过了一段时间果然没事，阮氏就带着孩子们移居到许允的墓前，司马师派钟会去察看，如果许允的儿子们才德超过他们的父亲，就把他们抓起来（若才德能及父，当收）。许允的儿子也猜出了大概，就去与母亲商量，母亲对他们说："你们虽然很优秀，但才能器识与你们的父亲相比还有差距，跟钟会交谈时，想怎么说就怎么说（率胸怀与会语），不会有问题。另外要注意的是，不要过度悲哀，钟会不说你们就不提，对于朝中的事，可以多少问一些。"

许奇和许猛照着母亲说的做了，钟会回去复命，把见面的细节都报告了司马师，结果免于一祸。

李丰、夏侯玄等人被杀，司马师原以为少帝会冷静下来，抛弃那些不切实际的幻想，好好与他们兄弟合作，哪怕做个汉献帝呢，双方也可相安无事。

但许允这件事让司马师感到了失望，司马师觉得少帝很难停下他的冒险行为，指不定后面还会弄出什么事来，看来必须痛下决心，对这个问题来个彻底解决。

曹魏嘉平六年（254）9月19日，司马师以郭太后的名义召集百官，突然向大家宣布，当今天子荒淫无度，褻近倡优，不可以承天绪，建议将其废黜，收回皇帝的玺绶，仍为齐王，归藩于封地，同时另立彭城王曹据为新皇帝。

群臣听得目瞪口呆，简直不敢相信这是真的，但也不敢反对。

司马师说，既然大家都不反对，那就一致通过。司马师让郭太后的叔父、宣德将军郭芝到永宁宫报告情况，请郭太后颁发谕旨，并索要皇帝的玺绶。郭芝到了永宁宫，发现少帝曹芳也在那里，正在与郭太后说话，郭芝直截了当地对曹芳说："大将军要废陛下，立彭城王曹据。"

曹芳早有思想准备，听完也不作声，走了。但这件事郭太后显然事先并不知情，或者不完全知情，少帝走后郭太后一脸不高兴，郭芝劝侄女说："大将军主意已定，应该顺着他的意思，咱们不要多说什么。"

郭太后仍一脸不痛快，对郭芝说："我马上要见到大将军，有话跟他讲！"

郭芝以为侄女真要去给曹芳求情，继续劝说："还是算了，赶紧把皇帝的玺绶拿来吧！"

许允事件后皇帝的玺绶都被收了起来，交由太后保管，郭芝一再催促，郭太后只得让人取来皇帝的玺绶，但没有马上颁布谕旨。郭芝拿着玺绶先回去复命，司马师让人到库房里把齐王的印绶找出来交给曹芳，让他马上搬出去，仍去当他的齐王。

曹芳搬出了洛阳，当时曹氏的王公都集中在鄴县居住，但曹芳的身份毕竟特殊，没去鄴县，但也没有到封地齐国，而是去了河内郡，此地距洛阳不远，便于监督。司马师让人在河内郡营建了一处齐王宫，按照诸侯王的礼制让曹芳在这里居住。

晋朝建国时曹芳仍在世，曹氏王公相应降低了封爵，他被降为邵陵县公，于西晋泰始十年（274）去世，时年43岁。

郭太后还是去见了司马师，她确实有很要紧的话要说："听说大将军要立彭城王，可彭城王曹据按辈分是我的叔父，他要当了皇上，我往哪里摆？"

是呀，太后通常是皇帝的母亲一辈，现在却成了皇帝的侄女，这个关系够乱的，司马师这才发现自己确实考虑得有些不周，郭太后一直是自己坚定的政治同盟，有着不可替代的作用，就拿这次废立来说，有没有郭太后的谕旨效果完全不同，司马师赶紧问："那么，太后认为谁最合适呢？"

郭太后的心里早有了人选，他对司马师说："高贵乡公曹髦是文帝的长孙，明帝弟弟的儿子，他最合适。"

曹髦字彦士，魏文帝曹丕之子东海定王曹霖的儿子，此时 14 岁，按照曹魏的封爵制度，皇帝的儿子初封为亲王，之后嫡长子世袭，而庶子降格再封，亲王的庶子就封为公爵，再往下封侯爵，再下封伯爵，曹髦被封为高贵乡公，封地在兖州刺史部东郡的东武阳，他的父亲曹霖已于曹魏嘉平元年（249）去世。

司马师对新人选没有意见，但有一个问题："曹髦毕竟只是小宗，入继大统是否合适？"

按照嫡长子继承制，嫡长子一支称为大宗，拥有无可非议的继承权，庶子一支称为小宗，不是在特殊情况下一般都没有继承权，曹霖不是曹丕的嫡长子，曹髦也不是曹霖的嫡长子，在继承权上就大打折扣，在这一点上似乎不如曹据更有优势，司马师说的就是这个意思，但郭太后并不这么认为：

"礼法上说，可以让小宗过继给大宗，尊大宗的父母为父母，成为大宗的后嗣，可见小宗仍有入继大统的义务，请大将军务必再议！"

郭太后的说法倒也有一定道理，曹芳既已被废，那么现在讨论继承的就是继魏明帝的大统，魏明帝如果有嫡长子，皇帝就应该是嫡长子的；没有嫡长子就是其他儿子的；没有亲生儿子，有养子也行。但魏明帝的 3 个亲生儿子都早早地死了，有过两个养子：一个就是曹芳，另一个是曹询，而曹询也在十多年前就死了，魏明帝已绝嗣，那么从他晚辈中再过继一个继承大统是符合礼制的，从辈分上说曹髦是魏明帝的侄子，而曹据是魏明帝的叔父，显然曹髦更合适。

在司马师看来选谁其实都差不多，而郭太后的态度却很重要，司马师于是把郭太后的意见再交群臣讨论，众人当然也说不出什么来，于是就这么定了。

司马师命太常卿王肃持节去迎接曹髦。曹髦不在封地高贵乡，他和其他曹氏宗亲一起被集中在邺县居住。王肃到了邺县，将这位毫无思想准备的 14 岁少年接到洛阳。

这一年的 10 月 4 日，曹髦抵达洛阳，进城前先在洛阳以北的玄武馆住了一晚。次日曹髦进洛阳城，文武百官在宫城的西掖门前集体参拜，曹髦下车答拜，有人提醒说天子不必答拜，可曹髦说："我现在仍是臣属，而非天子。"

答拜完毕，继续行进至止车门，曹髦命令停车，要步行入宫，有人劝阻说按照制度天子可乘车进宫，曹髦仍然反对："我只是接到太后的征召，并不知道来做什么呀！"

听到这些话，人们无不佩服，小小年纪脑子却这么清楚、这么有章法，不知是幸还是不幸。车驾来到太极殿东堂，郭太后亲自在此等候，她本不用来，但不来又不放心，曹髦是她的侄子，小时候见过，她要亲自看一看马上要当皇帝的人是不是曹髦。

见了面，确认无误，郭太后这才放了心。

七十三、毌丘俭和文钦之叛

曹魏嘉平六年（254）10 月 5 日，曹髦在洛阳太极殿登基。

曹髦后来也中途被废，没有庙号，史书仍以少帝相称，或称其为高贵乡公。少帝曹髦继位后宣布大赦天下，改年号为正元。授予大将军司马师入朝不趋、奏事不名、剑履上殿的特权。

少帝曹髦还授予司马师假黄钺，在天子的各类授权中有假节、持节、使持节、假节钺、假黄钺的不同，其具体内容有所区别，比如："假节"平时无权处置人，只有在战时可斩杀犯军令的人；"持节"平时可杀无官位的人，战时可斩杀 2000 石以下的官员；"使持节"平时和战时都可以斩杀 2000 石以下的官员；"假节钺"或"假黄钺"则如同天子本人亲临，就假节、持节、使持节的人都可以斩杀。

少帝曹髦还下诏评定此次废立定策之功，对有功人员一律封爵、增邑、进位，众人皆大欢喜。但也有人高兴不起来，有个负责执法监察的官员（*治书侍御史*），看到司马氏当权后曹氏一再被欺凌，心里很激愤，对父亲说："大人您负有为国家独当一面的重大责任，现在皇帝被废黜，您跟没事的人一样（*国倾覆而晏然自守*），恐怕要受到天下人的指责呀！"

说这个话的人名叫毌丘甸，他的父亲就是镇东将军毌丘俭，目前负责整个东线战场（*都督扬州诸军事*），毌丘甸应该在洛阳，毌丘俭应该在寿春，他们二人的这段话或许是通过书信传递的。

毌丘俭听完儿子的话深以为然，一方面他是曹魏的忠臣，从他父亲开始就受到曹魏的重用，他本人更得益于魏明帝的破格提拔，在曹氏与司马氏之间他当然更倾向于前者；另一方面，司马氏掌权后他的日子表面依旧风光，但面前已经危机四伏了，司马氏把他归为曹魏余党，对他并不信任，他与曹爽、夏侯玄、李丰等人的关系都很好，而这些人被司马氏父子一一铲除，毌丘俭知道自己就是下一个。

一年前，在毌丘俭指挥下东线战场曾取得一场大捷，击退了孙吴方面发起的一次大规模进攻，严重挫败了孙吴的气焰，毌丘俭和扬州刺史文钦立下了大功，但司马氏兄弟事后毫无表示。

这是一次很重要的战役，发生在上一年的 5 月，孙吴方面在诸葛恪亲自指挥下，又一次大张旗鼓地向曹魏发起了进攻，挟之前东兴之战的余威，诸葛恪此次志得意满，抱着必胜之心而来。吴军很快进军到合肥，把合肥新城围了起来，而在西线战场，蜀汉的姜维也同时出击，此时费祎已死，姜维可以放开手脚行动，他集合起数万人马从石营出击，包围了曹魏在陇右地区的重要据点狄道。

司马师本想命太尉司马孚率 20 万人马去救援合肥，听说姜维同时在陇右出兵，感到有些紧张，命令毌丘俭在东线战场加紧防守，而把主要兵力投放到了西线。

吴军主力围攻合肥新城，时间长达 2 个多月，诸葛恪务求将合肥新城攻下，所以动用了各种攻城的办法进行猛攻，城里的守军则拼命死守，让吴军始终无法破城。时间一久，吴军也有些承受不住，将士疲惫，军营里又流行起疾病，有一半士卒患了病，值日官向诸葛恪报告，诸葛恪认为是谎报军情，要斩值日官。将军朱异与诸葛恪见解不同，诸葛恪大怒，将其撤职，逐回建业。有个叫蔡林的都尉提出一些不同意见，诸葛恪大为反感，蔡林恐惧，临阵投降了魏军。

诸葛恪有些疯狂了，因为他太想取得眼前的大胜，他认为双方都已经到了极限，就看谁能坚持到最后，坚持和撤退是两个完全不同的结果，再坚持一下，把合肥新城拿下，那将是一件了不起的成就，吴大帝孙权生前多次兵临合肥城下，但从未将其攻克，如果他诸葛恪全面指挥攻击合肥就能将其拿下，那将是多么风光的事！而如果退兵，等于宣布这是一场败仗，那些政敌又该有话说了，所以诸葛恪死都不肯退。

一直到了 7 月，吴军这边士气越来越低落，士卒死的死、伤的伤、病的病，随处可见有士卒在道路上匍匐呻吟（**士卒伤病，流曳道路**），这个仗实在没法打了，诸葛恪这才下令撤退，此战让诸葛恪在孙吴的威望大跌，不少人对他由崇敬变为怨恨（**由此众庶失望，怨黩兴矣**）。

诸葛恪主政以来刚愎自用，对待下属一向苛刻，让不少人产生了怨言，共同辅政的武卫将军孙峻对诸葛恪把持大权也很有意见，看到他声望跌落，于是密谋将其铲除。

孙峻以少帝孙亮的名义召诸葛恪入宫饮宴，并亲自去迎请，诸葛恪虽然有疑心但还是去了，结果在宴会上当场被诛杀。诸葛恪的儿子诸葛竦、诸葛建以及弟弟奋威将军诸葛融等全部被杀。

凡与诸葛恪有关系的人都受到了株连，其中还包括前太子孙和。孙和刚被改封为王，好日子还没过几天就传来诏书，将其削去爵位，放逐到新都，原因是他的妃子张氏是诸葛恪的外甥女。孙和只得前往新都，但随后又来了使者，说有人揭发他与诸葛恪密谋，要在武昌建都，诸葛恪推举他为帝，孙和只得自杀。

少帝孙亮任命孙峻为太尉，滕胤为司徒，不久孙峻授意心腹纷纷上疏少帝孙亮，推举孙峻为丞相，兼任大将军。

孙吴因为这场合肥之战而元气大伤，孙峻虽然得权，但名望不足，揽权又过于急切，所以权力根基并不稳固，孙吴还将陷入新的内乱之中，对外已基本丧失了攻击的力量。

毌丘俭和文钦在此次合肥之战中立下了大功，在没有强力后援的情况下不仅挫败了敌人的进攻，而且挫伤了对方的国运，扭转了东线战场的形势，按理应该得到奖赏，但事情过去之后，朝廷并无任何反应，反而一些不利于文钦的消息传来，说他有意虚报俘获的数量，用以邀功请赏（**好增虏获，以徼宠赏**），这让文钦很不满。

文钦是曹操当年手下部将文稷之子，祖籍沛国谯县，与曹氏同籍，因为他骁勇威猛、数有战功，在曹爽掌权时深得器重，与毌丘俭一样他也是一个"拥曹派"。类似的遭遇，相同的处境，让毌丘俭和文钦不知不觉地走在了一起，他们决定共同起兵反抗司马氏。

少帝曹髦正元二年（255）正月，吴、楚地界上出现了一颗耀眼的彗星，有数十丈长，从吴、楚向西北方的中原地区划去，毌丘俭和文钦认为这是祥兆，是上天要他们起兵的暗示，于是联合在寿春起兵，他们假称得到了郭太后的密诏，要他们讨伐司马师。为增加声势，他们还联络了镇南将军诸葛诞，诸葛诞考虑再三，还是把他们派去的人斩了，与他们划清界限。

田丘俭和文钦集中起来的人马有五六万，渡过淮河后向西攻击，前锋到达项县，河南尹王肃向司马师建议说："之前关羽曾在汉水俘虏了于禁，所以有了北上夺取天下的大志，后来孙权发动突然袭击，俘虏了关羽手下将士们的家属，关羽的大军因此土崩瓦解，田丘俭、文钦手下不少将士的父母、妻子都在内地，必须紧急行动，一边出兵拦截叛军，一边保护好叛军将士的家属，这样一来叛军就会发生关羽式的失败。"

按照当时的制度，镇守边地的将士，家眷都要留在内地，不仅田丘俭和文钦这样的高级将领，就是一些中下级武官也有家属在内地居住，王肃说的确实是个要害。

王肃以及在中书台任中书侍郎的钟会、在尚书台任尚书的傅嘏等人都劝司马师亲征，但司马师此时却正遭受着一场痛苦，他的眼睛里生了瘤子，大夫刚刚给他动过外科手术，伤口还很严重（新割目瘤，创甚），所以有些犹豫，傅嘏对他说："淮南将士一向战斗力很强，田丘俭和文钦正是依靠他们才长驱直入，现在他们已到达项县，如果前方稍有差池，敌人就会势如破竹，我们连翻盘的机会都没有，瞬时就将全盘皆输。"

司马师听了这话，惊出一身冷汗："就是躺在车子里，我也要去（我请舆疾而东）！"

司马师让司马昭为中领军，留守洛阳，自己亲征淮南，征召附近州郡的兵马在陈国、许昌一带会师，任命荆州刺史王基代理监军之职，统率已集结于许昌的各路兵马。

之后，司马师、王基率魏军主力由许昌过石梁河，占领了重要据点南顿，淮南叛军将领史招、李续先后投降，田丘俭和文钦还想夺回南顿，但觉得希望渺茫，于是又撤回项县。

在两军相持阶段司马师先后接到了两个报告：一个是从长安传来的，曹魏西线战场总指挥（征西将军）郭淮病故，幸好在这个方向父亲司马懿早有准备，陈泰、邓艾都已成长起来，前不久邓艾已调回内地担任兖州刺史，司马师便以少帝曹髦的名义升陈泰为征西将军，假节，全面负责雍州、凉州的军事（都督雍、凉二州的军事）。

另一个报告是，田丘俭、文钦起兵后孙吴方面也有了行动，孙峻命孙吴的骠骑将军朱据、左将军留赞等率兵袭击曹魏东线战场的大本营寿春，司马师急调豫州、青州、徐州、兖州各地人马，一方面向项县附近集结，准备对叛军发起总攻；另一方面做好防守寿春的准备。

各路大军陆续集结到位，司马师命镇南将军诸葛诞统率豫州的人马从安风向寿春方向的吴军发起攻击，命征东将军胡遵率青州、徐州的人马由谯县、睢阳之间向前攻击叛军，切断其退路，防止叛军四处逃散。

司马师率中军进屯汝阳，田丘俭、文钦此时已无计可施，要进攻，敌人拒不应战；要退走，又怕败退之际被敌人攻击，于是停在项县不能动弹。时间一长，军心涣散，借太后诏书发兵本是假的，秘密慢慢也无法保住，士卒开始大量逃亡。

仓促之下，田丘俭、文钦向兖州方面求救，兖州刺史邓艾是司马氏坚定的追随者，怎么会和他们同谋？邓艾杀了叛军派来的使臣，率所部进抵乐嘉城，参与围攻战。

虽然形势对叛军极为不利，但叛军也不甘束手就擒。文钦与田丘俭分兵，在项县之外寻找战机。文钦有个儿子叫文鸯，只有18岁，但勇力过人，他亲自率领一支突袭队，趁夜杀入司马师的大营，让司马师受惊不小，刚动过手术的那只眼伤口突然崩裂，眼珠都崩了出来（师惊骇，所病目突出），为了不影响士气，司马师强忍剧痛，用牙咬住被子，把被子都咬破了。最后终因寡不敌众，文鸯冲杀了一阵，只得撤走。

魏军前来追击，文鸯大怒，仅率十余骑又返身杀回，深入敌阵，风驰电掣、摧枯拉朽，无人可挡，魏军只得停止追击。过了一阵，魏将司马班又率8000精锐骑兵再追，文鸯毫不惧怕，再次杀回，瞬间斩敌100多人（以匹马入数千骑中，辄杀伤百余人）。

但是，文鸯再勇猛也改变不了战场上的总体格局，文钦只好向项县撤退，去与毋丘俭会合，谁知道此时毋丘俭已从项县撤出了，文钦无奈，又想回寿春，但听说寿春已被诸葛诞占领，走投无路之际文钦最后投降了孙吴，被孙吴任命为镇北大将军，假节，封为谯侯，同时兼任幽州牧。

毋丘俭就没有这么好的运气，他从项县出来，之后向北方逃去，他在幽州当过刺史，跟北方少数部族首领很熟，想逃到那里，但路上左右亲随越来越少，到达安风渡口时被地方武装阻击，毋丘俭被一个叫张属的人击斩，首级送往洛阳，朝廷封张属为侯爵。

声势浩大的毋丘俭、文钦之叛就这样失败了。

七十四、最后的"拥曹派"

　　毌丘俭、文钦之叛没能重创司马氏的权力体系，却重创了司马师本人，在文鸯发起的那次突袭中司马师的眼伤复发，伤势还挺重，本来他想去寿春，亲眼看一看这个 4 年前刚刚发生过叛乱的地方为何又发生了叛乱，但由于伤势严重，还是放弃了。

　　司马师赶回洛阳，走到许昌时觉得伤情进一步加重，只好不走了，让人去通知弟弟司马昭，要他来许昌。司马昭得到消息大吃一惊，星夜赶来。

　　见到弟弟后，司马师当即宣布辞去大将军一职，交由弟弟担任，之后让司马昭马上返回洛阳，不得耽误，司马昭还未动身，司马师的病情又突然恶化了。

　　少帝曹髦正元二年（255）正月二十八日，司马师病逝于许昌，终年 47 岁。消息传到洛阳，少帝曹髦素服吊唁，发布诏书，认为司马师有济世宁国之勋、克定祸乱之功，应该加以殊礼，让公卿们商议。有大臣建议按照当年霍光死后的礼遇，应追拜司马师为大司马，增邑 5 万户，谥号为武公。

　　少帝曹髦同意，诏书送达许昌，司马昭却上表辞让：

　　"臣亡父不敢受丞相、相国以及九命之礼，亡兄不敢受相国之位，这是因为丞相是太祖武皇帝生前担任过的职务。当年萧何、张良、霍光都有匡佐之功，萧何的谥号是文终，张良的谥号是文成，霍光的谥号是宣成，如果非要以文武作为谥号的话，请按照萧何等人的标准赐予就行。"

　　少帝曹髦诏准，颁给司马师谥号为忠武。

　　但是少帝突然又下了另一份诏书，说南方不断发生叛乱，局势仍不稳定，让司马昭就地在许昌驻守，不必返回洛阳了。诏书在送达司马昭之前先要经过傅嘏之手，他是朝廷的尚书，本次又随司马师出征，参与机要。

　　傅嘏觉得事关重大，如果按诏书执行，洛阳的局势就有失控的危险；如果不执行诏书，又有违命的嫌疑。傅嘏找钟会商量，钟会也随军出征，他名义上是中书台的中书侍郎，实际是司马师的高级参谋，他建议先不要以司马昭的名义回复，而以傅嘏的名义给少帝曹髦上一份奏章，阐明司马昭回师洛阳的重要性，奏章发出的同时司马昭只管率军回师。

　　钟会的意思是，司马昭干脆装着不知道有这份诏书，将来说起违诏来那也是傅嘏的错，顶多让傅嘏替司马昭背一次黑锅。司马昭认为钟会的这个主意不错，依计而行。

　　大军行至洛阳近郊，少帝曹髦的诏书又来了，正式拜司马昭为大将军，都督中外诸军事并主持朝廷日常工作（录尚书事），对于前一份诏书则只字不提了。

　　你不提我也不提，表面上大家仍相安无事。

　　少帝曹髦正元三年（256）5 月，邺县以及上谷等地都报告发现了甘露，即一种凝结在树叶上的甘甜液体，在古人看来这是吉祥之兆。六月初一，少帝曹髦下诏改元为甘露。

　　8 月，少帝曹髦再加司马昭为大都督，这是曹魏没有过的一个职务，同时授予其奏事不名的特权，假黄钺。任命司马孚为太傅，司马孚原来的太尉一职由高柔接任，高柔原来的司徒一职由司空郑冲接任，擢升朝廷尚书左仆射卢毓为司空。

郑冲字文和，是一名儒学家，出身寒微，有姿貌和声望，司马氏父子对他很看重，其实要的是一个招牌，郑冲并不过问政治。高柔、卢毓之前都有过介绍，他们是司马氏的坚定支持者，除了他们，邓艾、钟会、石苞、胡奋、傅嘏、傅玄、钟毓、贾充等近年来也迅速崛起，他们都追随着司马氏，曹魏时代的一批风云人物渐渐成了故人和旧人。

司马昭盘点了一下地方上的要员，其他地方他都比较放心，唯有征东大将军诸葛诞让他放心不下。诸葛诞当年也是"浮华党"的重要一员，跟夏侯玄、何晏、邓飏等人交往深厚，如今负责整个东线战场，司马昭对这个人感到心里没底。但诸葛诞在毌丘俭、文钦谋反事件中立场坚定，率先带兵进入寿春，为平叛立下大功，之后又组织人马反击孙吴方面的进攻，还击斩了孙吴左将军留赞，没有确凿的证据，不好轻易动他。

司马昭把这个顾虑说给了自己的大将军长史贾充听，贾充是曹魏重臣贾逵之子，贾逵是有名的"拥曹派"，贾充还娶了"拥曹派"李丰的女儿，按理说内心也应该站在曹氏的一边，但他却成了坚定的"反曹派"，处处维护司马氏的利益。

李丰等人谋反事件发生后贾充本应受到株连，但在司马师的庇护下他轻松过关了。贾充的妻子李婉才貌双全，父亲李丰因罪被诛后李婉被流放到乐浪郡，贾充马上与她划清界限，另娶了郭淮的侄女郭槐。李婉后来遇大赦，贾充的母亲柳氏重节义，让贾充前往迎接，贾充害怕郭槐而不敢去，只得另找一处房子让李婉居住，郭槐听到风声，每次贾充出门都派人盯梢。

贾充就是一个投机分子，他给司马昭出了个主意，建议派人去诸葛诞那里借视察的名义试探一下反应，并自告奋勇前往，司马昭同意。

贾充以大将军长史的身份去了寿春，公事处理完，贾充提出私下里与诸葛诞密谈，谈话中，贾充直奔主题："现在洛阳朝野上下都在谈论，希望皇帝陛下把大位禅让给大将军，不知明公以为如何？"

诸葛诞一听勃然大怒，对贾充说："听说你是贾逵的儿子，难道不是吗（卿非贾豫州子乎）？你们父子世受国恩，怎出此言？这事我坚决反对，如果洛阳再发生政变，我诸葛诞愿以命相报！"

贾充回来把诸葛诞的话报告了司马昭，还报告说此次寿春之行，听说诸葛诞变卖财产，赈济施舍，又赦免了不少不该赦免的人，目的都是收买人心（倾帑藏振施，曲赦有罪，以收众心），同时还训练了数千人的侠义之士为贴身卫队，形迹十分可疑。

司马昭于是决定解决诸葛诞，他以少帝曹髦的名义下诏改任诸葛诞为司空，解除其兵权，即刻来洛阳上任，诸葛诞接到诏书后大惊。

少帝曹髦甘露二年（257）4月，诸葛诞在寿春起兵。

诸葛诞分析了王凌、毌丘俭和文钦这两次起事失败的原因，认为没有与孙吴密切配合是最重要的方面，为此他派自己的长史吴纲去孙吴，表示自己愿意称臣，为了让孙吴方面放心，他还让吴纲专门带上儿子诸葛靓，意思是愿意留在孙吴作人质。

孙吴方面这两年又发生了惊天动地的变化。文钦投降后，主持孙吴国政的孙峻一度想利用文钦发起新的军事行动，他让吕据、刘纂、朱异、唐咨等高级将领制订计划，让他们与文钦一起由江都北上进入淮河地区，去攻击曹魏的徐州、青州。

孙峻在建业的石头城亲自为众将饯行，但大军还未出发，孙峻突然得了重病，仓促间把后事托付给堂弟孙綝后就死了，少帝孙亮拜孙綝为武卫将军，负责全国的军事指挥（**都督中外诸军事**），这次军事行动只得中途停止。

孙綝之前不过是个偏将军，资历很浅，根本镇不住局面，老将吕据首先不服，联络一些朝臣和将领共同上疏少帝孙亮，推荐司徒滕胤任丞相，主持朝政，孙綝则发起反击，任命滕胤为大司马，让他接替刚刚故去的老将吕岱的职务去镇守武昌。

吕据大怒，联络滕胤要联合罢黜孙綝，孙綝则命堂兄孙宪率部北上，在江都拦截吕据所部，同时以少帝孙亮的名义命令文钦、刘纂、唐咨等人讨伐吕据、滕胤。经过一场乱战，滕胤兵败被杀，吕据看到大势已去只得自杀，少帝孙亮拜孙綝为大将军。

孙吴的夏口地区防卫司令（**夏口督**）孙壹是孙坚弟弟孙静之孙，他有两个妹妹分别嫁给了滕胤和吕据，孙綝对他自然不放心，密令朱异率军夺取夏口，用武力解决孙壹，孙壹不敌，率一部人马投降了曹魏，被曹魏任命为车骑将军，同时遥领交州牧。

孙綝刚刚掌权就接到诸葛诞愿意称臣的报告，大喜，命将军全怿、全端、唐咨、王祚等率3万人马与文钦一起北上接应诸葛诞，少帝孙亮任命诸葛诞为孙吴的大司徒、骠骑将军，同时遥领青州牧，封寿春侯。

司马昭亲率大军前来平叛，为防止少帝曹髦趁机异动，司马昭专门把他以及郭太后都带上随征。6月5日，司马昭率魏军主力到达项县，各路平乱大军陆续来此集结，总兵力达到26万人。

诸葛诞怀疑新任扬州刺史乐綝是司马昭派来监视他的，于是把乐綝杀了，整合起各路人马以及淮南各郡县的部队共10多万人，诸葛诞担心这些人马还不够，又在控制区内紧急招兵，很快又得到四五万人。

这样算下来，双方兵力再加上孙吴的人马，参加此战的各方人马总数就达到了45万人左右。盘点一下汉末三国的几次著名战役，官渡之战曹军直接投入的兵力有3万多人，袁军12万；赤壁之战曹军直接投入的有8万人左右，孙刘联军约5万；夷陵之战蜀军直接投入的兵力约8万，吴军约5万。以上这几场著名战役，双方投入的总兵力合计43万左右，尚不及此次诸葛诞起兵及平叛之战。

司马昭让王基行镇东将军，会同安东将军陈骞包围寿春，包围圈尚未形成，孙吴方面的援军也到了，吴军的一部趁乱从东北方向冲入城中，在寿春城不远的安丰，吴军另有一部驻扎在那里，与寿春形成呼应。

王基向司马昭建议先不要猛攻，只需将寿春城围困起来，时间长了里面自乱，司马昭同意。王基于是命人深挖壕沟，坚守营垒，不轻易攻城，时间一长，城里的人果然急了。

文钦本来是救援的，结果一冲动就跟全怿等人冲进了城，现在被围，赶紧组织人马发起反攻，试图冲开包围圈，但无法成功。孙綝见状，亲率吴军主力前来增援，前锋推进到镬里，此地在今巢湖以东，孙綝督令朱异、丁奉、黎斐等将领率部前去寿春解围。

朱异进军速度最快，所部抵达黎浆，司马昭派石苞、州泰迎击，务必阻止敌人的增援。为加快行进的速度，朱异命部下抛弃了辎重，因为没有重型装备，无法突破敌人的阻击线，只得退往孙綝的大营，他们连给养都没带，一路上靠摘食树叶果腹，狼狈不堪，但到达大营后，孙綝大怒，让他们立即返回去驰援寿春，朱异认为将士们已极度疲乏，无法执行命令，孙綝恼了，把朱异当场诛杀。

但随后孙綝又下达了一个奇怪的命令：将吴军主力撤回江东。

寿春城里的诸葛诞以及文钦、全怿还在盼着援军的到来，司马昭让人散布谣言说孙吴大军即将杀到，寿春之围很快将解除，城里的人信以为真，对粮草也就不加控制了。寿春城池坚固，破攻是很困难的，能守多长时间其实取决于城里有多少粮食。

又守了一段时间，仍未见到援军，诸葛诞等人明白上当了，但已经晚了，粮草消耗得差不多了，城里的将领们一部分人主张继续固守待援，一部分人则主张主动出击，以求绝处逢生，文钦和孙吴派来的援军属于前者，文钦对诸葛诞说："我们以及孙吴将士的家属都在江东，即使孙綝不打算来救，皇上和孙吴将士的这些家属岂能愿意？所以援军到达是迟早的事，为何要冒险？"

但诸葛诞的部下都主张突围，双方吵得很凶，诸葛诞倾向于文钦的看法，但他劝服不了那些主张突围的人，为控制局面，诸葛诞打算把主张突围的部将杀了，消息走漏，一部分将领翻越城墙出了城，向魏军投降。

又守了几个月，寿春城仍然未被攻破，钟会建议使用离间计，最后吴将全怿率本族数千人打开城门投降了魏军，司马昭以少帝曹髦的名义任命全怿为平东将军，寿春城里深受震动，士气大损。

情势越发紧迫，文钦和诸葛诞却发生了矛盾，诸葛诞一怒之下把文钦杀了，文钦的儿子文鸯和文虎拼死突出城去，也投降了魏军，司马昭上书保举文鸯和文虎为将军，让人往城里喊话，说就连文鸯和文虎这样的人投降后都既往不咎，还拜了将军，你们还害怕什么？

经过这番攻心战后，魏军再次发起猛攻。少帝曹髦甘露三年（258）2月20日寿春城被攻破，诸葛诞在突围时被杀。

七十五、"司马昭之心"

从王凌到毌丘俭、文钦，再到诸葛诞，淮南先后三叛，都可以看作曹氏与司马氏之争的延续，随着曹芳被废和诸葛诞的失败，"曹与司马之争"已经进入尾声。

但这并不意味着斗争再也没有波澜了，少帝曹髦成为这场斗争的新主角，与前任曹芳不同，曹髦是个精力旺盛、十分活跃的年轻人，他经常把那些有学问的大臣集中起来，跟他们谈论经典、评价前代得失，这些大臣惊讶地发现，曹髦的学问和见解与他的年龄极不相称，曹髦跟他们这些素以饱学著称的人在一起谈论丝毫不怯场。

曹髦经常在太极殿东堂宴请侍中荀顗、尚书崔赞、袁亮、钟毓、中书令虞松等人，曹髦和他们边吃边聊，有一次他们最后聊到了前代帝王的优劣，曹髦对荀顗等人说："夏在位时已呈衰败之象，相在位时被人杀害，只有少康聚集夏的遗老遗少，光复禹的功绩，另外还有高祖皇帝，他拔起于陇亩，驱帅称豪，消灭了秦王和项羽，包举宇内。少康和高祖皇帝才略不同，但都是举世大贤，按照他们的功德，谁该排在前面呢？"

荀顗等人认为高祖皇帝刘邦更优：

"天下的镇国重器是由上天授予王者的，圣贤的美德应该顺应时机，这样才能接受天命去创立基业（**王者天授，圣德应期，然后能受命创业**）。具体到承接前代功业方面，创造和因袭在难易程度上是不同的，少康功德虽然美好，但仍然只是中兴之君，可和汉世祖相提并论，但与高祖皇帝还是有些差距。"

荀顗等人说的汉世祖，指的是汉光武帝刘秀，他开创了一个王朝，之所以把他也称为中兴之君，是因为在汉末三国时期通常认为刘秀开创的后汉只是前汉的延续。

但曹髦更推崇少康，对刘邦则不以为然：

"自古以来的帝王，论功绩、德业、言论、行为各有优劣短长，所谓创业之君未必都优秀，继任者也未必都低劣。商汤、周武王、高祖皇帝虽然都受命于天，但贤圣也有不同，我认为他们之间还是有一定悬殊的。少康出生于国家灭亡之后，自己的身份已降为奴隶，只能四处逃难，但最终复兴了大禹的功业，没有极大的德行和极广的仁义怎能建立这样的功勋？"

曹髦推崇的这位少康是夏朝的第六位国君，他的父亲相被敌人杀死，他成了遗腹子，然而凭借个人的魅力，他后来争取到许多部族的支持，也得到夏人遗民的拥护，最后以弱胜强，战胜了仇敌，重振了夏朝，历史上称为"少康中兴"。

曹髦认为，与少康相比刘邦真的算不了什么：

"汉高祖趁秦朝瓦解之势，倚仗权术和武力成就了功业，但在很多方面都违反了圣人的法度（**行事动静，多违圣检**）。作为儿子，多次让父亲身处危险之中；作为君主，将贤明的属臣囚禁；作为父亲，不能保护好自己的儿子。汉高祖去世后国家几至灭亡，如果他跟少康互换一下所处的时代和境遇，也许他无法复兴大禹的功业。所以，应该以少康为上而汉高祖为下，各位爱卿还可以再讨论。"

这场讨论一直持续到次日，荀顗、袁亮等人认为曹髦所说有道理，确实少康更优秀，但崔赞、钟毓、虞松等人仍坚持汉高祖更胜一筹，曹髦最后进行了总结：

"说少康凭借已有的本钱创业而汉高祖白手起家，事实并非如此。各位不知道，在上古三代凭借仁德勋业成事是很难的，而在秦朝末年凭借武力成就功业则相对容易（**三代之世，任德济勋如彼之难；秦项之际，任力成功如此之易**）。况且最上等是立德，其次才是立功，汉高祖功劳虽高，但比不上少康的大德。诛杀暴君肯定得动用武力，少康在武功方面一定不如汉高祖吗？我看未必，只是夏代古书散佚，少康的丰功伟绩缺失无载罢了，如果三坟五典都能留传下来，少康的事迹也都有详细的记载，难道还会再有异议吗？"

经这么一说，大家都心服口服（**众臣咸悦服**）。

曹髦却很谦虚，又对大家说："我的知识面还不够开阔，听到的、看到的还很有限，只是喜欢发发议论罢了，还远没有领悟其中的精髓。"

在皇宫里切磋学问还不够，曹髦还跑到太学，与当代的那些大儒探讨《周易》《尚书》《礼记》，这都是最难懂的古书，曹髦与专家学者们讨论起来却头头是道，学者们都惊呼自己已经远远赶不上皇帝陛下的才学了（**非臣愚见所能逮及**）。

大家的反应可能会有些夸张，一个高中生再有天赋也无法一下子盖过博导，但高中生能掺和到博导们讨论中，就已经不同凡响了。

从曹髦褒少康、贬刘邦的观点里隐约可以看出他的一些政治抱负来，少康所遇到的挫折岂不正是曹魏目前的困境？曹髦也许是想借少康中兴来激励自己。至于刘邦，在曹髦看来有的也只是权术和智谋，德行实在不配盛名，这是不是又在暗讽司马氏父子？

这些露骨的谈论自然会很快报告到司马昭那里，面对这个思想活跃、精力旺盛又天赋极高的年轻人，司马昭困惑了。

还有一次，曹髦与中护军司马望、侍中王沈、散骑常侍裴秀以及钟会等人又在太极殿东堂讲宴，一边吃喝一边议论学问（**并属文论**），俨然一个小"沙龙"。

曹髦丝毫没有当傀儡的压抑和紧张，反而很高兴也很随兴，喝得兴起，他把裴秀称为儒林丈人，把王沈称为文籍先生。

曹髦很喜欢司马望，他是司马孚的次子，参加过多次战斗，立有军功，担任了中护军的重要职务，平时比较忙，曹髦又经常想把司马望叫来说话，干脆赐给他一部追锋车及5名虎贲士，一有聚会就让司马望乘追锋车飞驰而来（**每有集会，辄奔驰而至**）。

司马望似乎对曹髦也很有好感，二人很能谈得来，但司马望脑子还算清醒，知道跟曹髦过分接近很危险，这时陈泰由西线战场调回洛阳担任朝廷尚书右仆射，司马望主动要求出任征西将军，负责西线战场的指挥（**都督雍、凉诸军事**）。

又有一次，曹髦到辟雍与群臣赋诗，曹髦出题让大家赛诗，看谁写得又好又快，侍中和逌、尚书陈骞写得有点慢（**作诗稽留**），没在规定时间里写完。事后，负责纪律的官员上奏，称他们对天子不敬，建议将二人免职，曹髦在奏折上批复道：

"我爱好诗赋，目的是从中知得失，没有其他东西，所以要原谅和逌和陈骞。从今往后群臣都应当玩习古义、修明经典，这才符合我的想法。"

看着这个年轻人，司马昭越来越后悔，真不该立他为帝。有一次参加完朝会，司马昭悄悄地问钟会："你觉得当今皇帝如何？"

钟会并没有多想，脱口而出说："当今皇上论文采可比陈思王，论武功可追武皇帝（**才**

279

同陈思，武类太祖）！"

在那个时代，人们普遍认为陈思王曹植的文采和武皇帝曹操的武功是两座无法逾越的高峰，眼前这位少年天子如果兼而有之，那将多么可怕呀？

司马昭心情烦闷，只想骂娘，但说出来的却是："如果像你说的这样，真是社稷之福呀！"

权臣与傀儡之间也可以较好地相处，至少也能处成曹操和汉献帝那样，但司马昭不是曹操，曹髦也做不了汉献帝。

与父亲和哥哥的行事风格都不同，司马昭做事更喜欢直截了当，甘露三年（258）5月，司马昭授意心腹大臣上奏，要求给司马昭晋封公爵，曹髦无奈，只得封司马昭为晋公，参照当年曹操封魏公时的做法，用8个郡作为司马昭的食邑，同时拜其为相国，加九锡。

对司马昭的步步紧逼曹髦既反感又无奈，又忍了2年，到甘露五年（260），曹髦实在没法再忍了，就找来几个"心腹"商议对策，包括侍中王沈、尚书王经、散骑常侍王业等，都是一些经常在一块谈论学问的人，曹髦觉得跟他们能"谈得来"。

把这几个人秘密地召集在一起，曹髦说的第一句话是："司马昭之心，路人所知也！"

这句话大概在曹髦心里已憋了很久，所以一说出来就足以振聋发聩，并在后世成了千古名言。

说完这句话，曹髦又接着对大家说："他迟早要把我废掉，我不能坐以待毙，我想与众卿讨伐他！"

这几个文人估计都吓傻了，王经劝道："当年鲁昭公不能忍受季氏专权，讨伐失败而出走，最终丢掉了国家，被天下人耻笑。如今大权在司马昭之手已经掌握了很久，朝廷之内以及四方之臣都为他效命，这也不是一天两天了，而宫中宿卫空缺，兵力弱小，陛下凭借什么讨伐他？您要这样做，不是想除去疾病却反而让病害得更厉害吗（无乃欲除疾而更深之邪）？祸患难测，愿陛下好好想想。"

曹髦已无法再忍，他猛然从怀里掏出一块玉版摔到地上，怒吼道："我意已定，即使一死又有何惧，何况也不一定会死！"

曹髦不仅要干，而且还要先禀报太后（入白太后），看来确实是气糊涂了。还没等他去找太后，却发现王沈和王业已经溜了，曹髦知道他们大概是向司马昭告密去了。

曹髦豁出去了，带着身边的几百个人连喊带叫地冲了出去（僮仆数百，鼓噪而出），这些人大概是一些宦官、随从甚至宫女，领头的有冗从仆射李昭、黄门从官焦伯等，能一下子拉出来几百人，说明曹髦还不是吃素的。

这时下起了雨，更让此举增添了悲壮的气氛。

司马昭即使已得到了王沈和王业的报告，也来不及专门去部署了，首先与曹髦一行照面的是司马昭的弟弟司马伷，他任屯骑校尉，并不统领禁军，大概有什么事刚好路过东止车门，无意撞上"天子造反"，司马伷不知道该如何应对，曹髦一顿呵斥，居然把司马伷以及带着的人都训跑了。

曹髦率领队伍继续前行，他们的目标大概是司马昭的相国府，走到南阙下，遇到贾充带着人前来阻挡，司马望外任后中护军一职由贾充担任，他有守卫京城的职责。曹髦当然认得贾充，对此人大概最无好感，也不搭理，挥着剑就往前冲，见谁砍谁。

众人不知如何是好，纷纷后退，贾充把一个叫成济的头目叫过来，对他说："司马氏如果失败了，还有你等吗？何不出击？"

成济立即指挥手下往上冲，曹髦厉声喝道："把武器放下！"

虽是快死的人了，但仍是天子，一句话，有人居然就把武器扔到了地上。成济急了，向前猛刺，曹髦应声而倒，当场殒命。

太傅司马孚闻讯赶来，见曹髦已倒在血泊之中，司马孚跑过去大哭。司马昭听到消息也吃了一惊，手里正拿着的东西都掉到了地上，他脱口而出说："天下人该怎么议论我？"

司马昭赶紧召集众位大臣商议，大家面面相觑，朝廷尚书右仆射陈泰建议：

"只能斩贾充，以谢天下。"

司马昭沉吟半晌，下不了决心。最后司马昭上报郭太后，把所有罪责都推到成济身上，郭太后同意，将成济斩首，夷三族。

为做好善后工作，郭太后还颁发了一份诏书，历数曹髦的罪状，捏造了曹髦用弩射自己、买通左右给自己下毒等骇人听闻的情节，算是为曹髦被弑降降温。

之后，以亲王的礼制把曹髦安葬在洛阳西北的瀍涧。

七十六、姜维十一次北伐

曹髦死了，还得再选个新皇帝。

选来选去，最后选中了只有 15 岁的曹璜，他是燕王曹宇的儿子、曹操的孙子，论起来与魏明帝曹叡是平辈，对郭太后应该叫声嫂子，但郭太后这一次没有阻拦。

曹宇被封亲王，他还在世，他的儿子只能降格封为公爵，曹璜的爵位是常道乡公，常道乡位于幽州刺史部渤海郡的安次县，今属河北省廊坊市，在当时是较为偏远的地方，之所以封得这么偏远，是因为曹璜出生于少帝曹芳正始七年（246），离高平陵之变没有几年，曹氏已经衰微，能有个爵位也就不错了。

曹璜的父亲曹宇的封地也在幽州刺史部，之前说过，魏明帝曹叡临终前曾考虑拜曹宇为大将军，要托孤给他，后来临时改变主意才托孤给了曹爽和司马懿。高平陵之变后曹氏宗亲集中在邺县居住，曹宇、曹璜父子都到了邺县。

曹魏甘露五年（260）5 月 8 日，司马昭派儿子司马炎去邺县迎接曹璜，司马炎是司马昭的长子，司马师虽然有 5 个女儿，却没有一个儿子，所以司马炎其实也是司马懿的长孙，他目前已经 24 岁了，司马望卸任中护军后他继任该职。

六月初一，曹璜被接到洛阳城外，郭太后下诏将他的名字改为曹奂（**太后诏常道乡公更名奂**）。关于改名的原因，史书没做进一步说明，有人认为这是郭太后给曹璜的一个下马威，为的是让他知道连自己的名字他其实都不能做主，所以得始终记得自己是谁，还有人说"璜"与"皇"同音，郭太后内心里并不想承认曹璜是皇帝，而"奂"与"换"同音，预示着将来有一天还要把曹璜的这个皇位换掉。

这样的说法实在过于牵强了，郭太后是以诏书的形式为曹璜改名的，要公诸天下，即使她的心里真有那么一些"小九九"，也不方便直接说出来吧，为曹璜更名一定有更充分的理由。

推测起来可能还是与避讳有关，古人很讲究避讳，第一类是避国讳，范围涉及全国，避的是皇帝本人及其父祖的名讳；第二类是避家讳，范围主要在本家族之内，避的是父祖的名讳；第三类是避内讳，范围在本家庭内，避的是母祖的名讳。曹璜的名字似乎与第一、二类都没有关系，但第三类就不一定了。

如果曹璜一直是曹宇的儿子，问题当然不会出现，因为在给他起名字的时候肯定已经考虑了以上种种情况，但如果曹璜在法律上的继承关系发生了变化，比如他成为其他人的子嗣，那就得考虑第三类避讳了。

与曹髦一样，曹璜也是一个小宗，他要继承大位，必须事先过继给大宗，至于是谁，这一点史书没有记载，有人说过继给了魏明帝曹叡，但他们是平辈，于伦理不符，只能过继给魏文帝曹丕。但无论过继给谁都要重新考虑内讳的问题，郭太后下诏为曹璜更名，应当是这个原因。

六月初二，曹奂进入洛阳，首先拜见了郭太后，之后前往太极殿，就在那里继了帝位，由于他和他的前两任一样最后都没有得到庙号，所以史书称其为少帝或常道乡公。

少帝曹奂继位后即宣布大赦天下，改年号为景元。当月，少帝曹奂下诏增 2 个郡为晋公司马昭的食邑，连同之前的 8 个郡，司马昭的封地已增至 10 个郡，成为曹魏的"国中之国"。少帝曹奂还下诏，加司马昭九锡，赐钱千万，帛万匹，所有司马氏子弟中还没有封爵的一律封为亭侯。

相较于曹芳和曹髦时期，司马氏的政治基础此时更加牢固，无论是朝堂之上还是各州郡，"亲曹派"的势力都基本被清除，四处遍布着司马氏的心腹，曹奂这个皇帝更加傀儡化。

近一段时间孙吴忙于内斗，曹魏忙于皇位更替和夺权，他们的主要精力都被本国的内部事务所吸引。

蜀汉方面，姜维则始终牢记诸葛亮的遗志，一直矢志于北伐。姜维前后主持的北伐，次数比诸葛亮还要多。

第一次，蜀汉后主延熙元年（238）姜维和蒋琬兵出陇右，在南安郡与魏军相持不下。

第二次，延熙七年（244）曹爽征汉中，姜维和费祎出兵兴势，与王平一起大败曹爽，这个之前已经讲过。

第三次，延熙十年（247）姜维兵出陇西，与魏将郭淮、夏侯霸战于洮西。

第四次，延熙十二年（249）姜维再出陇西，以廖化为先锋，与曹魏多名将领在陇西展开会战，双方互有胜负。

第五次，延熙十三年（250）姜维以羌人和胡人为辅助，与魏将郭淮战于洮西，双方打成平手。

第六次，延熙十六年（253）姜维出兵包围南安，粮尽而退。

第七次，延熙十七年（254）姜维出兵陇西的狄道，斩魏将徐质。

第八次，延熙十八年（255）姜维率夏侯霸等兵出狄道，在洮西大破魏将王经，后魏将陈泰派兵前来解围。

第九次，延熙十九年（256）姜维再次出兵陇西，蜀将胡济进兵迟缓，蜀军被魏将邓艾击破于段谷。

第十次，延熙二十年（257）曹魏发生诸葛诞之叛，姜维趁机出兵秦川，魏军坚守不战，至次年蜀兵撤退。

第十一次，蜀汉后主景耀五年（262）姜维出兵与魏将邓艾战于侯和，蜀军为邓艾所破，撤往沓中。

一直到曹魏少帝曹奂继位之初，姜维先后主持过的北伐就有 11 次之多，具体战绩是：大胜 2 次，小胜 3 次，相拒不克 4 次，小败 1 次，大败 1 次。

仅从战绩看似乎胜多败少，但这说明不了什么问题，因为曹魏在西线战场向来坚持防御作战的原则，能拖就拖、能避就避，不求一城一地得失，更看中大局，这个办法虽然使魏军打了更多的败仗，但却以较小的代价维持住了西线战场的总体格局，盘点下来，蜀汉在西线战场并没有太多的实质性进展。

魏军两次打败姜维，负责具体指挥的都是邓艾，曹魏征西将军司马望后来调回洛阳，改任卫将军，邓艾便升任征西将军，成为曹魏西线战场的负责人。

蜀汉频繁用兵，极大地消耗了财力和国力，最后到了兵困民疲的程度，各种反对用兵的声音也多了起来，姜维面对的压力越来越大。

蜀汉内部的情况更让姜维烦心，费祎、董允先后去世，陈祗以侍中的身份兼任朝廷尚书令，成为处理内政的主要负责人，他对姜维北伐还是比较支持的，但相对于蒋琬、费祎和董允，他却有一个致命的缺点——结交宦官。

蜀汉后期宦官逐渐得势，代表人物是黄皓，他善于阿谀献媚，处心积虑地一心往上爬（便辟佞慧，欲自容入），被后主刘禅宠信。董允生前担任朝廷尚书令，还能约束黄皓，董允经常劝谏刘禅远离黄皓，对黄皓也常常加以责备，黄皓畏惧董允，尚不敢过分胡来，到董允死时黄皓也担任黄门丞，算是宦官中的中级职务。

董允死后黄皓失去了约束，陈祗作为董允的继任者，不仅不能抑制黄皓，还有意跟他结交，黄皓很快升至中常侍，又兼任奉车都尉，成为宦官的首领。

黄皓的手越伸越长，开始干预朝政。后主景耀元年（258）陈祗病逝，黄皓进一步把持了朝政，大肆培植自己的势力，打击那些不肯顺从自己的人。后主的弟弟刘永一向看不惯黄皓，黄皓不断在后主面前诋毁刘永，后主对刘永逐渐疏远，以致刘永竟有10多年不能见到刘禅（后主稍疏外永，至不得朝见者十余年），刘永尚且如此，其他人不顺从黄皓的人会落个什么结果，可想而知。

黄皓还插手军队，永安都督阎宇巴结讨好黄皓，黄皓提拔他当上了右将军，用以牵制姜维。

景耀五年（262），姜维奏请后主刘禅，要将黄皓处死，但刘禅不同意，对姜维说黄皓只不过是个小人物，不必太在意。刘禅还让黄皓去向姜维谢罪，当然这只是装装样子罢了。

姜维见黄皓在朝中枝连叶附，上面又有后主的庇护，不仅感到忧虑，甚至有些恐惧，他奏请后主，自己愿常驻沓中，该地是位于岷山、迭山中的一处小型盆地，在今甘肃省舟曲县境内，在陇西郡、天水郡的正南方，距成都十分遥远。

不用兵时姜维就在沓中屯田种麦，很长时间都不敢再回成都（求沓中种麦，以避内逼）。

七十七、蜀汉的灭亡

打败仗不可怕，就怕瞎折腾。

孙吴经过一番折腾，实力大损；蜀汉经过一番折腾，国势渐衰。相比较而言，曹魏虽然也折腾过，但人家底子厚，抗打击能力强，恢复得也快。司马昭全面掌权后，一方面巩固权力基础，消灭政治对手；另一方面继续扩充军力，积极准备统一之战。

蜀汉和孙吴两个对手得一个一个地来，先灭哪一个呢？

司马昭经过认真考虑，认为应该先灭亡蜀汉，少帝曹奂景元四年（263）夏天，司马昭召集群臣，对大家说："自从寿春平叛以来已经 6 年没有战事了，这几年里我们集中精力制造兵器、修缮盔甲，准备对付吴蜀二虏。如果灭吴的话，我大致计算过，造战船、开水道总共得用去 1000 多万个工日，也就是说 10 万人得忙 100 多天才能完成（当用千余万功，此十万人百数十日事也）。另外南方地势低下、气候潮湿，必然会遇到疾疫。

"所以应当先取蜀，灭蜀 3 年之后，借巴蜀可以顺流而下的有利地势，水陆并进去灭吴，就像历史上晋灭虞定虢、秦吞韩并魏那样，是很容易的。据报告蜀国有 9 万军队，驻守在成都及守备后方的大约 4 万，余下 5 万是机动部队。如今姜维被拖滞在沓中不能东顾，我们的大军可以直指骆谷，趁其空虚袭击汉中。

"蜀军如果各自据城守险，必然兵力分散，首尾不能相顾，我们就可以调集大军破其城池，派遣机动部队占据其村野，敌人虽有剑阁却无以为守，虽有雄关却无力自保，以刘禅的昏庸，在边城陷落、内部士民惊慌的情况下，蜀国的灭亡一定指日可待！"

司马昭伐蜀的决心已下，但征西将军邓艾对此有不同意见，他认为最好的出征时机是蜀国内部出现祸乱，而目前看这个条件还没有到来，所以得等一等，为此他多次陈述了相关看法（屡陈异议）。

但司马昭不想再等了，他做出了两项安排，一项是派自己身边的主簿师纂去担任邓艾的军司马，之前介绍过军司马相当于武职的长史，等于让师纂这位大将军长史府降格为征西长史，用意当然是传达和执行司马昭伐蜀的作战意图和方案。

另一项安排是提拔钟会担任镇西将军，"四征将军"高于"四镇将军"，如果邓艾是征西将军的话，钟会就是镇西将军，其意图也是督促邓艾抓紧行动。

邓艾只得执行司马昭的命令，积极筹备伐蜀事宜。

少帝曹奂景元四年（263）8 月，征蜀大军集结完毕，开始行动。

司马昭部署了三路大军：一路由征西将军邓艾指挥，从狄道进攻沓中的姜维，拖住姜维所率领的蜀军主力，让其不得东顾，这路人马约 3 万人；一路由雍州刺史诸葛绪率领，从祁山方向进攻武街的蜀军，目的是断绝姜维的退路，这路人马也在 3 万人左右；一路由镇西将军钟会指挥，分别从斜谷和骆谷进攻汉中，这路人马在 10 万人左右。

从以上部署看，钟会这一路是主力，其他两路是配合作战。

征蜀大军有一部分是从洛阳出发调往西线战场的，大军离开洛阳前有个叫邓敦的将领力谏不可伐蜀，司马昭大怒，下令斩了，为征蜀大军祭旗。

9 月，邓艾率天水郡太守王颀等部攻打姜维的沓中大营，同时指挥陇西郡太守牵弘在一旁进行牵制，又让金城郡太守杨欣进攻甘松，多路出击，令姜维四处招架。

钟会率领的一路大军从秦岭栈道进兵，由于兵力充足，可以同时由褒斜道和傥骆道齐进，让蜀军更难防范。钟会命牙门将许仪在前面开路，自己率领大军紧随其后，在经过一座刚修好的桥梁时，钟会坐骑的马蹄陷入坑中，钟会大怒，下令将许仪斩首。

许仪的父亲是已故名将许褚，钟会一翻脸谁都不认，魏军将士无不惊骇。钟会在军中资历有限，来西线战场也只有几个月时间，但许仪的一颗人头就为他树立起足够的权威。

进入关中平原后，钟会发现蜀军主动退至各个据点不出来交战，于是命魏将荀恺、李辅等各率一部人马包围了汉城、乐城等要点，自己西出阳安口，在路过定军山时，听说诸葛亮埋在这里，钟会特意派人前往祭拜，并下令军士不得在诸葛亮墓的附近牧马砍柴。

姜维率领的蜀军主力在沓中无法抽身，看到汉中情况危急，于是指挥众军拼死回援，邓艾命王颀率部紧追，姜维率张翼、廖化等各军集结于剑阁，之所以没有向汉中驰援，是因为战事发展得太快，钟会已夺取了汉中。

10 月，钟会由汉中挥师南下，到达剑阁。

剑阁是蜀汉北部的第二道防线，剑阁如果有失成都平原将无险可守，情势危急，后主刘禅赶紧向孙吴求救，孙吴派老将丁奉进攻曹魏的寿春，命将军留平、施绩进攻南郡，命将军丁封、孙异进攻沔中，也是三路出击，在曹魏的中线和东线两个战场同时发起进攻。

司马昭对此早有预料，他命令这两个方向的魏军采取守势，只要顶住敌人的进攻就行，魏军仍倾尽全力在西线战场进行决战。

剑阁地势险要，易守难攻，钟会一时无法得手。

邓艾这一路推进到了阴平道的北口，当年夏侯霸逃亡蜀国就走的是这条路，这条路可以避开剑阁进入成都平原，但其险峻程度超过了秦岭中的栈道，加上现在正值隆冬，要从阴平道进攻蜀汉有些不可思议。

但邓艾决定冒险，他简选精锐，要诸葛绪率本部人马前来会合，之后过阴平道，从江油进攻成都，但诸葛绪不同意，他认为从阴平道进攻蜀国不符合既定的作战计划（西行非本诏），于是率领本部的 3 万人马向东行进，在白水与钟会合军，但钟会想独掌军权，他密告诸葛绪畏懦不进，司马昭以少帝曹奂的名义发来诏书，让钟会用囚车押诸葛绪回去受审，诸葛绪的人马就这样归了钟会指挥。

钟会继续率兵进攻剑阁，仍不能攻克，这时魏军后勤保障出了问题，粮食眼看就要吃完了，而粮道险远，补给困难，钟会提出撤军。

邓艾不同意，他写信向司马昭建议说："敌人已经疲惫不堪，现在正应该乘势加强攻击。可以从阴平道进军，沿着山中小路经德阳亭奔赴涪城，这里距剑阁以西有百余里，距成都只有 300 多里，从这里可以派一支精悍的部队直接攻击敌人的心脏（奇兵冲其腹心）。到那时，姜维一定得引兵救援涪城，钟会正好乘虚而入；如果姜维死守剑阁而不救涪城，那么涪城兵力很少，按照兵法所说'攻其不备，出其不意'，一定能打败敌人！"

司马昭批准了邓艾的计划，于是邓艾率本部人马进入 700 里长的阴平道，一路上凿山通道、攀木缘崖，大军鱼贯而进，历尽了艰险，在最危险的地方，邓艾亲自裹着毯子从山上往下滚（以毡自裹，推转而下）。

邓艾的冒险取得了成功，蜀军压根儿没料到阴平道里会杀出一支奇兵，等邓艾所率人马出了阴平道直达江油关时，守关的蜀将马邈投降。

江油关失陷，下一个目标就是涪城，后主刘禅急令诸葛瞻率尚书张遵、尚书郎黄崇、羽林右部督李球等前往涪城阻击邓艾。诸葛瞻是诸葛亮的儿子，此时36岁，是蜀汉的卫将军，与辅国大将军董厥共同主持朝政（录尚书事），张遵是张飞的孙子，黄崇是黄权的儿子，李球是李恢的侄子。

诸葛瞻率部到达涪城后一直不敢向前，黄崇劝他迅速出击，抢占险要地势，不让敌人轻易进入平原地带，但诸葛瞻犹豫不决，担心分兵之后涪城更难防守。魏军在邓艾的率领下由江油关长驱直入，蜀军被打败，涪城丢失，诸葛瞻率蜀军主力退守到成都北部重镇锦竹。

邓艾派使者给诸葛瞻送信诱降，表示如果诸葛瞻肯投降，可保举他为琅邪王，诸葛瞻大怒，斩了邓艾的使者，率军出战。

这一仗打得很激烈，邓艾派他的儿子邓忠从右翼包抄，派师纂从左翼包抄，结果二人均进攻不利，报告说敌人难以击破，邓艾一听急了，也不管是不是自己的儿子，下令要斩杀二人："生死存亡在此一举，有什么不能攻克的！"

二人只得再次出战，指挥所部人马拼死进攻，最终蜀军被击破，诸葛瞻、张遵等人战死，诸葛瞻的儿子诸葛尚也在军中，听说父亲战死，也冲入敌阵而死。

成都城内一片惊慌，后主刘禅召集群臣商议，有人建议逃往孙吴，有人建议逃往南中，光禄大夫谯周等人建议投降曹魏，大家议来议去，最后大多数人赞成谯周的意见（众人皆从周议）。

但刘禅仍狐疑不决，他想逃往南方，谯周上疏说："南方是远夷之地，一向不愿意顺从，多次反叛，是诸葛丞相以兵威相逼，他们才愿意服从。以现在的情况，去了那里对外需要抵御强敌，对内朝廷需要大量供需，只能加倍地从夷人那里索取，到时候他们必然会反叛。"

刘禅默然无语，他承认谯周说得有理，不过也有人担心邓艾率领的魏军已经杀到眼前，他要是不愿意接受投降怎么办？谯周认为不会，他的理由是：

"现在对曹魏来说，除我们以外孙吴也未臣服，在这种情况下他们一定会接受投降，并且以礼相待。如果陛下降魏，魏不裂土以封陛下，谯周愿只身前往洛阳为陛下去争！"

最后，刘禅派侍中张绍等人奉玺绶向邓艾请降，张绍一行走到雒县时遇到邓艾，邓艾大喜，当场表示接纳，刘禅另派太仆卿蒋显赴剑阁向姜维宣布敕书，要他就地向钟会投降。

邓艾随后到达成都城外，刘禅率领太子、诸王以及群臣等60多人绑住自己、抬着棺材出城拜见，邓艾手执魏帝颁发的符节，上前为刘禅解开绑绳，又令人焚烧了棺材，接受投降。

邓艾宣布，承曹魏皇帝的旨意拜刘禅为行骠骑将军，刘禅的太子刘璿被任命为奉车都尉，刘禅的其他儿子被任命为驸马都尉，原蜀汉百官也各拜了新官职，同时任命师纂代理益州刺史，陇西郡太守牵弘等人任蜀中各郡的太守。

至此，42年前由刘备一手创建的蜀汉政权灭亡了，根据刘禅投降时向邓艾所献的士民籍簿，蜀汉灭亡时的人口共28万户、94万人，甲士共102000人，官吏4万人。

正在剑阁与钟会对峙的姜维闻讯惊愕不已，此时益州诸郡县都收到了刘禅罢兵投降的赦书，姜维无奈，只得投降钟会。

钟会见到姜维，故意问他："你为何来得这么晚呀（来何迟也）？"

姜维眼里含着泪水，但一脸正色：

"今天能来，已经算早的了（今日见此为速矣）！"

钟会对姜维肃然起敬，不敢再予轻慢，他让姜维仍统率蜀军原有的人马。

消息传到洛阳，朝野欢庆。曹奂下诏，命晋公司马昭以相国的身份总揽百官；拜邓艾为太尉，增加其封邑2万户，邓艾的2个儿子都封为亭侯，各得封邑1000户；拜钟会为司徒，钟会原来只是个亭侯，直接晋封为县侯，食邑增至1万户。

七十八、最后的忙碌

消灭了蜀汉，邓艾自认为功劳主要是他的。

邓艾越来越自信和傲慢，与钟会的矛盾也越来越深。灭蜀后，邓艾一心筹划灭吴的计划，但他不知道的是，钟会在背后搞起了各种小动作，要置他于死地。

钟会修改了邓艾与司马昭之间的通信，把邓艾的上表也进行了修改，使人读起来觉得邓艾相当傲慢无礼，司马昭对邓艾产生了反感和戒心。

钟会向司马昭诬告说邓艾要谋反，司马昭以少帝曹奂的名义发来诏书，要钟会把邓艾抓起来送往洛阳审问，钟会此时还没有进入成都，他派卫瓘带人到成都收擒邓艾。

卫瓘字伯玉，是曹魏名臣卫觊的儿子，曾任曹魏廷尉。他师从著名书法家张芝，工草书，也是当代著名的书法家。此时以征蜀大军监军的身份在钟会处，钟会让他去成都抓人，是打算借邓艾之手把他杀了，之后把邓艾的谋反罪坐大坐实（欲令艾杀瓘，因加艾罪）。

卫瓘知道钟会的阴谋，但又不能抗命不遵，只得带着1000多人去了成都，到了以后，他向邓艾手下的将领们下达了通知，说自己奉诏捕拿邓艾，其他的人一概不予追究，如果按时到自己这里报到，爵位和赏赐一切如旧；如果不肯露面，就诛灭他三族。

次日鸡鸣时分，邓艾的部将们纷纷赶到卫瓘军营报到，只有邓艾没来，卫瓘于是乘坐着使者的专车赶往邓艾的住所，邓艾还在睡梦中，结果父子一起被擒。

邓艾没料到会是这样的结局，仰天长叹道："我是忠臣啊，居然到了这种地步，白起的悲剧今日重现！"

少帝曹奂景元五年（264）正月十五日，钟会进入成都。

钟会派人送走了邓艾，此时他大权在握，麾下的魏军以及投降的蜀军加在一起有20多万，这让钟会有了更大的野心。但这时也传来了让钟会不安的消息，就在他进入成都的同时司马昭亲率10万大军赶到了长安，中护军贾充又率1万步骑进入汉中，驻扎在乐城。

钟会觉得司马昭对他也起了疑心，钟会对心腹说："如果为了抓一个邓艾，相国应该知道我就能做到，他率领大军前来一定是发现了异状，我们应当先动手，如果顺利的话，就可以得到天下（事成，可得天下）。如果不顺利，就退回蜀地，学刘备偏安于一隅。自从淮南之战以来我从未失策，已天下闻名，像我这样功高名盛的人哪能有好归宿呢？"

说干就干，上个月即景元四年（263）十二月郭太后在洛阳去世，钟会把在成都的魏军将领和重要官员都集中到蜀汉原来的宫殿里，名义上为太后发丧，人到齐之后，钟会突然出示了一份所谓的太后遗诏，说是要他讨伐司马昭（起兵废文王），钟会强迫众人在遗诏上写下同意的字样作为凭据（使下议讫，书版署置）。之后，钟会委派亲信将领去掌控各路军队，对于不服从的将领，钟会把他们关了起来，派兵严加看守。

老将胡遵的儿子胡烈也在被看押的人之列，他编造谎言说钟会已经挖好了一个大坑，要把将官们一个个打死埋在坑里，这个消息一传开，被关押的人惊恐悲愤。

正月十八日中午，胡烈率儿子胡渊等一部分人从被看押的地方擂鼓呐喊而出，各营官兵为救本部将领也都先后拥来，支持和反对钟会的人于是在成都城里展开了一场混战，最终前者占了上风，钟会、姜维以及原蜀汉太子刘璇等人被杀。

成都群龙无首，监军卫瓘出来收拾残局，钟会谋反让他陷入尴尬，因为不久前他还跟钟会一起联名诬陷邓艾，如果邓艾到洛阳后东山再起，后果不堪设想。此时邓艾还在路上，卫瓘于是派护军田续带人去追赶，田续曾是邓艾的部下，当初在江油关因惧战不前差点儿被邓艾杀了。

田续追上邓艾，恶狠狠地说："终于可以报江油受辱之仇了！"

一代名将邓艾及儿子被诛杀。

这一年的3月，少帝曹奂下诏改元为咸熙，同时封司马昭为晋王，增加10个郡作为封地，加上之前的10个郡司马昭的封地达到了空前绝后的20个郡。少帝曹奂同时下诏追封舞阳侯司马懿为晋宣王，追封忠武侯司马师为晋景王。

少帝曹奂还诏令刘禅前来洛阳居住，封其为安乐县公。刘禅只得离开成都前往洛阳，过起了被软禁的生活。

一次，司马昭设宴，刘禅在座，司马昭故意让人演奏蜀乐，在座的蜀汉旧臣们皆掩面而泣，然而刘禅却显得怡然自得，毫不伤悲，司马昭故意问他："安乐公思念蜀国不？"

"这里如此快乐，不想蜀国了（此间乐，不思蜀也）！"

在没人的地方，蜀汉旧臣郤正对刘禅说：

"陛下，司马昭若再问这样的话，您就闭目沉思片刻，说'先人的坟墓还在蜀地，我没有一天不想念'，这样司马昭就会让陛下回到蜀国了。"

司马昭又设酒宴，果然再提同样的问题，刘禅按郤正教他的说了，司马昭惊讶地说："这些话怎么有点像郤正说的？"

刘禅也惊讶地说："你怎么知道的？"

司马昭及左右大笑起来，对此有两种解读：一种看法是刘禅确实是个扶不起的阿斗，让人又哀又恨，哀其结局不幸，又恨其不争；另一种看法是，刘禅其实很高明，他只有装得如此老实忠恳且平庸无能才能打消司马氏的怀疑，从而保全余生。

蜀汉灭亡对孙吴来说无疑是最悲惨的消息。

然而，此时的孙吴君臣们似乎还无法去认真思考这件事将会给自己带来的影响，这些年他们一直都陷入越来越严重的内讧中。孙吴的大权被孙綝掌控了多年，之前在诸葛诞之叛中孙綝亲自率军去接应，非但没有救出诸葛诞等人，反而把将军朱异杀了，引起朝野的一致怨愤（自戮名将，莫不怨之）。

孙綝回到建业，这时少帝孙亮已开始亲政，他派人责问孙綝为何救援不成而诛杀大将，孙綝无法回答，干脆称病不再上朝。为保住权力，孙綝在建业的朱雀桥附近修建屋宇供自己居住，命弟弟威远将军孙据宿卫宫禁，另外的几个弟弟，包括武卫将军孙恩、偏将军孙幹、长水校尉孙闿等分别率军驻守在各处要点。

随着孙亮对掌权的渴望越来越强，孙亮与孙綝之间的矛盾也越来越激化，孙亮突然提出要追查他的姐姐孙鲁育被杀事件，孙鲁育是被孙峻杀的，孙亮下诏怒责虎林督朱熊、外部督朱损等人当年没有劝阻孙峻，以致姐姐被杀，朱熊、朱损都是孙綝的亲信，孙亮此举其实剑指孙綝，孙綝为二人求情，孙亮不许，命左将军丁奉杀了朱熊和朱损。

孙亮和大姐孙鲁班、太常卿全尚、将军刘承等人密谋欲除掉孙綝，但事情被孙亮的一个妃子知道了，这个妃子是孙綝的从外甥女，她向孙綝密报了此事，孙綝连夜带兵捉拿全尚，派孙恩去杀了刘承，之后举兵包围皇宫。

孙綝命光禄勋卿孟宗到宗庙祭祀先帝，之后召集群臣，宣布废黜孙亮，群臣无不震惊，但也没人敢违抗。孙綝派中书郎李崇到孙亮处收回皇帝的玉玺，然后以诏书的形式向全国公布了孙亮的所谓罪状，将孙亮贬为会稽王。

孙亮被废后，孙綝立孙权的第6个儿子琅邪王孙休为皇帝，孙休下诏拜孙綝为丞相、大将军兼领荆州牧，任命孙恩为御史大夫、卫将军，孙据为右将军，孙干为将军，孙綝和几个弟弟都被封为侯爵，他们手中掌握着军队，权势达到了顶峰。

孙休也不甘于做个傀儡，后来在张休、张布和老将军丁奉等人的协助下将孙綝诛杀，并夷灭其三族，孙休认为与孙峻、孙綝这样的人同族简直是耻辱，特将二人从族谱中除名，把他们的名字改为故峻、故綝，之前受过他们迫害的人，包括诸葛恪、滕胤、吕据等都给予平反。

公元264年是农历的甲申年，在中国的历史上这一年至少用过4个年号，分别是曹魏的景元五年和咸熙元年，孙吴的永安七年和元兴元年，这一年发生的大事实在太多，可以算得上三国后期最为忙碌的一年。

也是在这一年，孙吴的皇帝孙休得病死了，孙吴的权臣濮阳兴、张布、万彧等人拥立孙权的孙子孙皓为皇帝。

孙皓是已故太子孙和的儿子，孙权生前很喜欢这个孙子，给他起了个小名叫彭祖。孙和在"南鲁之争"中失势，遭到废黜，后又被封为南阳王，孙峻杀诸葛恪时，由于诸葛恪是孙和的妻舅，孙和也受到了株连，被赐死，孙和的正妃张妃殉情自杀，孙皓的生母何姬说都死了谁来养遗孤呢？于是坚强地活了下来，抚养孙皓和孙和的其他3个儿子。

孙休继位后改变了对孙和等人的态度，认为他们是被孙峻迫害的，于是封孙皓为乌程侯。孙休死时本来有儿子，但这时蜀汉刚刚灭国，加上南方的交阯郡发生了叛乱，孙吴国内深感震惊，大家都认为应该立一位年长些的君主，权臣万彧之前担任过乌程县令，即孙皓封地所在的那个县，与孙皓关系很好，就向掌握实权的丞相濮阳兴、左将军张布等人推荐了孙皓，孙皓这才当上的皇帝。

孙皓继位之初励志革新，抚恤人民、开仓赈贫，使孙吴呈现出一定起色，濮阳兴、张布等人一看有些后悔，就在孙皓继位的当年，他们密谋要除掉孙皓，但有人提前报告给了孙皓，孙皓将濮阳兴、张布等人诛杀。

还是在这一年，司马昭派孙吴降人徐劭、孙彧回到江东，把灭蜀的过程向孙皓作了通报（喻孙皓以平蜀之事），等于是来提醒和警告的，孙皓于次年派使者纪陟去洛阳，向曹魏皇帝贡献方物。

灭亡蜀汉、压迫孙吴，对曹魏来说这是几代人的梦想，这一切几乎发生在一年之内，不过主持这件事的人姓司马而不姓曹了。

七十九、三国归晋

少帝曹奂咸熙二年（265）2月，太行山发生了地震。

人们议论纷纷，以为曹魏的气数这一回算是到头了。

5月，晋王司马昭立长子司马炎为王太子，几个月前司马炎已被任命为副贰相国、抚军大将军。司马昭大约觉得自己身体出现了异样，所以加快了向儿子交班的步伐。

这一年司马昭55岁，司马炎29岁。

8月的一天，司马昭病逝，司马炎立即继晋王位，任命曹魏的司徒何曾担任晋国丞相，这时曹魏仍实行三公制，晋国是曹魏的"国中之国"，依照当年曹操当魏王时设相国的旧例，晋国设丞相一职。

司马炎指派一些心腹到少帝曹奂处游说，要曹奂学习当年汉献帝禅让的故事把皇位让给司马炎，曹奂巴不得早点儿解脱，于当年12月下诏给司马炎：

"晋王，你们家世代辅佐皇帝，功勋盖天、四海蒙恩，上天要我把皇位让给你，请顺应天命，不要推辞！"

当年曹丕接受禅让，让来让去有近20个来回，司马炎倒没有那么多的讲究，象征性地客气一下就"笑纳"了，曹奂于是从皇宫搬了出来，暂时居住于金墉城。离开时，太傅司马孚前来拜辞，拉着曹奂的手流泪不止。

当月司马炎继皇帝位，定国号为晋，后世称他为晋武帝，同时追尊晋宣王司马懿为宣皇帝，晋景王司马师为景皇帝，晋文王司马昭为文皇帝。晋武帝司马炎还下诏改年号为泰始。

泰始，如泰山般稳固的基业就从今天开始！

继蜀汉之后曹魏政权也灭亡了，这一天发生在少帝曹奂咸熙二年即265年的农历十二月，对应公历在266年的1月，曹魏建立于220年，算起来应该有46年。

司马炎又下诏奉魏帝曹奂为陈留王，命其迁往邺县居住，各项礼节参照当年曹魏优待汉献帝的做法执行（*皆仿魏初故事*），同样被集中在邺县居住的原曹氏诸王、公一律降为侯。

从曹操到曹丕、曹叡，奋斗了几十年，皇位没了，只剩下最后一个象征性的陈留王，而司马氏一族却一夜之间诞生出一大批王来：晋武帝的叔祖父司马孚为安平王，叔父司马幹为平原王、司马亮为扶风王、司马伷为东莞王、司马骏为汝阴王、司马肜为梁王、司马伦为琅邪王，弟弟司马攸为齐王、司马鉴为乐安王、司马机为燕王，加上堂兄弟、堂伯父、堂叔父，司马氏一族共有27个人被封王。

晋武帝任命石苞为大司马、郑冲为太傅、王祥为太保、何曾为太尉，任命安平王司马孚为太宰，以这个身份指挥全国军队（*都督中外诸军事*），任命贾充为车骑将军，王沈为骠骑将军。

后世对司马炎评价较一般，原因主要出在他执政的后期，但至少在登基之初他还是很有作为的，他曾制定了5项基本国策："一曰正身，二曰勤百姓，三曰抚孤寡，四曰敦本息末，五曰去人事。"这些政策的核心思想就是休养生息、爱护百姓、发展生产，他还下诏释放奴婢，把他们组织起来代替士兵军屯，同时整治军队贪腐、要求百官廉洁、减少赋役课丁、推崇节俭等。

由于政策得力，司马炎在位的前期晋朝国力大增，农业生产上升，国家赋税充裕，人口增加，司马炎后来有个年号叫太康，人们把这一时期称为"太康盛世"。

在内政上司马炎也有一套，他总结前代治政的得失，在中央不断加强尚书台的建设，在尚书台内设置了吏部、三公、客曹、驾部、度支、屯田6个部，以后又改为吏部、殿中、五兵、田曹、度支、左民等部，让他们分别执掌35个曹，部里设尚书，曹里设郎中，各有职守，掌握各项实权，九卿及地方官员均奉尚书台之命行事，太宰、太傅、太保、太尉、司徒、司空以及大司马、大将军被称为"八公"，却渐渐成为尊崇虚衔，司马炎通过掌握尚书台直接控制着权力。

除尚书台外还加强了中书台和门下省的建设，中书台掌管诏令、文书的撰定，负责参议政事，地位较之前有很大提高；门下省是在原侍中、散骑常侍等顾问类职务基础上设置的，负责向皇帝提供政策咨询和决策参考，同时获得审查尚书台文案的职权。上面这3个部门逐渐发展成尚书省、中书省、门下省，是日后"三省六部制"的基础。

登基的第三年即泰始三年（267），司马炎下诏颁布了一份经过多年编定而完成的法律，后世称《泰始律》，这是中国封建社会第一部儒家化的法典，分为20篇620条，涉及刑名、盗律、贼律、诈伪、请赇、告劾、捕律、系讯、断狱、杂律、户律、擅兴、毁亡、卫宫、水火、厩律、关市、违制以及诸侯律等各方面，与前代律令相比，其刑罚部分均有所减轻，起到缓和社会矛盾的作用。

蜀汉虽然灭亡了，司马炎并没有藐视原来的蜀汉官员，而是从他们中间选拔出一批人继续在晋朝为官，如曾在蜀汉任职的《三国志》作者陈寿，入晋后历任著作郎、长广郡太守、治书侍御史、太子中庶子等职，这种稳定官吏队伍的措施也保证了社会的稳定过渡。

所以晋朝取代曹魏后国力不断上升，统治更加稳固。

而在长江的对岸孙吴却日益走着下坡路，孙皓继位后虽然也有要干一番大事的雄心，继位之初也展现了一定的志向和才干，但随着权力得到巩固，其荒淫、残暴的一面逐步暴露了出来。

孙皓最恨别人看自己，有人敢看他几眼或者在他面前乱说话都会被定罪（*近视之咎，谬言之愆，罔有不举*）。他的后宫有几千人，如果哪个姬妾让他瞧着不顺眼，就马上杀掉扔进水中，杀人的花样更多，有剥面皮、挖眼睛、砍双脚，等等，中书台的长官贺邵向他进谏，本应受到表扬，反而被他命人用烧红的锯条残忍地锯下了舌头。

晋武帝咸宁五年（279），孙吴方面到处流传着一个预言，说孙吴即将灭亡，军队会从南方发起进攻，灭亡吴国的人姓公孙（*吴之败，兵起南裔，亡吴者公孙也*），孙皓大为紧张，命令把姓公孙的人都找出来，从大臣到士卒一个不放过，全部流放到交州。

看到这种情况，羊祜、杜预等人认为孙皓腐化透顶，孙吴已上下完全离心，建议出兵伐吴。这一年的12月，司马炎命镇军将军司马伷、安东将军王浑、建威将军王戎、平南将军胡奋、镇南大将军杜预、龙骧将军王濬、巴东监军唐彬等分为6路伐吴，总兵力在20

万以上，其中 5 路大军分别从长江北岸的不同地点一起向孙吴进攻，另一路由益州、巴东沿长江东下发起进攻。

尽管孙吴国力已衰，但这场战役仍打得相当激烈。吴军在巫峡钉下大量锋利的铁锥以阻挡晋军的战船，被攻破后又在长江的狭窄处用粗大的铁链封锁江面，晋军则用火烧的办法再将铁链烧断。

这场战役进行了 4 个多月，晋武帝咸宁六年（280）3 月，龙骧将军王濬率领的这一路率先攻至建业城下，走投无路的孙皓听从臣下的建议，仿效刘禅的做法备上亡国之礼，素车白马、肉袒面缚并带上棺材（**士舆榇**），之后率领太子孙瑾等 21 人到王濬军营前请降。

至此，三国中的最后一个政权也灭亡了，从孙权建国到孙皓投降，一共经历了 51 年。据史料记载，孙吴灭国时共有 53 万户、230 万人，官吏 32000 人、军队 23 万人、后宫5000 余人。

孙皓投降后被司马炎封为归命侯，于 4 年后去世。

早在孙吴灭亡的 8 年前，蜀汉最后一位皇帝刘禅已经去世。

如果从汉灵帝中平元年（184）黄巾起义算起，到晋武帝咸宁六年（280）三国归晋，历史差不多走过了 100 年。

对中国人来讲，这充满离乱与痛苦的一个世纪也太漫长了……

而现在，终于结束了！